청태종실록 역주

淸太宗實錄 譯註

An Annotated Translation of "Veritable Records of Qing Taizong"

【3권】

청태종실록 역주 淸太宗實錄 譯註【3권】

An Annotated Translation of "Veritable Records of Qing Taizong"

–

1판 1쇄 발행 2025년 10월 17일

–

역주자 | 이훈 · 김선민 · 이선애

발행인 | 이방원

발행처 | 세창출판사

신고번호 제1990-000013호

주소 03736 서울시 서대문구 경기대로 58 경기빌딩 602호

전화 02-723-8660 팩스 02-720-4579

이메일 edit@sechangpub.co.kr 홈페이지 www.sechangpub.co.kr

블로그 blog.naver.com/scpc1992 페이스북 fb.me/Sechangofficial 인스타그램 @sechang_official

–

ISBN 979-11-6684-441-6 94910

979-11-6684-438-6 (세트)

–

이 역주서는 2022년 대한민국 교육부와 한국연구재단의 지원을 받아 수행된 연구임.

(NRF-2022S1A5A7079888)

–

이 책은 한국연구재단의 지원으로 세창출판사가 출판, 유통합니다.

청태종실록 역주 淸太宗實錄 譯註

An Annotated Translation of "Veritable Records of Qing Taizong"

【3권】

이훈 · 김선민 · 이선애 역주

세창출판사

청태종 실록 역주 3권

○ 차례 ○

청태종 실록 역주

○총 차례○

제1권

제2권

천총 4년

천총 5년

천총 6년

제3권

천총 7년

제8권

제9권

일러두기

1 본서의 저본은 한문본 『太宗文皇帝實錄』(건륭 4년본, 1985년 中華書局 영인)이다.

2 번역은 직역을 원칙으로 하되 직역으로 뜻이 통하지 않는 문장은 의역을 하거나 각주에 설명을 더한다.

3 원문의 간지 연월일은 역문에서 서기년과 음력 월일을 병기한다. 예) 기미년(1619), 을묘일(8.22)

4 번역문의 문단은 기본적으로 저본에 따르지만 한 문단이 너무 길어서 읽기에 불편한 곳은 적절히 문단을 나눈다.

5 저본에서 皇帝, 天 등의 존칭어는 줄을 바꾸어 擡頭되어 있지만 본서에서는 이에 대해 별도의 표시를 하지 않는다.

6 모든 번역은 한글을 원칙으로 한다. 다만 고유명사와 개념어 등은 명확한 의미를 나타내기 위해 괄호 안에 한자를 병기한다. 각주의 경우 국한문을 혼용한다.

7 만주어와 몽골어 고유명사는 "한글(로마자 전사, 한자)"의 형식으로 표기한다. 로마자 전사는 묄렌도르프 표기 방식을 따른다. 예) 도르곤(dorgon, 多爾袞), 도니 쿨룩(doni kuluk, 多尼庫魯克)

8 한어와 조선어 고유명사는 "한글표기(한자)"의 형식으로 표기한다. 예) 조대수(祖大壽), 임경업(林慶業)

9 원문에서 고유명사의 한자 표기가 틀린 경우 역문에서 세미콜론(;) 뒤에 바른 표기를 병기한다. 예) 김득간(金得幹; 金大乾), 강계(剛季; 江界)

10 번역문에서 숫자는 아라비아숫자로 표기하지만 특정한 관용적 표현은 한글로 표기한다. 예) 삼궤구고두

천총 7년

권13

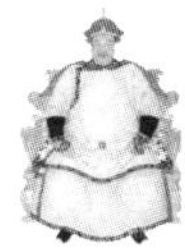

천총 7년 정월 ~ 4월

天聰七年, 癸酉, 春正月, 癸巳朔, 上率諸貝勒·大臣, 謁堂子, 初我國例, 謁堂子時, 免冠行禮. 至是, 上與諸貝勒議, 惟祭神免冠, 元旦謁堂子, 不免冠. 行禮畢, 上還宮, 拜神, 出御殿, 以元旦節, 賜大貝勒代善豹皮坐褥, 議政各貝勒虎皮坐褥. 上命橫設一榻於右側, 令代善坐, 諸貝勒先行禮畢, 令坐殿內兩傍. 次正黃旗總兵官楊古利·次鑲黃旗固山額眞副將達爾哈·次正紅旗固山額眞總兵官和碩圖·次正白旗固山額眞總兵官喀克篤禮·次鑲紅旗各官·次鑲白旗固山額眞副將伊爾登·次鑲藍旗固山額眞篇古·次正藍旗固山額眞副將覺羅色勒, 各率本旗官行禮. 次舊漢官額駙佟養性·石廷柱等, 新漢官馬光遠·麻登雲·祖澤潤等行禮. 次總兵官吳訥格率蒙古兩旗各官, 次外藩蒙古察哈爾國·喀爾喀部落貝勒·科爾沁國貝勒·阿祿部落貝勒, 各行禮畢, 察哈爾·喀爾喀·科爾沁·阿祿諸貝勒見上, 行抱見禮. 命入殿, 賜茶. 上率諸貝勒, 以兄禮詣代善第, 拜賀, 次詣姊董鄂公主第及哈達公主第.

○ 천총 7년 계유년 봄 정월 계사일 초하루(1.1), 주상이 버일러들과

대신들을 이끌고 당자(堂子)에 배례했다. 이전에 우리나라의 정례(定例)에 따르면 당자(堂子)에 배례할 때는 관모를 벗고 예(禮)를 행하였는데, 이때에 주상이 여러 버일러들과 의논해 오직 신에게 제사 지낼 때만 관모를 벗고, 새해에 당자(堂子)에 배례할 때는 관모를 벗지 않기로 했다. 예를 행하는 것이 끝나자 주상이 환궁하여 신에게 배례하고, 전(殿)에서 나와 새해를 맞이했다는 이유로 대버일러 다이샨에게 표범가죽 깔개를 하사하고, 의정 버일러들에게 호랑이가죽 깔개를 하사했다. 주상이 오른쪽에 가로로 걸상 하나를 놓게 하고 다이샨에게 앉게 했다. 여러 버일러들이 먼저 예를 행하자 전(殿) 안의 양 측면에 앉게 했다. 그다음에 정황기의 총병관 양구리, 그다음에 양황기의 구사어전 부장 다르한, 그 다음에 정홍기의 구사어전 총병관 호쇼투, 그다음에 정백기의 구사어전 총병관 칵두리, 그다음에 양홍기의 각 관리, 그다음에 양백기의 구사어전 부장 일던, 그다음에 양람기의 구사어전 피양구, 그다음에 정람기의 구사어전 부장 기오로 설러가 각자 본 기의 관리들을 이끌고 예를 행하였다. 그다음으로 구한인(舊漢人) 관리인 어푸 동양성(佟養性)·석정주(石廷柱) 등과 신한인(新漢人) 관리인 마광원·마등운(麻登雲)·조택윤(祖澤潤) 등이 예를 행하였다. 그다음 총병관 우너거가 몽고 2기(旗)의 각 관리들을 이끌고, 그다음은 외번 몽고 차하르국·칼카 부락의 버일러·코르친국의 버일러·아루 부락의 버일러가 각기 예를 행하였다. 차하르·칼카·코르친·아루의 여러 버일러들이 주상을 뵙고 포견례를 행하자 전(殿)에 들어오도록 명하고 차(茶)를 내려 주었다. 주상이 여러 버일러들을 이끌고 형에 대한 예로 다이샨의 거처에 가서 절하고 축하했으며, 그다음에 누나인 동고 공주의 거처 및 하다 공주의 거처에 갔다.

○ 是日，外藩各蒙古貝勒扎魯特部落內齊·額騰·青家布·喀巴海·

桑土·桑古爾·額參德·根度爾·朱徹達爾漢巴圖魯·桑噶爾·戴青·博爾濟·桑噶爾寨·際爾哈朗·恩克參·多爾濟, 柰曼部落袞出斯巴圖魯·綽克圖·杜爾霸, 阿祿部落綽博惠·卓禮克圖·達爾漢台吉·噶爾馬台吉·宜爾扎木台吉·吳巴什, 巴林部落塞特爾·滿珠習禮等, 朝賀元旦, 貢駝馬.

○ 이날 외번 각 몽고의 버일러인 자루트 부락의 너이치(neici, 內齊)·어텅(eteng, 額騰)·칭기야부(cinggiyabu, 青家布)·카바하이(kabahai, 喀巴海)·상투(sangtu, 桑土)·상굴(sanggūl, 桑古爾)·어선더이(esendei, 額參德)·건두르(gendur, 根度爾)·주처 다르한 바투루(juce darhan baturu, 朱徹達爾漢巴圖魯)·상가르(sanggar, 桑噶爾)·다이칭(daicing, 戴青)·보르지(borji, 博爾濟)·상가르자이(sanggarjai, 桑噶爾寨)·지르갈랑(jirgalang, 際爾哈朗)·엉커선(engkesen, 恩克參)·도르지(dorji, 多爾濟)와 나이만 부락의 군추스 바투루(guncus baturu, 袞出斯巴圖魯)·촉투(coktu, 綽克圖)·둘바(dulba, 杜爾霸)와 아루 부락의 초보호이(cobohoi, 綽博惠)·조릭투(joriktu, 卓禮克圖)·다르한 타이지(darhan taiji, 達爾漢台吉)·가르마 타이지(g'arma taiji, 噶爾馬台吉)·이르잠 타이지(irjam taiji, 宜爾扎木台吉)·우바시(ubasi, 吳巴什)와 바린 부락의 서터르(seter, 塞特爾)·만주시리(manjusiri, 滿珠習禮) 등이 새해를 하례하며 낙타와 말을 바쳤다.

○ 丙申, 翁牛等部落東戴青, 吳喇忒部落俄木布·土門達爾漢台吉·杜巴·塞冷·海薩巴圖魯等, 朝賀元旦, 貢駝馬.

○ 병신일(1.4), 옹니우트[1] 부락의 둥 다이칭(dung daicing, 東戴青),

우라트[2] 부락의 옴부(ombu, 俄木布)・투먼 다르한 타이지(tumen darhan taiji, 土門達爾漢台吉)・두바(duba, 杜巴)・서렁(sereng, 塞冷)・하이사 바투루(haisa baturu, 海薩巴圖魯) 등이 새해를 하례하며 낙타와 말을 바쳤다.

○ 科爾沁國巴達禮遣哈談巴圖魯・拜思噶爾・桑噶爾寨, 來弔貝勒莽古爾泰喪, 獻鞍馬・貂皮等物.

○ 코르친국의 바다리가 하탄 바투루・바이스갈・상가르자이를 보내와서 버일러 망굴타이의 상에 조문하고 안장을 갖춘 말과 담비가죽 등의 물건을 바쳤다.

---

1 옹니우트: 翁牛特. 몽골어로 "왕들의 것"이란 의미이다. 칭기스 칸의 동생인 카치운의 자손이 통치한 부이다. 1632년 수장인 순 두렁・둥 다이칭이 후금에 귀부했다. 1636년 청에 의해 옹니우트 좌익기와 우익기 2기로 편제되었다. 둥 다이칭은 도로이 다르한 다이칭 칭호를 받고 좌익기를 관할하고, 순 두렁은 자삭 도로이 두렁 군왕 칭호를 받고 우익기를 관할했다.

2 우라트: 코르친의 분파이다. 우라트는 몽골어로 '工匠'의 복수형이다. 1547년 카사르의 15세손 쿠이멍케 타스하라[奎蒙克塔斯哈拉]는 코르친의 일부를 이끌고 후룬부이르 유목지로부터 눈강 유역으로 동천하여 눈코르친이라고 불렸다. 이주하지 않은 코르친은 홍안령 이북과 후룬부이르 초원, 에르구네강과 오논강 유역에서 거주하며 아루 코르친이라고 불렸고, 쿠이멍케 타스하라의 둘째 동생 바가나 노얀, 셋째 동생 부르하이 노얀, 삼촌 오르도하이 왕이 이끌었다. 이 가운데 부르하이 노얀이 소유한 부족이 우라트라고 칭해졌다. 부르하이는 후룬부이르에서 유목했고, 아들은 라이가, 부양구, 아르사후, 부루투, 바르사이 다섯이었다. 우라트는 삼분되어 라이가의 손자 옴부, 바르사이의 차남 하니스칭 타이지의 손자 서렁, 바르사이의 다섯째 아들 하니타이 빙투 타이지의 아들 두바가 이끌었다. 1633년 옴부, 서렁, 두바가 부족을 이끌고 청에 귀부했다. 1648년 청은 우라트를 삼분하여 우라트中旗, 우라트前旗, 우라트後旗의 3旗를 설치하고 울란차부맹에 포함시켰다.

○ 戊戌, 賜碩託綵緞十 · 布百. 先是, 征大凌河時, 碩託與貝勒阿濟格畧錦州一路, 碩託對敵傷股, 又與張春兵戰傷手. 以係宗室臨陣受傷, 故有是賞.

○ 무술일(1.6), 쇼토에게 채단(綵緞) 10필과 면포 100필을 하사했다. 이전에 대릉하를 정벌할 때 쇼토와 버일러 아지거가 금주 방면을 공략했는데, 쇼토가 적과 상대하다 허벅지를 다치고 또 장춘(張春)의 휘하 병사와 전투하다 손을 다쳤다. 종실의 혈통으로서 전장에 나아가 부상을 입었기 때문에 이러한 포상이 있었다.

○ 是日, 賜台吉達爾麻蟒緞裘 · 狐裘 · 帽 · 鞾 · 蟒緞等物.

○ 이날 타이지 다르마(darma, 達爾麻)에게 망단 가죽외투 · 여우가죽 외투 · 모자 · 신발 · 망단 등의 물품을 하사했다.

○ 己亥, 以牛治國造雲梯功, 擢爲備禦, 賞狐裘 · 馬匹.

○ 기해일(1.7), 우치국(牛治國)에게 운제(雲梯)를 만든 공로가 있다 하여 비어로 발탁하고 여우가죽 외투와 말을 상으로 주었다.

○ 庚子, 遣阿山 · 布爾吉率各旗下親軍一名, 併海州 · 耀州等處甲士百人, 往鹿島捉生.

○ 경자일(1.8), 아산과 부르기를 보내 각 기(旗)의 친군(親軍) 1명씩과 해주와 요주 등지의 갑사(甲士) 100명을 이끌고 녹도(鹿島)에 가서 포로를 잡아 오게 했다.

○ 上諭各牛彔額眞曰, 田疇廬舍, 民生攸賴, 勸農講武, 國之大經. 爾等宜各往該管屯地, 詳加體察, 不可以部務推諉. 若有二三牛彔同居一堡者, 著於各田地附近之處, 大築墻垣, 散建房屋以居之, 遷移之時, 宜聽其便. 至於樹藝之法, 窪地當種梁稗, 高田隨地所宜種之. 地瘠須加培壅, 耕牛須善飼養, 爾等俱一一嚴飭. 如貧民無牛者, 付有力之家代種, 一切徭役, 宜派有力者, 勿得累及貧民. 如此, 方稱牛彔額眞之職, 若以貧民爲可虐, 濫行役使, 惟爾等子弟徇庇, 免其差徭, 則設爾牛彔額眞何益耶. 至所居有卑濕者, 宜令遷移. 若憚於遷移, 以致傷稼害畜, 俱爾等牛彔額眞是問. 方今疆土日闢, 凡田地有不堪種者, 儘可更換, 許訴部臣換給. 如給地之時, 爾牛彔額眞 · 章京自占近便沃壤, 將遠瘠之地分給貧人, 許貧人陳訴. 再爾等於該管之地, 各宜督率所屬長幼於春夏秋三時勤於習射. 朕不時遣部臣往察, 如有不能射者, 必治牛彔額眞之罪. 此係我國制勝之技, 何可不努力學習耶.

○ 주상이 각 니루어전에게 유시했다. "토지와 가옥은 백성이 삶을 의지하는 것이고, 농사를 권면하고 무예를 가르치는 것은 국가의 근본이다. 너희는 각자 맡아 관장하는 촌락의 토지에 가서 더욱 상세히 몸소 살펴야 하며, 부(部)의 사무로 미루면 안 된다. 만약 2-3개 니루가 성보 하나에 함께 거주하는 경우 각자 논밭 부근의 땅에 크게 담장을 쌓고 가옥을 군데군데 세워 살게 하고 이주할 때에는 그들의 편의를 따른다. 곡식을 심는 경우 움푹 파인 땅에는 적절히 기장과 피를 심

고, 높은 밭은 지형에 따라 적절히 파종하라. 땅이 척박하면 더욱 북돋아 주고, 밭갈이하는 소는 잘 먹여 키워야 한다. 너희는 모두 하나하나 엄격히 신칙하라. 만약 가난한 백성으로 소가 없는 자가 있으면 여력이 있는 집에 의탁하여 대신 파종하게 하고, 일체의 요역은 유력자와 분담하여 가난한 백성이 피해를 입지 않도록 하라. 이렇게 해야만 니루어전의 직임에 적합하다. 만약 가난한 백성을 학대해도 된다고 여겨 요역에 동원하기를 남발하고, 너희의 자제만 지키고 감싸며 요역을 면해 주면 너희 니루어전을 세운 것이 무슨 이익이 있겠는가. 거주지가 낮고 습하면 옮기게 하라. 만약 옮겨 가기를 꺼려서 곡식과 가축을 상하게 하면 모두 너희 니루어전을 문책할 것이다. 바야흐로 지금 강역을 나날이 개간하고 있는데 논밭 중에 파종할 수 없는 곳은 전부 바꾸어 주어도 좋다. 부(部)의 신하에게 호소하여 바꾸어 지급받는 것을 허락한다. 만약 토지를 지급할 때 너희 니루어전과 장긴 자신은 가깝고 편리한 곳의 비옥한 토지를 점유하고 먼 곳의 척박한 토지를 가난한 자들에게 나누어 지급하면 가난한 자가 소청하는 것을 허락한다. 또 너희는 맡아 관장하는 지역에서 각자 소속된 성인과 아이들이 봄·여름·가을 세 시기에 부지런히 활쏘기 연습하는 것을 감독해야 한다. 짐이 불시에 부(部)의 신하를 파견하여 살펴보게 할 것이니, 만약 쏘지 못하는 자가 있으면 반드시 니루어전의 죄를 다스릴 것이다. 이것은 우리나라가 적을 제압하고 승리하는 기술에 관계된 것이니, 어찌 배우고 익히는 데 힘을 다하지 않을 수 있겠는가?"

○ 是日, 賜扎魯特部落際爾哈朗·巴牙爾圖戴青·桑噶爾寨·博爾濟·桑阿爾·滿朱習禮·內齊·達爾漢巴圖魯·額參德等貂鑲朝衣·甲胄·雕鞍·弓刀·緞布有差.

○ 이날 자루트 부락의 지르갈랑(jirgalang, 際爾哈朗)·바야르투 다이칭·상가르자이·보르지·상가르·만주시리·너이치·다르한 바투루·어선더이 등에게 담비가죽으로 테를 두른 조복(朝服)·갑옷과 투구·조각한 안장·활과 칼·비단과 면포를 차등 있게 하사했다.

○ 辛丑, 朝鮮國王李倧遣禮部侍郞申得淵, 齎書貢春秋二季方物. 書曰, 自朴蘭英回, 未見貴國復書, 所獻禮物, 亦未蒙收納, 心甚不安, 及貴使至, 聞貴國冬季之信, 良用喜慰. 上年貴使雖曾將方物數目告我迎接之臣, 尙未明白確定, 貴國來書亦未言及, 故未敢輕信. 及鄭檢回得見復書, 有庫爾纏議定之語, 如知貴使所言, 實有所授之也. 但敝邦地瘠民窮, 雖云土產, 實難全辦, 重遭大災, 是以未遑, 非有心闕之也. 今番來使所言土產之數, 又比前增十倍, 有若不諒敝邦而然者, 此非所望於貴國也. 兩國相交, 信使往來, 各以土物相遺禮也. 然不自量己力, 以爲可繼之道, 則是過情之禮, 亦不能久, 實非以誠心相待之意, 故就庫爾纏所言物之數目, 除非土產外, 悉從所議, 欲以此定爲恒規, 此乃敝邦竭力而爲之者也. 秋价虛還, 春期遽迫, 欲止貢春季禮物, 則心有未安, 一時俱送, 則力有所難及. 且貴國差遣大臣, 意非偶然, 不可以無書之故, 而闕焉不報. 故謹此專差近臣致書, 兼送秋季禮物, 伏冀照納. 春差之行, 因此未免稍遲, 想貴國有以諒之, 歲律將換, 希迓新福, 書不盡意.

○ 신축일(1.9), 조선국왕 이종(李倧)이 예부시랑 신득연(申得淵)[3]을

3 申得淵: 1585-1647. 인조 10년(1632) 春信使로 선발되었다. 이후 후금이 조선의 예물을 거절하고 '패역하고 거만한(悖慢)' 답서를 준 것을 그대로 따랐다는 이유로 귀국 후 파직·추고되었다. 『조선인조실록』 권28, 인조 11년 1월 28일; 2월 8일.

파견하여 서신을 지참하고 봄 · 가을 두 절기의 방물을 바쳤다. 서신에서 말했다. 「박난영이 돌아온 때부터 귀국의 답서를 아직 보지 못했고 드린 예물도 받아들여지지 못했으므로, 마음이 심히 편치 못하던 차에 귀국의 사신이 이르러 귀국의 겨울철 소식을 들으니 진실로 기쁘고 안심이 됩니다. 작년에 귀국의 사신이 방물의 항목을 우리 영접하는 신하에게 통고했지만 명백히 확정하지 않았었고, 귀국에서 보내온 글에서도 언급하지 않았기 때문에 감히 가벼이 믿을 수 없었습니다. 정익(鄭榏)이 돌아오고서야 답서를 볼 수 있었는데, '쿠르찬이 의논하여 정했다.'라고 하는 말이 있었으니 만약 귀국의 사신이 말한 바를 알았으면 실로 이를 받아들였을 것입니다. 다만 폐방(敝邦)은 땅이 척박하고 백성이 곤궁하여 비록 토산물이라 해도 실로 온전히 마련하기가 어려운 데다 거듭 큰 재해까지 만났습니다. 이는 경황이 없었기 때문이지 일부러 빠뜨린 것이 아닙니다. 이번에 온 사신이 말한 토산물의 숫자 또한 이전에 비해 10배나 늘어났으니, 만약 폐방을 믿지 못해서 그러한 것이라면 이는 귀국에 바람직한 것이 아닙니다. 두 나라가 서로 교분을 맺는 것은 사신을 왕래하며 각자 토산물을 보내는 것이 예입니다. 그러나 스스로 자기의 능력을 헤아리지 않고 이어갈 방도가 있다고 여긴다면 이런 지나친 예는 오래갈 수 없으니, 진실로 마음을 다해 서로를 대하는 뜻이 아닙니다. 때문에 쿠르찬이 말한 물품의 숫자와 목록에서 토산물이 아닌 것을 제외한 나머지는 모두 의논한 바를 따랐으며 이 결정을 항규로 삼고자 했으니, 이는 폐방이 힘을 다한 것입니다. 추신사는 헛되이 돌아왔고 봄은 곧 다가오는데 봄철 예물을 바치는 것을 멈추자니 마음이 불편하고 한 번에 모두 보내자니 능력이 미치지 못합니다. 또 귀국이 대신을 파견한 것은 우연한 뜻이 아닐 것이니, 서신이 없다는 이유로 빠뜨려 답하지 않을 수 없었습니다. 이 때문에 삼가 가까운 신하를 파견하여 서신을 전하고, 겸하여 가을철 예물을 보내니 삼가 바라건대 살펴 받아 주십시오. 봄에 파견하는 사신은 이로 인해 조금 늦어지는 것을 면할 수 없음을 귀국에서도 양해해 줄 것으로 압니다. 계절이 새로 바뀌려 하니 새로운 복을 받으시기 바랍니다. 글로는 뜻을 다 밝힐 수 없습니다.」

○ 甲辰, 滿洲八旗·蒙古二旗·舊漢兵一旗, 各牛彔額眞等, 歷任年久無過者, 各依品級賞緞有差, 其歷任雖久而有過者, 不賞.

○ 갑진일(1.12), 만주 8기(旗)·몽고 2기(旗)·구한병(舊漢兵) 1기(旗)의 각 니루어전 가운데 오랫동안 과실 없이 역임한 자는 각기 품급에 의거하여 비단을 차등 있게 상으로 주고, 역임한 지 오래되었으나 과실이 있는 자는 상을 주지 않았다.

○ 乙巳, 賞外藩來朝蒙古貝勒塞冷·土門達爾漢台吉·杜巴·和碩齊等金甲·雕鞍·銀器·緞布等物有差.

○ 을사일(1.13), 내조해 온 외번몽고의 버일러 서령·투먼 다르한 타이지·두바·호쇼치 등에게 황금 갑옷·조각한 안장·은그릇·비단과 면포 등의 물품을 차등 있게 상으로 주었다.

○ 丁未, 遣朝鮮國王李倧使臣申得淵還國. 復書曰, 朕以兄弟之國, 宜誠心相敬, 餽問以禮, 乃邇者爾國漸輕慢我. 所貢禮物, 數少而質惡, 且屢以貪利相譏, 朕甚恨之. 是以此番所定額數較多, 非朕有貪心也. 且爾供奉明國禮物甚多, 彼使臣欺陵爾國, 悉索無厭, 何爾不以爲恨, 而獨於貢朕區區之物, 輒生怨望耶. 況爾國所貢之物, 匪爾之患, 匪我之求, 皆因爾國無故助明侵我自啟釁端. 後乃勢窮歸命, 願納歲幣以圖存, 是爾所貢皆天賜也. 儻以新定之數, 不能如例一年兩貢, 則可以一次爲期. 至兩國交市, 貴以誠信, 乃爾交易貨物, 甚屬不堪, 我國按物償直. 爾反以我爲抑勒短少, 恐不信布帛之麤惡, 故特送王覽之. 所定貢額, 如依朕言, 春秋遣使往來如故, 不然, 則一切遣使往來, 俱宜停止, 但互相交易可也.

朕前加兵於爾國者, 非爾無罪而任意黷武也, 因爾助明圖我, 匿我逃民, 轉與毛文龍, 更給與糧食, 朕所以不能隱忍而致討也. 今我釋忿息兵, 而爾反以供億爲苦, 亦大悖於情理矣. 若言金銀·緞帛非爾國所產, 則爾與明人交易, 往來不絕, 中國所有, 爾亦有之, 爾之與明交易, 朕豈不知之甚悉耶. 爾若愛惜財物執意不從, 則當以兵助我征明一次, 以償昔日侵我之罪, 再調大船三百於義州河, 助我攻取海島, 以償匿我逃民之罪. 縱云島人稀少, 可將見在者, 儘朕取之, 誠若是, 則爾國之罪, 庶可免矣. 爾既助我以贖前罪, 則朕豈可復向無罪之國索纖毫財物哉. 或助兵船, 或貢禮物, 王宜審思速定, 以從其一可耳. 儻定議如約, 彼此遣使往來, 朕必戒我使臣, 不令效明使騷擾, 爾國亦宜敬待朕使. 若稍次於明使, 朕亦不允, 且爾勿訝朕言及此也. 爾可恨之事, 實非一端. 向年盟誓, 以族弟假稱親弟, 遣詣我國, 似此欺罔, 豈獨欺朕, 併且欺天. 又朕遣還官員, 爾擅殺之, 乃詭云病死, 將彼家口俱解送明人, 竝不令遣還官員一來見朕, 亦不令與朕遣去使臣一會. 此果朕心變耶. 抑王心變耶. 王試思此等官員初遣還時, 豈但不當殺之, 及以家口轉送明人. 并亦不宜困苦之也. 爾之所行漸至若此, 朕用是深恨耳. 事宜速結, 使兩家共享太平, 豈不美哉.

○ 정미일(1.15), 조선국왕 이종(李倧)의 사신 신득연(申得淵)을 보내 귀국하게 했다. 답서에서 말했다. 「짐은 형제의 나라로서 마음을 다

해 서로 공경하여 예로써 선물을 보내는데, 요즘 그대 나라는 점차 나를 가벼이 여기고 오만하게 굴고 있다. 바치는 예물도 수량이 적고 품질이 조악한 데다 또 누차 이익을 탐한다고 비난하니, 짐은 이를 심히 한스럽게 여긴다. 이 때문에 이번에 정한 액수가 다소 많아진 것이지, 짐에게 탐하는 마음이 있어서가 아니다. 또 그대가 명나라에 바치는 예물은 매우 많고, 저들의 사신은 그대 나라를 기만하고 능멸하면서 한없이 징색하는데, 어찌 그대는 이것은 한스럽게 여기지 않으면서 유독 짐에게 바치는 사소한 물건에 대해 돌연 원망하는 마음을 갖는단 말인가? 하물며 그대 나라가 바치는 물품은 그대가 은혜로이 베푸는 것도 아니고 우리가 구한 것도 아니며, 모두 그대 나라가 이유 없이 명나라를 도와 우리를 침략하여 스스로 분란의 단서를 초래했기 때문이다. 나중에 세력이 곤궁해지자 천명에 귀의하여 세폐를 내는 것으로 생존을 도모했으니 그대가 바치는 것은 모두 하늘이 내리신 것이다. 만약 새로 정한 액수가 정례(定例)에 따라 1년에 2번 바칠 수 없다면 1번으로 해도 된다. 두 나라가 시장을 열어 교역하는 문제는 진실함과 신의가 중요한데, 그대가 교역하는 물건은 품질이 심히 견딜 수 없는데도 우리나라는 물건에 따라 값을 지급했다. 그대는 도리어 우리가 낮은 가격으로 매매를 강요했다고 여기니 직물의 품질이 조잡하다는 것을 믿지 못할 것을 우려했기 때문에 특별히 보내어 왕에게 보이게 한 것이다. 공물의 정한 액수를 짐의 말대로 한다면 봄과 가을에 사신을 보내 전처럼 왕래하고, 그렇지 않다면 사신을 보내 왕래하는 것을 모두 중지하고 교역만 해야 할 것이다.

짐이 전에 그대 나라를 군사로 압박한 것은 그대에게 죄가 없는데도 임의로 무력을 휘두른 것이 아니다. 그대가 명나라를 도와 우리를 도모하고 우리의 도망민을 숨겨서 모문룡에게 넘겨주고 또 그들에게 양식을 공급했기 때문에 짐은 이를 참을 수 없어 토벌한 것이다. 지금 우리가 울분을 풀고 전쟁을 멈추었는데도 그대는 도리어 접대를 수고롭게 여기니 인정과 도리가 크게 어그러진 것이다. 만약 금은과 비단이 그대 나라의 토산물이 아니라고 말한다면, 그대가 명나라 사람들과 교역하여 왕래가 끊이지 않으니 중국이 소유한 것을 그대 또한 소유하고 있는 것이다. 그대가 명나라와 교역하는 것을 짐이 어찌 자세히 알지 못하겠는가? 그대가 만약 재물을 아깝게 여겨 고집스레 따르지 않겠다면 군사를 내어 우리를 도와 명나라를 한번 정벌하여 지난날 우리를 침략한 죗값을 치러야 할 것이며, 다시 의주 강가에 큰 배 300척을 건조하여 우리가 섬을 공격하여 함락시키는 것을 도와 우리의 도망민을 숨겨 준 죗값을 치러야 할 것이다. 비록 섬사람들의 수가 적다고 하나 지금 있는 자들을 모두 짐이 취할 수 있을 것이니, 진실로 만약 이러하다면 그대 나라의 죄를 거의 면해 줄 수 있을 것이다. 그대가 이미 우리를 도와 이전의 죄를 갚았다면 짐이 어찌 또 죄 없는 나라에서 조금이라도 재물을 빼앗을 수 있겠는가? 군사와 선박을 원조할 것인지 아니면 예물을 바칠 것인지, 왕은 깊이 생각하고 속히 결정하여 그중 하나를 따라야 할 것이다. 만약 의논을 정하여 약조대로 한다면 피차 사신을 보내 왕래하되, 짐은 반드시 우리 사신에게 주의를 주어 명나라의 사신을 본받아 소란을 일으키지 못하게 할 것이다. 그대 나라도 짐의 사신을 공경히 대우해야 한다. 만약 조금이라도 명나라 사신보다 낮게 대한다면 짐은 용서하지 않을 것이니, 그대는 짐의 말이 여기까지 이른 것을 의심하지 말라.

그대에게 원망스러운 일이 실로 한두 가지가 아니다. 예전에 맹세했을 때 동생뻘인 친척을 친동생이라고 거짓말하여 우리나라에 파견해 보냈으니, 이렇게 속인 것이 어찌 짐만 속인 것이겠는가. 하늘도 속인 것이다. 또 짐이 돌려보낸 관원을 그대가 멋대로 죽이고 병사했다고 거짓말하며 그 식솔을 모두 명나라 사람들에게 압송했고, 이와 더불어 돌려보낸 관원에게 한 번도 짐을 알현하게 하지 않았고 짐이 보낸 사신과 한 번도 만나게 하지 않았다. 이것은 과연 짐의 마음이 변한 것인가, 아니면 왕의 마음이 변한 것인가? 왕은 생각해 보라. 이 관원들이 처음 돌려보내졌을 때 죽임을 당했을 뿐만 아니라 식솔들이 명나라 사람에게 압송당했으니 또한 부당하게 그들을 괴롭힌 것이다. 그대의 소행이 점점 심해져 이렇게 되었으니 짐은 이를 심히 한스럽게 여길 뿐이다. 일을 속히 결정하여 두 나라가 함께 태평을 누리게 되면 어찌 아름답지 않겠는가.」[4]

○ 戊申, 敖漢部落都喇爾巴圖魯貝勒子台吉班第尚上長女公主, 賜大宴, 班第獻鞍轡 · 甲胄 · 駝馬, 上酌納之, 以兄禮頒賜大貝勒代善駝二馬七.

○ 무신일(1.16), 아오한 부락의 두랄 바투루 버일러(dural hong batur beile, 都喇爾巴圖魯貝勒)의 아들 타이지 반디(bandi, 班第)가 주상의 맏딸 공주에게 장가들었으므로 큰 연회를 베풀었다. 반디가 안장과 고삐 · 갑옷과 투구 · 낙타와 말을 바치니 주상이 헤아려 받고, 형에 대한 예로 대버일러 다이샨에게 낙타 2마리와 말 7마리를 하사했다.

○ 己酉, 賜外藩蒙古科爾沁國布木巴 · 額林臣 · 額爾德尼戴青等朝服 · 甲胄 · 雕鞍 · 銀器 · 緞布有差.

○ 기유일(1.17), 외번몽고 코르친국의 붐바(bumba, 布木巴) · 어린

---

4 서신의 축약본이 『조선인조실록』 인조 11년 1월 25일 기사에 실려 있다.

천(erincen, 額林臣) · 어르더니 다이칭(erdeni daicing, 額爾德尼戴靑) 등에게 조복 · 갑옷과 투구 · 조각한 안장 · 은그릇 · 비단과 면포를 차등 있게 하사했다.

○ 辛亥, 賜阿祿部落綽博惠衛徵甲胄 · 貂鑲朝衣 · 雕鞍 · 銀盆 · 緞布等物.

○ 신해일(1.19), 아루 부락의 초보호이 위이정(cobohoi weijeng, 綽博惠衛徵)에게 갑옷과 투구 · 담비가죽으로 테를 두른 조복(朝服) · 조각한 안장 · 은쟁반 · 비단과 면포 등의 물품을 하사했다.

○ 賜翁牛特部落東戴靑甲胄 · 雕鞍 · 朝服 · 銀盆 · 緞布等物.

○ 옹니우트 부락의 둥 다이칭(dung daicing, 東戴靑)에게 갑옷과 투구 · 조각한 안장 · 조복(朝服) · 은쟁반 · 비단과 면포 등의 물품을 하사했다.

○ 壬子, 喀爾喀部落喇巴泰 · 滿朱習禮, 喀喇沁部落朶內袞濟 · 袞出斯 · 達爾麻第 · 噶爾瑪 · 顧魯格 · 塞冷, 阿祿部落綽思熙 · 夸代 · 昂阿 · 察漢席布等, 朝賀元旦, 貢駝馬.

○ 임자일(1.20), 칼카 부락의 라바타이 · 만주시리와 카라친 부락의 도노이 군지(donoi gunji, 朶內袞濟) · 군추스(guncus, 袞出斯) · 다르마디(darmadi, 達爾麻第) · 가르마(g'arma, 噶爾瑪) · 굴루거(guluge, 顧魯

格)・서렁(sereng, 塞冷)과 아루 부락의 초스히(coshi, 綽思熙)・쿠와다이(kūwadai, 夸代)・앙가(angga, 昂阿)・차간 시부(cagan sibu, 察漢席布) 등이 새해를 하례하며 낙타와 말을 바쳤다.

○ 乙卯, 征兀扎喇兵還. 獲人口五百六十五, 馬三百二十五, 貂・猞狸猻・獺・貉・虎・狼等皮, 共一千有奇, 狐・猞狸猻・貉・黃鼠等裘, 共二十一. 以所俘人口, 賞將士有差.

○ 을묘일(1.23), 우잘라를 정벌하러 갔던 군대가 돌아왔다. 인구 565명, 말 325마리, 담비・스라소니・수달・오소리・호랑이・늑대 등의 가죽 총 1,000 여 장, 여우・스라소니・오소리・족제비 등으로 만든 가죽옷 총 21벌을 얻었다. 노획한 인구를 장수와 병사들에게 차등 있게 상으로 주었다.

○ 庚申, 阿山・布爾吉, 自明鹿島捉生還. 獲人口百七十有三, 馬牛九十有八.

○ 경신일(1.28), 아산과 부르기가 명나라의 녹도(鹿島)에서 포로를 사로잡아 돌아왔다. 인구 173명, 말과 소 98마리를 얻었다.

二月, 癸亥朔, 阿祿科爾沁國車根汗・固木巴圖魯・達爾馬代衮等, 擧國來歸, 朝見. 車根汗率衆遙拜, 復同固木巴圖魯, 近御前再拜, 抱膝而見. 獻貂裘・貂皮・駝馬, 上酌納之.

○ 2월 계해일 초하루(2.1), 아루 코르친국의 처건 칸(cegen han, 車根汗) · 구무 바투루(gumu baturu, 固木巴圖魯) · 다르마 다이군(darma daigun, 達爾馬代袞) 등이 나라를 들어 내귀하고 주상을 알현했다. 처건 칸은 무리를 이끌고 멀리에서 절하고 다시 구무 바투루와 함께 어전(御前) 가까이에서 다시 절하고, 무릎을 껴안고 알현했다. 담비가죽 옷과 담비가죽, 낙타와 말을 바치자 주상이 헤아려 받았다.

○ 甲子, 召來歸車根汗等入內廷, 賜宴.

○ 갑자일(2.2), 내귀한 처건 칸 등을 불러 내정(內廷)에 들게 하여 잔치를 베풀었다.

○ 壬申, 上念巴克什達海博覽群籍, 學問淹通, 官止遊擊, 未及寵任而卒, 特准其子雅親, 降一等襲職, 授備禦. 達海原管牛彔, 仍令管理. 文臣例無承襲, 蓋異數也.

○ 임신일(2.10), 주상은 박시 다하이가 여러 책을 널리 많이 읽으며 학문에 정통한데 세직(世職)은 단지 유격에 그쳐 총애 받지 못하고 죽었다고 여겨서, 특별히 그의 아들 야친(yacin, 雅親)에게 한 등급을 낮추어 세직을 이어받게 하여 비어에 제수하고 다하이가 원래 관할하던 니루를 이어서 관리하게 했다. 문신은 규정대로라면 세직을 이어받지 못하니 특별한 예우였다.

○ 癸酉, 賜來歸阿祿科爾沁國車根汗 · 固木巴圖魯 · 達爾馬代袞 ·

吳巴什等, 甲胄・雕鞍・銀器・緞布有差.

○ 계유일(2.11), 내귀한 아루 코르친국의 처건 칸・구무 바투루・다르마 다이군・우바시 등에게 갑옷과 투구・조각한 안장・은그릇・비단과 면포를 차등 있게 지급했다.

○ 丙子, 遣備禦郎格・吳巴海, 將寧古塔邊城貨物, 赴朝鮮國會寧城貿易. 上傳諭朝鮮會寧官員曰, 我國人逃入爾朝鮮者, 其姓名皆載檔案. 又遣其素相識者, 至爾國訪尋歷歷可據, 今爾何辭推諉. 可速察出送還.

○ 병자일(2.14), 비어 랑거와 우바하이를 보내 닝구타(ningguta, 寧古塔) 변성(邊城)의 화물(貨物)을 조선국 회령성(會寧城)에 가지고 가서 무역하게 했다. 주상이 조선의 회령 관원에게 유시를 전하여 말했다. 「우리나라 사람 가운데 너희 조선에 도망가 들어간 자의 성명이 모두 문서에 기록되어 있다. 또 평소에 안면이 있는 자를 너희 나라에 보내 그들을 찾아내어 하나하나 증거를 댈 수 있으니 지금 그대가 무슨 변명으로 책임을 피하겠는가. 속히 찾아내어 돌려보내라.」

○ 戊寅, 阿祿部落台吉達喇海及桑阿爾珠・巴魯和・楚虎爾來朝, 貢駝馬. 達喇海率衆遙拜, 復近御前再拜, 抱膝而見. 達喇海・楚虎爾・桑阿爾珠・巴魯和各獻馬匹, 上酌納之.

○ 무인일(2.16), 아루 부락의 타이지 달라하이(dalahai, 達喇海)와 상

가르주(sanggarju, 桑阿爾珠)·바루호(baruho, 巴魯和)·추후르(cūhur, 楚虎爾)가 내조하여 낙타를 바쳤다. 달라하이는 무리를 이끌고 멀리서 절하고 다시 어전(御前) 가까이서 절하고 무릎을 껴안고 알현했다. 달라하이·추후르·상가르주·바루호가 각각 말을 바치자, 주상이 헤아려 받았다.

○ 己卯, 先是, 上命法司議巴克什庫爾纏罪. 議曰, 庫爾纏曾語薩木哈云, 貝勒於上前, 言汝過惡, 汝宜防之. 我已在貝勒前, 爲汝解紛矣. 及薩木哈得罪被執, 遂將庫爾纏之言奏云, 貝勒素有謀臣之心. 恐皇上誤聽其言, 故爾奏聞. 其讒間貝勒, 罪一. 又遣庫爾纏往朝鮮時, 至安州城, 令朝鮮通事入其帳內, 及至彼, 私修漢字書遺朝鮮國. 又與朝鮮侍郎私講漢語, 同行之滿達爾漢·董納密皆不令知. 所受朝鮮餽贈禮物, 較滿達爾漢·董納密獨多, 同行諸人皆不令見, 又私帶鳥鎗, 獻其貝勒岳託. 當奉使時, 庫爾纏曾奏上云, 此番不必攜帶貨物. 恐致擾亂, 惟言正務而已, 及至彼國, 復索煙幣諸物. 比還, 爲部中人搜獲, 逮送法司, 議革職, 坐以重罪, 奏聞. 上念庫爾纏平日勤勞頗多, 姑寬免一次, 坐以應得之罪, 以所得諸物入官. 庫爾纏又嘗於上前, 言董納密驕矜, 與朝鮮一切應對, 皆自主之, 不與衆共議. 上自察哈爾國還, 遣董納密, 同巴都禮往朝鮮. 上諭董納密, 人言汝驕矜, 凡應對之詞, 不與衆議. 今後宜謙讓自處. 董納密跪奏, 此必庫爾纏之言也. 彼悖亂之行甚多. 臣以彼爲皇上近臣, 不敢輕言, 彼乃誣臣, 臣不得不據實奏聞. 遂將往使朝鮮事, 一一陳之. 其罪二.

又自察哈爾國還時, 遣庫爾纏至得勝堡, 與明人議和. 上諭庫爾纏, 爾詰朝早來定議. 庫爾纏乃違命, 遲至次日. 明得勝堡人以牛羊食用等物獻上. 上諭庫爾纏, 爾可於明晨引見, 見畢, 即起行. 次日, 又久待不至. 遂命阿哈尼堪·范文程·羅碩引見, 至起行時方至. 其罪三.

己巳年. 往征明國, 聞劉興祚尙在, 遣貝勒濟爾哈朗, 率兵往殺興祚. 濟爾哈朗欲攜其屍還, 庫爾纏止之云, 旣已殺之, 攜屍何爲. 我國人當自聞之也. 因留其屍庫爾纏, 復潛回, 以衣衾殮而葬之. 比還, 上復命取興祚屍至, 大貝勒代善及貝勒岳託·薩哈廉, 擧刀斫興祚屍爲三. 庫爾纏復竊收其屍, 裹以被置樹上. 當興祚在我國時, 與庫爾纏交厚. 興祚欲逃, 上與諸貝勒覺之, 時加約束. 庫爾纏力保云, 此人忠誠, 斷無潛逃之理. 似此誣辭, 使彼聞之, 何以自安. 上與諸貝勒信之, 遂不加稽察. 劉興祚竟乘間而逃, 及伏誅又收其屍. 此事, 情罪重大, 庫爾纏應處死, 籍沒家產. 奏入. 上念其勤勞, 但令處死, 免籍沒, 止收其貝勒所與之物.

○ 기묘일(2.17), 이전에 주상이 법사(法司)에 명하여, 박시 쿠르찬의 죄를 의논하게 했다. 의논하여 말했다.

「쿠르찬이 일찍이 삼하(samha, 薩木哈)에게 말했다. "버일러들이 주상 앞에서 당신이 매우 간악하다고 말했으니 당신은 조심해야 할 것이오. 내가 이미 버일러들 앞에서 당신을 위해 오해를 풀었소." 삼하는 죄를 지어 잡히자 곧 쿠르찬이 했던 말을 상주했다. "버일러들이 나를 모함하고 있소. 주상께서 그들의 말을 오해하여 들으실까 걱정이오. 그러니 그대가 상주해주시오." 이렇게 버일러를 참소하고 이간질한 것이 첫째 죄이다.

또 쿠르찬을 조선에 보냈을 때, 안주성(安州城)에 도착하자 조선 통사에게 장막 안으로 들어오게 하고 그에게 사사로이 쓴 한자(漢字) 서신을 주어 조선국에 보냈다. 또 조선의 시랑(侍郎)과 몰래 한어(漢語)로 이야기했는데, 동행한 만다르한과 둥나미에게는 모두 알려 주지 않았다. 조선이 준 예물이 만다르한과 둥나미에 비교하면 유독 많았는데, 동행한 사람들에게는 모두 보지 못하게 했다. 또 몰래 조총을 가져가 버일러 요토에게 바쳤다. 사신으로 갈 때에 쿠르찬은 상주하기를 "이번에는 화물(貨物)을 가지고 갈 필요가 없습니다. 시끄러워질까 두려우니 오직 정무에 대해서만 말하겠습니다."라고 했으나, 그 나라에 도착하자 담배와 화폐, 여러 물건들을 강탈했다. 돌아와서 부(部)의 사람들에게 잡혀서 법사(法司)에 보내졌다. 혁직하고 중죄에 처할 것을 논의했다. 상주하여 아뢰자, 주상이 생각하기에 쿠르찬이 평소에 매우 열심히 일하니 이번 한 번만 관대히 죄를 면해 주어 받아야 할 죄를 주고 얻은 물건들은 관에 보내도록 했다. 쿠르찬은 또 일찍이 주상 앞에서 둥나미가 교만하여 조선과 응대하는 일체의 일을 모두 자기가 마음대로 하고 무리들과 함께 의논하지 않는다고 말했다. 주상이 차하르국에서 돌아와 둥나미를 바두리(baduri, 巴都禮)와 함께 조선으로 파견했다. 주상이 둥나미에게 유시했다. "누군가 말하기를 네가 교만하여 모든 응대하는 말을 무리들과 의논하지 않는다고 한다. 지금부터 겸손한 태도로 자중해야 한다." 둥나미가 무릎을 꿇고 상주했다. "이는 필시 쿠르찬의 말일 것입니다. 그는 일을 어지럽히고 거스르는 행동을 매우 많이 합니다. 저는 그가 주상의 근신이므로 감히 쉽게 이야기할 수 없었으나, 그가 저를 무고하니 신이 사실대로 아뢰지 않을 수 없습니다." 이어서 조선에 사신으로 갔던 일을 일일이 진술했다. 이것이 둘째 죄이다

또 차하르국에서 돌아올 때에 쿠르찬을 득승보(得勝堡)로 보내 명나라 사람과 화의를 논하게 했다. 주상이 쿠르찬에게 유시하여 "너는 다음날 아침 일찍 와서 의논하라."라고 했다. 그러나 쿠르찬은 명을 어기고 그다음 날 늦게야 도착했다. 명나라의 득승보 사람이 소와 양, 식용품 등의 물품을 주상에게 바쳤다. 주상이 쿠르찬에게 유시하여 "너는 내일 아침 득승보 사람을 불러 알현시키고, 알현이 끝난 뒤 바로 떠나라"고 했으나 다음날 오래 기다려도 오지 않았다. 이에 아하니칸(ahanikan, 阿哈尼堪) · 범문정 · 로쇼에게 명하여 불러 알현하게 하

니 떠날 때가 되어서야 도착했다. 이것이 셋째 죄이다.

기사년(1629) 명나라를 정벌하러 갈 때에 유홍조가 아직 살아 있다는 소식을 듣고 버일러 지르갈랑을 보내 병사를 이끌고 가서 유홍조를 죽이도록 했다. 지르갈랑이 시신을 가지고 돌아가려고 하자 쿠르찬이 그를 막으며 말했다. "이미 죽였는데 시신은 가져가서 무엇 합니까. 우리나라 사람들이 저절로 알게 될 것입니다." 이에 그 시신을 쿠르찬에게 남겨 두었는데, 다시 몰래 가지고 돌아와 옷과 이불로 염하고 장사 지냈다. 돌아오자 주상이 다시 명하여 유홍조의 시신을 가져오게 하니 대버일러 다이샨과 버일러 요토·사할리얀이 칼을 들어 유홍조의 시신을 세 토막으로 베었다. 쿠르찬은 다시 몰래 그 시신을 수습하여 이불로 싸서 나무 위에 두었다. 유홍조가 우리나라에 있을 때, 쿠르찬과 관계가 깊었다. 유홍조가 도망치려고 하자 주상과 버일러들이 눈치채고 그를 구속하려 하니 쿠르찬이 힘껏 비호하여 말했다. "그 사람은 충성스러운 자로, 결코 몰래 도망갈 생각이 없을 것입니다. 이러한 무고하는 말들을 그가 듣는다면 어찌 스스로 편안히 있겠습니까." 주상과 버일러들은 그것을 믿고 유홍조를 자세히 살피지 않았다. 유홍조는 그 틈을 타 도망갔고 죽임을 당하자 쿠르찬이 그 시체를 수습했다. 이 일은 그 사정과 죄상이 중대한 것으로, 쿠르찬을 사형에 처하고 가산을 몰수해야 한다.」

이를 상주하자 주상은 쿠르찬이 부지런히 일했음을 생각하여 단지 사형에 처하고 가산을 적몰하는 것은 면해 주고 버일러가 수여한 물건만을 몰수했다.

○ 癸未, 上遣副將圖魯什·勞薩等, 并大臣十六人, 率兵三百人, 往略寧遠迤西一帶, 命隨處揭榜諭衆. 諭曰, 朕昔征察哈爾時, 逼近爾大同·宣府一帶破壞邊城, 絕不侵犯. 我兵有奪爾民間之驢者, 即戮示於爾邊臣之前. 隨與爾邊臣誓天修好而還. 設朕不誠心願和, 豈有舍見在可乘之機, 而秋毫無犯者乎. 朕以爾國或思及此, 信朕議和之意, 當遣使來, 乃久之不至, 朕復遣使三次. 爾將告天盟誓之言, 竟置不問, 不容我使入城而回. 爾雖如此, 朕猶欲各享太平, 冀爾國徐思遣使來議. 乃不惟使命杳然, 反侵我屬國. 爾意以爲宣大係屬別省, 可不遵從前誓言, 夫省會雖殊, 爾主豈有殊乎. 前此盟誓, 皆禱於天, 今爾違天若此, 想不欲修好耶. 爾乃大國, 理當願致太平, 乃反不崇信義而喜動干戈, 朕亦無如之何矣. 我今復告於天, 率滿洲 · 蒙古 · 漢人諸軍, 攜耕牛農具, 屯種山海關外八城之地, 因爾之糧爲久住計. 爾等八城人民遠近田地, 不必耕種. 爾若播種, 我當往耨焉. 爾既不願修好, 文臣孰爲善謀, 武臣孰爲善戰, 卽當各竭智勇, 以決兩國勝負. 毋徒深匿雉堞中也.

○ 계미일(2.21), 주상이 부장 투루시 · 로오사 등을 보내 대신 16명과 함께 병사 300명을 이끌고 가서 영원(寧遠) 서쪽 일대를 공략하고, 가는 곳마다 방을 붙여 무리에게 유시하게 했다. 「짐이 이전에 차하르를 정벌할 때에 너희 대동(大同)과 선부(宣府) 일대에 가까이 가서 변성(邊城)을 공격했으나 절대로 침범하지는 않았다. 우리 병사 중 너희 민간의 나귀를 취한 자가 있어 즉시 너희 변경의 신하들 앞에서 죽여 보였다. 이어서 너희 변경의 신하들과 함께 하늘에 사이좋게 지낼 것을 맹세하고 돌아왔다. 만약 짐이 진심으로 화의를 원하지 않았다면 어찌 이 좋은 기회를 포기하고 추호도 침범하지 않았겠는가. 짐은 너희 나라가 혹시라도 생각이 여기에 미쳐 짐의 화의하려는 뜻을 믿고 사신을 보내오리라 생각했으나 오래 기다려도 오지 않아 짐이 다시 사신을 세 차례나 보냈다. 너희는 하늘에 맹세한 말을 무시하고 우리 사신이 성에 들어가지 못하게 하고 돌려보냈다. 너희가 이렇게 함

에도 불구하고 짐은 여전히 각기 태평을 누리기를 원하여, 너희 나라가 천천히 생각해 사신을 보내 의논하기를 바랐다. 그러나 사신을 보낼 기미가 없을 뿐 아니라 도리어 우리의 속국을 침범했다. 너는 선부와 대동이 다른 성(省)에 속하므로 이전의 맹세를 따르지 않아도 된다고 여기지만, 성회(省會)가 다르다 해도 너희의 주군이 다르다고 할 수 있는가. 이전의 맹세는 모두 하늘에 기도한 것인데, 지금 너희가 이처럼 하늘을 어기는 것은 사이좋게 지내지 않기를 원하는 것인가. 너희는 대국으로서 마땅히 태평을 누리기를 원하는 것이 이치이거늘, 도리어 신의(信義)를 숭상하지 않고 전쟁을 즐기니 짐도 어찌할 도리가 없다. 짐은 지금 다시 하늘에 고하여 만주 · 몽고 · 한인 군대를 이끌고 경작할 소와 농기구를 가지고 가서 산해관 밖의 8성의 땅에서 둔전하며, 너희의 식량으로 오래 주둔할 계획이다. 너희 8성의 백성들은 인근의 토지를 경작할 필요가 없다. 너희가 만약 경작하면 내가 가서 수확할 것이다. 너희가 사이좋게 지내지 않기를 원했으니 문신 가운데 누가 계책을 잘 세우는지, 무신 가운데 누가 전쟁을 잘하는지 즉시 지혜와 용맹을 다하여 양국의 승패를 결단하자. 쓸데없이 성가퀴 속으로 깊이 숨지 말라.」

○ 是日, 遣葉努 · 劉哈, 率護軍二十名, 齎書往諭大同 · 宣府等官曰, 朕昔往征察哈爾, 逼近爾宣府一帶破壞邊城. 因朕願修好, 故絶不加侵犯, 與爾誓天而還, 以爲爾必遣使來議. 乃久待不至, 朕三次遣使, 爾復不容入城而返. 朕猶望爾國徐思, 遣使來議, 乃不惟使命杳然, 反侵我屬國. 是爾仍不欲議和也. 爾爲大國, 理當願致太平, 乃反不願太平, 而喜動干戈, 朕亦無如之何矣. 倘我大軍所臨, 或多蹂躪, 實非朕過. 朕今復告於天, 攜耕牛農具, 往征山海關外城池. 因有前言, 不可爽信, 特以興師之故, 遣使相聞, 爾意云何. 如謂山海關外之人,不願修好, 非爾等本意, 則當遣使即來, 朕自行裁議. 若謂山海關外人, 既不修好, 爾等亦不便議和, 則亦自由爾意可也.

○ 이날 여누(yenu, 葉努)와 리오하(lioha, 劉哈)를 보내 호군 20명을 이끌고 서신을 가지고 가서 대동과 선부 등의 관리에게 유시했다. 「짐이 이전에 차하르를 정벌할 때, 너희 선부 일대 가까이에서 변성(邊城)을 공격했다. 그러나 사이좋게 지내기를 원하여 절대로 침범하지 않고, 너희와 하늘에 맹세하고 돌아와 너희가 반드시 사신을 보내 의논할 것이라 생각했다. 그러나 오래 기다려도 오지 않아 짐이 세 차례 사신을 보냈는데, 너희는 또 성에 들어오는 것을 허락하지 않고 돌려보냈다. 짐은 여전히 너희 나라가 천천히 생각하여 사신을 보내와 의논할 것을 바랐는데, 사신은 올 기미가 없고 도리어 우리의 속국을 침범했다. 이는 너희가 화친을 의논하기를 바라지 않는 것이리라. 너희는 대국으로서 마땅히 태평을 원하는 것이 이치인데 도리어 태평을 원하지 않고 전쟁하기를 바라니, 짐도 어찌할 도리가 없다. 만일 우리 대군이 가는 곳마다 혹여나 함부로 짓밟더라도 실로 짐의 잘못이 아니다. 짐이 지금 다시 하늘에 고해 경작할 소와 농기구를 가지고 산해관 바깥의 성지(城池)를 정벌하고자 한다. 이전에 말을 하여 신의를 깰 수 없어 기병하는 이유를 사신을 보내 알린다. 너희의 뜻은 어떠한가. 만일 산해관 밖의 사람이 수호(修好)를 바라지 않는 것이 너희의 본뜻이 아니리면, 즉시 사신을 보내오라. 짐이 직접 헤아려 결정하겠다. 만일 산해관 밖의 사람이 화친을 맺지 않아 너희 역시 화친을 의논하기 불편하다면, 너희 마음대로 해도 될 것이다.」

○ 甲申, 朝鮮國王李倧, 遣總兵官金大根, 齎書至. 書曰, 敝使回, 承賜復書, 良用憮然. 敝邦與貴國, 疆域隔截, 往丁卯年不意貴國興兵, 長驅深入, 孤甚惑之, 未曉其故. 貴國王子旋以書來, 告以動兵之由, 欲議和事. 孤意以爲己未之役原非孤所知, 貴國之以此爲言, 何也. 然貴國既欲議和息兵甚爲美意, 故孤亦喜而許之. 但念敝邦之於明朝, 君臣分義甚重, 若貴國要我負明, 則寧以國斃, 斷不敢從. 故差遣使臣姜絪致書於貴國王子曰, 敝邦臣事明朝, 名分已定, 不敢有異意. 如使一朝而負明朝, 則貴國亦將以我爲何如人哉. 事大交鄰自有其道. 和貴國者, 所以交鄰也. 事明朝者, 所以事大也. 斯二者, 竝行而不相悖. 貴國王子, 亦以此爲是, 差人來報, 以丁卯三月庚午日, 同貴國大臣等, 宰白馬黑牛歃血爲誓. 其誓文曰, 今後兩國各遵約誓, 各守封疆, 勿爭競細故, 勿非禮徵求. 若朝鮮與滿洲記仇違背和好, 興兵侵伐, 則皇天降禍溅血暴骨. 若滿洲起異心違背和好, 興兵侵伐, 則皇天降禍亦如之. 兩國大臣各守信心, 共享太平. 此不但兩國所知, 亦皇天后土之所鑒臨也. 自茲以後, 我兩國結爲兄弟, 春秋信使, 往來如織五六年間, 略無異言. 但於開市時, 貴國商人, 不肯平價交易, 以此敝邦商賈, 爭相逃避. 孤深恐兩國釁端從此而起, 屢屢說與來使, 亦貴國所知也. 上年春, 鄭檢之回, 得貴國書, 以庫爾纏議定禮物爲言. 敝邦群臣, 皆言年年禮物, 自有定規, 今無故增之, 不可. 孤以爲年前所送, 誠似略少, 雖緣國貧, 心甚未安, 量力增數, 未爲不可. 去秋朴蘭英之往, 方遭大恤, 雖未及備送, 而孤實心許之矣.

○ 갑신일(2.22), 조선국왕 이종(李倧)이 총병관 김대근(金大根; 金大乾)[5]을 파견하여 보낸 서신이 도착했다. 서신의 내용은 다음과 같다.

---

5 『조선인조실록』 권28, 인조 11년 2월 2일조에는 김대건(金大乾)으로 기록되어 있다.

「우리 사신이 돌아와 보내신 답신을 받았는데 심히 망연자실했습니다. 폐방은 귀국과 영토가 가로막혀 있는데 이전 정묘년(1627)에 귀국이 뜻밖에 군대를 일으켜 깊이 들어온 일에 대해 저는 매우 의아하고 이유를 이해하지 못했습니다. 귀국의 왕자가 얼마 후 서신을 가지고 와 군대를 일으킨 이유를 알리고 화친을 의논하고자 했습니다. 제가 생각건대 기미년(1619)의 전투는 본디 제가 모르는데 귀국이 그 일을 말하니 어찌하겠습니까. 다만 귀국이 화의를 논하고자 전쟁을 멈춘 것은 매우 좋은 뜻이므로 저도 기쁘게 받아들였습니다. 그러나 폐방은 명조에 대해 군신(君臣)의 분의(分義)가 중하니 만약 귀국이 우리에게 명나라를 배반하라고 하면 차라리 국가가 무너질지언정 결코 감히 따를 수 없습니다. 이에 사신 강인(姜絪)을 보내 귀국의 왕자에게 서신을 보내 말했습니다. "폐방은 신하로서 명조를 섬기고 각자의 본분이 이미 정해져 있으니 감히 다른 뜻을 가질 수 없습니다. 만약 하루아침에 명조를 배반하면 귀국 역시 저희를 어떤 사람으로 보겠습니까. 사대(事大)하고 교린(交隣)하는 것은 스스로 그 길이 있는 것입니다. 귀국과 화친하는 것은 교린(交隣)이고, 명조를 섬기는 것은 사대(事大)입니다. 이 둘은 병행하는 것이지 서로 거스르는 것이 아닙니다." 귀국의 왕자도 이를 옳다고 여겨 사람을 보내 답신을 보내고, 정묘년(1627) 3월 경오일 귀국의 대신들과 흰 말과 검은 소를 죽여 피를 마심으로써 맹세했습니다.

그 맹세문은 다음과 같습니다. "지금부터 양국은 서로 맹약을 따라 각기 강역을 지키고 사소한 일로 싸우지 않으며, 예를 갖추지 않고 돈이나 곡식을 요구하지 않는다. 만약 조선이 만주에 대해 원한을 품고 화호를 위배하여 군사를 일으켜 침범하면, 즉시 하늘이 화(禍)를 내려 피를 뿌리고 뼈를 드러낼 것이다. 만약 만주가 다른 마음을 품고 화호를 위배하여 군사를 일으켜 침범하면, 하늘이 역시 그처럼 화(禍)를 내릴 것이다. 양국의 대신들이 서로 믿음을 지키면 함께 태평을 누릴 것이다." 이는 양국이 아는 것일 뿐 아니라 황천(皇天)과 후토(后土)께서 살펴보시는 것입니다. 이후로 우리 양국은 형제를 맺어 봄과 가을에 사신을 보내 줄곧 왕래함이 5-6년이 되었고, 거의 다른 말이 없었습니다. 다만 개시(開市)할 때에 귀국의 상인이 공정한 가격으로 교역하기를 꺼렸기에 폐방의 상인들이 다투어 도망갔습니다. 저는 양국의 불화가 여기에서 시작될까 심히 두려워 사신으로 온 자에게 누차 설명했고, 이는 귀국도 아는 바입니다.

작년 봄, 정익(鄭榏)이 돌아와 귀국의 서신을 받았는데, 쿠르찬이 의논하여 정한 예물(禮物)에 대한 말이 있었습니다. 폐방의 여러 신하들이 모두 말하기를 매년 예물은 정해진 규칙이 있어 지금 이유 없이 늘리는 것은 불가하다고 했습니다. 제가 생각하기에 몇 해 전 보낸 것이 실로 약소했던 것 같습니다. 그것이 비록 나라가 빈곤하기 때문이지만, 마음이 심히 편치 않아서 힘을 가늠하여 그 액수를 늘리는 것이 불가능한 것은 아니라고 생각했습니다. 지난해 가을 박난영이 갔을 때에는 대휼(大恤)을 당하여 비록 갖추어 보내지는 못했어도, 저는 진심으로 그만하면 되었다고 여겼습니다. 귀국은 이러한 상황을 살피지 않고 갑자기 화를 내며 사신을 마주하지 않고 국서에도 답이 없었습니다. 저는 지난 겨울 귀국의 사신이 국서를 가져오지도 않고 오가는 길에 예물을 요구하는 것이 이전과 매우 달라 심히 이상하게 느꼈습니다. 사신이 말한 예물의 수는 쿠르찬의 말보다 몇 갑절이 더 되었습니다. 저는 이것이 귀국의 본심이 아니고, 아마도 사신이 잘못한 것이리라 생각했습니다. 하지만 귀국의 대신이기에 힘을 다해 맞이했고 예를 더하여 그를 보냈으며 사신을 보내어 예를 갖추어 회답했습니다. 본토에서 나지 않는 것 외에는 대개 쿠르찬이 말한 액수를 따랐습니다.

貴國不察此情, 頓示嗔怒之意, 使臣未蒙面接, 國書亦無回答. 孤固已怪之, 去冬貴使不齎國書, 責禮於一路, 頗異前日. 其所言禮物之數, 又累倍於庫爾纏之言. 孤以爲此必非貴國本心, 或使臣之過也. 然旣係貴國大臣, 因力疾相見, 加禮而遣之. 爲送信使, 齎禮回答. 非本土所產外, 槩依庫爾纏所言數目. 敝邦之所以待貴國者, 可謂勤且至矣. 貴國不諒孤區區之意, 又發難從之言, 此豈當日立誓本意乎. 強人以義所不敢, 責人以力所不能. 而曰我無他心, 其誰信之. 敝邦雖弱小, 所秉者禮義也, 所守者約誓也, 所恃者皇天后土也. 若我不遵約誓, 自失其道, 致乖兄弟之好, 天必厭之矣. 今自反孤心, 咎不在我, 亦奈何哉. 但所介介者, 兩國共定約誓, 本期永世無替, 共享太平, 曾未七年, 事端遽變. 區區爲萬世生靈之計, 將歸虛妄, 以此不任慙靦耳. 然人生天地信義爲重, 約未成之前, 秦與越也, 約成之後, 兄及弟也. 兄弟之間, 設或微有不平, 其情義之重猶在. 故貴國之心雖變, 而孤之心未嘗少變也. 開市之難, 前已屢陳. 況在今日, 不通信使而猶欲交易, 寧有此理. 貴國言外之意已可知也. 敝邦商賈, 豈有肯赴者. 恐貴國未免一番虛行, 玆遣使臣申告孤意, 或冀貴國有以翻然改圖爾.

폐방이 귀국을 대하는 것은 근면하고 지극하다고 할 수 있습니다. 귀국이 제 마음 속의 뜻을 헤아리지 못하시고 따르기 어려운 말을 하니, 이것이 어찌 그날 맹세한 본뜻이겠습니까. 남에게 의리로써 감히 하지 못할 일을 강요하고, 힘으로 할 수 없는 것을 요구하면서 "내가 아무 뜻이 없다."라고 말한다면 누가 그것을 믿겠습니까. 폐방이 비록 작고 약해도 예의를 따르고, 서약을 지키고, 황천(皇天)과 후토(后土)를 믿습니다. 만약 제가 서약을 따르지 않았다면 스스로 도(道)를 잃고 형제의 우호를 어그러트리고, 하늘이 반드시 그것을 싫어하셨을 것입니다. 지금 저의 마음을 스스로 돌이켜 보건대, 허물이 저에게 있는 것이 아닌데 이 또한 어찌하겠습니까. 단지 마음에 두고 있는 것은, 양국이 정한 맹약은 본디 오래도록 폐기하지 않고 함께 태평을 누리기를 기약한 것인데, 아직 7년도 되지 않아 사단이 갑자기 일어난 것입니다. 저의 만세의 백성을 위한 계책이 허망해지려고 하니, 이로 인해 부끄러움을 참을 수 없을 뿐입니다.

하지만 사람과 천지(天地)는 신의를 중하게 여기니, 약속하기 전에는 진(秦)과 월(越)이었어도, 약속한 이후에는 형과 동생인 것입니다. 형제 사이에는 조금 불평이 있어도 여전히 그 정과 의리를 중시하는 것입니다. 이에 귀국의 마음이 변했다 하더라도 저의 마음은 조금도 변한 적이 없습니다. 개시(開市)의 어려움은 이전에 누차 말했습니다. 더욱이 지금 사신은 통하지 않으면서 여전히 교역하고자 하는 도리가 어디에 있겠습니까. 귀국의 속뜻을 잘 알았으니 폐방의 상인들 중 어찌 기꺼이 가려고 하는 자가 있겠습니까. 귀국이 한 차례 헛된 걸음을 면치 못할까 두려워 이렇게 사신을 보내 저의 뜻을 알리고, 귀국이 속히 뜻을 바꾸기를 바랍니다.」

○ 丙戌, 復遺書於朝鮮國王李倧曰, 朕屢次開誠勸論, 冀爾悔悟自新, 何乃自掩己非, 反言朕有更變耶. 自盟誓以來, 但見爾有更變, 而朕未嘗改也, 何以言之. 初締盟時, 朕曾許還爾所獲官民地方耶. 乃朕心存寬大, 將所獲官員竝定州·郭山等處人民, 盟後悉令退還, 惟留兵駐守義州, 以防島人登岸. 既而爾國復來求朕云, 漢人浮水, 狎如鳧鷗, 我亦無可如何. 若彼登岸, 我自不相容, 必當逐之. 逐之不可, 即與之戰. 戰之不能, 即當報聞. 義州請付我防守. 朕從爾所請, 又復退還. 初定盟時, 曾議定朕所俘獲之人, 若逃歸爾國, 不得藏匿, 即察出送還. 又爾求還義州時, 亦曾以爾之邊界, 我兵守之, 或有逃亡, 爾無由知, 求以爾兵駐守, 易於稽察. 既而爾國食言, 不還我逃人, 朕復從寬, 將兩次逃亡者, 俱置不究. 我之待爾如此, 而爾反致議於我. 爾豈以盟誓時, 不曾許還官民地方, 而一旦還之, 謂朕更變耶. 抑初議必還我逃人, 後爾背盟藏匿, 我竟置而不究, 謂朕更變耶. 朕推誠相與自省, 實無闕失, 爾反謂朕有更變.

○ 병술일(2.24), 다시 조선국왕 이종에게 서신을 보내 말했다.[6] 「짐이 누차 진심으로 권유하기를, 그대가 잘못을 뉘우치고 스스로 새로워지기를 바란다고 했는데, 어찌 도리어 스스로 이전의 잘못을 숨기고 반대로 짐이 변했다고 말하는가. 맹세한 이래로 그대만 변했고 짐은 변한 적이 없는데, 어찌 이렇게 말하는가. 처음 맹약을 맺을 때 짐이 획득한 관리와 백성과 땅을 그대에게 돌려주겠다고 한 적이 있었는가. 그러나 짐이 노획한 관원과 정주(定州)·곽산(郭山) 등지의 백성을 맹약한 후에 관대하게 모두 돌려보내고, 오직 병사를 의주(義州)에 남겨 수비하여 섬 사람이 육지에 오르는 것을 막았다. 곧 이어 그대 나라가 다시 짐에게 청하여 말하기를, "한인들이 물에 떠 있는 것이 마치 오리와 갈매기 같아 어찌할 수 없습니다. 그들이 상륙하면 우리는 받아들이지 않고 쫓아내겠습니다. 쫓아낼 수 없으면 그들과 싸울 것이고, 싸울 수 없으면 보고하여 알리겠습니다. 의주는 우리에게 맡겨 방비하게 하십시오."라고 했다. 짐은 그대의 청을 따라 다시 의주에서 퇴각하여 돌아갔다. 처음 맹약할 때에 의논하여 정하기를 짐이 포획한 사람들이 만약 그대의 국가로 도망가면 숨기지 말고 즉시 돌려보내기로 했다. 또 그대가 의주를 돌려주기를 부탁할 때에도 역시 그대의 변경을 우리 병사가 지키면 혹시 도망자가 있어도 그대가 알 수 없

6 『조선인조실록』 권28, 인조 11년 3월 6일조에 관련 내용이 있다.

으니 그대의 병사가 지켜야 쉽게 지킬 수 있다고 부탁했다. 얼마 지나지 않아 그대의 나라가 약속을 어기고 우리 도망인들을 돌려보내지 않았으나 짐은 또 관대하게 두 번 도망한 일을 모두 내버려 두고 따지지 않았다. 내가 그대를 대함이 이러한데도 그대는 도리어 짐을 책망하고 있다. 그대는 맹세할 때에 관민(官民)과 지방(地方)을 돌려받지 못하다가 일단 돌려받자 어찌 짐이 변했다고 말하는가. 또한 처음에 의논하기를 반드시 우리 도망자를 돌려보내도록 했는데 후에 그대가 맹약을 어기고 도망자들을 숨겼어도 나는 여전히 내버려 두고 따지지 않았거늘 짐이 변했다고 말하는가. 짐이 스스로 살펴보건대 실로 잘못이 없거늘 그대는 도리어 짐이 변했다고 말한다.

朕試以爾之更變者言之. 初盟時, 曾言待朕使與待明使無異, 而今已變矣. 又曾云不窩隱我逃人, 而今已變矣. 又曾言不許漢人登岸, 而今不惟容之登岸, 且將朕之逃人屢次送與島人, 又容島人登岸耕種矣. 爾所送之逃人, 其他姑不必論, 即如劉興祚·劉興治, 俱係爾國潛納送入島中. 又將遣還官員家屬, 送與明人, 且以爾族弟詐稱親弟, 遣來欺朕. 豈非爾心更變, 歷有明驗哉. 因爾屢屢變更, 所以朕有增加貢額之議. 爾若不願亦當以理來請, 何得輒掩已非反稱朕過, 阻我貿易, 妄自呼天, 口出惡言. 上天將誰譴耶. 若爾國所行果是, 則爾所送之劉興祚·劉興治, 爾所助之毛文龍, 皆當常享富貴而不死. 惟所行逆理, 故毛文龍見誅於明國, 劉興治被殺於島衆, 劉興祚就擒於我軍, 身伏刀鋸. 往事如此, 昭然不爽. 朕祗承天命, 事事可以告天, 乃爾怙非文過, 亦復動輒籲天, 知天其誰直耶. 至來書云, 言外之意, 已可知矣. 爾之所料, 無乃過乎. 若朕果有加兵之意, 不難聲罪致討, 何必寓意言外, 而作潛師掩襲之計. 朕前書言不必遣使, 惟行互市者, 蓋爲爾物漸惡, 又不遵議加增, 與其泛然遣使往來, 不如息兵互市故也. 今爾欲永絕互市, 是爾先啟兵端矣. 昔年兵釁, 原啟自爾國, 今復以永絕爲詞, 是咎在爾而不在我也. 雖然, 爾若深思易慮, 翻然悔悟, 朕猶鑒之. 若仍執前言, 亦從爾便, 朕亦無如之何矣.

짐이 그대가 변한 것들을 말해 보겠다. 처음 맹약할 때에 말하기를 짐의 사신을 대하는 것과 명나라의 사신을 대하는 것에 차별 없이 하겠다고 했는데, 지금은 변했다. 또 말하기를 우리의 도망자를 숨기지 않겠다고 했는데, 지금은 변했다. 또 말하기를 한인이 육지에 오르지 못하게 하겠다고 했는데, 지금은 그들이 육지에 오르는 것을 허용할 뿐만 아니라 짐의 도망자들을 누차 섬 사람들에게 보냈고, 섬 사람들이 육지로 들어와 경작하는 것을 허락했다. 그대가 보낸 도망인들은 다른 자들은 차치하고 유홍조(劉興祚)·유홍치(劉興治)와 같은 자들은 모두 그대 나라가 몰래 거두어들여 섬으로 보낸 자들이다. 또 돌려보낸 관원과 가속들을 명나라 사람에게 보냈고, 그대 일가의 동생을 친동생으로 속여 보내어 짐을 속였다. 어찌 그대의 마음이 변하지 않았다고 할 수 있는가. 하나하나 뚜렷이 드러나는 바이다. 그대가 여러 차례 변했기에 짐이 공물의 액수를 늘리겠다고 논의한 것이다. 만약 그대가 원하지 않는다면 마땅히 도리로서 와서 청할 것이지, 어찌 이전의 잘못을 숨기고 도리어 짐의 잘못만을 말하고, 우리의 무역을 막고 망령되이 스스로 하늘을 부르며 악언을 내뱉는가. 하늘이 장차 누구를 질책하겠는가. 만약 그대 나라가 행한 것이 진실로 옳다면, 그대가 보낸 유홍조·유홍치, 그대가 도운 모문룡은 모두 마땅히 영원히 부귀를 누리고 죽지 않아야 했다. 하지만 그들의 행동이 도리를 거슬렀기에 모문룡은 명나라에서 주살당했고, 유홍치는 섬의 무리들에게 죽임당했으며 유홍조는 바로 우리 군대에게 사로잡혀 주살당했다. 지난 일이 이처럼 매우 명확하고 틀린 것이 없다. 짐은 다만 천명(天命)

을 받들어 모든 일을 하늘에게 고할 수 있으나, 그대는 잘못된 일에 의지하고 그 잘못을 숨기면서도 일을 할 때마다 번번이 하늘을 부르짖으니, 하늘이 누구를 옳다 할지 알겠는가. 서신을 보내 와서 짐의 속뜻을 알겠다고 말했는데, 그대가 생각한 것은 잘못된 것이 아닌가? 만약 짐이 진실로 군대를 일으킬 뜻이 있었다면 죄를 성토하고 공격하는 것이 어렵지 않으니 속뜻을 돌려 말하고 군대를 숨겨 엄습할 계책을 세울 필요가 있겠는가. 짐이 이전에 사신을 보낼 필요가 없고 서로 호시(互市)만 하고자 한 것은, 대개 그대의 물품들이 점점 나빠지고 또 예물을 증가시키고자 한 의논을 따르지 않았기에, 그대와 데면데면하게 사신을 보내 왕래하는 것보다 병사들을 쉬게 하고 호시하는 것이 낫기 때문이다. 지금 그대가 영원히 호시를 끊기를 원하니 이는 그대가 먼저 전쟁의 실마리를 제공한 것이다. 이전의 전쟁도 본디 그대 나라에서 일으킨 것인데 지금 또 영원히 단절하겠다고 말하니, 이는 죄가 그대에게 있는 것이지 짐에게 있는 것은 아니다. 그러나 그대가 만약 심사숙고하여 생각을 바꾸어 빠르게 뉘우친다면 짐 역시 그것을 살필 것이다. 만약 이대로 이전의 말을 고집한다면 그 역시 그대의 마음이니, 짐도 어찌할 수 없다.」

○ 丁亥, 賜阿祿部落台吉達喇海, 及巴顏楚虎爾, 甲冑 · 雕鞍 · 朝服 · 銀盆 · 緞布等物.

○ 정해일(2.25), 아루 부락 타이지 달라하이(dalahai, 達喇海)와 바얀 추후르(bayan cuhūr, 巴顏楚虎爾)에게 갑옷과 투구 · 조각한 안장 · 조복(朝服) · 은쟁반 · 비단과 면포 등의 물건을 하사했다.

○ 己丑, 扎魯特部落貝勒內齊子台吉常加布, 偕其妻, 及弟台吉額益得, 送女與貝勒阿濟格子和託爲婚. 命貝勒濟爾哈朗 · 阿濟格 · 薩哈廉, 并三貝勒福金, 及墨爾根戴青貝勒多爾袞, 郊迎五里. 宴畢, 入城.

○ 기축일(2.27), 자루트 부락의 버일러 너이치(neici, 內齊)의 아들 타이지 창기야부(canggiyabu, 常加布), 그의 부인과 동생 타이지 어이더(eide, 額益得)가 딸을 보내 버일러 아지거의 아들 호토(hoto, 和託)와 혼인하고자 했다. 버일러 지르갈랑 · 아지거 · 사할리얀 및 세 버일러의 푸진, 머르건 다이칭 버일러 도르곤에게 명하여 5리 밖 근교에서 영접하게 했다. 연회를 마치고, 성으로 들어왔다.

三月, 壬辰朔.

○ 3월 임진일 초하루(3.1).

○ 癸巳, 貝勒阿濟格外姑杜爾伯特部落達爾漢台吉妻來朝. 命貝勒薩哈廉 · 阿巴泰 · 阿濟格 · 杜度, 郊迎五里. 宴畢, 入城.

○ 계사일(3.2), 버일러 아지거의 장모인 두르베트(durbet, 杜爾伯特) 부락 다르한 타이지의 부인이 내조했다. 버일러 사할리얀 · 아바타이 · 아지거 · 두두에게 명하여 5리 밖 근교에서 영접하게 했다. 연회를 마치고, 성으로 들어왔다.

○ 乙未, 達爾漢台吉妻朝見, 獻雕鞍·甲冑·馬駝·貂裘等物, 酌納之.

○ 을미일(3.4), 다르한 타이지의 부인이 알현하여 조각한 안장·갑옷과 투구·말과 낙타·담비가죽옷 등의 물건을 바치니 헤아려 받았다.

○ 丁酉, 上以疆土日闢, 必資保障, 欲沿邊築城, 以便戍防. 因遣貝勒濟爾哈朗, 築岫巖城, 貝勒阿巴泰, 築攬盤城, 貝勒阿濟格, 築通遠堡城, 貝勒杜度, 築鹻場城, 分兵駐守. 念築城兵役勞苦, 以羊犒之.

○ 정유일(3.6), 주상은 강토가 나날이 개척되므로 반드시 거점을 마련해야 한다고 생각하여, 변경에 성을 쌓아 수비를 편하게 하고자 했다. 이에 버일러 지르갈랑을 보내 수암성(岫巖城)을 쌓게 하고, 버일러 아바타이에게 남반성(攬盤城)을, 버일러 아지거에게 통원보성(通遠堡城)을, 버일러 두두에게 감장성(鹻場城)을 쌓게 하고, 병사를 나누어 수비하게 했다. 축성하는 병사의 노역하는 수고를 생각하여 양고기를 먹였다.

○ 是日, 賜土默特部落俄木布楚虎爾, 銀百兩, 及鞓帶等物.

○ 이날 투메트 부락의 옴부 추후르(ombu cūhur, 俄木布楚虎爾)에게 은 100냥과 가죽띠 등의 물건을 하사했다.

○ 辛丑, 郭爾羅斯部落台吉固木來朝, 獻駝馬.

○ 신축일(3.10), 고를로스(gorlos, 郭爾羅斯) 부락의 타이지 구무(gumu, 固木)가 내조하여 낙타와 말을 바쳤다.

○ 丙午, 先是, 董納密, 與庫爾纏同往朝鮮時, 離衆五里駐宿. 與巴都禮·察哈喇同往時, 私帶義州通事隨行, 復離衆駐宿, 又私帶所獲朝鮮一人. 併伊子托塞同往, 又私以大凌河蒙古一人, 令爲厮卒帶往, 其人從江邊竊馬而逃. 至是, 議董納密罪, 削其職, 籍家產爲奴.

○ 병오일(3.15), 이전에 둥나미는 쿠르찬과 함께 조선에 갔었을 때 무리와 5리 떨어져 묵었다. 바두리·차하라와 함께 갔을 때 사사로이 의주(義州)의 통사(通事)를 데리고 다니며 수행하게 했고, 다시 무리와 떨어져 묵었으며 또한 생포한 조선인 1명을 사사로이 데리고 다녔다. 그 아들 토서(tose, 托塞)와 함께 갔을 때, 사사로이 대릉하(大凌河) 몽고인 1명을 쿠툴러로 삼아 데리고 갔는데, 그 자가 강변(江邊)에서 말을 훔쳐 달아났다. 이때에 둥나미의 죄를 논하여 직(職)을 삭탈하고 가산을 적몰하여 노예로 삼았다.

○ 庚戌, 遣達爾漢台吉妻歸國. 賜甲冑·雕鞍·鞓帶·緞布·銀器·女朝衣等物, 命貝勒薩哈廉·阿濟格送之五里, 賜宴.

○ 경술일(3.19), 다르한 타이지의 부인[7]을 보내 귀국하게 했다. 갑옷과 투구·조각한 안장·가죽띠·비단과 면포·은그릇·여조의(女

朝衣) 등 물건을 하사했으며, 버일러 사할리얀과 아지거에게 명하여 5리 밖까지 배웅하고 연회를 베풀게 했다.

○ 以王天相創鑄紅衣礮功, 及金世昌繼造不用蠟輒鑄成, 俱陞備禦, 授董成功爲千總.

○ 왕천상(王天相)은 홍의포를 만든 공적이 있고, 김세창(金世昌)은 밀랍을 사용하지 않고 홍의포를 주조했으므로, 모두 비어로 승진시켰다. 동성공(董成功)에게 벼슬을 주어 천총으로 삼았다.

○ 壬子, 遣蘇爾東阿·星內·必楊蘇·阿機·塔巴海·拜賽·綽爾門·卦爾察尼堪率兵三百人, 攜家口, 駐守遼河岸巨流河地方.

○ 임자일(3.21), 숟둥가(suldungga, 蘇爾東阿)·싱너이(singnei, 星內)·비양수(biyangsu, 必楊蘇)·아기(agi, 阿機)·타바하이(tabahai, 塔巴海)·바이사이(baisai, 拜賽)·촐몬(colmon, 綽爾門)·구왈차 니칸(gūwalca nikan, 卦爾察尼堪)을 보내 병사 300명을 이끌고 가솔을 데려가 요하 연안의 거류하(巨流河) 지방에 주둔하여 지키게 했다.

○ 甲寅, 副將圖魯什·勞薩等, 齎諭出畧還, 奏言. 出兵時, 分兩翼突入沙河所, 在寧遠·前屯衛之間, 約斬四百人, 生擒其前哨百總一人,

---

7 『내국사원당』에 이름이 dara ehe fujin으로 기록되어 있다. 『內國史院檔 天聰七年』, p.28.

獲牲畜二百七十.

○ 갑인일(3.23), 부장 투루시 · 로오사 등이 유지(諭旨)를 가지고 약탈을 갔다 돌아와서 아뢰었다. "출병할 때 양익(兩翼)으로 나누어 사하소(沙河所)로 돌격해 들어가 영원(寧遠)과 전둔위(前屯衛) 사이에서 400명 가량을 베고 초탐하러 나온 백총 1명을 생포했으며 가축 270마리를 포획했습니다."

○ 丙辰, 毛氏 · 毛大及千總耿某之黨遊擊張文煥 · 都司楊謹 · 千總李政明, 率男婦百人, 自蓋州登岸來降. 城守副將石國柱 · 遊擊雅什塔, 送之至. 奏言, 毛氏先據登州明兵攻之, 五月不下, 穴城用火器攻之, 城崩. 毛氏 · 毛大 · 耿千總等, 駕舟夜遁, 至旅順口, 欲攻城, 遇明總兵黃某拒戰不能克, 退屯雙島龍安塘. 臣等詢之, 具言其故, 且食盡窮迫, 願歸聖朝.

○ 병진일(3.25), 모씨(毛氏; 孔有德)[8] · 모대(毛大; 李九成)[9]와 천총 경아무개(耿某; 耿仲明)의 무리인 유격 장문환(張文煥), 도사 양근(楊謹), 천총 이정명(李政明)이 남녀 100명을 이끌고 개주로부터 해안을 올라와 항복했다. 성을 지키던 부장 석국주(石國柱)와 유격 야시타(yasita,

8 毛氏, 毛大, 耿某는 각각 공유덕(孔有德), 이구성(李九成), 경중명(耿仲明)을 지칭한다. 모문룡이 이들을 우대하여 자신의 성인 모(毛)를 내려 주고, 공유덕은 모영시(毛永詩)로, 경중명은 모유걸(毛有傑)로, 이구성은 모유공(毛有功)으로 이름을 고치게 했다.

9 李九成: ?-1632. 毛文龍의 부하였다. 모문룡이 원숭환에게 죽임당한 후에 孔有德, 耿仲明과 함께 東江에서 登州로 도주하여 孫元化 휘하에 머물렀다. 1632년 공유덕과 함께 登州를 점거했으나, 명나라의 진압군에게 사살되었다.

雅什塔)가 그들을 보내와 도착해서 아뢰었다. "모씨(毛氏; 孔有德)가 앞서 등주를 점거하니 명나라 군대가 그들을 공격했습니다. 다섯 달 동안 함락하지 못하다가, 성을 뚫어서 화기를 이용하여 공격하니 성이 무너졌습니다. 모씨(毛氏; 孔有德)・모대(毛大; 李九成)・경 천총(耿千總; 耿仲明) 등은 배를 타고 야반도주하여 여순구에 이르러 성을 공격하고자 했으나, 명나라의 총병 황 아무개(黃某; 黃龍)[10]가 막아서 함락하지 못하고, 쌍도(雙島)의 용안당(龍安塘)으로 후퇴하여 주둔했습니다. 신들이 그들에게 물으니 그 이유를 상세히 말했으며, 또한 식량이 떨어져 곤궁하니 성조(聖朝)에 귀부하기를 원한다고 합니다."

○ 戊午, 命吳賴・范文程・白格・塞古德, 率每旗親軍一名, 及駐防東京・鞍山・海州・牛莊・耀州等城諸將每城一員, 每甲喇兵三名, 以書往諭旅順口官員曰, 朕前聞爾等有歸朕之意, 尚未深信, 近遊擊張文煥・都司楊謹, 乘舟至蓋州, 言爾等已至, 故特遣人往探焉.

○ 무오일(3.27), 울라이・범문정・버거이(begei, 白格)・서구더(segude, 塞古德)에게 명하여, 각 기(旗)에서 친군(親軍) 1명씩, 동경(東京)・안산(鞍山)・해주(海州)・우장(牛莊)・요주(耀州) 등에서 주둔하는 장수들을 각 성에서 1명씩, 각 잘란에서 병사 3명씩을 이끌고, 서신을 가지고 가서 여순구의 관원들에게 유시를 전하게 했다. 「짐(朕)이 일전에 너희가 짐에게 귀순할 뜻이 있다고 들었으나 깊이 믿지 않았다. 최근에 유격 장문환(張文煥)과 도사 양근(楊謹)이 배를 타고 개주(蓋州)에 이르렀는데 너희가 이미 도착했다고 하여 특별히 사람을

10 여기에서 '명나라의 총병 黃모'는 黃龍을 가리킨다.

보내 알아본다.」

○ 庚申, 賞新漢官, 總兵官麻登雲·馬光遠·王世選, 副將祖可法·祖澤潤·祖澤洪·劉君輔·韓大勳·曹恭誠·張存仁·孟喬芳·孫定遼·鄧長春·薛大湖·丁啟明·李雲·裴國珍, 參將·遊擊姜新·方一元·盛忠·楊名世·陳變武·蔣懷良·張廉·吳奉成·段學孔·劉武元·塗應乾·劉士英·明弘先·韓棟·楊聲遠·劉良臣·臧調元·馬光先·吳良輔·馬光輝·李一忠·高光輝·王景等, 及都司·守備一百五十二員, 緞布有差.

○ 경신일(3.29), 새로운 한인 관리 총병관 마등운(麻登雲)·마광원·왕세선(王世選), 부장 조가법(祖可法)·조택윤(祖澤潤)·조택홍(祖澤洪)·유군보(劉君輔)·한대훈(韓大勳)·조공성(曹恭誠)·장존인(張存仁)·맹교방·손정요(孫定遼)·등장춘(鄧長春)·설대호(薛大湖)·정계명(丁啟明)·이운(李雲)·배국진(裴國珍), 참장 및 유격 강신(姜新)·방일원(方一元)·성충(盛忠)·양명세(楊名世)·진변무(陳變武)·장회량(蔣懷良)·장렴(張廉)·오봉성(吳奉成)·단학공(段學孔)·유무원(劉武元)·도응건(塗應乾)·유사영(劉士英)·명홍선(明弘先)·한동(韓棟)·양성원(楊聲遠)·유량신(劉良臣)·장조원(臧調元)·마광선(馬光先)·오량보(吳良輔)·마광휘(馬光輝)·이일충(李一忠)·고광휘(高光輝)·왕경(王景) 등과 도사 및 수비 152명에게 비단과 면포를 차등 있게 상 주었다.

夏四月, 壬戌朔.

○ 여름 4월 임술일 초하루(4.1).

○ 癸亥, 上召郭爾羅斯部落台吉固木進宮, 賜宴, 并賜甲冑 · 雕鞍 · 朝服 · 緞布 · 銀器等物.

○ 계해일(4.2), 주상이 고를로스 부락의 타이지 구무를 불러 궁으로 오게 하여 연회를 베풀었다. 더불어 갑옷과 투구 · 조각한 안장 · 비단과 면포 · 은그릇 등의 물건을 하사했다.

○ 乙丑, 察哈爾汗屬下兩翼大總管塔什海虎魯克寨桑, 率二十人, 攜馬百, 駝二十, 來歸. 言, 察哈爾汗殘虐不道, 國人思亂. 有固山額眞綽圖寨桑移營時, 察哈爾汗怒其移居伊地, 致所屬部落困窮, 遂射殺綽圖寨桑所乘馬, 褫其職. 臣思彼待臣下, 類皆如此, 豈可久處, 又聞天聰皇帝寬仁大度, 善養人民, 故特率所屬之衆, 傾心歸附.

○ 을축일(4.4), 차하르 칸 예하의 양익(兩翼) 대총관(大總管)인 타시하이 훌룩 자이상(tasihai huluk jaisang, 塔什海虎魯克寨桑)이 20명을 이끌고, 말 100마리와 낙타 20마리를 끌고 내귀하여 말했다. "차하르 칸이 잔학무도하여 나라 사람들이 어지럽다고 생각합니다. 구사어전 초투 자이상(cotu jaisang, 綽圖寨桑)이 영(營)[11]을 옮길 때 차하르 칸은 그가 이주함으로써 속하의 부락이 곤궁해진 것에 분노하여 마침내 초투 자이상이 탄 말을 쏘아 죽이고 그 직(職)을 빼앗았습니다. 신(臣)이 생

11 본서에서 몽고의 營은 대개 유목 단위인 '오톡(otoγ)'을 가리킨다.

각건대, 그가 신하를 대하는 방법이 대개 이와 같으니 어찌 오래 머무를 수 있겠습니까. 또한 천총 황제께서는 관대하고 어질고 도량이 커서 인민을 잘 보살핀다고 들었습니다. 그리하여 특별히 소속 무리를 이끌고 마음을 기울여 귀부합니다."

○ 丁卯, 察哈爾杭愛地方阿布圖 · 和碩齊, 率七人, 攜馬駝來歸.

○ 정묘일(4.6), 차하르 항가이(hanggai, 杭愛) 지방의 아부투(abutu, 阿布圖)와 호쇼치(hošoci, 和碩齊)가 7명을 이끌고 말과 낙타를 데려와 내귀했다.

○ 辛未, 海州城守烈烈渾 · 牛莊城守楞額禮 · 海州河口防守伊勒慎, 率兵十八人, 巡遼河至娘娘宮渡口, 遇明兵船五艘對敵, 因我兵寡, 止獲其船二艘, 殺二人, 生擒六人來獻.

○ 신미일(4.10), 해주성(海州城)을 수비하던 리열리여훈(liyeliyehun, 烈烈渾), 우장성(牛莊城)을 수비하던 렁거리, 해주하구(海州河口)를 방어하던 이러선(irešen, 伊勒慎)이 병사 18명을 이끌고 요하를 순시하다가 양양궁(孃孃宮) 나루터에 이르러 명나라의 병선(兵船) 5척과 마주쳐서 대적했다. 우리 병사가 적었기 때문에 다만 그 병선 2척을 노획하고 2명을 죽였으며 6명을 생포하여 와서 바쳤다.

○ 乙亥, 遣參將英俄爾岱 · 遊擊羅奇, 遺書朝鮮國王李倧, 書曰, 前者山東來降官員, 乃朕已得之人, 後皆叛逃入島, 彼時貴國給糧協濟.

今仰賴天佑, 伊等復擕船百艘, 兵二萬來歸, 其協濟糧饟, 似宜仍仰資於貴國也. 若附明則予, 歸朕則否, 恐非兄弟之道, 貴國務敦鄰好, 相爲助給, 特此致書, 餘令去臣英俄爾岱口陳.

○ 을해일(4.14), 참장 잉굴다이와 유격 로키(loki, 羅奇)를 보내 조선 국왕 이종에게 서신을 남겼다. 서신에서 말했다. 「전에 산동에서 항복해 온 관원은 짐(朕)이 이미 취했던 사람들이었다. 후에 모두 배반하고 섬으로 숨어들어 갔는데, 그때 귀국이 양식을 주고 구제했다. 지금 하늘의 도움에 의지하여 그들이 다시 선박 100척, 병사 2만 명을 이끌고 내귀했으니, 그들을 구제할 양식을 마땅히 전과 같이 귀국에 의탁해야 할 것이다. 만약 명나라에 붙었을 때는 주고 짐에게 귀순했을 때는 주지 않으면 형제의 도리가 아니다. 귀국은 힘써 이웃 간의 우호를 돈독하게 하고 서로 도움을 주어야 한다. 이에 특별히 서신을 보낸다. 나머지는 사신으로 간 잉굴다이가 말할 것이다.」

○ 丙子, 阿祿蒙古四子部落台吉俄木布布庫, 及阿爾納來朝, 獻駝馬, 上酌納之, 召俄木布布庫進宮, 賜宴.

○ 병자일(4.15), 아루 몽고 사자(四子) 부락의 타이지 옴부 부쿠(ombu buku, 俄木布布庫)와 아르나(arna, 阿爾納)가 내조하여 낙타와 말을 바치니 주상이 헤아려 받고 옴부 부쿠를 불러 궁에 들어오게 하여 연회를 베풀었다.

○ 己卯, 上巡幸郊原, 皇后 · 諸妃 · 諸皇子, 及諸貝勒俱隨行, 渡遼河, 駐蹕陽石木河岸. 諸貝勒各按左右翼列營.

○ 기묘일(4.18), 주상이 교외를 순행하니, 황후 · 여러 비(妃) · 여러 황자, 그리고 여러 버일러들이 모두 수행하였다. 요하(遼河)를 건너, 양시무 강(yangsimu bira, 陽石木河) 연안에서 머물렀다. 여러 버일러들이 각각 좌익과 우익으로 군영을 펼쳤다.

○ 敖漢部落額駙班第, 遣台吉達賴吳巴什來朝, 貢駝馬 · 牛羊.

○ 아오한 부락의 어푸 반디(bandi, 班第)가 타이지 달라이 우바시(dalai ubasi, 達賴吳巴什)를 보내 내조하여 낙타 · 말 · 소 · 양을 진공했다.

○ 上遣敖漢公主歸國, 命宗室巴布海 · 拜尹圖 · 鞏阿岱 · 蒙古阿代扎爾固齊, 各偕其妻, 往送. 賜公主 · 額駙嵌東珠珍珠耳墜 · 項圈 · 手鐲 · 足鐲 · 各種數珠 · 各色衣服 · 帽 · 鞾 · 被 · 褥 · 枕 · 帳幔 · 傘 · 各色鞍轡 · 金銀器皿 · 隨侍女子 · 服役男婦 · 帳房 · 床 · 車 · 涼棚 · 駝馬諸物甚厚. 上與皇后 · 諸妃, 及諸貝勒, 送五里, 復大宴之.

○ 주상이 아오한 공주를 보내 귀국하게 하고, 종실 바부하이 · 바인투(baintu, 拜尹圖) · 궁가다이(gūnggadai, 鞏阿岱), 몽고 아다이 자르구치(adai jargūci, 阿代扎爾固齊)에게 각자 아내를 데리고 가서 송별하게 했다. 공주와 어푸에게 동주와 진주를 박은 귀걸이 · 목걸이 · 팔찌 · 발찌 · 각종 염주 · 각종 의복 · 모자 · 신발 · 이불 · 요 · 베개 ·

장막[12] · 휘장[13] · 일산 · 각종 안장과 고삐 · 금그릇과 은그릇 · 시종할 여자 · 일할 남녀 · 천막 · 걸상 · 수레 · 그늘막 · 낙타 · 말 등 여러 물건을 매우 후하게 하사했다. 주상이 황후 · 여러 비(妃) 및 여러 버일러들과 함께 5리를 전송하여 다시 크게 연회를 베풀었다.

○ 是日, 蒙古喀喇沁部落古魯思轄布來朝, 貢駝馬 · 緞疋.

○ 이날 몽고 카라친 부락의 구루스히얍(gurushiyab, 古魯思轄布)이 내조하여 낙타 · 말 · 비단을 바쳤다.

○ 丁亥, 賜古魯思轄布御服黃緞袍一, 雕鞍馬一.

○ 정해일(4.26), 구루스히얍에게 주상이 입는 황색 비단겉옷 한 벌과 조각한 안장을 갖춘 말 1마리를 하사했다.

○ 戊子, 賜阿祿部落巴木布楚虎爾, 甲胄 · 雕鞍 · 銀器 · 緞布等物.

○ 무자일(4.27), 아루 부락의 밤부 추후르(bambu cuhur, 巴木布楚虎爾)에게 갑옷과 투구 · 조각한 안장 · 은그릇 · 비단과 면포 등의 물건을 하사했다.

---

12 장막의 원문은 帳, 만주어로는 mengse이다.

13 휘장의 원문은 幔, 만주어로는 jampan이다.

○ 己丑, 中宮皇后之母科爾沁國大妃, 偕次妃・國舅吳克善・額駙滿朱習禮, 及公主・台吉綽爾濟等來朝. 上與皇后・諸妃, 率諸貝勒, 自行在渡陽石木河, 迎於五里外. 二妃・公主, 及國舅吳克善・額駙滿朱習禮・台吉綽爾濟, 下馬立候. 上與諸貝勒, 距數十步地, 下馬相迎. 以外姑禮見大妃, 及次妃, 諸貝勒亦相繼, 見畢, 上與諸貝勒退立, 皇后・諸妃, 見二妃, 禮亦同上. 次國舅吳克善・額駙滿朱習禮・台吉綽爾濟等朝見, 上以戚屬之禮答之, 次與諸貝勒相見, 次朝見皇后・諸妃. 次額駙滿朱習禮, 及公主見上, 思及伯父貝勒, 輒哭, 上與諸貝勒俱泣下. 相見畢, 即同回行在, 設帷幄, 二妃・國舅吳克善・額駙滿朱習禮, 及公主・台吉綽爾濟等, 具筵進上. 二妃各獻上雕鞍・馬駝・牛羊・貂裘等物, 併獻皇后・諸妃, 女朝衣各一襲, 國舅吳克善・額駙滿朱習禮, 各獻上雕鞍・馬駝・牛羊・貂鑲朝衣等物, 併獻皇后・諸妃, 女朝衣・貂皮, 台吉綽爾濟, 及祁他特, 獻上馬駝・牛羊・貂裘等物, 又扎魯特部落台吉際爾哈朗獻上馬駝, 上酌納之, 賜大宴.

○ 기축일(4.28), 중궁황후의 어머니인 코르친국 대비(大妃)가 차비(次妃)[14]・국구(國舅) 욱샨(ukšan, 吳克善)・어푸 만주시리・공주・타이지 초르지 등과 함께 내조했다. 주상이 황후와 여러 비(妃)와 함께 여러 버일러들을 이끌고, 행재소(行在所)로부터 양시무 강을 건너 5리 밖으로 마중을 나갔다. 두 비(妃)와 공주(公主)・국구 욱샨・어푸 만

14 次妃는 코르친 좌익 자이상 타이지의 부인을 가리키는 호칭이다. 만주어로는 작은할머니를 뜻하는 아지거 마마(ajige mama, ?-1654)이다. 이름은 보리(boli, 博禮)이다. 자이상과의 사이에 2남 2녀가 있었다. 장남은 조릭투 친왕 욱샨이고 차남은 다르한 친왕 만주시리이다. 장녀 하이란주(1609-1641)는 청 태종 홍타이지의 신비(宸妃)이다. 차녀 붐부타이(1613-1688)는 청 태종의 장비(莊妃)이다.

주시리 · 타이지 초르지가 말에서 내려 서서 기다리고 있었다. 주상과 여러 버일러들이 수십 보 떨어진 곳에서 말을 내려 서로 만났다. 장모의 예로써 대비(大妃)와 차비(次妃)에게 인사했고, 여러 버일러도 연이어 인사를 마친 후, 주상과 여러 버일러들이 물러서 섰다. 황후와 여러 비(妃)가 두 비(妃)에게 인사를 올리니, 그 예 역시 주상이 한 것과 같았다. 다음으로 국구 욱샨 · 어푸 만주시리 · 타이지 초르지 등이 알현하니, 주상이 외척을 대하는 예로써 그에 답했다. 다음으로 여러 버일러들과 서로 인사했고, 다음으로 황후와 여러 비(妃)를 알현했다. 다음으로 어푸 만주시리와 공주가 주상을 알현하니 백부(伯父) 버일러가 떠올라 문득 곡을 하기 시작했다. 주상과 여러 버일러도 모두 눈물을 흘렸다. 서로 인사한 후 행재소(行在所)로 함께 돌아와 천막을 설치하고 두 비(妃) · 국구 욱샨 · 어푸 만주시리 · 공주 · 타이지 초르지 등이 연회를 준비하여 주상에게 올렸다. 두 비(妃)가 각자 주상에게 조각된 안장 · 말 · 낙타 · 소 · 양 · 담비가죽옷 등의 물건을 바쳤고, 더불어 황후와 여러 비(妃)에게 여조의(女朝衣) 한 벌씩을 바쳤다. 국구 욱샨과 어푸 만주시리가 각자 주상에게 조각한 안장 · 말 · 낙타 · 소 · 양 · 담비가죽을 두른 조의(朝衣) 등의 물건을 바쳤고, 황후와 여러 비(妃)에게 여조의(女朝衣)와 담비가죽을 바쳤다. 타이지 초르지 · 키타트(kitat, 祁他特)는 주상에게 말 · 낙타 · 소 · 양 · 담비가죽옷 등 물건을 바쳤다. 또한 자루트 부락의 타이지 지르갈랑(jirgalang, 際爾哈朗)이 주상에게 말과 낙타를 바치니, 주상이 헤아려 받았고, 큰 연회를 베풀었다.

○ 庚寅, 賜二妃雕鞍馬 · 女朝衣, 公主女朝衣, 額駙滿朱習禮 · 國舅吳克善鞍馬 · 朝衣.

○ 경인일(4.29), 두 비(妃)에게 조각한 안장을 갖춘 말과 여조의(女朝衣)를, 공주에게 여조의(女朝衣)를, 어푸 만주시리와 국구(國舅) 욱샨에게 안장을 갖춘 말과 조의(朝衣)를 하사했다.

○ 是日, 大妃具盛筵獻上, 及皇后·諸妃.

○ 이날 대비(大妃)가 성대한 연회를 준비하여 주상과 황후와 여러 비(妃)들에게 바쳤다.

○ 辛卯, 上率諸貝勒, 離行在五里演馬, 令自三十里外各乘馬馳至, 最先至者, 賞銀二百, 蟒緞一, 布二十, 次至者, 銀一百八十, 蟒緞一, 布十八, 又次, 銀一百六十, 蟒緞一, 布十六, 又次, 銀一百四十, 蟒緞一, 布十四, 又次, 銀一百二十, 蟒緞一, 布十二, 又次, 銀一百, 蟒緞一, 布十, 又次, 銀八十, 蟒緞一, 布八, 又次, 銀六十, 蟒緞一, 布六, 又次, 銀四十, 蟒緞一, 布四, 又次, 銀二十, 素緞一, 布二, 凡十等. 賜宴, 乃還.

○ 신묘일(4.30), 주상이 여러 버일러들을 이끌고, 행재소(行在所)로부터 5리 떨어진 곳에 말을 늘어놓고 30리 밖에서 각자 말을 타고 달리게 했다. 가장 먼저 도착한 자에게 은 200냥·망단 1필·면포 20필을, 그다음 도착한 자에게 은 180냥·망단 1필·면포 18필을, 그다음에게 은 160냥·망단 1필·면포 16필을, 그다음에게 은 140냥·망단 1필·면포 14필을, 그다음에게 은 120냥·망단 1필·면포 12필을, 그다음에게 은 100냥·망단 1필·면포 10필을, 그다음에게 은 80냥·망단 1필·면포 8필을, 그다음에게 은 60냥·망단 1필·면포 6필을,

그다음에게 은 40냥 · 망단 1필 · 면포 4필을, 그다음에게 은 20냥 · 소단(素緞) 1필 · 면포 2필을 상 주니, 모두 10등급이었다. 연회를 베풀고 돌아왔다.

권14

천총 7년 5월 ~ 7월

天聰七年癸酉五月, 壬辰朔.

○ 천총 7년 계유년 5월 임진일 초하루(5.1).

○ 乙未, 吳喇忒部落台吉土門達爾漢 · 海薩巴圖魯 · 古木布 · 益爾格 · 僧格 · 瑣尼泰等, 來朝, 進獻馬匹, 酌納之.

○ 을미일(5.4), 우라트 부락의 타이지 투먼 다르한(tumen darhan, 土門達爾漢) · 하이사 바투루(haisa baturu, 海薩巴圖魯) · 굼부(gumbu, 古木布) · 일거이(ilgei, 益爾格) · 셍게(sengge, 僧格) · 소니타이(sonitai, 瑣尼泰) 등이 내조하여 말 4마리를 바치니 헤아려 받았다.

○ 是日, 科爾沁國二妃, 及國舅吳克善, 與其妻至, 上偕皇后 · 諸妃, 出迎里許, 宴之.

○ 이날 코르친국의 두 비(妃)와 국구(國舅) 욱산이 그 아내와 함께 이르니, 주상이 황후와 여러 비(妃)와 더불어 몇 리를 마중 나가 연회를 베풀었다.

○ 丙申, 科爾沁國哈談巴圖魯子台吉拜思噶爾來朝, 進馬匹.

○ 병신일(5.5), 코르친국 하탄 바투루(hatan baturu, 哈談巴圖魯)의 아들 타이지 바이스갈(baisgal, 拜思噶爾)이 내조하여 말을 진상했다.

○ 是日, 上召貝勒阿巴泰, 賜宴, 竝賜御服蟒衣一, 黑貂皮八, 馬一.

○ 이날 주상이 버일러 아바타이를 불러 연회를 베풀고, 주상이 입는 망의(蟒衣) 1벌 · 흑담비가죽 8장 · 말 1마리를 하사했다.

○ 賜新附蒙古台吉俄木布補赫, 蟒緞 · 素緞 · 銀器 · 雕鞍等物.

○ 새로 귀부한 몽고 타이지 옴부 부허(ombu būhe, 俄木布補赫)에게 망단(蟒緞) · 소단(素緞) · 은그릇 · 조각한 안장 등의 물건을 하사했다.

○ 丁酉, 上遣文館覺羅龍什 · 愛巴禮 · 敦多惠, 傳諭諸貝勒曰, 登州都元帥孔有德 · 總兵官耿仲明, 及衆官等, 航海來歸, 宜先賞給馬匹. 朕出內廄之馬, 爾諸貝勒各出上等鞍馬一, 空馬四, 約計四十匹, 滿洲·蒙古·漢人, 按世職, 每十備禦出馬一, 約計百匹. 選其良者, 賞大帥, 餘馬, 付有德等, 按品級, 散給各官. 諸貝勒俱遵諭行.

○ 정유일(5.6), 주상이 문관(文館)의 기오로 룽시·아이바리·돈도호이(dondohoi, 敦多惠)를 보내 여러 버일러들에게 유시를 전하게 했다. 「등주(登州) 도원수 공유덕·총병관 경중명 그리고 관원들이 바다를 건너 내귀했으니 마땅히 우선 말을 상으로 주어야 한다. 짐(朕)이 황실 마구간의 말을 내놓을 것이니, 너희 여러 버일러들도 각자 안장을 갖춘 상등(上等)의 말 1마리씩·맨등말 4마리씩, 총 약 40마리를 내놓아라. 만주·몽고·한인은 세직(世職)에 따라 비어 10명마다 말 1마리씩, 총 약 100마리를 내놓아라. 그 가운데에서 좋은 말을 골라 대수(大帥)에게 상을 주고, 나머지 말은 공유덕 등에게 맡겨서 품급에 따라 각 관원에게 나누어 지급하게 하라.」 여러 버일러들이 모두 유시를 준행하였다.

○ 是日, 復遣文館龍什·愛巴禮·索尼·敦多惠等與諸貝勒會議, 諭曰, 科爾沁國大妃之女, 額爾克楚虎爾貝勒多鐸欲娶之, 朕初不允, 彼乃堅意欲娶. 朕聞此女非有出衆才貌, 如必欲娶, 可召來觀之, 及召至使觀, 而娶意愈堅. 朕念貝勒爲皇考所遺幼弟, 不忍違其意, 將允其請夫, 豈以皇后女弟之故, 遂徇庇戚屬, 而與吾弟齟齬耶. 將來相得則已, 如不相得, 可密送於我, 我密轉送於大妃. 又科爾沁大妃, 見朕三女, 欲娶長女爲媳, 我意長女且從容議婚, 兩幼女中, 許聘一人可也. 大貝勒代善, 及諸貝勒奏曰, 額爾克楚虎爾年幼志驕, 以皇后女弟與之, 相得則已, 倘不相得, 反傷外戚之誼, 皇上宜力止之. 上愀然曰, 諸貝勒之言非也. 朕豈可以外戚之故, 而拂皇考所育幼弟之心耶. 於是巴克什希福奏曰, 皇上既念及太祖, 情敦友愛, 欲從其請, 無庸與諸貝勒復議矣. 遂定議令娶之. 諸貝勒又奏, 大妃求上長女公主, 與其子爲婚, 宜勿許, 二幼公主中, 以一人許之, 聖諭甚是, 彼之女, 屢適我國, 我國公主, 不與爲婚可乎.

○ 이날 다시 문관(文館)의 룽시 · 아이바리 · 소닌 · 돈도호이 등을 보내 여러 버일러들과 회의하게 하고 유시했다. 「코르친국 대비(大妃)의 딸에게 어르커 추후르 버일러 도도가 장가를 들고 싶어 한다. 짐(朕)은 처음에는 윤허하지 않았으나, 그가 여전히 장가가고 싶다는 뜻을 견지하고 있다. 짐은 이 여인이 출중한 재모(才貌)가 없다고 들었기에 만약 반드시 장가를 가야겠다면 불러 와서 보자고 했는데, 데려와서 보이자 도도는 혼인하려는 뜻이 더욱 굳건해졌다. 짐이 생각건대, 버일러는 황고(皇考)께서 남기신 동생으로 차마 그 뜻을 꺾을 수 없으니 그의 혼인을 윤허하고자 한다. 어찌 황후의 여동생이라는 이유로 외척을 감싸서 나의 동생과 틀어지겠는가. 장래에 잘 지내면 그뿐이고, 만약 사이가 좋지 않다면 나에게 비밀리에 보내서 내가 비밀리에 대비(大妃)에게 전달하면 된다. 또한 코르친국 대비(大妃)가 짐의 세 딸을 보고 장녀를 며느리로 삼고 싶어 했다. 나의 뜻으로는 장녀는 천천히 혼인을 논하고, 어린 두 딸 가운데 1명을 시집보내는 것이 옳다.」

대버일러 다이샨과 여러 버일러들이 상주했다. "어르커 추후르는 나이가 어리고 마음이 교만하니, 황후마마의 여동생이 그와 뜻이 맞는다면 그만이지만, 만약 뜻이 맞지 않는다면 도리어 외척과의 우의를 상하게 할 것이니 황상께서는 마땅히 힘써 그를 막으십시오." 주상이 정색하며 말했다. "여러 버일러들이 말하는 바는 잘못되었다. 짐이 어찌 외척을 이유로 황고(皇考)께서 기르신 어린 동생의 마음을 상하게 한단 말인가." 이에 박시 히퍼가 상주했다. "황상께서 기왕 태조를 생각하시며 깊은 우애로 그 청을 들어주고자 하시면, 여러 버일러들과 더 논의할 필요가 없습니다." 마침내 도도의 장가를 허락하는 것으로 결론을 내렸다. 여러 버일러들이 다시 상주했다. "대비(大妃)가 주상의 장녀 공주님과 그 아들의 혼인을 요청한 것은 허락하지 않고, 어린 두 공주님 가운데 한 분과의 혼인을 허락한다는 성유(聖諭)는 매우 옳습니다. 그의 딸들이 여러 차례 우리나라에 시집왔는데 우리나라 공주를 시집보내지 않으면 되겠습니까."[1]

○ 戊戌, 上偕皇后·諸妃, 幸大妃駐牧所, 大妃具宴以進, 獻馬匹一百有六, 納其四.

○ 무술일(5.7), 주상이 황후 및 여러 비(妃)와 함께 대비(大妃)가 목축하고 있는 곳에 행차했다. 대비(大妃)가 연회를 준비하여 진상하고 말 106마리를 바치니, 4마리를 받았다.

---

1 코르친부 좌익 망구스 타이지의 비인 암바 마마(大妃)는 홍타이지의 정비 효단문황후의 생모이고, 망구스 타이지의 長子 자이상의 아내인 아지거 마마(次妃)는 홍타이지의 측비인 장비의 생모이다. 암바 마마와 아지거 마마는 홍타이지의 장모들로 코르친 좌익과 만주 종실 사이의 통혼 관계에서 핵심적인 인물들이다. 1633년 이들이 후금에 내조해서 통혼을 요청하여 홍타이지의 셋째 딸과 암바 마마의 아들 키타트가 1639년에 혼인했다. 홍타이지의 둘째 딸 마카타(makata, 1625-1663) 공주는 1636년 차하르부의 릭단 칸의 아들 에제이(?-1641)와 혼인했다가 에제이가 죽은 후 1645년에 에제이의 동생인 아부나이(1634- 1675)와 혼인했다. 삼번의 난 시기에 청에 반란을 일으킨 차하르의 부르니(1654- 1675)와 그 동생 롭상이 마카타와 아부나이 사이에서 태어난 아들이다.

○ 己亥, 額爾克楚虎爾貝勒多鐸, 聘科爾沁國大妃之女, 上率諸貝勒幸大妃帳, 設大宴. 多鐸以鞍馬·甲胄·銀器·綵緞爲聘, 大妃亦具筵進上.

○ 기해일(5.8), 어르커 추후르 버일러 도도가 코르친국 대비(大妃)의 딸과 정혼하니 주상이 여러 버일러들을 이끌고 대비(大妃)의 천막으로 행차하여 큰 잔치를 열었다. 도도가 안장을 갖춘 말·갑옷과 투구·은그릇·채단(綵段)을 정혼 예물로 마련했고, 대비(大妃) 또한 연회를 준비하여 주상께 올렸다.

○ 庚子, 科爾沁國次妃具筵進上及皇后·諸妃, 并獻貂裘·貂皮·元狐·金銀器皿·鞍馬等物, 酌納之.

○ 경자일(5.9), 코르친국 차비(次妃)가 연회를 준비하여 주상과 황후 및 여러 비(妃)에게 올리고, 더불어 담비가죽옷·담비가죽·흑황색 여우가죽·금은 그릇·안장을 갖춘 말 등의 물건을 바치니 헤아려 받았다.

○ 是日, 遣文館龍什·愛巴禮·索尼, 諭諸貝勒曰, 科爾沁國滿朱習禮所尚公主歸寧, 今已生子, 豈可令之空返, 其賜以蒙古有二牛者十戶, 鞍馬一, 駝駒一, 女朝衣一襲, 以伸戚誼. 諸貝勒回奏曰, 皇上有此頒賜, 臣等亦宜有贈, 或馬, 或刀, 及衣服·鞍轡, 當各酌送之.

○ 이날 문관 룽시(lungsi, 龍什)·아이바리·소닌을 보내 여러 버일

러들에게 유시했다. 「코르친국 만주시리에게 시집간 공주가 친정에 왔는데 지금 아들을 낳았다고 하니, 어찌 빈손으로 돌려보낼 수 있겠는가. 소 2마리를 가진 몽고 10호(戶), 안장을 갖춘 말 1마리 · 새끼 낙타 1마리, 여조의(女朝衣) 한 벌을 하사하여 친척의 우의를 표할 것이다.」 여러 버일러들이 대답하여 상주해 말했다. "황상께서 이렇게 하사하시니 신들도 마땅히 선물을 마련하겠습니다." 말이나 칼 · 의복 · 안장과 고삐 등을 각각 헤아려 보냈다.

○ 遣文館遊擊范文程 · 羅碩 · 剛林, 安插新附元帥孔有德 · 總兵官耿仲明等. 諭曰, 孔有德 · 耿仲明, 可令統領舊部, 駐劄東京, 號令 · 鼓吹 · 儀從, 俱仍其舊, 惟用刑出兵二事, 當來奏聞. 所屬人民, 俱住蓋州 · 鞍山, 如或不願, 令住東京鄰近地方.

○ 문관(文館)의 유격 범문정 · 로쇼(lošo, 羅碩) · 가린을 보내 새로 내부(來附)한 원수 공유덕 · 총병관 경중명 등을 정착시키도록 유시했다. 「공유덕과 경중명은 옛 무리를 통솔해 동경에 주둔하고, 호령(號令) · 고취(鼓吹) · 수행인원도 모두 예전대로 하라. 다만 형벌(刑罰)과 출병(出兵) 두 일에 대해서는 와서 상주해야 한다. 소속 인민들은 모두 개주와 안산에서 거주하되, 원하지 않으면 동경 인근 지방에서 거주하라.」

○ 辛丑, 國舅吳克善, 具筵獻上及皇后 · 諸妃, 竝獻鞍馬, 酌納之.

○ 신축일(5.10), 국구(國舅) 우산이 연회를 준비하여 주상과 황후와 여러 비(妃)들에게 바치고 더불어 안장을 갖춘 말을 바치니 헤아려 받

았다.

○ 壬寅, 賜土門達爾漢台吉, 御服青朝衣·緞布·銀盆·甲胄·雕鞍等物.

○ 임인일(5.11), 투먼 다르한 타이지에게 주상이 입은 청색 조의(朝衣)·비단과 면포·은쟁반·갑옷과 투구·조각한 안장 등의 물건을 하사했다.

○ 是日, 科爾沁國大妃, 以尚公主行納聘禮, 大妃·國舅吳克善及額駙滿朱習禮率衆遠立, 行二拜禮, 上以外姑不坐受, 率諸貝勒答禮畢, 乃坐. 吳克善·滿朱習禮進筵宴, 奉卮酒獻上, 復以次進大貝勒代善及諸貝勒. 宴畢, 獻甲胄·雕鞍·馬駝. 上以聘禮不可却俱納之, 賜代善馱甲胄馬一·空馬一·駝一, 代善謝恩, 上答禮.

○ 이날 코르친국의 대비(大妃)는 공주(公主)가 시집온다 하여 혼인 예물을 선물하는 예를 행하였다. 대비(大妃)·국구 욱샨과 어푸 만주시리가 무리를 이끌고 멀리 서서 이배(二拜)의 예를 행하였다. 주상은 대비(大妃)가 장모라 하여 앉아서 받지 않고 여러 버일러들을 이끌고 답례한 후 자리에 앉았다. 욱샨과 만주시리가 연회를 열고 잔을 받들어 주상에게 술을 올렸고, 다시 차례대로 대버일러 다이샨과 여러 버일러들에게 올렸다. 연회를 마치고 갑옷과 투구·조각한 안장·말과 낙타를 바치니 주상이 빙례(聘禮)라 하여 뿌리치지 못하고 모두 받았다. 다이샨에게 갑옷과 투구를 실은 말 1마리·맨등말 1마리·낙타 1마리를 내리니 다이샨이 사은했고, 주상이 답례했다.

○ 戊申, 申刻, 上自行在還宮.

○ 무신일(5.17), 신시(申時)에 주상이 행재소(行在所)로부터 궁(宮)으로 돌아왔다.

○ 辛亥, 先是, 遣吳賴·塞古德·猛果爾代·巴牙木·孟安等, 收撫沿海島衆家口時, 因降人家口, 潰散無主, 遂取其衣物, 分給衆兵, 法司執而縛之. 以聞, 上曰, 我國諸臣, 卽獲死罪, 安肯逃亡, 何用縛爲, 命釋之. 照常定罪.

○ 신해일(5.20), 이전에 울라이(ulai, 吳賴)·서구더(segude, 塞古德)·몽골다이(monggoldai, 猛果爾代)·바야무(bayamu, 巴牙木)·뭉간(munggan, 孟安) 등을 보내어 연해 섬의 주민들을 거두어 보살필 때, 항복한 사람의 식구들이 흩어졌기 때문에 주인이 없게 된 옷을 취하여 군사들에게 나누어 주었다. 이들을 법사(法司)에서 체포하여 포박하고 아뢰었다. 주상이 말하기를 "우리나라의 신하들이 사형죄를 얻었다 하더라도 어찌 도망을 간다고 포박했는가?"라고 하고 그들을 풀어 주게 하고 상례대로 죄를 정했다.

○ 壬子, 上以庫中所貯水牛角, 軍中需用, 命給總兵官以下, 護軍旗長以上, 有差.

○ 임자일(5.21), 주상은 창고에 비축된 물소뿔이 군대에서 쓰이는 것이므로 총병관 이하, 호군(護軍)의 기장(旗長)[2] 이상에게 차등 있게

지급하게 했다.

○ 孔有德·耿仲明等, 自鎭江遣副將曹紹宗·劉承祖等, 奏報起程日期. 上命督修岫巖·攬盤·通遠堡三城, 濟爾哈朗·阿濟格·杜度三貝勒, 率兵迎之. 孔有德·耿仲明, 皆遼東人也. 太祖皇帝取遼東時, 有德等奔入皮島, 爲毛文龍部下末弁, 遂以毛氏稱之. 後文龍爲寧遠巡撫袁崇煥所殺, 明山東登州巡撫, 調有德爲管步兵左營參將, 仲明亦爲參將. 辛未歲, 上率大兵圍大凌河, 登州巡撫, 遣有德率騎兵八百應援, 赴山海關, 至吳橋縣, 遇參將李九成私議, 遂叛明. 有德·九成爲首, 同陳繼功·李尙友·曹得功等五十餘人, 率兵數千, 攻陷山東臨邑·陵·商河·青城等縣, 殺援兵數千, 獲馬匹器械甚多. 於是往攻登州, 城中耿仲明爲首, 率遼東官杜承功·曹德純·吳進興等十五人, 爲內應. 內外夾攻, 破其城, 收遼東三千餘人, 以巡撫素行仁義, 不忍殺之, 縱之去, 耿仲明自稱爲總兵官. 時旅順口參將陳有時·廣鹿島副將毛承祿, 亦俱殺守吏, 率其官屬兵丁反, 至登州, 俱自稱爲總兵, 其餘善戰之士, 俱各量署職銜, 兵勢甚盛. 衆尊孔有德爲王, 有德辭曰, 我等方起事, 何敢遽膺王號. 衆強之, 有德乃自稱都元帥, 李九成爲副元帥, 衆皆屬焉. 遂鑄印登壇, 宣告於衆. 復整飭兵馬, 攻取城堡, 遇明兵輒擊敗之, 殘破各處地方, 山東擾亂. 有德等駐登州府, 明總兵祖大弼, 率兵數萬攻登州, 四面圍之. 有德等乘明兵懈怠, 突入其營, 投傷甚多, 副元帥李九成陣歿. 有德欲堅守登州, 以兵寡不敵. 且援兵屢至, 度不能支. 乃共議遁走, 集戰艦, 突圍出. 由海道來奔我國, 爲旅順口明總兵黃龍, 以水師截戰, 殺其副將李應元·田良祚. 又寧遠·登州·旅順口官屬兵丁, 以數船追擊, 有德等

2　旗長은 만주어로 kirui ejen이다.

招廣鹿·長山等島, 欲從鎭江登岸, 朝鮮復以兵助明邀擊之. 時遇上遣濟爾哈朗·阿濟格·杜度三貝勒, 勒兵迎於江岸, 相對立營. 明兵及朝鮮兵, 見我軍強盛, 度不能敵, 遂退. 於是有德等以部衆家口兵器鎗礮數百艘, 盡運江岸, 不遺一物. 三貝勒設大宴, 饗有德·仲明及其部衆, 遂以上所發馬二千餘匹, 給與有德·仲明等乘之, 留船礮輜重於江岸, 以兵守之. 三貝勒攜歸附官屬兵丁起程, 上以有德等千里來歸, 諭勿令在途勞苦, 須從容休息而行, 乃以上及諸貝勒馬匹, 陸續接應, 備設供帳, 安插東京. 上復遣人往東京, 諭孔有德·耿仲明等曰, 爾等身皆勞頓, 宜暫休息, 從容來見.

○ 공유덕(孔有德)·경중명(耿仲明) 등이 진강(鎭江)에서 부장 조소종(曹紹宗)·유승조(劉承祖) 등을 보내 출발할 시기를 아뢰었다. 주상이 수암(岫巖)·남반(攬盤)·통원보(通遠堡) 세 성의 수축을 감독하던 지르갈랑·아지거·두두 세 버일러에게 군사를 이끌고 맞이하게 했다.

공유덕과 경중명은 모두 요동 사람이다. 태조 황제가 요동을 취했을 때, 공유덕 등은 피도(皮島)로 도망쳐 들어가서 모문룡의 말단 부하가 되어 모씨(毛氏)를 칭했다. 나중에 모문룡이 영원순무(寧遠巡撫) 원숭환에게 죽임당하자 명나라의 산동 등주순무[3]가 공유덕을 보병좌영참장(步兵左營參將)으로 기용했고, 경중명도 참장이 되었다. 신미년(1631)에 수상이 대군을 이끌고 대릉하를 포위하자 등주순무는 공유덕을 파견하여 기병 800명을 이끌고 지원하게 했다. 공유덕은 산해관

3 등주순무(登州巡撫) 손원화(孫元化)를 가리킨다. 1629년 원숭환(袁崇煥)이 모문룡을 제거한 후 공유덕은 등주순무 손원화의 보병좌영참장(步兵左營參將)이 되었다.

으로 나아가 오교현(吳橋縣)에 이르러 참장 이구성(李九成)을 만나 모의하고 명에 반기를 들었다. 공유덕과 이구성이 우두머리가 되어 진계공(陳繼功)·이상우(李尙友)·조득공(曹得功) 등 50여 명과 함께 군사 수천 명을 이끌고 산동의 임읍현(臨邑縣)·능현(陵縣)·상하현(商河縣)·청성현(靑城縣) 등의 현(縣)을 공격하여 함락하고 원병 수천 명을 죽였으며 많은 말과 무기를 얻었다. 이어 공유덕은 등주로 가서 공격했는데, 성 안에서 경중명이 우두머리가 되어 요동 관원 두승공(杜承功)·조덕순(曹德純)·오진흥(吳進興) 등 15명을 이끌고 내응했다. 안팎으로 협공하여 등주성을 파괴하고 요동 사람 3,000여 명을 거두었다. 순무는 평소 행실이 어질고 의롭다 하여 죽이지 않고 풀어 주고, 경중명은 스스로 총병관을 칭했다.

이때 여순구참장(旅順口參將) 진유시(陳有時)와 광록도부장(廣鹿島副將) 모승록(毛承祿)이 각기 수비하는 관리를 죽이고 그 관속과 병정을 이끌고 모반하여 등주에 이르러 모두 스스로 총병을 칭하고, 나머지 잘 싸운 군사들에게 모두 각각 부서를 헤아려 직함을 주었는데 군세가 매우 성대했다. 무리들이 공유덕을 추대하여 왕으로 삼고자 하니, 공유덕이 사양하여 말했다. "우리가 막 일을 일으켰는데, 어찌 감히 갑자기 왕의 호칭을 받을 수 있겠는가." 무리가 강권하자 공유덕은 스스로를 도원수(都元帥)라 칭하고, 이구성을 부원수(副元帥)로 삼으니 무리가 모두 따랐다. 마침내 인장을 주조하여 단에 올라 무리에게 선포하고 다시 병마를 정돈하여 성보(城堡)를 공격해 취하고 명나라 군대를 만나면 번번이 격파하니 각 지방이 잔파하고 산동이 진동했다.

공유덕 등은 등주부에 주둔했는데 명나라 총병 조대필(祖大弼)[4]이 수만의 군사를 이끌고 등주를 공격하여 사면을 포위했다. 공유덕 등

4 祖大弼은 조대수의 둘째 동생이다.

은 명나라 군대가 해이한 틈을 타서 그 진영에 돌입해 많은 손실을 입혔으나, 부원수 이구성이 전사했다. 공유덕은 등주를 견고히 지키고자 했으나 병력이 부족하여 대적하기 어려웠다. 또 원병이 계속해서 이르니 지탱할 수 없음을 깨닫고 도주하기로 의논하고 전함(戰艦)을 모아 포위를 뚫고 탈출했다. 해도를 통해 우리나라로 도망쳐 오는데 여순구(旅順口)의 명나라 총병 황룡(黃龍)이 수군으로 가로막자 공격하여 그 부장 이응원(李應元)과 전량조(田良祚)를 죽였다. 또 영원·등주·여순구에 속한 관군(官軍)이 여러 척의 배로 추격하자 공유덕 등은 광록도(廣鹿島)·장산도(長山島) 등의 섬을 초무하여 진강(鎭江) 기슭으로 오르려고 했으나 조선이 군대를 동원하여 명나라를 도와 요격했다. 이때 주상이 보낸 지르갈랑·아지거·두두 세 버일러가 대오를 갖추고 강안에서 맞이하는 것을 만나 서로 마주 보고 진영을 세웠다. 명나라 군대와 조선군은 아군의 강성함을 보고 상대할 수 없다고 판단하여 결국 물러갔다. 이에 공유덕 등은 속하의 가구(家口)와 병기·조총·화포를 수백 척의 배로 모두 강기슭에 옮기고 하나도 남겨 두지 않았다.

세 버일러가 큰 잔치를 베풀어 공유덕·경중명과 그 부하들을 대접하고 주상이 보낸 말 2,000여 필을 공유덕과 경중명 등에게 주어 타게 하고 배와 화포·치중(輜重)은 강에 두고 군사들에게 지키게 했다. 세 버일러가 귀부하는 관속과 병정들을 데리고 출발할 때, 주상은 공유덕 등이 천 리 길을 와서 귀부했다 하여 도중에 고생하지 말고 쉬엄쉬엄 오라고 유시하고, 곧 주상과 여러 버일러들의 말을 계속해서 보내 접대하고 장막을 갖추어 설치하여 동경(東京)에 편히 정착하게 했다. 주상이 다시 사람을 동경에 파견해서 공유덕·경중명 등에게 유시했다. "너희의 몸이 모두 지쳤으니 잠시 휴식을 취하고 천천히 알현하라."

○ 乙卯, 孔有德 · 耿仲明, 遣副將劉承祖奏曰, 臣所部官民, 既至者俱已安插給餉, 欲赴闕謝恩, 但續至者多未安插, 不敢輕行. 俟事竣, 請旨赴闕朝謁, 謹先遣副將劉承祖, 代請上安.

○ 을묘일(5.24), 공유덕과 경중명이 부장 유승조(劉承祖)를 보내어 상주했다. "신이 거느린 관민 중에서 먼저 도착한 자는 모두 정착시키고 식량을 주었습니다. 대궐에 가서 사은하고자 합니다만, 뒤이어 도착한 자들은 정착하지 못한 사람이 많으니 감히 함부로 갈 수 없습니다. 일이 끝나기를 기다렸다가 칙지를 청해 대궐로 가서 알현하겠습니다. 삼가 먼저 부장 유승조를 보내어 주상의 안부를 대신 여쭙습니다."

○ 丁巳, 遣龍什 · 愛巴禮 · 范文程 · 敦多惠等, 往召孔有德 · 耿仲明及其官屬.

○ 정사일(5.26), 룽시(lungsi, 龍什) · 아이바리(aibari, 愛巴禮) · 범문정 · 돈도호이(dondohoi, 敦多惠) 등을 보내어 공유덕 · 경중명과 그 관속들을 불러오게 했다.

○ 朝鮮國王李倧, 遣使臣兵部侍郎朴祿來貢禮物陳於廷. 上御殿, 大貝勒代善及諸貝勒俱集, 令使臣朝見.

○ 조선국왕 이종(李倧)이 사신 병부시랑 박록(朴祿; 朴簶)[5]을 파견해 보내온 공물을 뜰에 늘어놓았다. 주상이 전(殿)에 들어가 대버일러

다이샨과 여러 버일러들을 모두 모이게 하고 조선 사신에게 이들을 알현하게 했다.

○ 戊午, 國舅吳克善, 爲其子尙公主, 行納聘禮. 進筵宴, 併獻甲胄 · 鞍轡 · 馬駝. 上以聘禮不可却, 俱納之.

○ 무오일(5.27), 국구 욱샨이 그 아들에게 시집온 공주(公主)를 위하여 혼인 예물을 선물하는 예를 행하고 잔치를 베풀어 갑옷과 투구 · 안장과 고삐 · 말과 낙타 등을 바쳤다. 주상이 빙례(聘禮)라는 이유로 거절하지 못하고 모두 받았다.

○ 己未, 召科爾沁國大妃 · 次妃 · 國舅吳克善夫婦 · 額駙滿朱習禮 · 公主入宮賜宴. 仍賜兩妃 · 吳克善夫婦及綽爾濟 · 滿達 · 章金 · 積爾哈朗等, 貂裘 · 女朝衣 · 金銀器皿 · 甲胄 · 雕鞍 · 緞布等物, 其從者俱賞賚有差.

○ 기미일(5.28), 코르친국의 대비(大妃) · 차비(次妃) · 국구(國舅) 욱샨 부부 · 어푸 만주시리와 공주를 불러 궁으로 들어오게 하고 잔치를 베풀었다. 이어 두 비(妃)와 욱샨 부부 · 초르지 · 만다(manda, 滿達) · 장긴(janggin, 章金) · 지르갈랑(jirgalang, 積爾哈朗) 등에게 담비가죽옷 · 여조의(女朝衣) · 금은 그릇 · 갑옷과 투구 · 조각한 안장 · 비단과 면포 등의 물건을 내리고 그 종자들에게 모두 차등 있게 상을 주

---

5 朴祿은 조선이 토산물의 조정과 개시 문제 등과 관련하여 春信使로 파견한 박로(朴簵)를 가리킨다.

었다.

六月 辛酉朔.

○ 6월 신유일 초하루(6.1).

○ 壬戌, 上諭曰, 嚮者我國將士於遼民多所擾害, 至今訴告不息. 今新附之衆一切勿得侵擾. 此輩乃攻克明地, 涉險來歸, 求庇於我. 若仍前騷擾, 實爲亂首, 違者並妻子處死, 必不姑恕.

○ 임술일(6.2), 주상이 유시했다. "예전에 우리나라의 장수와 병사들이 요동의 백성들에게 해를 끼친 것이 많았는데, 지금까지 하소연하는 일이 그치지 않는다. 지금 새로이 귀부한 무리에게는 조금도 해를 가하지 말라. 이들은 명나라의 영역을 공격해서 함락했고 위험을 무릅쓰면서 내귀하여 우리에게 도움을 구했다. 만약에 이전과 같이 소란을 일으키면 실로 난적의 우두머리가 되는 것이니 어긴 자는 처자를 함께 죽이고 결코 용서하지 않을 것이다."

○ 是日, 科爾沁大妃及次妃歸國. 上偕皇后・諸妃, 及貝勒德格類・墨爾根戴青貝勒多爾袞・貝勒豪格郊送之, 大宴於果園. 上與皇后・諸妃, 以金卮酌酒, 獻大妃及次妃. 宴畢, 又賜兩妃雕鞍馬・金鏤花鑲黃羊角鞭・金盃各一, 兩妃拜謝, 上答禮.

○ 이날 코르친의 대비(大妃)와 차비(次妃)가 귀국했다. 주상이 황후

와 여러 비(妃), 버일러 더걸러이 · 머르건 다이칭 버일러 도르곤 · 버일러 호오거와 함께 교외로 나가 전송하면서 과수원에서 크게 잔치했다. 주상이 황후와 여러 비(妃)들과 더불어 금술잔에 술을 따라서 대비(大妃)와 차비(次妃)에게 주었다. 잔치를 마치고 또 두 비(妃)에게 조각한 안장을 갖춘 말 · 금으로 무늬를 새긴 황양(黃羊)의 뿔로 만든 채찍[6] · 금배(金盃) 각 1개씩을 내렸다. 두 비(妃)가 절하여 사은하니 주상이 답례했다.

○ 癸亥, 文館儒臣龍什 · 范文程 · 敦多惠等, 自東京召孔有德 · 耿仲明及各官至. 上率諸貝勒出德盛門十里, 至渾河岸, 中設黃幄, 左右各設五青幄. 上與大貝勒代善及諸貝勒, 率孔有德 · 耿仲明及各官等謝天, 行三跪九叩頭禮畢, 上與諸貝勒, 始就坐. 議孔有德 · 耿仲明相見儀注, 上欲令行抱見禮, 諸貝勒曰, 皇上恐不宜抱見, 但以禮相待可耳. 上曰, 昔張飛尊上而陵下, 關公敬上而愛下, 今以恩遇下, 豈不善乎. 元帥總兵曾取登州, 攻城畧地, 正當強盛, 而納款輸誠, 遣使者三, 率其兵民航海衝敵, 來歸於我, 功孰大焉. 朕意當行抱見禮, 以示優隆之意. 議定, 孔有德 · 耿仲明, 率各官以次序立. 二人行漢禮朝見畢, 復近御座前叩頭抱膝見, 次與代善及諸貝勒, 俱行抱見禮, 次各官行三跪九叩頭禮畢, 命孔有德 · 耿仲明, 坐於御座下. 孔有德 · 耿仲明, 進獻金銀, 併金玉器皿 · 綵緞衣服等物, 俱納之. 設大宴, 以金卮酌酒, 上親賜孔有德 · 耿仲明. 宴畢, 各賜蟒袍 · 貂裘 · 撒袋 · 鞍馬等物.

---

6 『내국사원당』에는 jerin i weihe de aisin dushume dosimbuha menggun i suihei susiha(黃羊의 뿔에 금을 象嵌하고 銀 술이 있는 채찍)이라고 기록되어 있다. 『內國史院檔 天聰七年』, p.73.

○ 계해일(6.3), 문관(文館)의 유신(儒臣) 룽시 · 범문정 · 돈도호이 등이 동경에서 공유덕 · 경중명과 각 관원을 불러 도착했다. 주상이 여러 버일러들을 이끌고 덕성문(德盛門) 10리 밖으로 나와서 혼하(渾河)의 기슭에 이르러 가운데에 황색 장막을 설치하고 좌측과 우측에 각각 청색 장막을 5개씩 설치했다. 주상이 대버일러 다이샨, 여러 버일러들과 더불어 공유덕 · 경중명과 각 관원들을 이끌고 하늘에 감사하며 삼궤구고두의 예를 행한 후에 주상과 여러 버일러들이 비로소 자리에 앉았다. 공유덕 · 경중명과 만날 때의 의례를 의논할 때 주상이 포견례(抱見禮)를 행하려 하자 여러 버일러들이 말했다. "황상께서 포견(抱見)하시는 것은 마땅하지 않은 듯하니 다만 예로써 대우하면 됩니다." 주상이 말했다. "옛날에 장비는 윗사람을 존중했으나 아랫사람은 업신여겼고, 관우는 윗사람을 공경하고 아랫사람은 아꼈다. 지금 은혜로 아랫사람을 만났으니 어찌 잘해 주지 않겠는가? 원수와 총병이 일찍이 등주를 취할 때 성과 땅을 공략하여 매우 강성했는데, 복종하는 성의를 다하여 세 차례 사절을 보냈고 그 군사와 백성들을 이끌고 바다를 건너 적과 싸우면서 나에게 와서 귀부했으니 공이 그 누구보다도 크다. 짐은 마땅히 포견례를 행하여 융숭히 대우하는 뜻을 보이고자 한다." 의논이 정해지자 공유덕과 경중명이 각 관원들을 이끌고 서열 순서대로 섰다. 두 사람은 한인의 예로 알현한 후 다시 어좌 가까이로 나아가 머리를 조아리고 무릎을 끌어안고 알현했다. 그 다음으로 다이샨과 여러 버일러들과 포견례를 행하였으며, 그다음으로 각 관원들이 삼궤구고두의 예를 행한 뒤에 공유덕과 경중명에게 어좌 아래에 앉게 했다. 공유덕과 경중명이 금과 은, 금과 옥의 그릇 · 비단옷 등의 물건을 바치니 모두 받았다. 큰 잔치를 열고 금술잔에 술을 따라서 주상이 친히 공유덕과 경중명에게 내렸다. 잔치를 마치고 각각 망포(蟒袍) · 담비가죽옷 · 화살집 · 안장을 갖춘 말 등의 물건을 내렸다.

○ 乙丑, 上召孔有德·耿仲明及衆官入宮, 賜宴, 命有德·仲明坐於御座側, 宴之. 尋大貝勒代善設宴, 有德·仲明及衆官等拜見代善答禮, 令坐於左側小榻, 宴之. 次和碩諸貝勒設宴, 坐有德左側, 仲明右側, 宴之.

○ 을축일(6.5), 주상이 공유덕·경중명과 관원들을 궁으로 불러 잔치를 베풀었다. 공유덕과 경중명에게 명하여 어좌 옆에 앉게 하고 잔치했다. 이어서 대버일러 다이샨이 잔치를 베풀었는데, 공유덕·경중명과 관원들이 절하고 알현하니 다이샨이 답례하고 좌측의 작은 걸상에 앉게 하고 잔치했다. 그다음으로 여러 호쇼이 버일러들이 잔치를 베풀었는데, 공유덕을 좌측에 앉게 하고 경중명을 우측에 앉게 한 뒤 잔치했다.

○ 墨爾根戴青貝勒多爾袞所轄都司毛有明初來歸時, 疑爲間諜, 曾賜人口·馬匹·驢·牛·緞布, 姑留養之. 及有德·仲明至, 詢之, 具言其來降果實. 當有德起兵時, 伊兄亦爲大帥. 曾遣使納款, 因請加恩厚養. 上於是錄其投誠功, 加賜人口·馬牛·緞布.

○ 머르건 다이칭 버일러 도르곤이 관할하는 도사(都司) 모유명(毛有明)이 이전에 와서 귀부했을 때, 간첩이라 의심하면서도 사람과 말, 나귀와 소, 비단과 면포 등을 내려 우선 머무르게 하고 보살폈다. 공유덕과 경중명이 이르자 모유명의 귀부한 진의를 물으니 말했다. "그가 항복해 온 것은 진실입니다. 당초 공유덕이 군사를 일으켰을 때, 모유명의 형 또한 대수(大帥)였습니다." 이전에 모유명이 사절을 보내 투항했으므로 은혜를 더하여 보살펴 줄 것을 청했었다. 주상이 이에

그 투항한 공을 기록하고 사람 · 말과 소 · 비단과 면포를 더 내려 주었다.[7]

○ 遣朝鮮貢使兵部侍郎朴祿歸國, 遺其國王李倧黑貂 · 人參. 併賞朴祿 · 邵評 · 黃興及通事人役, 鞍馬 · 貂 · 參 · 白金, 有差.

○ 공물을 바치러 온 조선 사절 병부시랑 박록(朴祿; 朴簹)을 귀국시키고 조선국왕 이종(李倧)에게 흑담비가죽과 인삼을 보냈다. 아울러 박록(朴祿; 朴簹) · 소평(邵評) · 황홍(黃興)과 통사 무리에게 안장을 갖춘 말 · 담비가죽 · 인삼 · 백금을 차등 있게 상을 주었다.

○ 丙寅, 遣參將英俄爾岱 · 備禦代松阿, 使朝鮮, 率八貝勒屬下人各十名, 齎人參各百觔, 並官參百觔, 同往互市. 遺李倧書曰, 我國因新增戶口, 借糧於貴國, 而爾以毛氏爲敵人, 謂無輸糧養敵之理, 斯言近是. 但毛氏已歸我國, 我不得不撫恤之. 比歲雖云不登, 亦未至於饑餒, 已取於本國大臣富室之儲, 量毛氏戶口給之矣. 我念天賜戰艦, 不可輕棄, 故發兵守之, 我國非無糧糗, 給此駐守之兵也. 道里遙遠, 輸輓爲艱, 貴國相距甚近, 與其輸自我國, 何如暫就爾處糧糗給之, 較爲便易. 朕思貴國視明爲父, 輸粟者十次, 朕既爲兄, 獨不可與一次乎. 王試思之. 數年以來, 靜處其間, 以觀兩國之勝敗, 而內實懷幸禍之意, 殊不知兩國勝敗, 不在國勢大小, 皆由天意而已. 貴國果以明爲父, 王亦鄰國之主, 非若明之諸臣, 懼其主之誅戮, 而緘默以取

7 『내국사원당』에 의하면 하사한 품목은 사람 3쌍, 말 1마리, 소 1마리, 비단 2필, 모청포 10필이었다. 『內國史院檔 天聰七年』, p.80.

容也. 當於父前力爲調劑, 息兩國之兵, 以成和好. 如是, 則天下立見太平, 不惟我兩國罷兵休息, 即貴國受福, 亦不小矣. 且我國興師, 祇以欲和未遂, 事非得已. 夫孰不願解甲休兵, 以求逸豫哉. 此言是否, 王自知之. 朕前聞王以兵助明, 共攻毛氏, 想亦懼禍之及已耳. 今毛氏已移住東京, 其守戰艦者, 乃我國之兵, 而貴國仍以兵助明, 合爲一處. 若不速行撤回, 搆兵實自爾始矣. 特披誠預告, 書所不盡言者, 悉令去使英俄爾岱面陳. 貢來禮物, 雖不足額, 若屢屢却回, 言言辨駁, 恐乖兄弟之和, 怨端滋甚, 以故收納. 至金銀 · 牛角, 貴國以不產爲言, 非不產也, 吝也, 王既吝此三物已之可也. 其餘所產方物, 仍當如數. 倘吝惜之物, 既諉以本國不產, 而應送之物, 又以國貧支吾亦可見兄弟間誠意之衰矣. 王其熟籌之. 又遺書曰, 貿易事, 謂我減價, 不過王飾詞耳. 近者貴國所市, 緞疋不滿二丈, 布疋不過一丈, 且粗惡不堪, 乃欲照四丈之緞, 二丈之布, 一例索價, 即王心以爲何如. 想必不樂交易故耳. 若貨物如初, 則我國價直, 亦如初給與也.

○ 병인일(6.6), 참장 잉굴다이와 비어 다이숭가(daisungga, 代松阿)를 조선에 파견하면서 여덟 버일러의 하인 10명에게 각각 인삼을 100근씩 지참시키고 아울러 관삼(官蔘) 100근을 가지고 가서 함께 호시(互市)하게 했다. 이종(李倧)에게 보낸 서신에서 말했다. 「우리나라의 호구(戶口)가 새로 늘어 귀국에 양곡을 빌리고자 하는데, 그대는 모씨(毛氏, 孔有德)를 칙으로 여겨 곡식을 가져가 칙을 도와줄 이유가 없다고 하니 이 말은 옳은 듯하다. 그러나 모씨는 이미 우리나라에 귀부했으니 내가 무휼하지 않을 수 없고, 근래에 비록 흉년이었다고 하지만 기근에 이르지는 않았기 때문에 이미 본국 대신들과 부유한 집의 축적된 것을 취하여 모씨의 호구(戶口)를 헤아려 지급했다. 다만 생각하기에 하늘이 준 전함(戰艦)을 가벼이 버릴 수 없으므로 군사를 내어 지

키려고 하는데, 우리나라에 양식이 없지는 않지만 그곳에 주둔할 군사들에게 지급하기에 거리가 멀어 운반하기 어렵고 귀국과의 거리는 매우 가까우니, 우리나라에서 수송하는 것보다 잠시 그대의 양식을 취하여 지급하는 것이 편리하다. 짐이 생각건대, 귀국이 명나라를 아버지로 여겨 곡식을 수송한 것이 열 번이다. 짐이 이미 형이 되었는데 어찌 한 번도 줄 수 없는가. 왕은 생각해 보라.

귀국은 몇 년간 양국 사이에서 조용히 있으면서 양국의 승패를 관망하며 내심 남의 화를 즐기는 뜻을 품고 있는데, 양국의 승패는 국세의 대소에 있는 것이 아니라 모두 하늘의 뜻에 있을 뿐임을 알지 못하고 있다. 귀국이 실로 명나라를 아버지라 여기지만 왕 또한 이웃나라의 군주이니, 명나라의 신하가 주인의 주륙을 당할까 두려워 입을 다물고 말을 하지 않고 비위를 맞추는 것과는 다르다. 왕은 마땅히 아버지 앞에서 힘써 조정하여 양국의 전쟁을 그치게 하고 화호를 이루게 해야 한다. 이와 같다면 천하는 바로 태평을 맞이하고 우리 두 나라가 전쟁을 그만두고 쉬게 될 뿐만 아니라 귀국이 받을 복도 작지 않을 것이다.

또 우리나라가 군사를 일으킨 것은 화친하고자 했지만 이루어지지 않아 부득이한 일이었다. 누군들 갑옷을 풀고 병기를 내려놓은 채 편히 쉬고 싶지 않겠는가. 이 말이 옳은지 아닌지는 왕도 잘 알 것이다. 짐은 왕이 군사를 동원하여 명나라를 도와 함께 모씨를 공격한다는 소문을 듣고, 화가 자신에게 미칠까 두려워서 그렇게 한다고 생각했다. 지금 모씨는 이미 동경(東京)으로 이주했고, 그 전함을 지키는 것은 바로 우리나라의 군사들인데도 귀국은 계속 군사로 명나라를 도와 한곳에 모여 있다. 속히 철수하지 않으면 전쟁은 실로 그대로부터 시작될 것이다. 특별히 성의를 피력하여 미리 말해 둔다. 서신에서 다 하지 못한 말은 모두 사신으로 보낸 잉굴다이가 면대하여 말할 것이다.」[8]

「바친 예물은 비록 수량에 차지는 않지만 번번이 돌려보내고 하나하나 따지면 형제의 화의를 어그러뜨리고 원망의 단서가 더욱 커질 것을 염려하여 받아들였다. 금 · 은 · 물소뿔은 귀국의 토산이 아니라고 말하지만 나지 않는 것이 아니라 아끼는 것이리라. 왕이 이 세 가지 물품을 아끼니 그만두도록 하겠다. 나머지 산출되는 방물은 정해진 수를 채워야 한다. 아끼는 물건을 본국에서 나지 않는 것이라 핑계 대었는데, 보내야 할 물품도 나라가 가난하다고 핑계 대면 역시 형제간의 성의가 쇠한 것을 알 수 있다. 왕은 깊이 헤아리라.」

또 다른 서신에서 말했다. 「무역에 관해서 우리가 가격을 깎았다고 하는 것은 왕이 꾸며 댄 말에 지나지 않는다. 근래 귀국의 호시(互市)에서 비단은 2장(丈)에 못 미치고 면포는 1장(丈)을 넘지 않으며 또 조악하기가 이를 데 없는데도 4장(丈) 길이의 비단, 2장(丈) 길이의 면포와 똑같이 값을 받고자 하니 왕의 마음이 이러한 것은 어째서인가. 아마도 교역을 기꺼워하지 않는 까닭일 것이다. 물화가 처음과 같다면 우리나라도 값을 처음과 같이 지급하겠다.」

○ 是日, 賜阿祿部落新附綽博惠衛徵, 羊千隻, 併甲胄 · 雕鞍 · 銀瓮 · 緞布等物.

○ 이날 아루 부락에서 새로 귀부한 초보호이 워이정(cobohoi weijeng, 綽博惠衛徵)에게 양 1,000마리와 갑옷과 투구 · 조각한 안장 ·

8 본서에서는 이 부분이 뒤의 서신과 구분되어 있지 않으나, 『조선인조실록』 권28, 인조 11년 6월 16일조에 따르면 당시 홍타이지는 세 통의 서신을 보냈고, 金銀 및 물소뿔 문제는 공유덕 등의 사안과 분리하여 다른 서신에서 논했다. 따라서 예물과 관련한 내용을 공유덕 · 경중명 관련 서신, 개시 관련 서신과 구분한다.

은쟁반 · 비단과 면포 등의 물건을 내렸다.

○ 戊辰, 賞台吉俄木布雕鞍 · 緞布等物.

○ 무진일(6.8), 타이지 옴부(ombu, 俄木布)에게 조각한 안장 · 비단과 면포 등의 물건을 상으로 주었다.

○ 己巳, 上諭曰, 我國衣冠, 當有定制. 朕向欲辨服色, 正名分, 慮國人更制不易, 是以未及分別耳. 今國中冠服不一, 各任意粉製, 甚非所以肅觀瞻也. 特定入朝冠服之制. 凡朝期俱用披領, 平居止用袍, 自八大臣以下, 庶人以上, 毋得戴尖纓帽, 冬則戴緞纓圓皮帽, 夏則用涼帽, 其黑狐大帽, 係御賜者, 入朝准戴, 平居俱行禁止, 即大臣自製者, 亦不准戴. 至緞韡, 惟總兵官以下, 旗長以上, 入朝許用之, 庶人不許. 御前侍衛及貝勒下護衛與新附蒙古不禁. 凡一應人等, 綿褂 · 皮褂無袖者及腰帶之寬者, 止許出外服之, 平居不許. 其綿帽止許襯盔, 行路居家, 俱不許用, 著永行嚴禁.

○ 기사일(6.9), 주상이 유시했다. 「우리나라의 의관은 당초에 정해진 제도가 있다. 짐은 복색(服色)을 분별하여 명분을 바로잡고자 했는데, 국인(國人)이 제도를 바꾸기 쉽지 않음을 생각하여 아직 분별하지 않았을 뿐이다. 지금 나라 안의 관복이 일치하지 않아서 각자 제멋대로 만드니 보기에 심히 정숙하지 않다. 특별히 입조할 때의 관복 제도를 정한다. 무릇 조회할 때에는 모두 피령(披領)을 착용하고, 평상시에는 포(袍)만을 착용한다. 8대신 이하 서인(庶人) 이상은 술 달린 모자(尖纓帽)를 쓰지 않고, 겨울에는 술 달린 원형 가죽모자(緞纓圓皮帽)

를 쓰고 여름에는 여름모자(涼帽)를 착용한다. 검은 여우가죽 큰모자는 황제가 하사한 물건이면 입조할 때에 쓰는 것을 허락하고, 평상시에는 모두 쓰는 것을 금지하며 대신이 스스로 만든 것도 쓰는 것을 허락하지 않는다. 비단신발의 경우 총병관 이하 기장(旗長) 이상은 입조할 때 착용하는 것을 허용하고 서인은 허용하지 않는다. 어전 시위와 버일러 속하의 호위 및 새로 귀부한 몽고인은 금하지 않는다. 모든 사람은 면마고자(綿褂), 가죽마고자(皮褂)로 소매가 없고 요대가 넓은 것을 밖에 나갈 때만 입는 것을 허용하며 평상시에는 허용하지 않는다. 면모자(綿帽)는 투구 안에 덧대는 것만을 허용하고 길을 가거나 집에 있을 때에는 모두 허용하지 않으며, 영원히 엄금한다.」

○ 辛未, 先是, 孔有德·耿仲明, 差石參將, 率千總一員, 自登州泛海來降, 疑爲間諜, 姑留養之. 至是, 詢有德等, 果其所遣也. 命賞給人口·馬匹·牛驢·銀兩, 有差.

○ 신미일(6.11), 이전에 공유덕과 경중명이 석 참장(石參將)을 보내 천총 1명을 이끌고 등주로부터 바다를 건너 투항하게 했는데 간첩으로 의심하여 우선 머무르게 하고 보살폈다. 이때에 공유덕 등에게 물으니 과연 그가 보낸 것이었으므로 인구와 말·소·나귀·은량 등을 차등 있게 상을 주었다.

○ 癸酉, 封孔有德爲都元帥, 耿仲明爲總兵官, 賜之敕印. 有德·仲明跪迎, 墨爾根戴青貝勒多爾袞·貝勒薩哈廉, 宣敕. 有德·仲明受敕, 行三跪九叩頭禮. 又諭孔有德·耿仲明曰, 與爾等同破山東, 歸降諸將, 宜察其功之大小, 用印給劄. 諭畢, 上率諸貝勒御樓, 召有德·仲明及衆官登樓，宴之．敕曰，朕惟任賢使能，崇功尙德，乃國家之大典，乘機遘會，達變通權，誠明哲之芳踪．爾元帥孔有德原係明臣，知明運之傾危，識時勢之向背，遂擧大衆，奪據山東，殘彼數城，實爲我助．且又全攜軍士官民，盡載甲冑器械，航海來歸，偉績豊功，超羣出類，朕深嘉尙，用賛王猷，給都元帥敕印．功名富貴，遠期奕世之休，帶礪河山，永無遺棄之義．凡有一切過犯，盡皆原宥．爾宜益勵忠勤，恪共乃職，勿負朕命，欽哉．敕耿仲明亦如之．

○ 계유일(6.13), 공유덕을 도원수에, 경중명을 총병관에 봉하고 칙서와 인신을 하사했다. 공유덕과 경중명이 무릎 꿇고 받으니 머르건 다이칭 버일러 도르곤과 버일러 사할리얀이 칙서를 선포했다. 공유덕과 경중명이 칙서를 받고 삼궤구고두의 예를 행하였다. 또 공유덕과 경중명에게 유시했다. "너희와 함께 산동을 격파하고 항복해 온 여러 장수들에게 그 공로의 크고 작음을 잘 살펴서 인장을 찍어 차부(劄付)를 발급하라." 유시한 후 주상이 여러 버일러들을 이끌고 누각에 들고, 공유덕·경중명과 관원들을 불러 누각에 오르게 하여 잔치를 베풀었다. 칙서에서 말했다. 「짐이 생각하기에 유능한 인재를 기용할 때 공덕을 숭상하는 것은 국가의 대전(大典)이고, 좋은 기회를 만나 임시방편을 잘 사용하는 것은 진실로 명철한 행동이다. 그대 원수 공유덕은 원래 명나라의 신하로 명나라의 운세가 기울었음을 알고 시세의 향배를 파악하여 마침내 큰 무리를 이끌고 산동을 빼앗아 의지하면서 저들의 여러 성을 함락시켰으니 실로 우리에게 도움이 되었다. 또 군사와 관민을 모두 데리고 갑옷과 투구와 무기를 모두 싣고 바다를 건너와서 귀부하여 위대한 공적이 무리 가운데서 특히 뛰어나니 짐이 매우 가상하게 여겨 정사(政事)를 도우라고 도원수의 칙서와 인신을 발급한다. 부귀공명이 영원하고 대대로 이어져 산하(山河)가 다하도

록 영원히 저버리는 뜻이 없도록 하라. 모든 잘못을 용서할 것이니 그대는 충성과 근면함에 더욱 힘쓰고 직책을 삼가 수행하여 짐의 명을 저버리지 말고 공경하라.」 경중명에게 하사한 칙서도 이와 같았다.

○ 甲戌, 四子部落台吉瑣諾木來朝, 貢駝馬, 納之. 賜瑣諾木甲胄·雕鞍·銀器·緞布等物.

○ 갑술일(6.14), 사자(四子) 부락의 타이지 소놈(sonom, 瑣諾木)이 내조하여 바친 낙타와 말을 받았다. 소놈에게 갑옷과 투구·조각한 안장·은그릇·비단과 면포 등의 물건을 내렸다.

○ 戊寅, 参將英俄爾岱·備禦代松阿, 自朝鮮遣人奏言, 據瀋陽通事辛達里, 偵知明兵退住獐子島, 以船十一隻, 載孔有德部下餘衆, 送入內地. 又明國遣人諭朝鮮王云, 爾何故與滿洲財物, 可以不受爲詞, 即與之絕. 爾如借兵倭國, 我亦相助. 滿洲於同類之國, 如烏喇·哈達·葉赫·輝發, 先曾講和, 後竟伐之. 爾若與之講和, 終蹈覆轍. 朝鮮信其言, 因借兵倭國, 倭國助以兵四萬. 彼亦屯聚士馬, 移文義州官, 言滿洲若納我禮物, 遣官與我使臣偕來, 即將現在明境兵六百, 船九艘, 撤回. 又遣二萬人於義州南嶺右山岡上, 築城蓋房, 工竣而去.

○ 무인일(6.18), 참장 잉굴다이와 비어 다이숭가가 조선에서 사람을 보내 상주했다. 「심양 통사 신다리(sindari, 辛達里)의 말에 의하면 명나라 군대가 장자도(獐子島)로 물러나 선박 11척으로 공유덕 속하의 잔당을 실어 내지로 들여보냈음을 탐지했습니다. 또 명나라에서 사람을 파견해 조선왕에게 유시하기를, "그대는 어떤 까닭으로 만주

에 재물을 주었는가. 받아들일 수 없다는 말로 관계를 단절하라. 그대가 만약 왜국(倭國)에서 군사를 빌리면 우리도 도울 것이다. 만주는 같은 부류의 나라인 울라 · 하다 · 여허 · 호이파와 강화했다가 나중에 결국 정벌했다. 그대가 만약 강화하면 끝내 그 전철을 밟게 될 것이다."라고 했습니다. 조선에서 그 말을 믿고 왜국의 군사를 빌리니 왜국에서 군사 4만 명으로 돕겠다고 했습니다. 저들은 군사와 말을 모으고 있으며 의주 관원에게 문서를 보내 "만주가 만약 우리 예물을 받고 관원을 파견해 우리 사신과 함께 오면 지금 명나라의 변경에 있는 군사 600명과 군선 9척을 철수시키라."라고 했습니다. 또 2만 명을 의주의 남쪽 고개 우측 산등성이 위에 보내서 성을 쌓고[9] 집을 짓는 공사를 마치고 가게 했습니다.」

○ 上以征討明國, 及朝鮮, 察哈爾, 三者用兵何先, 命諸貝勒 · 大臣各抒所見陳奏. 刑部貝勒濟爾哈朗奏言, 臣思朝鮮不遵我約, 當反其貢物, 姑與之互市, 不必往征. 至於明乃吾敵國, 宜舉兵深入其境, 焚其廬舍, 取其財物, 因糧於敵, 此制勝之策也. 但彼處痘疹可虞, 皇上親往, 不可久留. 若速回, 又恐功虧半途, 莫若令貝勒 · 大臣各立軍令狀, 率兵往攻取其近京數城. 屯兵久駐伺隙, 窺便以期必勝, 何如. 又思山海以東, 錦州以西, 屢以兵撓其耕穫, 使之不得休息, 復帶梯牌礮車, 分兵之半於山海關外立營, 其半繞入關內, 內外交攻, 彼必勢窮力絀矣.

9 의주의 白馬山城을 가리킨다. 조선은 정묘호란 직후 의주부윤 嚴愰이 백마산성의 수축을 건의했고, 1633년 도원수 金自點에 의해 공역이 이루어졌다. 『조선인조실록』 인조 6년 1월 21일; 인조 11년 6월 21일; 인조 11년 8월 3일 참조.

○ 주상이 명나라와 조선, 차하르 세 곳을 정벌하는데 어디에 먼저 군사를 쓸 것인지 버일러들과 대신들에게 의견을 아뢰게 했다. 형부(刑部) 버일러 지르갈랑이 상주하여 말했다. 「신이 생각하기에 조선이 우리와의 약속을 따르지 않으니, 그 공물을 돌려주어야 하나, 일단 그들과 교역하고 반드시 가서 정벌할 필요는 없습니다. 명나라는 우리 적국이니 군사를 일으켜 그 변경에 침입해 가옥을 불태우고, 재물을 취하고, 적의 양식을 빼앗아야 합니다. 이것이 적을 제압하고 승리하는 방책입니다. 다만 그곳의 천연두가 염려되니 황상께서 친히 가셔도 오래 머무를 수 없습니다. 만약 속히 돌아오면 공적이 중간에 어그러질 것이니, 버일러와 대신들에게 각각 군령을 세우게 하고, 병사를 이끌고 가서 공격해 연경과 가까운 여러 성을 취하는 것이 더 좋습니다. 둔병을 오랫동안 주둔시켜 틈을 엿보고 편리한 때를 노려 필승을 기약하는 것이 어떻습니까. 또한 생각건대 산해관(山海關)의 동쪽과 금주(錦州)의 서쪽에서는 여러 번 병사들이 농사를 어지럽혀 쉬지 못하게 했으니, 다시 사다리 · 방패 · 화포 · 수레를 가지고, 병사를 나누어 반은 산해관 바깥에 군영을 세우고 반은 관내에 포위해 들어가서 안팎으로 서로 공격하면 그들은 반드시 기세가 꺾이고 힘이 빠질 것입니다.」

貝勒阿濟格奏言, 先我兵圍大凌河, 四閱月, 盡獲其良將精兵, 在皇上與諸貝勒 · 大臣, 固有得人之慶. 但部下士卒, 及新附蒙古等, 一無所獲, 皆以爲徒勞. 又往征察哈爾時, 皇上堅意前進, 幸上天眷佑, 僅遇彼之哨兵, 而察哈爾汗已自遠遁. 彼時若渡黃河畧其財物, 散給士卒, 以所獲牲畜爲餱糧, 可以持久. 縱離家遙遠, 亦當遣一貝勒領兵數百, 乘草青肥時, 襲察哈爾踪跡, 庶遠振軍威, 近慰衆望. 乃以糧運不繼, 皇上慮之, 轉向歸化城進發, 揆之出師初意, 似不相符矣. 今又欲攻明, 得其城則甚善, 萬一不得, 則士卒多以往事爲苦, 爾時縱欲前進, 亦不可得矣. 皇上宜親駐邊外, 命諸貝勒將帥, 率馬步大軍進邊, 邊內人民 · 財物 · 禾稼, 應殺者殺之, 應取者取之, 應蹂躪者蹂躪之, 每旗計甲, 派帶人口, 所到之處, 張示招降. 然後相敵形勢, 酌量緩急而行, 惟皇上裁之. 今歲按兵不動者, 爲耕種故耳. 臣意待耕耘畢, 可即興師. 至收穫之事, 婦人稚子, 亦可委也. 何必留重兵以廢時日哉. 若逡巡不往, 則彼國中有備, 而內亂亦漸消矣.

버일러 아지거가 상주하여 말했다. 「이전에 우리 군사는 대릉하를 포위하여 4개월간 뛰어난 장수와 정예 병사를 모두 사로잡았으니, 황상과 여러 버일러들 · 대신들에게 인재를 얻은 경사가 있었습니다. 다만 부하 군사들과 새로 귀부한 몽고 등은 노획한 것이 하나도 없으니, 모두 헛수고했다고 생각합니다. 또한 차하르를 정벌하러 갈 때, 황상께서 전진할 뜻을 굳게 하시자 다행히 하늘이 도와서 겨우 그들의 초병(哨兵)만을 만났고 차하르 칸은 이미 멀리 달아났습니다. 그때 만약 황하를 건넜다면 그 재물을 빼앗아 군사에게 나누어 주고 노획한 가축을 군량으로 삼아 오랫동안 버틸 수 있었을 것입니다. 설령 집을 떠나 멀리 왔다 하더라도 버일러 1명을 보내 수백 명의 병사를 이끌고 푸른 풀이 나고 가축이 살찌는 때를 틈타 차하르를 추적하여 습격했다면, 아마도 먼 곳에 군사의 위엄을 떨치고, 가까운 곳에 백성의 마음을 위로했을 것입니다. 그러나 군량 운반이 이어지지 않음을 황상께서 걱정하셔서 귀화성(歸化城)으로 방향을 바꾸어 나아갔는데, 생각해 보면 군사를 일으킨 처음의 뜻과 부합하지 않았습니다. 지금 또한 명나라를 공격하려고 하는데 그 성을 얻으면 매우 좋지만 만일 얻지 못하면 군사들 대부분이 지난 일을 수고롭게 여길 터이니 그때는 전진하려고 해도 하지 못할 것입니다. 황상은 마땅히 친히 변외에 머무르며 버일러들과 장수들에게 기병과 보병 대군을 이끌고 변계로 나아가게 하고, 변내의 인민과 재물과 곡식에 대해서는 죽일 자는 죽이고, 취할 것은 취하고, 짓밟을 것은 짓밟고, 각 기(旗)마다 병정을 헤아려 노획한 이들을 데리고 가서 이르는 곳마다 적을 초무하는 것을 널리 보이십시오. 그런 연후에 적의 형세에 따라 완급을 헤아려 가는 것은 오직 황상께서 결단하십시오. 올해 병사를 일으키지 않고 움직이지 않는 것은 농사짓기 위해서입니다. 신의 생각에 경작이 끝나기를 기다려 군대를 일으키면 됩니다. 수확하는 일은 부인과 아이에게도 맡길 수 있습니다. 중병(重兵)을 두고 시일을 놓치면 되겠습니까? 만약 우물쭈물하고 가지 않으면 명나라가 준비하게 되고 내란도 점차 사라질 것입니다.」

吏部墨爾根戴青貝勒多爾袞奏言, 今春宜整頓兵馬, 乘穀熟之時, 入邊圍困燕京. 截其援兵, 殘毀其屯堡諸物, 爲久駐之計, 可坐而待其斃也.

이부(吏部)의 머르건 다이칭 버일러 도르곤이 상주하여 말했다. 「올봄에 병마를 정돈하여 곡식이 익을 때를 틈타 변경에 들어가 연경을 포위해야 합니다. 그들의 원병을 끊고 그 둔보와 여러 물자를 파괴하여 오래 머무르는 것을 계책으로 삼으면 가만히 앉아서 그들의 죽음을 기다릴 수 있을 것입니다.」

額爾克楚虎爾貝勒多鐸奏言, 我國之兵, 非怯於鬥者. 但使所得各飽其欲, 則雖死不恤, 稍不如意, 遂無鬥志. 若止攻山海關外之城, 有如射覆, 豈可必得. 夫攻山海關以外之城, 與攻燕京 · 通州之城, 名雖不同, 勞苦則一. 臣愚以爲宜直入長城, 庶可饜士卒之心, 亦可合皇上久長之計. 且相機審時, 古語有之. 我兵若耽延日久, 則敵人漸知預備固其城池, 而根本修治, 何隙之可乘. 臣以爲察哈爾且勿加兵, 惟先圖其大者, 則其餘自滅. 且我國何愛於明. 祇念士卒勞苦, 姑與之和, 若乘時可取, 原不待再計也. 至已和之朝鮮, 又何必計財物之多寡, 遂與之絕耶. 如蒙天佑, 得其大者, 隨我所求而自至矣. 如大者不得, 徒與朝鮮較多寡, 相責讓, 何益之有. 惟皇上裁之.

어르커 추후르 버일러 도도가 상주하여 말했다. 「우리나라 병사는 싸움을 두려워하지 않습니다. 다만 얻는 것으로 각자 원하는 것을 만족할 수 있다면 비록 죽을지라도 걱정하지 않지만, 조금이라도 뜻대로 되지 않으면 결국 싸울 의지가 없게 됩니다. 다만 산해관 밖의 성을 공격하는 것은 점을 치는 것과 같으니 어찌 반드시 얻을 수 있겠습니까? 산해관 밖의 성을 공격하는 것은 연경(燕京)·통주(通州) 성을 공격하는 것과 명목은 다르지만 수고로운 것은 같습니다. 신의 어리석은 생각으로는 장성으로 곧장 진입해야 합니다. 그리하면 군사들의 마음을 만족시킬 수 있고 황상의 장구한 계획에 부합할 것입니다. 또 기회를 노리고 때를 살피라는 말은 옛말에도 있습니다. 우리 군사가 오랫동안 시간을 끌면 적이 점차 알고 그 성과 해자를 미리 단단하게 갖추고 근본적으로 통치를 바로잡을 것이니, 어찌 틈을 노릴 수 있겠습니까? 신이 생각건대 차하르에 또 병사를 더할 필요가 없이 먼저 큰 것을 도모하면 나머지는 스스로 멸망할 것입니다. 우리나라가 어찌 명나라를 아끼겠습니까? 다만 군사들의 노고를 생각하여 잠시 그들과 강화했다가 기회를 노려 취하면 다시 도모할 필요도 없습니다. 이미 조선과 화친했는데 또다시 재물의 많고 적음을 계산하여 끝내 그들과 단절할 필요가 있겠습니까? 만약 하늘의 도움을 받아 큰 것을 얻으면 우리가 구하는 대로 자연스럽게 이루어질 것입니다. 큰 것을 얻지 못하고 조선과 많고 적음을 견주어 서로 책임을 따지면 무슨 이익이 있겠습니까? 황상께서 헤아리십시오.」

貝勒杜度奏言, 朝鮮已在吾掌握, 宜且勿征. 如察哈爾與我偪, 則征之. 若遠, 可取大同地方秣馬, 以觀其勢. 如察哈爾敗遁, 即深入明境, 儻荷天佑, 得破察哈爾, 天下自然膽裂矣.

버일러 두두가 상주하여 말했다. 「조선은 이미 우리 손안에 있으니 또다시 정벌하지 말아야 합니다. 만약 차하르가 우리에게 가까이 오면 정벌하십시오. 만약 멀리가면 대동 지방을 취해 말을 먹이면서, 그 형세를 관망하면 됩니다. 차하르가 패하여 명나라 영토로 깊이 들어갈 경우 만약 하늘의 도움을 받아 차하르를 격파한다면 천하는 자연히 간담이 무너질 것입니다.」

兵部貝勒岳託奏言, 臣思時不可失, 事宜勇斷. 宜乘此時, 於明山海關·通州·燕京三處先圖其一, 以立丕基. 不然, 如此機會, 可再得乎. 皇上春秋鼎盛, 不乘時以立鴻業, 後悔何及. 如進兵長城, 皇上與貝勒之未出痘者, 居守可也.

병부의 버일러 요토가 상주하여 말했다. 「신이 생각건대 때는 놓칠 수 없고 일은 용단해야 합니다. 이때를 틈타 명나라의 산해관·통주·연경 세 곳 중 먼저 하나를 도모하여 큰 기틀을 세워야 합니다. 그렇지 않으면 이런 기회를 또다시 얻을 수 있겠습니까? 황상의 춘추 한창인데, 때에 맞추어 홍업을 세우지 않으면 후회가 어디에 미치겠습니까? 만약 장성으로 진군한다면 황상과 천연두를 앓지 않은 버일러는 머물러 지켜야 합니다.」

禮部貝勒薩哈廉奏言, 明與察哈爾, 朝鮮三國, 若論其緩急, 當寬朝鮮, 拒察哈爾, 而專征明國. 蓋察哈爾國, 我雖不加兵, 彼如蟲食穴中, 勢必自盡, 不煩急圖. 至於明國, 實不可緩. 若我兵稍緩一年, 彼之守禦益固. 臣意視今歲秋成豐歉, 以圖進取, 且乘彼禾稼方熟, 因糧於彼, 爲兩次進兵之計, 事必有成, 何以言之. 初次傳發士卒, 量留兵若干, 固守疆圉, 以防察哈爾. 其軍中重器, 不必攜往. 皇上與諸貝勒, 惟率精騎直入, 往來襲擊, 悉所俘獲, 藉之以還. 至第二次, 則皇上與貝勒之未出痘者, 且勿往, 親統科爾沁全部兵, 及外藩蒙古兵, 與我八旗護軍之半, 出屯外郊, 哨探游巡, 以防察哈爾. 再數遣人往說祖大壽, 命已出痘貝勒將帥, 率訓練之兵, 堅銳之械, 自一片石入奪山海關, 則寧遠·錦州爲無用矣. 不然, 仍從故道而入, 斷燕京四面之路, 相度地形, 及彼積儲之地, 奪而據之, 堅守勿歸, 二三年中, 乘機伺便, 縱兵奮攻, 有不大勳克集者乎. 如此而猶大勳未集, 且士卒有急於懷歸者, 則甘受誑上之罪.

예부의 버일러 사할리얀이 상주하여 말했다. 「명나라와 차하르, 조선 세 나라에 대한 완급을 논하자면 조선에는 관대하고, 차하르는 막고, 명나라는 오로지 정벌해야 합니다. 차하르국은 우리가 병력을 추가하지 않아도 벌레가 구덩이 안을 파먹는 것과 같이 기세가 반드시 스스로 다할 것이니 번거롭게 급히 도모하지 않아도 됩니다. 명나라에 대해서는 실로 늦출 수 없습니다. 만약 우리 군사가 1년이라도 서두르지 않으면 그들의 방어는 더욱 견고해질 것입니다. 신이 생각건대 올해 가을은 풍년일 것이므로 나아가 취하기를 도모하고 그들의 곡식이 익을 때를 노려 그들에게서 식량을 빼앗아 두 차례 진격하는 것으로 계책을 삼으면 일은 반드시 이루어질 것입니다. 무엇을 더 말하겠습니까? 첫 번째는 군사를 보내되 병사 약간을 헤아려 남겨 변경을 굳게 지켜 차하르를 방비하십시오. 군중의 중화기는 반드시 가지고 갈 필요 없습니다. 황상과 버일러들은 다만 정예 기병을 이끌고 곧장 들어가 오고가며 습격하고 모든 노획물을 몰수해서 돌아오십시오. 두 번째는 황상과 여러 버일러들 가운데 천연두를 앓지 않은 자는 가지 말고, 친히 코르친의 모든 병사 및 외번몽고 병력과 우리 팔기 호군의 반을 이끌고 교외에 진을 쳐서 정탐하고 순찰하여 차하르를 막으십시오. 거듭 여러 번 사람을 보내어 조대수에게 말을 전달하고, 이미 천연두를 앓은 버일러와 장수들에게 명하여 훈련한 병사들과 예리한 무기를 가지고 일편석(一片石)[10]으로부터 들어가 산해관을 빼앗게 하면 영원(寧遠)과 금주(錦州)는 쓸모없게 될 것입니다. 그렇지 않으면, 예전의 길로 들어가 연경의 사면의 길을 막고 지형을 살피며, 저들이 물자를 비축한 땅을 빼앗아 머물러 견고히 지키며 돌아가지 말고 2-3년 사이에 기세를 틈타 병사를 풀어 공격하면 큰 공로가 모이지 않겠습니까? 이렇게 했는데도 오히려 큰 공로가 모이지 않고 사졸 가운데 급히 돌아가고 싶어하는 자가 있다면, 황상을 속인 죄를 달게 받을 것입니다.」

貝勒豪格奏言, 錦州·寧遠攻之無益, 何也, 我國攻城之法, 彼盡知之. 況我兵曾攻之而未得, 若復令攻之, 必有畏難之意. 雖得錦州, 此外七城, 尚煩攻取. 若徒得一城, 其餘皆堅壁不肯下, 彌旬曠日, 恐老

10 一片石: 지금 요녕성 葫蘆島市 綏中縣 李家堡鄉 九門口村이다. 하북성과 요녕성의 경계에 있다. 城의 동남쪽 밖에 배수문 9개가 있기 때문에 九門水口라고도 부른다.

我師. 今宜盡率我衆, 及邊外新舊蒙古兵從舊道而入, 各處縱火攻畧. 爲書頒示各屯寨, 告以我願和而彼不肯和之意, 仍傳諭各城, 則彼處人民, 雖被創痍, 將自怨其主, 無尤於我. 如此, 則我兵得饜所欲, 而邊外蒙古, 愈加勉勵矣. 若馬匹疲斃, 即以所獲之貲買馬, 其餘并以製衣, 則嗣後進兵, 人人奮勇, 靡有退志. 再用更番之法, 俟秣馬肥壯益, 以漢兵攜巨礮, 分兵兩路, 一從寧遠入, 一從舊路入, 夾攻山海關. 得之則已, 不得則屯兵彼地, 遣人往招流賊諭以來歸, 撫輯其衆. 不然, 進攻通州, 得與不得, 姑久駐其地, 往偵流賊情形, 彼方分師捍禦, 我伺其懈怠, 乘夜襲之, 事必可圖也. 總宜乘時急進. 若坐失此機必將後悔. 至於朝鮮, 且暫行撫慰, 俟我與敵國勝負既定, 再爲區處. 察哈爾若近則相機而行, 若離興安嶺二三日程, 雖追無及. 謹抒鄙見上陳.

버일러 호오거가 상주하여 말했다. 「금주와 영원을 공격하는 것은 무익합니다. 왜냐하면 우리나라가 공성하는 법을 저들이 모두 알고 있기 때문입니다. 하물며 우리 병사가 일찍이 그곳을 공격했지만 얻지 못했는데 만약 다시 그곳을 공격한다면 반드시 두렵고 어려워하는 마음이 생길 것입니다. 비록 금주를 얻는다 해도 그 밖의 7개 성은 오히려 공격해 취하기 어렵습니다. 만약 1개 성을 얻어도 나머지 모두가 굳게 벽을 쌓고 내려오지 않으려고 하면 오랫동안 허송세월 하게 될 것이고 우리 군대가 쇠약해질지도 모릅니다. 지금 우리 무리와 변외의 신구(新舊) 몽고병을 모두 이끌고 옛길로 들어가서 각지를 불을 놓아 공략해야 합니다. 글을 지어 각 성채에 보내 우리는 화친을 원하나 명나라가 화친하지 않으려는 것을 알리고 각 성에 유시를 전하면 그곳의 백성은 피폐해지더라도 그 주인을 원망하지 우리를 원망하지 않을 것입니다. 이렇게 하면 우리 병사는 바라는 바를 얻을 것이고 변외의 몽고는 더욱 열심히 힘쓸 것입니다. 만약 말이 지쳐 죽으면 노획한 재물로 말을 사고 나머지는 모두 옷을 만들면 이후 진군할 때 사람마다 용맹을 떨치고 후퇴할 뜻을 갖지 않을 것입니다. 다시 교대하는 방법을 사용하여 말에게 먹이를 먹여 살찌기를 기다려 한병(漢兵)을 더하여 큰 포를 이끌고 두 길로 군사를 나누어 한 부대는 영원으로 들어가고, 다른 한 부대는 옛길로 들어가 산해관을 협공합니다. 산해관을 얻으면 그만이고 얻지 못하면 그곳에 둔병해서 사람을 보내 유적(流賊)을 초유해 내귀하도록 유시하여 그 무리를 위무해 모으면 됩니다. 그렇지 않으면 통주를 공격해서 얻든 얻지 못하든 일단 그곳에 오랫동안 머무르며 유적(流賊)의 형편을 정탐하고, 그들이 군사를 나누어 수비할 경우 우리가 그들이 해이해진 것을 엿보아 밤을 틈타 습격하면 일을 반드시 도모할 수 있을 것입니다. 요컨대 틈을 타 속히 진군해야 합니다. 만약 앉아서 이 기회를 잃으면 반드시 후회할 것입니다. 조선에 대해서는 또 잠시 위무를 행하여 우리와 적국의 승부가 정해진 후에 다시 적절하게 처리하십시오. 차하르가 만약 가까이 있으면 상황을 보아 출병하고, 만약 흥안령(興安嶺)에서 2-3일 정도 거리에 있다면 비록 쫓는다 해도 따라잡을 수 없을 것입니다. 삼가 비루한 의견을 올립니다.」

工部貝勒阿巴泰奏言, 明人地利, 我等已熟識之. 其邊城之堅瑕, 皇上亦悉知之. 宜選精兵襲其不備, 則關門可得. 皇上軍於邊外, 擇諸貝勒將帥, 分八路馳入, 駐軍內地. 若獲奇傑之士, 能爲國家建長策者, 令乘驛送御前. 倘可委任, 遣入內地, 則可速得彼之消息矣. 又思錦州無足過慮. 我兵既入, 是天時已至. 令祖大壽入山海關, 可與我兵相會合也.

공부의 버일러 아바타이가 상주하여 말했다. 「명나라의 지리적 이점은 우리도 이미 잘 알고 있으니, 그 변성의 견고하고 허술함은 황상께서도 모두 아실 것입니다. 정예병을 선발해 방비하지 않은 곳을 기습하면 관문을 얻을 수 있습니다. 변외에 있는 황상의 군대는 여러 버일러들과 장수를 택하여 여덟 길로 나누어 달려 들어가 내지에 주둔하게 하십시오. 만약 국가를 위해 뛰어난 계책을 세울 수 있는 걸출한 선비를 얻으면 역마를 태워 황상에게 보내게 하십시오. 만약 일을 맡길 만하여 내지에 보내면 저들의 소식을 속히 얻을 수 있을 것입니다. 또한 생각건대 금주는 지나치게 염려할 필요 없습니다. 우리 병사가 이미 들어갔으니 이는 하늘의 때가 이른 것입니다. 조대수에게 명하여 산해관에 들어가 우리 병사와 회합하게 하십시오.」

固山額眞楊古利奏言, 兵貴神速, 不可逗撓. 若踰年不往, 則敵人乘機修備, 欲圖再擧. 不特人事難齊, 抑且天災不測, 廢時失事, 職此之由. 我國暇則一年兩征, 不暇亦一年一征, 乃爲善策. 若再緩則無及矣. 先年怠緩, 延至今日, 亟當深入其境, 遇城必克, 所克之城, 即令已出痘貝勒將帥, 率兵屯駐, 皇上與貝勒之未出痘者, 暫且還都. 儻不得城堡, 則令兵縱畧, 焚其室廬, 敵者殺之, 拒者俘之, 降者編爲戶口, 所俘各照牛彔派數上獻, 至於兵士所獲, 不計多寡, 聽其自取. 若此, 則人人貪得, 不待驅逼, 而賈勇爭先, 兵勢大振矣. 所得城堡, 惟貝勒更番駐劄, 以下兵將不得更換. 事不經勞苦, 豈有能成功拓地者乎. 如謂有妨農事, 則待農竣興師, 令婦子收穫, 農事亦無妨也. 朝鮮·察哈爾, 且置度外, 山海關外寧遠錦州亦且緩圖, 但宜深入腹裏. 腹裏既得, 朝鮮皆吾手足, 察哈爾自爾歸順, 不則遠遁矣.

구사어전 양구리가 상주하여 말했다. 「군사를 쓸 때는 신속함을 귀히 여기니 지체해서는 안 됩니다. 만약 해를 넘겨 가지 않는다면 적들은 기회를 틈타 대비하고 다시 일어나기를 도모할 것입니다. 사람의 일만 다스리기 어려운 것이 아니라 하늘의 재앙도 헤아리기 어려우니, 시간을 지체해서 일을 그르치는 것은 여기에서 비롯되는 것입니다. 우리나라가 여유가 있을 때 1년에 2번 정벌하고, 여유가 없어도 또한 1년에 1번 정벌하는 것을 선책(善策)으로 삼아야 합니다. 만약 또다시 지체하면 시간이 없을 것입니다. 작년에 게으름을 피워서 지금까지 지체되었으니, 경계에 깊이 들어가서 성을 만나면 반드시 함락시키고 정복한 성에서 천연두를 앓은 버일러와 장수에게 병사를 이끌고 주둔하게 하고, 황상과 천연두를 앓지 않은 버일러는 잠시 환도하십시오. 만일 성보를 얻지 못하면 군사에게 마음대로 약탈하게 하여 가옥을 불태우고, 적병을 죽이고, 저항하는 자는 사로잡고, 항복한 자는 호구로 편성하십시오. 노획물을 각 니루의 할당된 수에 따라 헌상품으로 바치고, 병사가 노획한 것은 많고 적음을 헤아리지 않고 자신이 취하도록 허락하십시오. 이렇게 하면 사람마다 얻고자 탐하여, 몰아붙이지 않고도 앞다투어 용기를 보여 줄 것이니, 군사들의 기세가 크게 떨칠 것입니다. 얻은 성보는 버일러들만 돌아가며 주둔하고, 그 이하 병장(兵將)은 교대를 할 수 없게 합니다. 일에 수고로움을 겪지 않고 어찌 땅을 넓히는 데 성공할 수 있겠습니까? 만약 농사에 방해된다고 하면 농사가 끝난 후에 군사를 일으키고 여성과 아이에게 수확시키면 농사에 문제가 없을 것입니다. 조선과 차하르는 또한 논외로 두고 산해관 바깥의 영원과 금주 역시 천천히 도모하되 내지로 깊이 들어가야 합니다. 내지를 얻으면, 조선은 모두 우리의 수족이 될 것이고 차하르는 스스로 귀순하거나 아니면 멀리 달아날 것입니다.」

楞額禮奏言, 臣意宜先率外藩蒙古, 及本國兵, 直抵內地. 焚燕京周圍廬舍, 敵出則殺之, 蹂躪其糧草·牲畜·財物, 任我兵所取而回. 然後再整師旅, 復入山海關, 据關扼險, 屯駐城中, 多積芻糧以備往來攻伐之用, 何如. 當上天與我之時, 若不速圖, 遷延歲月, 則彼漸知防備矣. 至於朝鮮, 姑與和好, 惟急圖明國, 則朝鮮自爲我有也.

렁거리가 상주하여 말했다. 「신이 생각건대 먼저 외번몽고와 본국의 군사를 이끌고, 곧장 내지로 가야 합니다. 연경 주변 가옥을 불태우고 적이 나타나면 그들을 죽이고 양초(糧草)·가축·재물을 짓밟으며, 우리 병사가 마음대로 취하고 돌아옵니다. 그런 다음 다시 군대를 정비하여, 다시 산해관에 들어가 관(關)의 험준한 지형에 의지하여 성 안에 주둔해 꼴과 군량을 많이 비축해, 오고 가며 공벌하는 용도로 대비하면 어떠하겠습니까? 하늘이 우리에게 주신 기회를 속히 도모하지 않고 세월을 늦춘다면 저들은 점점 방비책을 알게 될 것입니다. 조선에 대해서는 일단 그들과 화친하고 오직 명나라를 빠르게 도모하면, 조선은 저절로 우리의 소유가 될 것입니다.」

和碩圖奏言, 向荷天佑, 得大凌河, 皇上與貝勒·大臣, 無不忻然, 以下士卒, 則皆不樂. 今皇上與諸貝勒酌議, 先固城堡, 然後相度明之邊界, 乘瑕而入, 殺其人, 取其物, 務令士卒各饜所欲. 其還師遲速, 難以預必, 或留或歸, 待入邊後方可定也. 先議固我城堡者, 誠慮入境之後. 若天意佑我, 各城致書納款, 雖欲速回, 勢必不可, 故必固城堡, 而後可無虞也. 其南面四城, 及蓋州, 舊寨, 此六城可暫停修築. 仍宜展地, 於築城處立界, 耕種田畝. 皇上在國, 則令婦子往耕, 皇上出征, 則婦子仍收入舊城, 止令男子哨探耕種. 其停修南面六城者, 恐我兵去後, 各處敵人窺伺, 鞭長不及, 難於救援. 故六城宜停修築.

至於修城, 無論有功無功之人, 概照壯丁計派磚灰. 若易爲力, 則將瀋陽牛莊耀州三城修理. 然後我兵入邊, 就彼糗糧, 秣馬休兵, 庶邊之內外, 皆可長驅矣.

호쇼투가 상주하여 말했다. 「지난번 하늘의 도움으로 대릉하를 얻었을 때 황상과 버일러 · 대신들은 모두 기뻐했으나 아래의 사졸은 모두 즐거워하지 않았습니다. 지금 황상과 여러 버일러들은 의논하여 먼저 성보를 견고하게 한 후에 명나라의 변경을 헤아려 틈을 타고 들어가 사람들을 죽이고, 재물을 취하고, 힘써 사졸에게 각자 원하는 바를 얻도록 하십시오. 철군을 늦게 하거나 빠르게 하는 것은 미리 예단하기 어려우니, 머무를지 돌아올지는 변경을 들어간 뒤에야 정할 수 있습니다. 먼저 우리 성보를 견고히 하자고 의논한 것은 경역에 들어간 후를 염려한 것입니다. 만약 하늘의 뜻이 우리를 도우면 각 성이 글을 보내서 항복할 것이고, 빨리 돌아오려고 해도 상황이 필시 불가능할 것입니다. 그러므로 반드시 성보를 견고히 해야 후에 근심이 없습니다. 남쪽 방면 4성과 개주(蓋州)와 구채(舊寨), 이 6성은 수리를 잠시 중지하는 것이 옳습니다. 예전대로 땅을 넓혀 축성한 곳에 경계를 세우고 밭에 경작하십시오. 황상이 나라 안에 있으면 여성과 아이들은 가서 경작하고, 황상이 정벌하러 나가면 여성과 아이들은 예전대로 옛 성으로 들어가고 남자에게만 초탐하고 경작하게 하십시오. 남쪽 방면 6개 성의 수리를 중지하는 것은 우리 병사가 떠난 후 각지의 적이 노리면 힘이 미치지 못해 구원하기 어렵기 때문입니다. 그러므로 6성은 수리를 중지해야 합니다. 성의 수리에 관해서는 공이 있는 사람이건 없는 사람이건 상관 없이 장정 수에 따라 벽돌과 회(灰)를 나누어 주고, 만약 힘 쓰기가 쉽다면 심양 · 우장(牛莊) · 요주(耀州) 3성을 수리하게 하십시오. 그런 연후에 우리 병사가 변계에 들어가 저들의 양식으로 말을 먹이고 군사들을 쉬게 하면, 변경의 내외까지 모두 신속히 진격할 수 있을 것입니다.」

葉臣奏言, 我國兵力聚集, 今年宜卽出師. 不然, 我國自此而貧, 馬亦難得, 兵不加增. 如謂馬不足以運糗糧負甲胄, 亦可載之以牛車. 臣愚以爲先抵大同·宣府秣馬休兵, 卽在彼處偵探察哈爾踪跡, 近則我兵往征, 若彼聞風遠遁, 則我國安寧, 可無內顧之虞矣. 於是入攻明邊, 蹂躪其土地, 焚毁其廬舍, 彼國有不疲敝者乎. 進逼燕京, 晝夜攻圍, 名爲帝都, 其實易攻. 彼城上雖多積火藥, 我兵晝夜攻之, 火藥多, 必自焚. 不然, 卽就彼近城一帶, 伐木製造梯牌, 多方攻取, 城雖不克, 亦足耀我軍威. 倘攻山海關, 仍如寧遠錦州, 不能卽得, 不益損威而長敵人之氣乎. 攻山海關, 得與不得, 且不必論. 總之燕京未有不攻自順之理, 與其兩次勞苦, 何如一勞之爲愈乎. 如從山海關路入, 恐歸附蒙古國人, 內怯察哈爾伺我, 勢難奮然而進. 如去而復回, 再整軍聲, 蒐甲乘, 其氣不揚. 且恐軍士俱無所得, 徒勞苦耳. 今仰仗皇上洪福, 英才畢集, 士卒以上, 貝勒將帥以下, 俱不憚勤勞, 共圖國事. 奉天威以申天討, 何事不成. 若身慮勞苦, 苟安目前, 遂懷中止, 則大業廢矣.

여천이 상주하여 말했다. 「우리나라의 병력을 모아서 올해 즉시 출병해야 합니다. 그렇지 않으면 우리나라는 이후에 궁핍해져 말도 얻기 어렵고 병력을 늘릴 수 없을 것입니다. 만약 식량을 운송하고 갑옷과 투구를 싣기에 말이 부족하면 소가 끄는 수레로 실을 수 있을 것입니다. 신의 어리석은 생각에 대동과 선부에 먼저 가서 말을 먹이고 군사를 쉬게 하면서 그곳에서 차하르의 종적을 정탐하여, 가까우면 우리 군사가 가서 정벌하고 그들이 소문을 듣고 멀리 달아나면 우리나라는 편안하니 내부 일을 염려할 필요가 없습니다. 이에 명나라의 변경을 공격해 들어가 토지를 유린하고 가옥을 불태우면 그 나라가 피폐하지 않을 수 있겠습니까? 연경으로 가까이 다가가 밤낮으로 공격해 포위한다면 명색이 황제의 수도라고 해도 실제로는 공격하기 쉬울 것입니다. 그 성 위에 비록 많은 화약이 쌓여 있더라도 우리 군사가 밤낮으로 공격하면 화약이 많으니 반드시 스스로 불탈 것입니다. 그렇지 않으면 가까운 성 일대를 취해 벌목하여 사다리와 방패를 만들어서 여러 방향에서 공격하면, 성을 비록 함락하지 못하더라도 우리 군의 위엄을 충분히 빛낼 수 있을 것입니다. 만일 산해관을 공격했는데 여전히 영원과 금주를 얻을 수 없다면 오히려 위엄만 훼손되고 적의 기세만 떨치게 하지 않겠습니까? 산해관을 공격하는 것은 얻든 얻지 못하든 논할 필요가 없습니다. 요컨대 연경은 공격하지 않으면 스스로 귀순하지 않을 것이니 두 번 수고하는 것이 어찌 한번 수고하는 것보다 낫겠습니까? 만약 산해관 길을 따라 들어가면 귀부한 몽고국 사람들은 차하르가 우리를 노릴까 속으로 겁을 내어 용감하게 진격하기 어려울 것입니다. 만약 갔다가 다시 돌아와 군인의 사기를 재정비하고 갑옷과 병사를 점검해도 기세를 떨치지 못할 것입니다. 또한 군사가 모두 얻은 바가 없어 수고한 것이 헛되이 될까 염려됩니다. 지금 황상의 큰 복에 의지하여 영재가 모두 모였고, 사졸 이상 버일러·장수 이하가 모두 근면히 노력하기를 꺼리지 않고 더불어 국가 정사를 도모하고 있습니다. 하늘의 위엄을 받들어 하늘의 토벌을 행하니 어찌 일이 이루어지지 않겠습니까? 만약 일신의 괴로움을 생각해 눈앞의 것에 구차하게 안주하고 중간에 멈추려고 생각하면 대업은 무너질 것입니다.」

篇古奏言, 我軍蓄銳已久, 其勢可用. 宜即進邊, 焚毀其近京之城堡,殺其人民, 戮力進取, 何憂事之不成.

피양구가 상주하여 말했다. 「우리 군은 무기를 비축한 지 이미 오래되었고, 그 기세가 가히 쓸 만합니다. 즉시 변방으로 나가 연경 부근의 성보를 불태워 부수고, 백성들을 죽이고 힘을 모아 진격해 취한다면 어찌 일을 이루지 못함을 근심하겠습니까?」

伊爾登奏言, 與其盤桓於山海關之外, 不若徑入內地. 視其城有可取則取之, 如不可取, 則戕其人民, 焚其廬舍, 以蹂躪之. 宜審敵之情形, 竝帶步兵, 備梯牌, 以爲攻具, 乘機摧陷之可也.

일던이 상주하여 말했다. 「산해관 밖에서 배회하는 것보다는 내지에 곧바로 들어가는 것이 낫습니다. 보고 그 성을 취할 수 있으면 취하고, 만약 취할 수 없으면 백성들을 죽이고 가옥을 불태워 그곳을 짓밟아야 합니다. 마땅히 적의 형세를 살펴 보병들을 데리고 사다리와 방패를 준비하여 공격 장비로 삼아 기회를 틈타 꺾어 무너뜨리는 것이 옳습니다.」

喀克篤禮奏言, 我國之人, 利行師, 不宜偃息. 且閒居何所底止. 軍旅之事, 將戢而不用耶. 抑委諸何人耶. 今誠選徒蒐乘, 鼓行而西, 一出兵而上天之眷佑, 與人心之豫順, 適相協應, 以臣度之, 事必有成. 至我國兵器, 久已整理. 如再俄延, 我器修治, 敵亦修治, 我器堅固, 敵亦堅固, 坐待歲月, 功何由成. 惟皇上決策進兵, 以邀天佑耳.

칵두리가 상주하여 말했다. 「우리나라 사람은 전쟁을 이롭게 여기니 쉬는 것은 마땅하지 않습니다. 한가롭게 언제까지 멈추어 있겠습니까. 군사의 일을 거두어 두기만 하고 쓰지 않을 수 있겠습니까? 아니면 다른 이에게 맡기겠습니까? 지금 성심껏 무기와 군대를 정돈해서 서쪽으로 북을 치며 나아가 일단 출병하면 하늘이 도와주고 민심이 즐거이 따라 서로 협조하고 응하게 될 것이니, 신이 헤아려 보건대 일이 반드시 이루어질 것입니다. 우리나라의 병기는 이미 정돈한 지 오래되었습니다. 만약 다시 미룬다면, 우리가 무기를 수리하는 만큼 적 또한 수리할 것이고, 우리의 무기가 견고하면 적도 무기를 견고히 할 것이니, 앉아서 세월을 기다리면 어떻게 공을 이루겠습니까? 황상께서 진군을 결단하시어 하늘의 도움을 맞이할 뿐입니다.」

○ 己卯, 遣兵部貝勒岳託, 戶部貝勒德格類, 率右翼楞額禮·葉臣, 左翼伊爾登·昂阿喇, 每旗副將一員, 每甲喇額眞一員, 每牛彔代子一員, 及舊漢軍額眞石廷柱·都元帥孔有德·總兵官耿仲明,共馬步兵萬餘, 往取明旅順口. 上謁堂子, 送至邊外, 諭而遣之.

○ 기묘일(6.19), 병부 버일러 요토와 호부 버일러 더걸러이를 보내, 우익 렁거리·여천, 좌익 일던·앙가라, 각 기(旗)마다 부장 1명, 각 잘란마다 어전 1명, 각 니루마다 다이서(daise, 代子) 1명, 구한군(舊漢軍) 어전[11] 석정주·도원수 공유덕·총병관 경중명, 기병과 보병 1만여 명을 이끌고 명나라 여순구(旅順口)를 취하게 했다. 주상이 당자에

---

11 '舊漢軍額眞'은 『內國史院檔 天聰七年』 p.88에 "nikan cooha de ejen"(한인군대의 어전)으로 기록되어 있다. 舊漢軍은 본서에서 舊漢兵으로도 기록되어 있고 『만문노당』에 'nikan cooha'(한인 군대)로 기록되어 있다.

배례하고 변경 밖까지 가서 전송하여 유시하고 보냈다.

○ 是日, 聞科爾沁國台吉喇巴什希, 送女與墨爾根戴青貝勒多爾袞爲妻, 將至, 命額爾克楚虎爾貝勒多鐸·貝勒豪格, 偕多爾袞先一夕往迎, 設宴, 宴之.

○ 이날 코르친국 타이지 라바시히(labasihi, 喇巴什希)가 딸을 머르건 다이칭 버일러 도르곤의 아내로 주고자 보내온다는 소식을 듣고 이들이 도착할 즈음 어르커 추후르 버일러 도도·버일러 호오거에게 명해 도르곤과 함께 하룻밤 먼저 가서 맞이하게 했다. 연회를 마련해 잔치했다.

○ 庚辰, 以科爾沁國台吉喇巴什希將至, 復命阿巴泰·濟爾哈朗·阿濟格·杜度·薩哈廉五貝勒, 出迎於五里外, 宴之, 入城.

○ 경진일(6.20), 코르친국 타이지 라바시히가 곧 도착하려 하자 다시 아바타이·지르갈랑·아지거·두두·사할리얀 다섯 버일러에게 명해 5리 밖에서 맞이하고 연회를 베풀고 성에 들어오게 했다.

○ 辛巳, 賜阿祿部落孫杜棱, 御用鞓帶及鞍轡·甲胄·綵緞等物.

○ 신사일(6.21), 아루 부락의 순 두렁에게 어용(御用) 가죽띠·안장과 고삐·갑옷과 투구·채단(綵緞) 등의 물품을 하사했다.

○ 甲申，賜台吉喇巴什希竝其妻宴，喇巴什希獻馬駝 · 黑貂裘，酌納之.

○ 갑신일(6.24), 타이지 라바시히와 그의 아내에게 연회를 베풀었다. 라바시히가 말 · 낙타 · 흑담비가죽옷을 바치니 헤아려 받았다.

○ 是日，東海使犬部落額駙僧格偕其妻，率五十二人來朝，貢方物.

○ 이날 동해(東海) 사견부락(使犬部落)의 어푸 성거(sengge, 僧格)가 그의 아내와 함께 52명을 데리고 내조해 방물을 진공했다.

○ 朗格 · 吳巴海等，自朝鮮國會寧城貿易還，奏言，臣等所攜貲，不敷物價，因將寧古塔 · 喇發等部人所帶皮張貨去，買牛百十五頭給之. 有前往朝鮮瓦爾喀之裔十五人，竝察獲攜還.

○ 랑거(langge, 朗格)와 우바하이(ubahai, 吳巴海) 등이 조선국 회령성에서 무역을 하고 돌아와 상주하여 말했다. 「신등이 가지고 간 은량이 물품 가격에 부족하여 닝구타(ningguta, 寧古塔), 라파(lafa, 喇發) 등 부락의 사람이 가져온 모피 등의 재화를 가져가 소 115마리를 사고 값으로 주었습니다. 예전에 조선으로 간 와르카의 후예 15명을 조사해 데리고 왔습니다.」

○ 先是，命貝勒濟爾哈朗 · 薩哈廉，往外藩蒙古處審事定制，以御璽敕諭二十道, 付阿什達爾漢, 阿什達爾漢轉授尼堪, 尼堪復委之從役, 遂失其九, 內院巴克什等劾奏, 下部議, 坐尼堪以鈐用御璽敕諭收藏不謹罪, 鞭一百, 折贖, 阿什達爾漢, 以輕假人之故, 罰以應得之罪.

○ 이전에 버일러 지르갈랑과 사할리얀에게 외번몽고로 가서 사건을 심리하고 제도를 정하게 했다. 어새(御璽)가 찍힌 칙유 20통을 아시다르한에게 맡겼는데, 아시다르한이 다시 니칸에게 주었고 니칸이 다시 쿠툴러에게 맡겨 결국 9통이 유실되었다. 내원(內院)의 박시 등이 탄핵하여 부(部)에 내려 의논하게 했다. 니칸에게는 어새 칙유를 자물쇠를 이용해 잘 보관하지 못한 죄로 채찍형 100대를 은량으로 환산해 내도록 했고, 아시다르한은 가벼이 남에게 맡겼다는 이유로 규정에 따라 받아야 할 죄로 벌했다.

○ 丁亥, 諭曰, 朕虛懷聽覽, 樂聞讜言. 如朕所行, 未協乎義, 宜直言勿諱. 政事或有愆忘, 宜開陳無隱. 或六部事有不公, 諸臣姦偽貪邪, 宜直行糾劾. 即諸臣或有艱苦之情, 亦宜據實奏聞. 苟不務直言, 而徒遠引曲喻, 自爲身謀, 紛然陳奏, 不惟朕難於觀覽, 即於爾等亦無裨益. 嗣後凡有建白, 惟當直陳. 如心有獨得, 不妨就所創獲, 入獻嘉謀. 若勦襲故聞, 以爲陳奏, 何益於事耶.

○ 정해일(6.27), 유시했다. 「짐은 허심탄회하게 듣고 보며 바른 말을 즐겨 듣는다. 만약 짐의 행동이 의리와 맞지 않으면 거리낌 없이 직언해야 한다. 정사에 허물이나 잊은 것이 있으면 숨김없이 의견을 개진하라. 육부의 일이 불공정하거나 신하들이 간사하고 탐욕스러우면 곧바로 규찰하고 탄핵해야 한다. 신하들에게 곤란한 사정이 있으면

역시 사실대로 상주해야 한다. 만약 직언에 힘쓰지 않고 쓸데없이 먼 이야기를 끌어와 에둘러 말하면서 자신을 위해 장황하게 상주하면 짐이 살펴보기 어려울 뿐만 아니라 너희에게도 득 될 것이 없다. 이후로 건의할 일이 있으면 반드시 직언하라. 마음에 특별히 떠오른 것이 있거나 새로 깨닫고 발견한 것은 무엇이든 상관없으니 훌륭한 계책으로 올려라. 수고롭게 예전에 들은 바를 답습하여 상주하면 정사(政事)에 무슨 도움이 되겠는가.」

○ 是日, 以孟安·傅代·庫爾纏·阿球·巴牙木等, 往取孔有德家口時, 違旨殺其部下人, 并奪取財物, 皆褫職, 罰銀, 鞭八十二, 應貫耳鼻, 折贖. 奪猛果爾代參將職, 罰銀, 鞭責. 其參將職係其父軍功所廕, 令其弟屠賴承襲. 吳賴應鞭責, 以銀百兩折贖.

○ 이날 뭉간(munggan, 孟安)·푸다이(fudai, 傅代)·쿠르찬(kūrcan, 庫爾纏)·아키오(akio, 阿球)·바야무(bayamu, 巴牙木) 등이 공유덕의 가솔을 데리러 갔을 때에 유지를 어기고 공유덕 속하의 사람들을 죽이고 재물을 탈취했으므로 모두 관직을 박탈하고 벌은(罰銀)을 부과했으며 채찍형 82대에 처했다. 귀와 코를 뚫어야 하나 은량으로 대신하게 했다. 몽골다이(monggoldai, 猛果爾代)의 참장 직을 박탈하고 벌은(罰銀)을 부과하고 채찍형에 처했다. 그의 참장 직은 부친의 군공으로 음서된 것이므로 몽골다이의 동생 툴라이(tulai, 屠賴)에게 습직하게 했다. 울라이(ulai, 吳賴)는 채찍형에 처해야 하나 은 100냥으로 대신하게 했다.

秋七月, 辛卯朔, 命滿洲各戶有漢人十丁者, 授綿甲一, 共一千五百八十戶, 命舊漢軍額眞馬光遠等統之, 分補舊甲喇之缺額者.

○ 가을 7월 신묘일 초하루(7.1), 만주 각 호에 있는 한인 남정은 10명당 1명에게 면갑(綿甲)을 주어, 모두 1,580호(戶)를 구한군(舊漢軍) 어전 마광원 등에게 통솔하게 하고 구(舊) 잘란의 결원에 나누어 보충시켰다.

○ 壬辰, 阿祿部落孫杜稜之子台吉古木思轄布 · 塞桑吳巴什 · 阿什圖 · 巴達爾和碩齊等, 吳喇忒部落台吉阿巴噶爾代來朝, 貢駝馬, 酌納之, 仍賜宴.

○ 임진일(7.2), 아루 부락의 순 두렁의 아들 타이지 구무스히얍(gumushiyab, 古木思轄布) · 자이상 우바시(jaisang ubasi, 塞桑吳巴什) · 아시투(asitu, 阿什圖) · 바다르 호쇼치(badar hošoci, 巴達爾和碩齊) 등과 우라트 부락의 타이지 아바갈다이(abagaldai, 阿巴噶爾代)가 내조해 낙타와 말을 바쳤다. 이를 헤아려 받고 잔치를 베풀었다.

○ 癸巳, 賜固山額眞篇古 · 額駙達爾哈等及諸將士, 羊二百九十隻, 以其在朝鮮江岸守孔有德等擕至船隻故也.

○ 계사일(7.3), 조선의 강가에서 공유덕 등이 가져온 배를 잘 지켰다는 이유로 구사어전 피양구 · 어푸 다르한 등과 장졸들에게 양 290마리를 하사했다.

○ 丁酉, 上御東閣樓, 召大凌河官員, 賜宴.

○ 정유일(7.7), 주상이 동각루(東閣樓)에 행차해 대릉하의 관원들을 불러 잔치를 베풀었다.

○ 戊戌, 鑲白旗遊擊巴台以嗜酒病故, 罷襲世職.

○ 무술일(7.8), 양백기 유격 바타이(batai, 巴台)가 술을 탐닉하다 병사했으므로 그의 세직 세습을 그만두게 했다.

○ 是日, 東宮妃母扎魯特部落貝勒巴牙爾圖戴青之妻至, 皇后 · 諸妃迎於五里外, 宴之. 東宮妃母獻雕鞍 · 馬駝 · 貂鑲朝衣等物, 皇后 · 諸妃閱畢, 以誼不可却, 俱納之.

○ 이날 동궁비(東宮妃)의 모친인 자루트 부락의 버일러 바야르투 다이칭(bayartu daicing, 巴牙爾圖戴青)의 아내가 이르자, 황후와 비빈들이 5리 밖에서 마중하고 잔치했다.[12] 동궁비의 모친이 조각한 안장 · 말 · 낙타 · 담비가죽 테 두른 조의(朝衣) 등의 물품을 바치니 황후와 비빈들이 살펴본 후 정리(情理)로 받지 않을 수 없다 하여 모두 받았다.

---

12 홍타이지는 천총 6년 2월, 자루트 부 다이칭 버일러 서분의 딸과 결혼하고 東宮 푸진으로 책봉했다. 3년 후 천총 9년 홍타이지는 東宮 푸진과 이혼하고 그녀를 자신의 외삼촌 집안인 여허나라 씨의 난추(nancu, 南褚)에게 개가시켰다. 杜家驥, 『清朝滿蒙聯姻研究』, 人民出版社, 2003, p.116.

○ 己亥, 賜塞桑吳巴什貂裘 · 蟒緞 · 素緞 · 涼帽 · 鞓帶 · 青布 · 雕鞍 · 銀器等物.

○ 기해일(7.9), 자이상 우바시에게 담비가죽옷 · 망단(蟒緞) · 소단(素緞) · 여름모자 · 가죽띠 · 모청포 · 조각한 안장과 은그릇 등의 물품을 하사했다.

○ 是日, 賜額駙滿朱習禮及公主, 嵌東珠珍珠耳墜 · 項圈 · 手鐲 · 足鐲 · 各種數珠 · 各色衣服 · 帽 · 韡 · 被 · 褥 · 枕 · 帳幔 · 繖 · 各色鞍轡 · 金銀器皿, 隨媵女子 · 服役男婦, 帳房 · 床 · 車 · 涼棚 · 駝馬諸用物甚厚.

○ 이날 만주시리 어푸와 공주에게 동주(東珠)와 진주(珍珠)를 박은 귀걸이 · 목걸이 · 팔찌 · 발찌 · 각종 염주 · 각종 의복 · 모자 · 장화 · 이불과 요 · 베개 · 장막 · 휘장 · 일산 · 각종 안장과 고삐 · 금은 그릇 · 시종할 여자 · 일할 남녀 · 천막 · 걸상 · 수레 · 그늘막 · 낙타와 말 · 각종 사용할 물품을 매우 후하게 내렸다.

○ 賜科爾沁台吉喇巴什希, 甲冑 · 雕鞍等物.

○ 코르친의 타이지 라바시히에게 갑옷과 투구 · 조각한 안장 등의 물품을 하사했다.

○ 庚子, 貝勒岳託·德格類以攻尅旅順口, 遣緌色·渾齊, 來奏捷音.

○ 경자일(7.10), 버일러 요토와 더걸러이가 여순구(旅順口)를 공격하여 취했다고 거오서(geose, 緌色)와 혼치(honci, 渾齊)를 보내 승전보를 아뢰어왔다.

○ 是日, 額駙滿朱習禮偕公主歸國, 上率諸貝勒送於五里外, 宴而遣之.

○ 이날 어푸 만주시리가 공주와 함께 귀국하니 주상이 여러 버일러들을 이끌고 5리 밖까지 전송하고 주연을 베풀고 보냈다.

○ 辛丑, 科爾沁台吉喇巴什希歸國, 命墨爾根戴青貝勒多爾衮送五里外, 餞之.

○ 신축일(7.11), 코르친의 타이지 라바시히가 귀국하니 머르건 다이칭 버일러 도르곤에게 5리 밖까지 전송하게 했다.[13]

○ 壬寅, 東宮妃母及台吉桑噶爾寨·博爾濟·巴特瑪·海賴·阿巴泰塔布囊, 獻酒筵, 并貂裘·帽鞾·馬駝·牛羊·金盃·雕鞍·甲胄等物, 酌納之.

13 코르친의 타이지 라바시히는 도르곤의 장인이다.

○ 임인일(7.12), 동궁비의 모친과 타이지 상가르자이(sanggarjai, 桑噶爾寨)・보르지(borji, 博爾濟)・바트마(batma, 巴特瑪)・하이라이(hairai, 海賴)와 아바타이(abatai, 阿巴泰) 타부낭이 주상을 위해 주연을 열고 담비가죽옷・모자・장화・말・낙타・소・양・금배(金盃)・조각한 안장과 갑옷과 투구 등의 물품을 바쳤다. 주상이 헤아려 받았다.

○ 甲辰, 貝勒岳託・德格類自旅順口, 遣音達戶齊・華木拜, 奏俘獲人五千三百二, 馬六十七, 牛百六十, 驢五十, 騾四, 銀二萬一千二百兩, 金二十二兩, 緞疋三千八十七, 緞衣二千七百九十九, 布疋二萬四千六百八十四, 氈七百四十九條, 貂裘二, 貂褂一, 猞猁猻, 及狐・豹・貉・羊等裘, 共二十一領, 狼褥一, 虎・豹・狐・水獺諸皮, 共七百有奇, 弓面四百二, 鵰翎二十, 鰾一箱, 人參八箱, 水銀三觔, 盃斝器具, 共三百五十件.

○ 갑진일(7.14), 버일러 요토와 더걸러이가 여순구에서 인다후치(indahūci, 音達戶齊)와 후왐바이(hūwambai, 華木拜)를 보내 사람 5,302명, 말 67마리, 소 160마리, 나귀 50마리, 노새 4마리, 은 2만 1,200냥, 금 22냥, 비단 3,087필, 비단옷 2,799벌, 모청포 2만 4,684필, 모전 749장, 담비가죽옷 2벌, 담비가죽 마고자 1벌, 스라소니・여우・표범・오소리・양 등의 가죽 총 21장, 늑대가죽 깔개 1장, 호랑이・표범・여우・수달가죽 총 700여 장, 활에 박는 소뿔 402개, 독수리 깃털 20개, 부레아교 1상자, 인삼 8상자, 수은 3근, 술잔과 그릇 등 총 350개를 노획했다고 아뢰었다.

○ 乙巳, 正紅旗固山額眞總兵官額駙和碩圖卒, 上臨其喪, 痛哭之.

和碩圖之父何和里，係董鄂部落長，率董鄂之衆，歸太祖皇帝，太祖皇帝以女妻之，命爲總兵官，管旗務，爲五大臣之首，理國政，任軍務，大著勳勞．太祖皇帝又以次子大貝勒代善之女，妻其子和碩圖，及何和里卒，和碩圖襲父職，管旗務，天聰二年征明，奮勇先驅，以功加一等至五備禦，卒時年三十八．

○ 을사일(7.15), 정홍기 구사어전 총병관 어푸 호쇼투가 사망하자 주상이 친히 상가에 가서 통곡했다. 호쇼투의 부친 호호리는 동고(donggo, 董鄂) 부락의 수장으로 동고의 무리를 이끌고 태조 황제에게 귀순했다. 태조 황제가 딸을 호호리에게 아내로 주고 총병관으로 삼아 기무(旗務)를 관할하게 했다. 5대신 중 으뜸이 되어 국정을 처리하고 군무를 담당하여 공훈이 혁혁했다. 태조 황제는 다시 둘째 아들 다이샨 버일러의 딸을 호호리의 아들 호쇼투의 아내로 시집보냈다. 호호리가 사망하자 호쇼투가 부친의 직을 계승하여 기무를 관할했다. 천총 2년 명나라를 정벌할 때 용맹을 떨쳐 먼저 공격했기에 그 공으로 일등(一等)의 직(職)을 더하여 5비어에 이르렀다. 향년 38세였다.

○ 辛亥，上率諸貝勒，祭貝勒莽古爾泰．

○ 신해일(7.21), 주상이 버일러들을 이끌고 비일러 망굴타이에게 제사 지냈다.

○ 癸丑，扎魯特部落達爾漢巴圖魯色本，送女與貝勒莽古爾泰子阿喀達爲妻，將至，上命貝勒豪格 · 阿巴泰 · 阿濟格 · 杜度，出迎於五里外, 宴之, 入城.

○ 계축일(7.23), 자루트 부락의 다르한 바투루 서분이 그의 딸을 버일러 망굴타이의 아들 아카타(akata, 阿喀達)에게 아내로 보내왔다. 도착할 즈음 주상이 버일러 호오거 · 아바타이 · 아지거 · 두두에게 5리 밖으로 나가 맞이하게 했다. 잔치를 베풀고 성으로 들어왔다.

○ 甲寅, 賜四子部落台吉俄木布布庫, 甲冑 · 雕鞍 · 鞓帶等物.

○ 갑인일(7.24), 사자(四子) 부락의 타이지 옴부 부쿠(ombu buku, 俄木布布庫)에게 갑옷과 투구 · 조각한 안장 · 요대 등의 물품을 하사했다.

○ 乙卯, 賜阿祿部落濟農之弟諾木齊戴青, 鞍馬 · 貂裘 · 蟒衣 · 銀盆 · 撒袋 · 甲冑等物.

○ 을묘일(7.25), 아루 부락 지농의 동생 놈치 다이칭(nomci daicing, 諾木齊戴青)에게 안장을 갖춘 말 · 담비가죽옷 · 망의(蟒衣) · 은쟁반 · 화살집과 갑옷과 투구 등의 물품을 하사했다.

○ 是日, 駐守鹻場張習巴 · 精僧格, 躡踪至獐子島, 獲盜蔘十四人以聞.

○ 이날 감장(鹻場)에 주둔한 장시바(jangsiba, 張習巴)와 징성거(jingsengge, 精僧格)가 흔적을 좇아 장자도(獐子島)에 이르러 인삼을 훔

친 14명을 잡았다고 보고했다.

○ 丁巳, 遣東宮妃母歸國, 賜鞍馬 · 貂裘 · 朝服 · 女朝衣 · 緞布 · 金銀器皿 · 首飾 · 甲胄 · 撒袋等物, 賜桑噶爾寨 · 博爾濟 · 巴特瑪, 各朝服 · 緞布 · 銀器 · 撒袋 · 鞍轡等物, 仍賜宴, 遣之.

○ 정사일(7.27), 동궁비의 모친을 귀국시킬 때 안장을 갖춘 말 · 담비가죽옷 · 조복(朝服) · 여조의(女朝衣) · 비단과 면포 · 금은그릇 · 머리장식 · 갑옷과 투구 · 화살집 등의 물품을 하사했다. 상가르자이 · 보르지 · 바트마에게는 각각 조의(朝衣) · 비단과 면포 · 은그릇 · 화살집 · 안장과 굴레 등의 물품을 하사하고 연회를 베풀어 주고 보냈다.

권15

천총 7년 8월 ~ 9월

天聰七年癸酉, 八月, 庚申朔, 英俄爾岱·代松阿, 還自朝鮮, 攜其復書來奏. 書曰, 昨貴國使者來時, 登州叛黨, 方在江岸, 意實叵測, 在我無給糧之理. 故雖蒙諄諭, 不敢聞命. 續得邊臣所報, 二叛已歸瀋陽, 獨貴國將帥, 仍在船所, 頗有乏糧之患, 即令邊臣發粟接濟. 繼聞王子領兵替守, 又令照前輸助. 此乃鄰國道理當然, 固不煩貴國之囑. 但恨邊儲畧少, 不能稱情相給耳. 當登州叛黨出獐子島時, 敝邦把守沿海地方, 又發舟師數隻同明將計欲截殺於江中. 及聞孔·耿果歸貴國, 水陸兵并令罷還, 陸兵聞命即罷, 獨水兵隨明將仍在後隊. 明主詰其由, 報稱孔耿雖歸, 舟楫尚在, 其再來不難, 海路之備, 未宜遽罷, 且被明將逼脅, 進退不得自由. 孤深以貴國見責爲慮, 業已再申罷還之令. 玆承來示, 言皆當理, 敢不愧服. 貴國曾與明朝相好通貢, 其來久矣. 不幸事有難平, 輾轉激惱, 遂生釁端, 兵連禍結, 至今未已. 想當年若遂本心, 必不至此. 今見來書, 披露肝膽, 藹然雅意, 三復感嘆, 良不可喻. 第惟明朝事體至嚴, 非外藩所敢輕請者, 而貴國有此好意, 亦不可無一言之助. 當即將來意, 傳告西來諸將, 以俟其處分. 在我之道, 僅得如斯, 若夫繼而成之, 是在貴國而已.

○ 천총 7년 계유년 8월 경신일 초하루(8.1), 잉굴다이와 다이숭가가 조선에서 돌아와 조선의 답서를 가져와 아뢰었다. 서신에서 말했다. 「앞서 귀국의 사신이 왔을 때에 등주(登州)의 반당(叛黨)이 강가에 있었으나 그 뜻을 실로 헤아리기 어려워 내가 양식을 줄 이유가 없었습니다. 그래서 비록 간절한 말씀을 받았지만 감히 그 명을 따를 수 없었습니다. 뒤이어 변신(邊臣)의 보고를 받아 두 반당이 심양으로 귀항했고 귀국의 장수들만 배가 있는 곳에 있다고 들었습니다. 양식이 궁핍할까 하여 곧 변신(邊臣)에게 곡식을 내어 돕게 했습니다. 뒤이어 왕자들이 병사를 이끌고 교대하며 지킨다고 듣고 다시 예전대로 곡식을 운반해 도왔습니다. 이는 이웃나라의 도리로 당연한 일이므로 결코 귀국의 부탁을 번거롭게 여기지 않았습니다. 다만 변경에 비축한 것이 약소하여 정리(情理)에 부합하게 지급하지 못한 것이 한스러울 뿐입니다. 등주의 반당이 장자도를 나갔을 때 폐방(敝邦)은 연해 지방을 수비했고 다시 배를 몇 척 내어 명나라의 장수와 함께 강에서 가로막고 죽이려 계획했었습니다. 그런데 공유덕과 경중명이 귀국으로 귀항했기에 수륙의 병사를 모두 철수시켰습니다. 육지의 병사는 명령을 듣고 곧 철수했으나 수병은 아직 명나라의 장수를 따라 후미 부대에 있습니다. 명나라의 황제가 그 이유를 힐문하기에 답서에 공유덕과 경중명이 비록 후금에 귀항했다 하나 배가 아직 있어 그들이 다시 오는 것이 어렵지 않으므로 해로(海路)의 방비를 갑자기 철수하는 것은 아직 적절하지 않다고 답했습니다. 또한 명나라의 장수에게 위협당해 진퇴가 자유롭지 않습니다. 나는 귀국이 견책할까 심히 우려하여 다시 철수의 명을 내렸습니다. 지금 귀국의 서신을 받들어 보니 그 말이 모두 이치에 합당하니 어찌 감히 부끄럽지 않겠습니까. 귀국은 명조와 화호(和好)하고 통공(通貢)한 지 오래되었습니다. 불행히도 일이 안정되기 어려워 점점 격해지고 마침내 흔단이 생겨 병화가 끊이지 않고 지금까지 계속되고 있습니다. 생각건대 그때에 본심대로 했더라면

필시 여기까지 이르지 않았을 것입니다. 지금 보낸 글을 보니 허심탄회하게 진심을 드러내었고 우호하는 마음과 고아한 뜻에 다시 감탄함이 실로 비할 바가 없습니다. 다만 명조의 사정과 체통이 매우 엄하여 외번(外藩)이 감히 가벼이 청할 바가 아닙니다. 하지만 귀국의 이러한 호의 역시 한마디 말로 돕지 않을 수 없습니다. 마땅히 보내온 뜻을 서쪽에서 온 장수들에게 전해 그 처분을 기다리겠습니다. 우리의 도리로는 이렇게밖에 할 수 없으니 뒤이어 일을 이루는 것은 귀국에 달려 있을 뿐입니다.」

又一書曰, 開市事, 前書已悉, 今見來書, 以飾辭見責, 此似未悉孤本情矣. 交易之道, 務在兩平. 如來書所云, 將未滿尺之緞布, 強要准價者, 孤亦不敢謂原無此弊. 但小民無知, 惟利是趨. 咸鏡道私商, 殺之而不能禁, 義州交易, 迫之而不肯赴. 民情如此, 必有其故, 此孤之所以難處者也. 幸諒之. 又一書曰, 使回, 承惠復書, 具悉萬福, 何慰如之. 禮物屢次見却, 常用慚歉, 今蒙見納尤用爲喜. 以情言之, 則前示數目, 未覺其多, 以力言之, 則已竭所有, 更不可加. 來書所稱, 言言辯駁, 竟何底止者, 眞曲全兄弟之盛意. 敝邦固已在洪度中矣. 何待多言. 貂參之貺, 敢不拜嘉, 餘在貴使口中. 又一書曰, 貴使到會寧, 傳致來書, 具悉示意, 良慰良慰, 恭敬來使, 禮所當然. 乃至商人并給糧料, 俾從平價貿賣, 第未知果能兩皆滿意否. 刷還事, 上年已有一書, 備陳曲折, 謂蒙察諒, 何以復有云云耶. 前者邊臣報稱貴國逃人, 滿洲一名, 漢人二名, 來投我境, 已令監固, 待貴使至, 便即押付. 事在約後者, 雖無來教, 不敢容隱, 事在約前者, 雖有勤教, 恐難聞命. 各守信誓, 毋或違越, 乃所以爲兩無瑕疵之道也. 望更思之.

또 한 통의 서신에서 말했다. 「개시의 일은 이전의 서신에 이미 모두 말했습니다. 지금 보내온 글을 보니 말을 꾸며댔다고 견책하는데 이는 우리의 사정을 아직 잘 알지 못하기 때문인 듯합니다. 교역의 도리는 쌍방이 공평한 데 힘써야 합니다. 보내온 서신에 이른 것처럼 길이에 못 미치는 비단과 면포를 정해진 가격대로 요구한 일은 저 역시 애초에 이런 폐단이 없다고 감히 말할 수는 없습니다. 단지 소민(小民)은 무지하여 오직 이익만을 좇을 뿐입니다. 함경도의 사상(私商)들은 죽여도 금할 수 없고 의주의 교역은 강박해도 가려고 하지 않습니다. 백성의 사정이 이러한 데에는 반드시 그 연유가 있을 것이니 이것이 제가 난처한 이유입니다. 헤아려 주시기 바랍니다.」

다른 한 통의 서신에서 말했다. 「사신이 돌아와 은혜로이 답서를 받아서 만복(萬福)을 갖추었으니 이만한 위로가 어디 있겠습니까. 예물을 보고 누차 물리시니 늘 부끄러웠는데, 지금 받아 주시니 더욱 기쁩니다. 정리로 말하면 전에 제시한 항목을 많다 여긴 적은 없지만 역량을 말하면 이미 가진 것이 소진되어 더할 수 없습니다. 보내온 글에서 '일일이 따지면 도대체 언제 끝이 나겠는가.'라고 한 말은 진정 형제에게 양보하여 일을 이루는 높은 뜻입니다. 폐방(敝邦)은 이미 귀국의 큰 도량 안에 있습니다. 어찌 많은 말이 필요하겠습니까. 담비가죽과 인삼을 보내 준 것에 감히 엎드려 기뻐하지 않을 수 없습니다. 나머지는 귀국 사신이 말할 것입니다.」

다른 한 통의 글에서 말했다. 「귀국의 사신이 회령에 도착하여 전달한 서신에서 보인 뜻을 잘 알았습니다. 참으로 위안이 됩니다. 온 사신을 공경하는 것은 예의상 당연합니다. 온 상인들에게도 양식과 물품을 지급했고 그들이 공평한 가격으로 매매하게 했습니다만 과연 양쪽이 모두 만족할 수 있을지는 잘 모르겠습니다. 쇄환의 일은 작년에 이미 서신으로 곡절을 설명하고 살펴 헤아려 준다면 어찌 다시 이런 일이 있겠냐고 했었습니다. 전에 변신(邊臣)이 귀국에서 도망한 만주 1명 · 한인 2명이 우리 변경에 와서 투항했다고 보고했습니다. 명을 내려 가두어 지키게 하고 귀국의 사신이 도착하기를 기다려 즉시 압송했습니다. 맹약을 한 뒤의 일은 지시가 없어도 감히 숨길 수 없지만, 맹약 이전의 일은 말씀이 있더라도 명에 따르기가 어려울 듯합니다. 각자 맹세를 지키고 혹여라도 어기고 넘지 말아야 양측에 허물이 없는 법입니다. 바라건대 이를 다시 생각해 주십시오.」

○ 先是, 岳託·德格類兩貝勒遣哈爾薩等三人奏捷. 至是, 令更換馬匹, 齎敕諭還旅順口. 敕曰, 國中無他信息, 諾木齊戴青自蒙古來, 又英俄爾岱·代松阿, 自朝鮮還, 言朝鮮無異志, 恭謹更加於前. 攜往銀兩照常互市, 惟人參未曾貿易, 朝鮮每觔止與價九兩, 我使欲索原價. 安州總兵亦爲啟請, 朝鮮王已許諾. 而其臣云, 人參乃我國所產, 屢次攜來甚多. 如依原價, 後必不繼, 與其日後相爭. 莫若及今定價九兩, 以杜後日爭端. 卒不允, 因將人參俱留安州. 至覽來奏, 知汝等欲取皮島. 朕恐兵力不及, 且皮島之取否有何關係. 其遣兵往寧遠者, 仍如議行. 又來奏云, 如有大舉, 船屬無用, 此言誠是, 故已將守船之兵撤回. 聞流賊勢果衆, 寧遠·錦州選兵遣發. 爾等又云, 祖大壽之弟已叛, 而逃來之人云大壽之弟, 已在前屯衛爲總兵矣. 汝等曾言此處無事, 姑在彼處休息. 今使者到日, 可留兵防守, 汝等速來, 特諭.

○ 이전에 요토와 더걸러이 두 버일러가 하르사(harsa, 哈爾薩) 등 3명을 보내 승전을 아뢰었다. 이때에 말을 바꾸어 타고 칙유를 가지고 여순구로 돌아가게 하며 유시했다. 「나라에 별다른 소식은 없다. 놈치 다이칭이 몽고에서 왔고 잉굴다이와 다이숭가가 조선에서 돌아와 조선에 다른 뜻이 없으며 공손함이 이전보다 더해졌다고 했다. 은량을 가져가 통상대로 호시했다. 다만 인삼은 이전에 무역해 본 적이 없어 조선이 1근에 겨우 9냥을 값으로 주자 우리 사신이 원래의 가격을

받아 내려고 했다. 안주총병(安州總兵)도 상주하니 조선왕이 허락했다. 그런데 신하가 말하기를 "인삼은 우리나라에서 생산되는 것인데 누차 가지고 온 것이 심히 많습니다. 만약 원가대로 하면 이후로 필시 교역 요구가 끊이지 않을 것이니 후일 서로 다투게 될 것입니다. 지금 가격을 9냥으로 정해 후일의 쟁단을 막는 것만 못합니다."라고 하자 결국 허락하지 않았다. 그리하여 인삼을 모두 안주에 두고 왔다. 보내온 상주를 보니 너희가 피도(皮島)를 취하고자 한다는 것을 알겠다. 그러나 짐은 병력이 부족할까 염려된다. 또한 피도를 취하든 아니든 무슨 상관이 있겠는가. 군대를 영원(寧遠)으로 파견하는 것은 의논한 대로 행하라. 또한 보내온 상주에 만약 대규모로 움직이게 되면 배는 쓸모없다고 했는데 이 말은 실로 옳다. 그리하여 배를 지키고 있는 병사를 이미 철수시켰다. 유적(流賊)의 세력이 실로 많아 영원과 금주에서 병사를 선발해 보냈다고 한다. 너희가 조대수의 동생이 배반했다고 했고 도망쳐온 사람들도 조대수의 동생이 이미 전둔위(前屯衛)에서 총병이 되었다고 한다. 너희는 이곳에 별다른 일이 없으면 잠시 그곳에서 쉬겠다고 했다. 지금 사신이 도착하면 그날 바로 병사를 남겨 지키게 하고 너희는 속히 오라. 특별히 유시한다.」

○ 賜石訥明安戴青, 雕鞍·銀器·緞布等物.

○ 시너 밍간 다이칭(sine minggan daicing, 石訥明安戴青)에게 조각한 안장·은그릇·비단과 면포 등의 물품을 하사했다.

○ 壬戌, 阿祿部落穆章台吉·阿玉石·巴爾巴圖魯·格根戴青·達顏吳巴什, 吳喇忒部落額布根台吉·額勒孔果爾·噶爾馬台吉等, 來朝貢駝馬. 酌納之, 賜宴.

○ 임술일(8.3), 아루 부락의 무장 타이지(mujang taiji, 穆章台吉) · 아유시(ayusi, 阿玉石) · 바르 바투루(bar baturu, 巴爾巴圖魯) · 게겐 다이칭(gegen daicing, 格根戴青) · 다얀 우바시(dayan ubasi, 達顏吳巴什), 우라트 부락의 어부건 타이지(ebugen taiji, 額布根台吉) · 어러 콩고르(ere konggor, 額勒孔果爾) · 가르마 타이지(g'arma taiji, 噶爾馬台吉) 등이 내조해 낙타와 말을 바쳤다. 헤아려 받고 주연을 베풀었다.

○ 遣貝勒阿巴泰 · 阿濟格 · 薩哈廉 · 豪格等, 率一等公楊古利 · 總兵官吳訥格, 每旗每甲喇各一額眞統兵二千人, 往畧明山海關一路. 巳刻, 上謁堂子畢, 郊送五里, 授以方畧, 遣之, 復以告示, 命出征貝勒攜往. 其辭曰, 滿洲國皇帝諭明國人民. 知悉干戈原非我起, 實由爾主, 偏助邊外葉赫, 釀成禍階. 朕思上天以好生爲德, 干戈一動, 則民命傷殘, 於是常以講和爲念. 孰意爾朝廷不愛國而愛財, 不爲民而爲利. 諸臣又俱各貪位慕祿, 恐據理直言, 致遭貶遣. 是以苟且偷安, 不將成敗之勢奏達於朝廷以贊成和議, 使爾等罹兵刃, 而蹈湯火也. 爾朝廷大臣, 既不議和, 甘陷爾等於死地, 予亦無如之何. 是爾等之被荼毒, 非予之故. 皆由爾朝廷大臣荼毒之也. 爾等當怨爾朝廷大臣, 於朕何尤, 特諭.

○ 버일러 아바타이 · 아지거 · 사할리얀 · 호오거 등을 보내 일등공(一等公) 양구리와 총병관 우너거를 이끌고 각 기와 잘란의 어전 1명씩 병사 2,000명을 통솔하여 명나라의 산해관 일대를 공략하게 했다. 사시(巳時)에 주상이 당자(堂子)에 배례한 후 교외 5리 밖에서 송별

할 때 방략(方略)을 지시하고 보내면서 다시 출정하는 버일러들에게 고시(告示)를 가지고 가게 했다. 고시한 말은 다음과 같다. 「만주국 황제가 명나라의 인민에게 유시한다. 이 전쟁은 원래 우리가 일으킨 것이 아니라 너희 주인이 변외의 여허를 편들어 재앙의 발단을 만든 것임을 알라. 짐은 하늘이 호생(好生)을 덕으로 여기며 전란이 한번 일어나면 백성의 생명이 상한다는 것을 생각해 늘 강화하고자 했다. 너희 조정이 나라를 아끼지 않고 재물을 아끼고, 백성을 위하지 않고 이익만을 위한다는 것을 누가 생각이나 했겠는가? 신하들은 또한 모두 자기 자리를 탐하고 봉록을 원하여 도리에 따라 직언하면 좌천될까 두려워한다. 이는 목전의 안위만을 도모해 성패의 대세를 조정에 상주하지도 않고 화의(和議)에 찬성하지도 않고 너희를 전란의 위기에 빠뜨리고 불구덩이에 뛰어들게 한 것이다. 너희 조정과 대신들이 화친을 논의하지 않고 기꺼이 너희를 사지(死地)에 몰아넣었으니 나 역시 어찌하겠는가. 너희가 고통 받게 된 것은 나 때문이 아니다. 모두 너희 조정과 대신으로 인한 고통인 것이다. 너희는 너희 조정과 대신을 원망해야지 나에게 무슨 원망을 하는가. 특별히 유시한다.」

○ 乙丑, 遣溫塔石齎書四函, 至平壤遺朝鮮國王李倧, 一書曰, 我國得孔元帥·耿總兵船隻, 繼又得旅順口船隻. 我統兵諸貝勒, 暨滿漢蒙古大臣, 俱云宜乘此舟楫, 盡勦諸島. 朕思島中壯者, 與劉興治作亂, 已經誅戮. 後孔元師·耿總兵又選壯者, 攜赴登州, 及歸附時, 復攜之而來. 至明黃總兵所選精壯調往旅順口者, 盡爲我軍所殲, 其餘又皆爲彼船載去. 今所存不過羸弱耳. 儻復調東西兩路之船, 揚帆前進, 恐貴國邊民驚懼, 逃避山谷, 致誤農業, 則兩國修睦, 共享太平之意何在. 以此罷用船之議. 今各島餘孽, 貴國幸勿以糧濟之, 有願歸我國者, 亦勿禁止. 況不資以糧, 不容登岸, 王昔曾有此言, 宜熟計之.

予惟恐異日爲此數餓莩, 致啟事端也.

○ 을축일(8.6), 운타시(untasi, 溫塔石)를 보내 네 통의 서신을 가지고 평양에 가서 조선국왕 이종에게 전하게 했다.[1] 한 통의 서신에서 말했다. 「우리나라는 공유덕 원수와 경중명 총병의 배를 얻었고 뒤에 다시 여순구의 배를 얻었다. 우리 군대를 통솔하는 버일러들과 만주·한인·몽고 대신들은 모두 이 배를 타고 여러 섬들을 모두 초멸해야 한다고 한다. 짐이 생각하기에 섬 안의 장정들은 유홍치와 함께 난을 일으켰을 때 이미 도륙되었고 그 후에 공유덕 원수와 경중명 총병이 다시 장정을 선발해 등주로 데리고 갔다가 우리에게 귀부할 때 다시 그들을 데리고 왔다. 명나라의 황룡(黃龍) 총병이 선발해 여순구로 보낸 정예병들은 모두 우리 군대에 의해 도륙되었고 나머지는 모두 그들의 배로 태워 갔다. 지금 남은 것은 병약한 자들뿐인데 만약 다시 동서 두 길로 배를 동원하여 돛을 휘날리며 전진하면 아마도 귀국의 변민이 놀라고 두려워하여 산속으로 숨어들어 농사에 지장이 있게 될 것이다. 그리하면 양국의 우호와 태평을 함께 누리자는 뜻이 어디에 있겠는가. 그리하여 배를 동원하자는 논의를 그만두었다. 지금 각 섬에 있는 잔당들에게 귀국은 행여나 양식을 대 주지 말라. 우리나라로 귀순을 원하는 자가 있으면 역시 막지 말라. 하물며 양식도 대 주지 않는데 육지에 오르게 할 리가 있겠냐고 왕이 예전에 말한 적이 있다. 이를 깊이 생각해야 한다. 나는 후일 이 몇몇 걸식하는 자들로 인해 사단이 일어나게 될까 염려된다.」

---

1 천총 7년 8월 홍타이지가 운타시를 통해 조선에 보낸 서신의 만문본은 『內國史院檔 天聰七年』, 천총 7년 8월, pp.115-119 참조.

又一書曰, 我兩國矢誓天地, 各守邊疆. 自定盟以來, 我國人曾有擅入貴境者否. 貴國之人, 頻入我邊, 一次爲扎弩擒獲放還, 一次爲我邊人逐去. 今又有貴國步行者二人, 騎馬者三人, 入我布兒哈圖地方, 邊人擒獲解來. 三乘馬者, 中道逸去, 止以二步行者, 送還貴國. 越境情由, 王詢二人自知也. 如此屢入我邊, 知是何意. 王宜嚴行禁飭, 其熟思之. 又一書曰, 觀來書, 於索會寧逃人事, 云在約後者, 雖無來教, 不敢容隱, 在約前者, 雖有勤教, 似難聞命. 夫我索會寧逃人者, 蓋當我兩國無怨無德時, 我嘗遷邊民於內地, 邊民密通貴國, 與貴國之人, 聯姻結友, 往來相善. 內遷之時, 其人畜財物, 一旦不能攜取, 暫寄於親識之家, 以俟再取者有之, 私自逃避逗留者亦有之. 今乃物主親戚, 各索其所寄耳. 王不可不遣發也. 若索取逃亡於兩國戰鬪之頃者, 則曲在我矣. 二者理有不同, 王其思之. 又一書曰, 我國逃去滿人一名·漢人二名, 蒙王執送, 多感多感, 又將我舊時所留人畜, 量蒙察發, 併謝不盡.

또 한 통의 서신에서 말했다. 「우리 양국이 천지에 맹세해 각각 변강을 지키자고 했다. 맹약을 정한 이후로 우리나라 사람이 귀국의 변경에 함부로 들어간 자가 있었는가? 귀국의 사람은 빈번히 우리 변경에 들어와 한번은 자누(janu, 扎弩)가 잡았다가 풀어 놀려보냈고 한번은 우리 변경 사람이 쫓아 보냈다. 지금 또다시 귀국의 보행자 2명, 말을 탄 자 3명이 나의 부르하투(burhatu, 布兒哈圖) 지방에 들어와 변경 사람이 그들을 잡아 보내왔다. 말을 탄 자 3명은 도중에 도망쳐서 보행자 2명만 귀국으로 송환했다. 변경을 넘은 이유는 왕이 두 사람에게 물어보면 저절로 알 것이다. 이렇게 누차 우리 변경에 침입한 것이 무슨 뜻인지 나는 안다. 왕은 엄히 금해야 할 것이다. 이를 깊이 생각하라.」

다른 한 통의 서신에서 말했다. 「보내온 서신을 보니 회령의 도주자를 색출하는 일에 대해 "맹약 이후의 일은 보내온 지시가 없어도 감히 숨기지 않겠지만, 맹약 이전의 일은 비록 말씀이 있어도 명에 따르기 어려울 듯하다."라고 했다. 내가 회령의 도주자를 찾는 것은, 우리 양국이 원한도 친선도 없었던 때에 우리가 변민(邊民)을 내지로 옮겼는데 변민이 몰래 귀국 가까이에 살면서 귀국의 사람과 혼인하고 친구를 맺으며 사이좋게 왕래했었기에 내지로 옮길 때 사람과 가축과 재물을 한 번에 가져오지 못해서 잠시 친척이나 친구 집에 맡기고 나중에 다시 가져가겠다고 한 경우도 있고 마음대로 몰래 도망쳐서 남은 자도 있기 때문이다. 지금 물건의 주인과 친척에게 각각 맡긴 것을 찾으라는 것뿐이니 왕은 보내지 않을 수 없다. 만약 양국이 전투할 때 도망친 자를 찾는다면 잘못은 나에게 있다. 이 둘의 이치는 같지 않으니 왕은 생각해 보라.」

또 한 통의 글에서 말했다. 「우리나라에서 도망친 만주인 1명 · 한인 2명을 왕이 잡아 보내 주었으니 매우 감사하다. 또한 내가 예전에 남겨 둔 사람과 가축을 조금씩 조사해 보내 준 것도 더할 나위 없이 감사하다.」

○ 賜扎魯特部落達爾漢巴圖魯色木 · 台吉桑噶爾寨, 甲胄 · 朝服 · 貂裘 · 銀器 · 弓刀等物.

○ 자루트 부락의 다르한 바투루 서분과 타이지 상가르자이에게 갑옷과 투구 · 조복(朝服) · 담비가죽옷 · 은그릇 · 활 · 요도 등의 물품을 하사했다.

○ 赫圖阿喇城守將扈什塔・楞額禮・俄尼喇・畢祿, 率所部兵, 巡哨雅爾古一路, 遇明人盜參者, 斬二十四人, 生擒四十九人, 獲參一百六觔以獻. 命斬所俘百總一人, 以十八人賞從行軍士, 餘三十人, 發尙陽堡.

○ 허투알라성을 수비하던 장수 후시타(hūsita, 扈什塔)・렁거리・오닐라(onila, 俄尼喇)・비루(biru, 畢祿)가 휘하 군사를 이끌고 야르구(yargū, 雅爾古) 일대를 순찰하다 인삼을 몰래 캔 명나라 사람을 만나 24명을 베고 49명을 사로잡았으며 인삼 106근을 얻어 바쳤다. 사로잡은 백총 1명을 참하고 18명은 순찰에 따라간 군사들에게 상으로 내리고 나머지 30명은 상양보(尙陽堡)로 보냈다.

○ 戊辰, 遣往旅順口二使臣齋岳託・德格類兩貝勒疏至. 疏言, 前蒙聖諭, 令留一固山額眞守旅順口. 臣等思彼地空曠可虞. 今留葉臣・伊爾登, 爲兩翼主帥, 其下每旗留官三員, 共兵二千五百名. 欲留牛隻, 恐到冬疲瘦, 故爾未留. 舊漢軍以遊擊圖賴主之, 統備禦二員, 兵一百名駐守. 臣等思所處之地, 雖有水爲限, 然不可疎防. 況應設哨之處甚多, 可否移駐金州, 設瞭哨遞還至旅順口, 止攜兩月糧米, 餘者棄之, 何如. 惟皇上裁酌, 速遣人來. 又蒙諭, 令厚待孔元帥・耿總兵二人. 臣等自思亦極力優待之矣. 但當拔城時, 其所屬將士俱入城內, 凡官員房屋及富民列肆, 皆爲所占取, 俘獲人口, 多指稱親戚挈之而去. 臣等雖微有不平之意, 未嘗少露, 遣巴克什等語云, 爾元帥總兵, 雖任意攜取, 我等不爲介意, 若部下之人, 假稱爾名, 大肆搜括, 則凡我冒鋒陷陣之士卒, 以何爲賞. 切慮三軍懷怨, 後此再遇攻戰, 無以使其踴躍趨赴也. 彼口雖佯應, 而貪得之心, 已形於色, 故將彼所收取者, 盡數與之. 嗣後但以親戚爲言者, 亦任其領去. 據彼云, 所得人數止七百四十八名. 以臣等觀之, 尙多於此. 臣等初六日, 自木場驛起行, 荷天之佑, 頗有俘獲, 歸期尙難預定. 如抵我國邊界, 將礮車留於蓋州, 竝留所俘人口於後, 惟攜入官之物, 與臣等偕行, 不敢稽遲也.

○ 무진일(8.9), 여순구(旅順口)에 보낸 두 사신이 요토・더걸러이 두 버일러의 소(疏)를 가지고 도착했다. 소(疏)에서 말했다. 「전에 성스러운 황제의 유시를 받드니, 구사어전 1명을 남겨 여순구(旅順口)를 지키라고 하셨습니다. 신들이 생각건대 그 땅이 넓어서 우려됩니다. 지금 여천과 일던을 남겨 양익(兩翼)의 주수(主帥)로 삼고, 그 아래 각 기마다 관리 3명을 남겨 두어 모두 병사 2,500명을 남겼습니다. 소도 남기려 했으나, 겨울이 되면 지치고 여윌까 하여 남겨 두지 않았습니다. 구한군(舊漢軍)은 유격 툴라이에게 주관하게 하고 비어 2명과 병사 100명을 이끌어 주수(駐守)하게 했습니다. 신들이 생각건대, 주둔한 지역이 물로 경계를 삼지만 방어를 소홀히 할 수 없습니다. 하물며 초소를 설치해야 할 장소가 매우 많으니, 금주(金州)로 옮겨서 주둔하고 초소를 여순구(旅順口)까지 세우고 단지 2개월의 양식만 가져가고 나머지는 버리는 것이 어떻겠습니까? 생각건대 황상께서 헤아려 판단하셔서 속히 사람을 보내 주십시오. 또한 유시를 받드니, 공유덕 원수(元帥)와 경중명 총병 두 사람을 후대하라고 하셨습니다. 신들이 스스로 생각해 보건대 저희도 힘을 다해 그들을 우대했습니다. 그러나 성을 함락할 때에, 그들 휘하의 장수와 병사들이 모두 성 안으로 들어가서 모든 관원의 집과 부유한 백성의 늘어선 점포를 모두 점유했고, 사로잡은 인구도 대부분 친척이라고 하면서 데리고 가 버렸습니다. 신들은 다소 공평하지 않다는 생각이 있었지만 조금도 내색하지 않고

박시 등을 보내서 말했습니다. "원수(元帥)와 총병 너희가 임의로 취해 가져갔어도 우리는 개의치 않는다. 하지만 휘하의 사람이 거짓으로 너희 이름을 칭하면서 방자하게 찾아서 거두어 가면 창칼을 무릅쓰고 진을 함락시킨 우리 사졸들에게 무엇으로 상을 줄 수 있겠는가? 삼군(三軍)이 원망을 품어 이후 다시 공성전이 있을 때 용맹하게 달려나가지 않을까 심히 염려된다." 그들은 입으로는 비록 응하는 체하지만 탐욕스런 마음이 이미 안색에 드러나니, 그들이 얻은 것을 모두 그들에게 주었습니다. 이후로 단지 친척이라고 말하는 경우라도 역시 마음대로 데려가게 했습니다. 그들의 말에 의거하면, 노획한 사람 수가 단지 748명이라고 합니다. 신들이 보기에는 이보다 훨씬 많습니다. 신들이 초6일에 목장역(木場驛)에서 출발해 하늘의 도움을 받아 사로잡은 것이 상당히 있습니다. 돌아갈 시기는 아직 예정하기 힘듭니다. 우리나라의 변계에 이르게 되면 대포와 수레는 개주(蓋州)에 남겨 두고 사로잡은 인구도 뒤에 남겨 두고 오직 관에 들일 물건만 가지고 신들이 함께 가겠습니다. 감히 늦지 않겠습니다.」

○ 己巳, 賜額勒孔果爾 · 台吉額布根 · 噶爾馬, 甲胄 · 雕鞍 · 弓刀 · 緞布等物.

○ 기사일(8.10), 어러 콩고르(ere konggor, 額勒孔果爾) · 타이지 어부건(ebugen, 額布根) · 가르마(g'arma, 噶爾馬)에게 갑옷과 투구 · 조각한 안장 · 활과 칼 · 비단과 면포 등의 물건을 하사했다.

○ 遣官二人, 往迎旅順口凱旋諸貝勒, 傳諭曰, 軍今凱旋, 朕迎至渾河岸. 爾等可與孔元帥 · 耿總兵, 同來相見. 爾等至海州當即先遣人奏報抵都日期. 其礮車留於蓋州, 付石副將·雅什塔, 善爲收藏, 後可由驛遞送. 其駕·礮·車·牛, 各給本主領還. 至所奏駐防軍士米糧事, 俟爾等到日, 再議. 朕思爾等方攻破旅順口, 軍威震疊之頃, 彼惟恐我兵前進, 堅守內地, 尚且不能. 豈暇來犯吾境乎.

○ 관원 2명을 보내서 여순구(旅順口)에서 개선하는 여러 버일러들을 맞이하러 가게 하고 유시를 전하여 말했다. "군대가 지금 개선하니 짐이 혼하(渾河) 강안까지 가서 맞이하겠다. 너희는 공 원수(孔元帥)와 경 총병(耿總兵)과 함께 와서 만나라. 너희는 해주(海州)에 이르면 즉시 먼저 사람을 보내 경사에 도착할 날짜를 보고하라. 개주(蓋州)에 남겨둔 화포와 수레는 석 부장(石副將)과 야시타에게 맡겨 잘 보관하게 하면 나중에 역참을 통해 빨리 수송할 수 있을 것이다. 가마·포·수레·소 등은 각각 본래 주인에게 지급하여 데리고 돌아오라. 주둔한 군사의 병량의 일에 대해 상소한 것은 너희가 도착한 후에 다시 의논하겠다. 짐이 생각건대 너희가 지금 막 여순구(旅順口)를 함락하여 군대의 위세가 진동하는 때이니, 명나라가 우리 군대가 전진할 것을 두려워하여 내지를 굳게 지킨다 해도 불가능할 것이다. 어찌 틈을 보고 와서 우리의 변경을 범하겠는가?"

○ 壬申, 遣車爾格·索海, 率兵二百人, 向明錦州捉生.

○ 임신일(8.13), 처르거이와 소오하이를 보내 병사 200명을 이끌고 명나라의 금주(錦州)로 가서 정보제공 포로를 잡아오게 했다.

○ 癸酉, 賜阿祿部落台吉穆章, 甲胄・雕鞍・朝服・弓刀・緞布等物.

○ 계유일(8.14), 아루 부락의 타이지 무장(mujang, 穆章)에게 갑옷과 투구・조각한 안장・조복(朝服)・활과 칼・비단과 면포 등의 물품을 하사했다.

○ 遣國舅阿什達爾漢等, 頒欽定法律於科爾沁國土謝圖濟農.

○ 국구(國舅) 아시다르한 등을 보내 코르친국의 투시예투 지농에게 흠정법률(欽定法律)을 반포했다.

○ 丁丑, 賜總兵官麻登雲・副將祖可法, 御服貂裘各一.

○ 정축일(8.18), 총병관 마등운(麻登雲)과 부장 조가법(祖可法)에게 주상이 입었던 담비가죽옷을 각각 1벌씩 하사했다.

○ 攬盤城守薩哈連・寗固獺・岫巖城守石漢曁管哨海塔, 往明石城島躡踪獲二十人來獻. 命賞以人八口・銀八兩, 餘所獲十二人, 發尚陽堡安置.

○ 남반성(攬盤城)을 지키는 사할리얀(sahaliyan, 薩哈連)・닝구타(ningguta, 寧固獺), 수암성(岫巖城)을 지키는 시한(sihan, 石漢), 초소를 관리하는 하이타(haita, 海塔)가 명나라의 석성도(石城島)에 가서 흔적

을 쫓아 20명을 잡아 와서 바쳤다. 이들에게 사람 8명과 은 8냥을 상으로 주고 나머지 사로잡은 12명은 상양보(尙陽堡)[2]에 보내 안치시켰다.

○ 庚辰, 上率諸貝勒·大臣, 迎旅順口凱旋貝勒德格類·岳託於十里外. 立八纛拜天行三跪九叩頭禮. 上御黃幄, 兩貝勒率隨征諸將遙拜畢, 德格類先近御前, 再拜行抱見禮. 嗣岳託拜見亦如之. 總兵官楞額禮·副將石廷柱, 抱上膝見畢. 上命英俄爾岱傳諭, 問凱旋貝勒及大臣安否. 薩穆什喀進前對曰, 蒙天庇佑皇上洪福, 謹遵指授方畧, 攻克旅順口城. 於是設大宴. 召凱旋兩貝勒近前, 上親以金卮酌酒賜之. 次召楞額禮·石廷柱, 上亦酌金卮以賜. 步兵帥霸奇蘭·薩穆什喀及效力諸將, 各以次受賜, 跪飲於上前. 宴畢, 陳列旅順口所獲金·銀·玉·珀·緞帛等物, 上閱畢, 諸貝勒隨奉所陳諸物, 獻御前, 上酌納之. 時歸順外藩蒙古貝勒有在班行者, 并各賞賚有差, 餘均給八貝勒家.

○ 경진일(8.21), 주상이 여러 버일러들과 대신을 이끌고 여순구(旅順口)에서 개선한 버일러 더걸러이와 요토를 10리 밖에서 맞이했다. 8개의 독(纛)을 세우고 하늘에 배례하고 삼궤구고두의 예를 행하였다. 주상이 황색 천막에 가니 두 버일러가 정벌에 종군한 장수들을 이끌고 멀리서 절한 후 더걸러이가 먼저 주상의 앞으로 다가가 다시 절하고 포견례(抱見禮)를 행하였다. 이어서 요토도 이렇게 배알했다. 총병관 렁거리와 부장 석정주가 주상의 무릎을 끌어안고 알현했다. 주상

2 尙陽堡: 上陽堡 혹은 靖安堡라고도 한다. 현재 遼寧 開原市 동북쪽에 있었다. 지금은 저수지에 수몰되어 있다.

이 잉굴다이에게 유시를 전하게 하여 개선한 버일러와 대신들의 안부를 물었다. 삼시카가 앞에 나아가 대답하여 말했다. "하늘의 비호와 황상의 홍복을 입어 삼가 지시받은 방략에 따라 여순구성(旅順口城)을 함락했습니다." 이에 큰 잔치를 베풀었다. 개선한 두 버일러를 앞으로 가까이 불러 주상이 몸소 금잔에 술을 따라 하사했다. 다음으로 렁거리와 석정주를 불러 주상이 또 금잔에 술을 따라 하사했다. 보병을 이끈 장수 바키란과 삼시카 및 분투한 여러 장수가 각각 차례대로 하사받고 주상 앞에서 무릎 꿇고 마셨다. 잔치가 끝나고 여순구에서 획득한 금·은·옥·호박·비단 등의 물품을 진열하여 주상이 본 후 여러 버일러들이 진열한 여러 물품을 받들어 주상 앞에 바치니 주상이 헤아려 받았다. 그때 귀순한 외번몽고 버일러 중에서 반행(班行)에 있는 자들에게 아울러 각각 차등 있게 상을 내렸다. 나머지는 여덟 버일러의 가문에 균등하게 지급했다.

○ 是日, 頒賜永平大凌河總兵官·副將·參將, 各銀壺一·銀杯二, 遊擊各銀杯一, 其總兵·副將·參將·遊擊, 又照備禦世職, 各銀四兩·布四疋·緞一疋, 其衆備禦各銀四兩·布四疋.

○ 이날 영평(永平)과 대릉하(大凌河)의 총병관·부장·참장에게 각각 은주전자 1개씩·은잔 2개씩, 유격에게 각각 은잔 1개씩 나누어 주고, 총병·부장·참장·유격들도 비어(備禦)의 세직(世職)에 따라 각각 은 4냥씩·면포 4필씩·비단 1필씩, 여러 비어들에게 각각 은 4냥씩·면포 4필씩 나누어 주었다.

○ 壬午, 遣官傳諭都元帥孔有德曰, 都元帥遠道從戎, 良亦勞苦, 且行間所行事宜, 實獲朕心. 至於贊襄國事, 招撫山民, 尤大有裨益. 不謂勞頓之身, 又遭銜橛之失. 適聞痊可, 大慰朕懷, 特諭.

○ 임오일(8.23), 관원을 보내 도원수 공유덕에게 유시를 전해 말했다. 「도원수는 먼 길을 종군하여 참으로 고생했다. 또 출정한 곳에서 행한 일이 실로 짐의 마음에 들었다. 국사를 도와 산민(山民)을 초무하는 데에 보탠 바가 매우 크다. 뜻하지 않게 피곤한 몸이 또 말에서 떨어지는 일을 당했는데 마침 병이 나았다고 들으니 짐의 마음에 큰 위로가 된다. 특별히 유시한다.」

○ 癸未, 車爾格 · 索海, 自錦州捉生還. 獲明哨卒九人, 馬十一匹, 殺其七人, 擒百總一員, 兵一名, 來獻. 審畢, 斬之.

○ 계미일(8.24), 처르거이와 소오하이가 금주(錦州)에서 정보제공 포로를 잡아 돌아왔다. 명나라의 초탐병 9명과 말 11마리를 얻었는데 그 가운데 7명을 죽이고 백총 1명과 병사 1명을 사로잡아 바쳤다. 심문을 끝내고 베어 죽였다.

○ 甲申, 賜土默特部落衛徵 · 阿祿部落台吉宜爾扎木等宴, 仍賜衛徵緞袍 · 玲瓏刀, 衛徵妻織錦女朝衣, 侍衛巴克什畢禮克, 雕鞍 · 緞布等物.

○ 갑신일(8.25), 투메트 부락의 워이정(weijeng, 衛徵)과 아루 부락의 타이지 이르잠(irjam, 宜爾扎木) 등에게 잔치를 베풀어주고 이어서

워이정에게 비단 겉옷과 정교하게 장식한 요도를, 워이정의 부인에게 비단으로 짠 여조의(女朝衣)를, 시위 박시 빌릭(bilik hiya baksi, 侍衛巴克什畢禮克)에게 조각한 안장・비단과 면포 등의 물품을 하사했다.

○ 丁亥, 遣備禦薩壁翰・副將金玉和, 傳諭都元帥孔有德・總兵官耿仲明曰, 爾都元帥・總兵官, 乃久習征伐之人, 軍律素嫻, 何俟朕諭. 但興師在即, 恐無知士卒, 有私賣馬步器械者, 宜急爲修整. 卿等攜來紅衣及大小火礮, 已運至通遠堡矣. 到時即以付卿, 鎗礮弓矢, 須令軍士, 時時教演, 不得間斷. 旗纛俱用皁色, 馬匹俱用印烙, 將本管官銜併馬主姓名, 書滿洲字牌繫之. 所以印烙繫牌者, 恐軍士馬有逸失, 難於尋覓, 既有印牌, 則見者便於送還耳. 每馬又須用絆索數條. 蓋漢人以囊貯草料飼馬, 殊不可行, 惟用絆索, 便於野牧. 不則難以行遠. 凡披甲軍士甲背又盔尾上, 俱以白布號帶, 書滿洲字綴之. 有綿甲者亦於綿甲綴之. 師行之日, 廝卒人等, 皆依號帶, 各按部伍毋致錯誤. 特諭.

○ 정해일(8.28), 비어 사비간(sabigan, 薩壁翰)과 부장 김옥화(金玉和)를 보내 도원수 공유덕과 총병관 경중명에게 유시를 전했다. 「너희 도원수와 총병관은 오랫동안 정벌에 익숙한 사람으로, 군율에 본래 익숙한데 어찌 짐의 유시를 기다리는가? 다만 군사를 일으킨 당장에는 무지한 사졸들 가운데 사사로이 기병・보병의 병장기를 파는 자가 있을까 우려되니 급히 정돈해야 한다. 경들이 가져온 홍의포(紅衣砲)와 크고 작은 화포는 이미 통원보(通遠堡)에 옮겼다. 도착하면 곧 경들에게 맡길 것이니, 총・화포・활 등을 군사들에게 수시로 훈련시키고 잠시도 멈추면 안 된다. 기(旗)와 독(纛)은 모두 검은색을 쓰고, 말은 모두 낙인을 찍고 관할 관원의 관함(官銜)과 말 주인의 성명을 만

주 문자로 쓴 패(牌)를 말에 매달아라. 낙인을 찍고 패(牌)를 매는 까닭은 군사의 말이 달아나 잃으면 찾기 어렵기 때문이다. 인(印)과 패(牌)가 있다면 본 사람이 돌려보내기가 편할 것이다. 말마다 지달을 반드시 여러 개 사용해야 한다. 대개 한인은 말먹이를 주머니에 넣어 둔 채로 말을 먹이는데 이렇게 하면 안 된다. 지달을 쓰면 들판에서 방목하는 데 편하다. 그렇게 하지 않으면 멀리 행군하기 어렵다. 갑옷을 입은 군사의 갑옷 등쪽과 투구 꼬리에 모두 하얀 포로 된 호대(號帶)에 만주 문자를 써서 꿰매라. 면갑(綿甲)을 한 자는 또한 면갑에 꿰매라. 군사가 행군하는 날에 쿠툴러들까지 모두 호대(號帶)에 따라 각자의 대오를 맞추어 착오가 없게 하라. 특별히 유시한다.」

○ 是日, 授劉世芳 · 李時登, 爲備禦. 劉世芳, 舊爲明遵化總督下聽用官, 李時登, 係大凌河翟家堡生員, 俱以投誠功授是職.

○ 이날 유세방(劉世芳)과 이시등(李時登)을 비어에 제수했다. 유세방은 예전에 명나라의 준화총독(遵化總督) 속하에 임용된 관원이었고, 이시등은 대릉하(大凌河) 적가보(翟家堡)의 생원으로 모두 투항하여 공을 세워서 이 관직을 받은 것이다.

○ 陞副將石廷柱爲總兵官. 先是, 廷柱征察哈爾善用兵, 俘獲甚衆, 又所獲盡攜歸以獻上, 嘉其功, 授爲舊漢軍固山額眞. 至是, 又以征旅順口功, 故有是命.

○ 부장 석정주를 총병관으로 승진시켰다. 이전에 석정주는 차하르를 정벌할 때 용병을 잘하여 많은 사람을 사로잡았고 또 얻은 것을

모두 가지고 돌아와 주상에게 바쳤으니 그 공이 가상하여 구한군(舊漢軍) 구사어전에 임명되었다. 이때에 또 여순구(旅順口) 정벌에 공을 세웠으므로 이러한 칙명이 있었다.

九月, 庚寅朔, 溫塔石還自朝鮮, 齎復書三函來奏, 書曰, 自孔耿歸投貴國, 敝邦人咸謂二惡往矣. 必能離間兩國, 孤獨決其不然. 今見來書, 處置最明益信. 孤所期於貴國者, 果不虛也. 皮島情事, 貴國所熟悉者, 況遣人往來問答, 亦非一二次矣. 今諸島大困, 無以自振, 貴國不必注念. 秋使不日即往矣. 又一書曰, 吾兩國告天盟誓以後, 貴國人能守約束, 孤之人不遵法度, 屢爲貴國所獲, 孤誠痛之. 蒙貴國不見罪責, 使渠來就邦刑申之, 以相懲之意, 益見兄弟義重, 敢不銘心感激耶. 又一書曰, 會寧索人一事, 自謂敝邦處置, 已得十分正理, 貴國必已悉之, 不意復有云云也. 當兩國無事之時, 東者自東, 西者自西, 我民西投者, 今猶在也, 不敢致恨於貴國, 而貴國人東來投孤者, 亦不當致怨於敝邦. 況布占泰在日, 於我兩國均爲鄰敵. 其種類既投貴國, 敝邦欽重貴國之言, 其原係江北之人, 前已一一刷送, 餘皆親故, 不過我國婚嫁所產幼稚耳. 而貴國聽其妄訴, 屢行責刷, 於十有餘年之後, 其被責使勒刷去者亦不少矣. 邊氓雖愚, 各有覺悟. 其事理之應刷與否, 孰不知之. 皆謂孤身既爲民牧, 重違貴國之言, 使小民父不能保其子, 夫不能保其妻. 號泣怨懟, 咸思離散, 孤將何以解於民. 不然, 兄弟之間有何所惜. 汗之明恕料, 必能鑒察, 故縷縷及之.

○ 9월 경인일 초하루(9.1), 운타시가 조선에서 돌아와 답서 3통을 가지고 와서 상주했다. 글에서 말했다. 「공유덕과 경중명이 귀국에 투항한 이래, 폐방(敝邦)의 사람들이 모두 이르기를 "두 악인이 갔으니 반드시 두 나라를 이간할 것이다."라고 하는데 나는 홀로 결코 그렇지

않다고 했습니다. 지금 온 글을 보니, 처치한 것이 매우 분명하여 더욱 믿게 되었습니다. 내가 귀국에 기대한 바가 과연 헛된 것이 아니었습니다. 피도(皮島)의 사정은 귀국이 잘 아는 바이고, 하물며 사람을 보내 문답을 왕래한 것도 역시 한두 차례가 아니었습니다. 지금 여러 섬이 매우 곤란하여 스스로 떨쳐 일어날 수 없으므로 귀국은 염두에 둘 필요 없습니다. 추신사가 조만간 곧 갈 것입니다.」

또 한 글에서 말했다. 「우리 두 나라가 하늘에 맹세를 고한 후, 귀국의 사람들은 약속을 지켰으나 나의 사람들은 법도를 준수하지 않아 누차 귀국에 잡혔으니 내가 실로 마음 아픕니다. 귀국이 직접 죄를 묻지 않고 보내 폐방의 형벌로 벌하게 한 것은 서로 경계하는 뜻으로 형제의 의를 더욱 중하게 한 것입니다. 감히 명심하고 깊이 느끼지 않을 수 있겠습니까.」

또 한 글에서 말했다. 「회령(會寧)에서 사람을 찾는 일을 폐방이 충분히 바르게 처리했다는 것을 귀국이 필시 알고 있다고 생각했는데 뜻밖에 다시 말하게 되었습니다. 두 나라에 일이 없을 때에 동쪽 사람은 동쪽에, 서쪽 사람은 서쪽에 있었습니다. 우리 백성 중에 서쪽으로 투항하는 경우가 지금도 있지만 감히 귀국을 원망하지 않았으니, 귀국의 사람이 동쪽으로 와서 나에게 투항하는 경우에도 폐방을 원망하는 것은 부당합니다. 하물며 부잔타이는 살아 있었을 때 우리 양국 모두에게 이웃한 적이었습니다. 그의 무리가 이미 귀국에 투항했고, 폐방은 귀국의 말을 삼가 중시하여 본래 강의 북쪽에 있던 사람들을 예전에 일일이 쇄환했고, 나머지는 모두 친척으로 우리나라에서 혼인하여 낳은 어린아이들에 불과합니다. 그러나 귀국은 망령된 호소를 듣고 누차 쇄환을 재촉하여 10여 년이 지난 뒤에도 귀국 사신에게 억지로 끌려간 자가 적지 않습니다. 변경 백성들이 비록 어리석으나, 각자 깨닫는 것도 있습니다. 일의 도리가 쇄환되어야 하는지 여부를 누가 모르겠습니까? 모두 말하기를, 내가 백성을 기르는 자가 되어 귀국의 말을 어기는 것을 중하게 생각하여 소민(小民)의 아버지로 하여금 그의 자식을 보전하지 못하게 하고 남편으로 하여금 그의 처를 보전하지 못하게 했다고 합니다. 울부짖고 원망하며 모두 떠날 생각을 하고 있으니 내가 장차 백성에게 어떻게 해명할 수 있겠습니까? 그렇지 않으면 형제 사이에 무슨 아낄 것이 있겠습니까? 한(汗)의 밝고 어진 생각이라면 반드시 돌보아 살필 수 있을 것이기에 이렇게 계속해서 상세히 말합니다.」

○ 是日, 往畧明山海關貝勒阿巴泰 · 阿濟格 · 薩哈廉 · 豪格等, 遣剛林 · 苗碩渾, 奏報俘獲人口, 及馬 · 牛 · 驢四千二百一十有三.

○ 이날 명나라의 산해관을 공략하러 간 버일러 아바타이 · 아지거 · 사할리얀 · 호오거 등이 가린 · 미오쇼혼(miošohon, 苗碩渾)을 보내 인구와 말 · 소 · 나귀 4,213을 노획했다고 보고했다.

○ 丁酉, 艾松阿率護軍十人, 往明境躡踪, 遇明哨卒四人, 殺三人, 獲馬五匹, 生擒一人來獻. 訊畢, 斬之. 以所獲馬匹, 賞艾松阿及巴薩里等.

○ 정유일(9.8), 아이숭가(aisungga, 艾松阿)가 호군 10명을 이끌고 명나라의 경계에서 흔적을 좇아 명나라의 초탐병 4명과 만나서 3명을 죽이고 말 5마리를 얻었으며 1명을 사로잡아 바쳤다. 심문을 마치고 베어 죽였다. 획득한 말을 아이숭가 · 바사리(basari, 巴薩里) 등에게 상으로 주었다.

○ 庚子, 貝勒阿巴泰・阿濟格・薩哈廉・豪格班師還, 上迎於郊外三里許, 列大纛拜天行三跪九叩頭禮畢. 上陞座, 凱旋貝勒等, 行拜見禮. 謁堂子, 入城.

○ 경자일(9.11), 버일러 아바타이・아지거・사할리얀・호오거가 회군하여 주상이 교외 3리 남짓 밖에서 맞이했고, 대독(大纛)을 나열하여 하늘에 배례하고 3번 무릎 꿇고 9번 고두한 예를 행하였다. 그 후 주상이 자리에 오르자, 개선한 버일러들이 배견례(拜見禮)를 행하였다. 당자(堂子)에 배례하고 입성했다.

○ 辛丑, 上御殿, 召往畧明山海關貝勒・大臣等責之曰, 爾等此行用兵, 甚不合法. 既捷之後, 何不深入內地, 收取糧餉, 休息士馬, 乃遽速還耶. 貝勒雖欲還軍, 楊古利, 爾係舊臣, 何不諫止. 爾若能諫, 貝勒誰不聽從. 想爾爲築室未成, 乘此天氣未寒, 急圖竣工, 故遽來耳. 即來時, 爾諸貝勒, 若能率領精兵殿後, 截殺明之追兵, 必獲大勝, 何至相率俱來, 止留圖魯什・勞薩等哨兵殿後. 彼時敵兵數千追至, 雖以寡敗衆, 實皆上天眷佑, 及我兵精鋭之故, 萬一有失, 不知爾貝勒等尚能來見朕否. 圖爾格・納穆泰・蘇納等, 係有罪之人, 雖經革職, 仍用爲各部承政. 凡遇攻城, 不忍令爾等前往, 今乘此凱旋之際, 正宜率兵殿後, 戮力建功, 以圖自效, 乃亦隨衆前行. 儻他日大軍出征, 攻城野戰之時, 衆皆奮勇齊進, 誰肯居爾等後者. 爾等將何時自奮乎. 皇考太祖時, 敖堪・特翁格・伊喇喀・䂓賽四臣, 皆能率先力戰, 竝未嘗歿於臨陣. 夫人生能有百歲乎. 天數既盡, 不免於亡. 巴克什吳訥格, 所在建功, 今又殿後, 首先殺敗敵兵. 人臣爲國, 義當如此, 爾諸大臣, 不能啟迪貝勒之心, 竭力爲國, 止圖安享富貴, 逡巡畏縮,不知爾等可能長保富貴耶. 貝勒阿濟格奏曰, 臣蒙上恩, 屢與征討, 未有若此行之亂者. 臣欲息馬運糧, 奈三貝勒不從. 還軍時, 三貝勒必欲經舊路, 以臣堅執, 始從寧遠正路而來. 上曰, 休息士馬, 運積糧儲, 所言誠是. 但當貝勒諸大臣欲速還時, 汝果能堅執不從, 誰敢棄汝而來者. 朕非加罪於爾等, 但日後行軍, 爾等當謹識朕言耳. 既諭之後, 爾等復有以此事爲言者, 朕亦置之, 必不聽也.

○ 신축일(9.12), 주상이 전(殿)에 들어 명나라의 산해관으로 가서 공략한 버일러와 대신들을 불러 나무라며 말했다. "너희가 이번에 용병한 것이 매우 법에 합당하지 않다. 이미 승리한 후에 어째서 내지에 깊이 들어가 병량을 수취해서 병사와 말을 휴식시키지 않고 급하게 돌아왔는가? 버일러가 비록 회군하려 했다 해도 양구리 너는 구신(舊臣)으로서 어찌 간언하여 말리지 않았는가? 네가 만약 간언할 수 있었다면 버일러가 누군들 따르지 않았겠는가? 생각건대 너는 집 짓는 것이 완성되지 않아 날씨가 아직 춥지 않은 때를 타서 급히 준공하려고 서둘러 온 것일 뿐이다. 돌아올 때에 너희 버일러들이 만약 정예병을 후미에서 이끌었다면 명나라의 추격병을 죽여 반드시 대승을 거둘 수 있었을 것인데, 어째서 같이 이끌고 함께 돌아오고 투르히와 로오사 등의 초탐병만을 후미에 남겼는가? 그때 적병 수천이 추격해 이르렀고, 비록 적은 수로 많은 수를 물리쳤다고 하지만 실로 모두 하늘이 도우시고 우리 병사가 정예였던 때문이지, 만에 하나 실수가 있었다면 너희 버일러들이 짐을 반날 수 있있을지 모를 일이다. 투르거이(turgei, 圖爾格)・남타이(namtai, 納穆泰)・수나(suna, 蘇納) 등은 죄가 있는 사람으로 비록 혁직되었으나 여전히 기용되어 각 부(部)의 승정이 되었다. 성을 공격할 때 너희를 앞장세우는 것은 차마 못 하겠지만, 지금 이런 개선의 때에 병사들을 이끌고 후미를 보호하며 힘을 다

해 공을 세워 스스로 분투했어야 마땅하다. 그런데 너희도 무리를 따라 앞으로 갔다. 만일 다른 날 대군이 출정하여 성을 공격하거나 들판에서 전투할 때 무리가 모두 용기 내어 나란히 나아가야 할 텐데, 누가 기꺼이 너희의 뒤에 있으려 하겠는가? 너희는 언제 스스로 분투할 것인가? 선황 태조 때, 오오칸(ookan, 敖堪)·터웡거(tewengge, 特翁格)·일라카(ilaka, 伊喇喀)·누사이(nusai, 弩賽) 4명의 신하는 모두 솔선하여 힘써 싸웠어도 전투 중에 죽지 않았다. 사람이 100세를 살 수 있는가? 타고난 수명이 다하면 죽는 것을 면치 못한다. 박시 우너거(unege, 吳訥格)는 곳곳에서 공적을 세웠고 지금 또 후미에서 앞장서 적병을 죽였다. 신하로서 나라를 위한 의로움이 이와 같아야 하는데 너희 대신들은 버일러의 마음을 깨우치고 힘써 나라를 위하지는 못하고 단지 안락과 부귀를 도모하면서 뒷걸음치며 움츠러드니, 너희가 부귀를 오래 보전할 수 있을지 모르겠다." 버일러 아지거가 아뢰었다. "신이 주상의 은혜를 입어 누차 함께 정벌을 하면서 이처럼 어려운 경우는 없었습니다. 신이 말을 쉬게 하고 병량을 옮기고자 했지만 세 버일러가 따르지 않았습니다. 회군할 때 세 버일러는 반드시 옛길로 가기를 바랐으나 신이 고집하여 결국 영원(寧遠)의 정로(正路)로 왔습니다." 주상이 말했다. "병사와 말을 쉬게 하고 병량을 모아 운반하는 것은 말한 것처럼 참으로 옳다. 그러나 버일러와 여러 대신들이 빨리 돌아오고자 할 때에 네가 과연 고집하여 따르지 않았다면 누가 감히 너를 버리고 왔겠는가? 짐은 너희에게 죄를 더하지 않을 것이나, 이후에 행군할 때 너희는 짐의 말을 삼가 새겨 둬야 할 것이다. 유시한 후에 너희 중에 다시 이 일을 언급하는 자가 있으면 짐은 그를 내버려두고 들어주지 않을 것이다."

○ 先是, 都元帥孔有德·總兵官耿仲明, 同貝勒岳託, 征旅順口, 凱旋時, 有德墜馬傷手, 留於東京, 未得覲上. 至是, 手愈, 始來朝. 有德·仲明·遙拜一次, 復近拜一次, 抱膝而見. 命設氊坐御榻下, 賜宴. 上親以玉卮酌酒賜之, 令其暢飮.

○ 이전에 도원수 공유덕과 총병관 경중명이 버일러 요토와 함께 여순구(旅順口)를 정벌하고 개선했을 때, 공유덕이 말에서 떨어져 손을 다쳐 동경(東京)에 머물러 있으면서 주상을 알현하지 못했다. 이때에 손이 나아서 비로소 내조했다. 공유덕과 경중명이 멀리서 한 차례 배례하고 다시 가까이에서 한 차례 배례한 후 무릎을 끌어안고 알현했다. 황제의 걸상 아래에 융단으로 자리를 만들게 하고 잔치를 베풀었다. 주상이 친히 옥잔으로 술을 따라 하사하고 한 번에 마시게 했다.

○ 癸卯, 遣英俄爾岱·伊孫齎書往朝鮮互市, 併以扎爾達庫地方所獲朝鮮盜參二人, 令之攜往. 書曰, 自和好以來, 朕原欲於一歲中四季互市, 貴國不允, 定以春秋二季. 後止在義州互市二次, 仍負約中止. 曩定參價一十六兩, 貴國云, 人參我國無用, 止給九兩, 否則止之, 豈非又背前約, 而爲此減價之言乎. 貴國旣言人參無用, 乃每年出爾邊界, 入我疆土, 不顧罪戾, 採此無用之參, 何爲乎. 辛未年, 滿蒲城人邦鈕, 率衆竊取, 爲我邊人逐去. 今又有滿蒲城申景那吉, 率十七人來入我境, 又剛季·章土之人, 亦曾來此. 此三城人, 皆出爾境, 入我界, 三路採參. 予所知者止此, 其不知者, 何可盡量耶. 貴國違棄前盟, 潛入我境, 獵獸採參. 如貴國地方多有虎豹, 我國何曾有一越境獵取者乎. 貴國口出正言, 行輒背之, 後凡有言, 何以相信. 王不愛惜和好, 輒聽左右之言, 偏向明人, 謂與明人爲一國, 明人果肯視爾國如其國乎? 明人爲我所迫, 其意不過欲我兩國搆怨, 彼得乘間整頓地方, 休息繕備耳. 王其思之. 我豈肯靜坐以待之乎. 儻邀天佑, 一舉成功, 未可知也. 至貴國之閉市, 得毋以我國人民衣服之需, 必資貴國, 因欲相困乎. 不知我與貴國未市以前, 何嘗裸體耶. 遼東原自產棉, 但我國藉天之庇, 仗義興兵, 臣服諸國, 筐篚之貢, 絲枲相繼, 故不以織布爲意耳. 朕亦謂資之他國, 終不如使民自力, 下令督織, 已經五載矣. 其精粗絹帛, 亦嘗織造, 特恐妨織布之工, 是以禁止. 織造之事, 向年遣還爾國之人, 皆悉之也. 滿洲·蒙古向以取資他國之物爲生, 貴國向以自守爲業, 今朕猶惜和好, 不肯稍違前盟, 爾乃屢行背約, 是何意見. 王果敦兄弟之誼, 使兩國如一國, 兩家如一家, 當益加親睦, 始爲美也.

○ 계묘일(9.14), 잉굴다이와 이순(isun, 伊孫)을 보내 글을 가지고 조선에 가서 호시(互市)하게 하고 아울러 잘다쿠(jaldakū, 扎爾達庫) 지방에서 잡은 조선의 인삼 도둑 2명을 데리고 가도록 명했다. 글에서 말했다. 「화호(和好)한 이래로 짐은 본래 일 년에 계절마다 호시(互市)를 하고 싶었으나, 귀국이 허락하지 않아서 봄과 가을 두 계절로 정했다. 이후에 의주(義州)에서만 두 차례 호시(互市)했으나, 약속을 어기고 중지했다. 이전에 인삼 가격을 16냥으로 정했는데 귀국이 말하기를, "인삼은 우리나라에서 쓸모없으므로 9냥만 지급하겠습니다. 그렇지 않으면 중지하겠습니다."라고 했다. 이는 또 이전의 약속을 어기고 이번에 가격을 깎으려는 말이 아니겠는가? 귀국은 인삼이 쓸모없다고 말했는데, 매년 너희 변계를 나와 우리 강토로 들어와서 죄를 돌아보지 않고 쓸모없는 인삼을 캐는 것은 무엇 때문인가?

신미년(1631), 만포성(滿蒲城) 사람 방뉴(邦鈕)가 무리를 이끌고 몰래 인삼을 취해서 우리 변경 사람이 쫓아 보냈다. 지금 또 만포성에서 신경나길(申景那吉)이 17명을 이끌고 우리나라 변경에 들어왔고 또 강계(剛季; 江界)[3] · 장토(章土; 上土)[4]의 사람이 또한 일찍이 여기로 왔었다. 이들 세 성(城)의 사람들이 모두 너희 변경을 나와서 우리 경계에 들어와 세 길로 인삼을 캐 갔다. 내가 아는 것은 이뿐이지만 모르는 것을 어찌 다 셀 수 있겠는가? 귀국은 이전의 맹세를 저버리고 우리 경계에 잠입해서 짐승을 사냥하고 인삼을 캔다. 귀국 지방에 범과 표범이 많다고 해서 우리나라가 한번이라도 경계를 넘어 사냥해서 취한 적이 있었는가? 귀국은 입으로는 바른 말을 내뱉으면서 행동은 번번이 배신하니 나중에 무슨 말을 해도 어떻게 믿겠는가? 왕은 화호(和好)를 아끼지 않고 걸핏하면 주변의 말을 듣고 명나라에 치우쳐 명나라와 한 나라라고 말하는데 명나라 사람이 과연 너희 나라를 자기 나라처럼 보겠는가? 명나라 사람은 우리에게 핍박받아서, 우리 양국이 원한을 갖게 해 그 틈을 타 지방을 정돈하고 휴식하며 대비를 갖추고자 하는 것일 뿐이다.

왕은 이를 생각하라. 우리가 어찌 가만히 앉아서 기다리겠는가? 만약 하늘의 도움을 입으면 일거에 성공할지도 모른다. 귀국이 폐시(閉市)한 것은 우리나라 사람이 의복의 공급을 반드시 귀국에 의지한다고 생각해서 곤란하게 하려는 것인가? 우리와 귀국이 교역하기 이전을 모르는 것이니, 우리가 어찌 이전에 벌거숭이였겠는가? 요동(遼東)에서 원래 면을 생산했었다. 다만 우리나라가 하늘의 도움을 입어 정의롭게 기병하여 여러 나라들을 복종시키고 예물을 조공 받아서 직물

---

3 剛季는 江界를 소리 나는 대로 적은 것으로 보인다. 江界都護府는 『新增東國輿地勝覽』 권55에 따르면, 동으로 古慈城郡 경계와 130리이고, 남으로 熙川郡 경계와 270리이고, 함경도 咸興府 경계와 306리이고, 서로는 渭原郡 경계와 36리이고 북으로 鴨綠江과는 130리이고, 서울과의 거리는 1,361리이다.

4 章土는 上土를 소리 나는 대로 적은 것으로 보인다. 『新增東國輿地勝覽』 권55 「平安道 江界都護府」의 설명에 의하면, 上土堡는 江界府의 북쪽 100리에 있고, 석성으로 둘레가 530척이고, 높이가 4척이고, 軍倉이 있다.

이 끊이지 않기 때문에 면포의 직조에 뜻을 두지 않았을 뿐이다. 짐 또한 다른 나라에 의지하는 것은 결국 백성이 스스로 힘쓰는 것만 못하다고 말하고, 면포 직조를 독려하라고 명을 내린 지 5년이 지났다. 세밀하거나 거친 비단도 직조했으나 면포를 직조하는 공인(工人)을 침해할까 우려하여 금지시켰다. 직조하는 일은 지난해 돌려보낸 그대 나라의 사람이 모두 안다. 만주인과 몽고인은 일찍이 타국의 물자에 의지하여 살았고 귀국은 일찍이 스스로 지키는 것을 업으로 했다. 지금 짐은 여전히 화친을 아껴서 이전의 맹약을 조금도 어기려 하지 않는데, 그대는 여러 번 맹약을 어기니 이는 무슨 생각인가? 왕은 진실로 형제의 우의를 돈독히 하고, 두 나라를 한 나라처럼, 두 집안을 한 집안처럼 만들고, 친목을 더해야 비로소 아름다울 것이다.」

又一書曰, 觀王來書, 言布占泰在日, 與我兩國均爲鄰敵, 其種類投貴國者, 則是貴國之人, 投我國者, 則是我國之人. 此言乃告者之誤也. 布占泰來自蒙古, 乃蒙古苗裔. 瓦爾喀與我, 俱居女直之地, 我發祥建國, 與大金相等, 是瓦爾喀人民, 原係我國人民也. 昔年布占泰侵掠我國所遺人民, 我兩國由此構兵, 貴國亦常聞之矣. 今索取之由, 蓋以實係我國所遺. 向征取時, 因地近貴國, 素爲親友, 有將人畜財物寄留者, 亦有私自逗留在後者, 所索祗此等人耳. 豈無故而索取哉. 乃王又以予偏聽小人之言, 未能相信, 可遣一公直大臣. 予亦遣一公直大臣, 同抵會寧, 各聽口詞, 辯別是非, 便可灼然明晰. 若謂瓦爾喀與我, 非係一國, 爾國有熟知典故者, 可遣一人來. 予將以世系, 明告而遣之. 爾試再觀遼金元三史, 自曉然知予索所當索, 非强索也.

또 하나의 서신에서 말했다. 「왕에게서 온 서신을 보니, "부잔타이가 살아 있을 때 우리 두 나라 모두에게 이웃한 적이었으니 그 부류가 귀국에 투항하면 귀국의 사람이고 우리나라에 투항하면 우리나라 사람이었습니다."라고 말했다. 이 말은 고한 자의 잘못이다. 부잔타이는 몽고에서 왔으니 몽고의 후손이다. 와르카와 우리는 모두 여진 땅에서 살고, 우리의 발상(發祥)과 건국은 대금(大金)과 같으니 와르카 사람은 원래 우리나라 사람이다. 이전에 부잔타이는 우리나라가 보낸 사람들을 침략했고 우리 두 나라가 이 때문에 전쟁을 했다는 것을 귀국도 들었을 것이다. 지금 찾아 보내라고 하는 이유는 실제로 우리나라가 남기고 온 자들을 이전에 정벌하여 데려올 때에 지역이 귀국에 가까워 평소에 친해서 사람과 가축과 재물을 맡기고 온 자가 있고, 또한 몰래 남은 자도 있으니 돌려 달라고 하는 것은 이들뿐이다. 어찌 이유 없이 데려오라 하겠는가. 왕이 또한 내가 소인의 말을 편벽되게 듣는다고 여기고 믿지 못하겠다면 공정한 대신 한 명을 보내라. 나도 공정한 대신 한 명을 보낼 테니 회령(會寧)에서 만나 각자 말을 듣고 시비를 판별하면 곧 분명해질 것이다. 만약 와르카와 우리가 하나의 나라가 아니라고 하면, 그대 나라에서 전고(典故)를 잘 아는 자를 한 사람 보내라. 내가 세계(世系)를 분명히 말하여 보내겠다. 그대가 요사(遼史)·금사(金史)·원사(元史) 세 역사를 다시 한 번 보면 내가 요구하는 것이 타당하고 강제로 빼앗는 것이 아님을 저절로 분명히 알게 될 것이다.」

○ 甲辰, 命滿洲·蒙古·漢人將士, 俱擐甲, 赴演武場較射, 賜宴.

○ 갑진일(9.15), 만주·몽고·한인 장수와 병사에게 모두 갑옷을 입고 연무장에 가서 활쏘기 시합을 하게 하고 잔치를 베풀었다.

○ 是日, 發帑銀二千二百餘兩, 賞舊漢軍將士有差.

○ 이날 탕은(帑銀) 2,200여 냥을 내어서 구한군(舊漢軍)의 장수와 병사에게 차등 있게 상을 주었다.

○ 乙巳, 敘征旅順口諸將功, 并錄其從前勞績, 分別陞授 · 加贈 · 紀錄有差. 霸奇蘭於征寧遠未下之役, 率本旗兵, 取江華島有功, 賞銀百兩. 又與蒙古一例賞銀三十兩, 及擊明四總兵軍, 霸奇蘭遵守方畧, 親率甲喇軍攻入. 征旅順口時, 霸奇蘭與薩穆什喀, 竝舟先入, 奮擊岸上敵兵. 霸奇蘭面及肩脇俱被創, 獨前進, 敗敵兵一隊, 復大呼軍曰, 有能超躍先登者, 吾必記功, 奏聞皇上, 并啟知貝勒. 於是雍舜 · 朱瑪喇遂超躍而上, 霸奇蘭隨後率兵繼之. 時我兵少動, 霸奇蘭又大呼曰, 殺敵一人矣. 遂整兵復入. 時霸奇蘭爲步兵主帥, 因論前後功, 由遊擊陞爲三等副將. 薩穆什喀往征東揆時, 僅率十二人, 兵單馬疲, 追敵至山下, 殺拜思噶爾 · 扎穆吳巴什等百餘人, 獲礮五十三位, 人 · 馬 · 牛 · 羊千計. 在灤州時, 攜箭七百枝, 以四百與納穆泰 · 圖爾格, 散給衆兵射之. 征旅順口時, 由陸地運船入水, 衆皆乘馬, 薩穆什喀乃建議, 以兵既潛進何乘馬爲. 於是衆皆步行. 時鑲紅 · 鑲藍 · 鑲黃三旗各運一船, 俱不能至, 薩穆什喀獨步率衆運之. 比臨水次, 貝勒岳託謂之曰, 薩穆什喀, 汝可努力. 答曰, 如貝勒命, 此城誓必得. 我豈有乘船空返之理. 遂同霸奇蘭船, 先八旗而進. 敵人拒戰, 身被一創, 奮擊之, 敗敵馬步兵. 先是, 以遊擊削職閒住時, 爲步兵翼帥, 以不違貝勒指示, 整兵破敵有功, 授一等參將.

伊勒愼, 以奉貝勒岳託令, 往截敵船, 獲船二艘, 斬十二人, 擒六人. 又率牛莊 · 海州兵往, 獲船八艘, 斬四十四人, 擒三十一人解至瀋陽.

征旅順口時, 二員勒委以船隻不違指示, 竝殺敵有功, 由二等參將, 陞一等參將. 雍舜攻旅順口時, 首先登城中礮傷一, 鎗傷一, 箭傷五. 初以二等參將削職·沒入貝勒家爲奴. 至是, 以善戰被創, 脫其籍復原職. 雅賴當征烏喇時, 被一創, 賞人口三. 與明姜姓總兵戰時, 又被一創, 與他將合賞馬一. 克遼東時, 同戴穆布·楞額禮, 於達岱塔遇蒙古兵, 爲前驅, 賞馬一·牛一. 初征察哈爾時, 率絛纛軍登山寨破敵, 多所俘獲. 竝招降甚衆, 賞羊五. 又征察哈爾時, 令領絛纛前行, 遇敵兵擊敗之, 俘獲甚衆, 賞羊三. 明巡撫袁崇煥兵圍我護軍時, 衝陣奮擊, 會城中敵兵來援, 復直前力戰. 又赴大凌河捉生時, 令往收正白旗陣亡士卒屍, 衆不能進, 雅賴單騎直入, 殺三人取之而還. 有敵兵自大凌河城隅而出, 雅賴率護軍整隊擊走之. 從征旅順口時, 與薩穆什喀同舟而進, 未及登岸船內中傷者十七人, 死者一人. 比及岸, 當薩穆什喀之前先登, 敗敵, 乘夜向陸路馬步軍大呼曰, 雅賴先入矣. 遂衝入敵隊黎明, 與敵兵戰於城門, 取兵部貝勒下大凌河蒙古之刀, 手刃我軍之退怯者, 驅衆掩擊大敗敵兵. 雅賴時爲護軍甲喇額眞, 原無世職, 因徹夜督戰身被一創, 與薩穆什喀併力破敵有功授爲備禦.
葉赫朱瑪喇, 征旅順口時, 率護軍十人, 棄船登岸, 與霸奇蘭同擊甕城兵, 手中一創, 及在城上被圍向敵大呼曰, 我朱瑪喇登城矣. 遂繼雍舜而登, 身被創者三. 初削職因登城有功, 授爲備禦. 車齊克墨爾根自本國來歸時, 授爲半備禦, 及征旅順口, 乘船前進, 登城力戰, 被重創, 不曾往來跳船, 止於城上力戰, 故再加一備禦. 球, 往攻額黑庫倫額車村時, 我兵死者三人, 球, 力戰, 身被一創, 賞人口四·馬·牛二. 又征烏喇時, 與阿蘭珠, 下馬步戰, 身被四創, 賞人口二. 明總兵毛文龍以船十三隻, 載兵千餘, 令王姓參將·蕭姓都司, 率三百人, 登島岸, 焚我房屋, 掠我牛馬. 吳善·滿篤里·多內, 令球率馬兵十八人·步兵二十人, 追及於岸, 敵三百人不能登舟, 盡殲之. 併殺其遊擊一員·備禦一員·千總二員，獲大小船四艘，盡奪所掠牛馬，而還，賞甲一副．敎漢部落人逃走，每旗遣大臣一員·旗長一名，追之，球與固山額眞葉臣竝進，往來鏖戰，中二箭，所乘馬亦中箭死，賞裘·氈·弓·轡．攻旅順口時，又同雍舜登城有功，由白身授爲備禦．大凌河巴爾巴圖魯，征旅順口時，與雍舜同登城力戰有功，由白身授爲備禦．

鄭古特，征旅順口時，率甲喇兵擊敵，同雍舜登城被五創，由白身授爲備禦．商鑑和洛，征瓦爾喀時，俘獲人口百有九十，殺四十人．又駐防灤州時，主將謂衆曰，聞漢兵來犯，爾等各宜善守汛地以禦之．後果有明兵來攻黃旗汛守城脚，商鑑和洛擊敗之，獲纛二及再迎戰被創傷目．征旅順口時，令爲協領，率每牛彔甲兵十人，運送船板，無一損者，且協力造船，以濟衆軍．時我軍被圍甕城上，岳樂舜先登，和洛繼之，岳樂舜被創而仆，和洛掖之以歸．和洛原係備禦，以功再加半備禦．

佟克申，隨巴布泰出征時，於庫勒訥林中造船八艘，即以所造船往征虎爾哈，克之而歸．又隨喀愷，鍾果對，往海濱造船四艘，取瓦爾喀海中九島．因造船有功，賞人口四，馬一，牛一．征服朝鮮時於渾河造船十六艘，於東京造船四艘，於牛莊造船十六艘．壬申年，又造船十艘，攻錦州，手被一創，賞緞二，布十．以創始造船於東京，賞銀二十兩．又以任事有能，授爲千總．又於薊州擊敵步兵，不離纛額眞，賞牛一．破明監軍張春營時，楊善中礮墜，佟克申扶掖上馬，復入敵營，生擒副將一員．征旅順口時，以其造船之力克城，授爲備禦．納海，原係備禦，駐防長山時，聞葉克書屯有敵兵至，即率兵追殺四十人．又駐防長山時，追逃將段姓備禦，殺十一人，併千總一員．往朝鮮交市，於海邊擒毛文龍所部千總一員，兵十七人．從征錦州，追殺哨卒二人，獲其甲冑·馬匹．又攻遵化，擐綿甲，率甲喇兵攻城，手被創，以頭等傷，賞銀五十兩. 壬申年, 防逃人於遼河外阿爾喇地方, 獲十一人, 較八旗所獲獨多, 賞銀十兩. 征旅順口時, 力請於貝勒岳託, 願往攻城, 遂陣亡, 贈爲遊擊, 以其子古喇哈承襲.
塔納喀, 原係備禦, 克遼東時, 沿河力戰有功, 授爲署遊擊. 命往收卦爾察兄弟家口時, 衆人止得二百, 而塔納喀獨擕三百以歸. 又破明監軍張春時, 面被創, 落三齒, 得頭等賞. 及征旅順口時, 率甲喇兵攻城, 中礮身亡, 以其子朱爾堪, 承襲原職.
岳樂舜, 原係白身, 征旅順口時, 率甲喇兵, 乘船擊敵, 同甕舜登城陣亡, 贈爲備禦, 以其弟雅木善承襲. 額伊門, 原係半備禦, 駐防海州時, 獲船八艘, 及征旅順口, 迎擊出城敵兵, 陣亡, 贈爲備禦, 以其子額里赫承襲. 額德, 原係白身, 攻旅順口時, 乘船擊敵, 與城門敵兵拒戰, 矢竭, 執刀衝入中鎗而亡, 贈爲半備禦, 以其子赫爾蘇承襲. 程國輔, 原係千總, 征旅順口時, 以礮攻敵陣亡, 贈爲半備禦, 以其子程小五子承襲. 吳巴海, 自察哈爾還時, 與席唐阿追擒逃人, 斬察哈爾五人, 獲馬十有九, 各賞馬二. 又以旅順口戰功, 賞人口二 · 緞二 · 布二十, 予紀錄一次. 邦孫, 在旅順口乘船登岸, 殺敗敵兵. 又吹角當先, 與薩穆什喀會合收軍, 遇敵兵, 擊敗一次, 行至棘樹園, 復敗敵一次 與薩穆什喀, 併力破敵有功, 准紀錄一次. 巴都禮, 征旅順口時, 乘船登岸, 追殺城上敵兵有功, 予紀錄一次.

○ 을사일(9.16), 여순구(旅順口)에 출정한 여러 장수들의 공적을 표창하고, 이전의 공적을 등록하고, 승수(陞授) · 가증(加贈) · 기록(紀錄)을 분별하여 차등을 두었다.

바키란은 영원(寧遠)을 함락시키지 못한 전투에서 본 기(旗)의 병사를 이끌고 각화도(覺華島)[5]를 취하는 공적을 세워서, 은 100냥을 상을 주었다. 또 몽고의 규정으로 은 30냥을 주었다. 명나라의 네 총병관의 군대를 공격할 때 바키란은 방략을 준수하여 잘란의 군사를 직접 이끌고 공격했다. 여순구(旅順口)를 정벌할 때 바키란은 삼시카와 함께 선박을 나란히 해 선두에서 진입하여 해안의 적병을 공격했다. 바키란은 얼굴과 어깨와 옆구리에 상처를 입고 홀로 전진하여 적병의 한 부대를 격파하고 다시 병사들에게 크게 외쳤다. "뛰어서 성에 먼저 오르는 자는 내가 반드시 공적을 등록하고 황상께 상주하고 버일러에게 알리겠다." 이에 용숀(yongšon, 雍舜)과 주마라(jumara, 朱瑪喇)가 마침내 뛰어올랐고, 바키란이 그 후에 병사를 이끌고 뒤를 이었다. 그때 우리 병사가 조금 동요하자 바키란이 다시 크게 외쳤다. "적 한 명은 죽이자." 마침내 정돈된 병사가 다시 진공했다. 그때 바키란이 보병의 주장이었기 때문에 전후의 공적을 논하여 유격에서 삼등부장으로 승진시킨다.

삼시카는 둥쿠이(dungkui, 東揆)[6]를 정복하러 갔을 때 겨우 12명을 이끌었다. 병사는 적고 말은 피로했지만, 적을 산 아래까지 추격하여 바이스갈(baisgal, 拜思噶爾)과 자무 우바시(jamu ubasi, 扎穆吳巴什) 등 100여 명을 죽이고 대포 53문과 사람·소·양·말 1,000을 획득했다. 난주(灤州)에 있을 때 화살 700대를 가져가서 400대를 남타이와 투르거이에게 주고 여러 병사들에게 나누어 주어 쏘게 했다. 여순구(旅順口)를 정벌할 때 육지로부터 선박을 운반해서 물에 넣으려고 여럿이 모두 말에 타자, 삼시카가 건의했다. "병사가 몰래 진공하는데 어찌 말을 타는가." 이에 여럿이 모두 걸어갔다. 그때 양홍·양람·양황 3기(旗)가 각기 1척의 선박을 운반하는데 모두 이르지 못했으나 삼

5 원문의 江華島는 문맥으로 보아 覺華島의 오기이다. 바키란은 天命11년에 寧遠과 覺華島 공격에 참전했다. 覺華島는 寧遠에서 남쪽으로 80km 정도 떨어진 섬으로, 현재 명칭은 菊花島이다.

6 『만문노당』에는 'dungkui', 『內國史院檔 天聰七年』에는 'tungkui'로 기록되어 있다.

시카가 홀로 도보로 무리를 이끌고 운반했다. 물가에 가까워졌을 때 버일러 요토가 "삼시카, 그대는 노력하라."라고 말하자, 삼시카가 대답했다. "버일러가 명한 대로 이 성을 반드시 얻겠다고 맹세했습니다. 내가 어찌 배를 타고 그냥 돌아갈 수 있겠습니까?" 마침내 바키란의 선박과 함께 팔기의 선두에서 진격했다. 적군이 항전하여 몸에 상처를 한 곳 입었지만 강하게 공격하여 적의 기병과 보병을 격파했다. 이전에 유격에서 삭직당하여 관직 없이 있으면서 보병의 익수(翼帥)였는데, 버일러의 지시를 어기지 않고 군사를 정돈하여 적을 격파한 공적이 있기에 일등참장을 제수한다.

이러션(irešen, 伊勒愼)은 버일러 요토의 명을 받들고, 가서 적의 선박을 가로막아 선박 2척을 획득하고 12명을 참살하고 6명을 사로잡았다. 또한 우장(牛莊)과 해주(海州)의 병사를 이끌고 가서 선박 8척을 노획하고 44명을 참살하고 31명을 사로잡아서 심양으로 보냈다. 여순구(旅順口)를 정벌할 때 두 버일러가 맡긴 선박을 가지고 지시를 어기지 않았고 적을 죽인 공적이 있기에 이등참장에서 일등참장으로 승진시킨다.

용숀(yongšon, 雍舜)은 여순구(旅順口)를 공격할 때에 선두에서 성을 오르다가 대포에 맞아서 한 곳에 상처를 입었고, 창(鎗)에 한 곳 상처를 입었고, 화살에 다섯 곳의 상처를 입었다. 원래 이등참장이었으나 삭직당하고 버일러의 집에 노예로 적몰되었었다. 이때에 전투를 잘하고 상처를 입었기에 호적에서 빼내고 원직을 회복시킨다.

야라이(yarai, 雅賴)는 울라를 정복할 때 한 곳에 상처를 입어서, 사람 3명을 상으로 주었다. 명나라의 강(姜) 총병관과 전투할 때 또 한 곳에 상처를 입어서, 다른 장수를 합하여 말 1마리를 상으로 주었다. 요동(遼東)[7]을 함락시킬 때 다임부(daimbu, 戴穆布) · 렁거리(lenggeri, 楞額禮)와 함께 다다이 수바르간(達岱塔, dadai subargan)에 가서 몽고병사와 조우해서 선두에서 공격하여, 말 1마리 · 소 1마리를 상으로 주었다. 이전에 차하르를 정복할 때 조독(條纛)[8]의 병사를 이끌고 산채에 올라서 적을 격파하고 노획이 많았다. 아울러 매우 많은 무리를 투항시켜서, 양 5마리를 상으로 주었다. 또 차하르를 정복할 때 조독(條纛)의 병사를 이끌고 앞에서 갔고 적병을 만나자 격파하고 노획이 매우 많아서, 양 3마리를 상으로 주었다. 명나라 순무 원숭환의 군대가 우리의 호군을 포위했을 때, 포위를 뚫고 분투했고 성(城)의 적병이 구원하러 오는 것을 만나자 다시 곧장 나아가서 힘껏 싸웠다. 대릉하(大陵河)에 포로를 잡으러 갔을 때 정백기의 전사한 사졸의 시신을 수습할 것을 명했으나 무리가 진격하지 못하자, 야라이는 단기(單騎)로 돌입하여 3명을 죽이고 시신을 가지고 돌아왔다. 적병이 대릉하성의 모서리에서 나오자, 야라이는 호군을 이끌고 대오를 정돈하여 적병을 격퇴시켰다. 여순구(旅順口) 공격에 참전할 때 삼시카와 같은 배를 타고 갔는데, 해안에 도착하기 전에 선박 안에 부상자가 17명이고 사망자가 1명이었다. 해안에 도착하자 삼시카의 앞에서 먼저 성에 올라 적을 격파하고, 밤을 틈타 육로로 가는 기병과 보병에게 크게 외쳐 말했다. "야라이가 먼저 들어간다." 마침내 새벽에 적군에게 돌입하여 적병과 성문에서 전투했고, 병부 버일러 속하 대릉하(大凌河) 몽고인의 칼을 취해서 우리 병사가 물러서는 경우 베면서 적병을 추격하고 공격하여 대패시켰다. 야라이는 그때 호군잘란어전(護軍甲喇額眞)이고 본래 세직(世職)이 없었는데, 밤새도록 독전하여 상처를 한 곳 입고 삼시카와 함께 힘껏 적을 격파한 공적이 있기에 비어를 제수한다.

여허 주마라(yehe jumara, 葉赫朱瑪喇)는 여순구(旅順口)에 출정했을 때, 호군 10명을 이끌고 선박을 버리고 해안에 올라서, 바키란과 함께

---

7 遼東은 여기에서 遼陽을 가리킨다.

8 條纛은 세로로 긴 형태의 깃발을 가리킨다. 『內國史院檔 天聰七年』 p.145에 girdan tu(세로로 긴 형태의 깃발)로 기록되어 있다.

옹성(甕城)의 적병을 공격하다가 손에 한 곳 상처를 입었다. 옹성 위에서 포위되었을 때 적을 향해 크게 외쳤다. "나 주마라가 성에 오르겠다." 마침내 용숀의 뒤를 이어 올랐고 세 곳에 상처를 입었다. 이전에 삭직되었으나 성에 오른 공적이 있기에 비어를 제수한다.

처치커 머르건(cecike mergen, 車齊克墨爾根)은 본국에서 귀순할 때 반비어(半備禦)를 제수했었다. 여순구(旅順口)에 출정했을 때 선박에 타고 전진하여 성을 올라 힘껏 싸우다가 심한 상처를 입었으나, 왔다 갔다 하며 선박으로 도망가지 않고 성 위에서 힘껏 싸웠기에 다시 1개의 비어(備禦)를 더한다.

키오(kio, 球)는 어허 쿠런(ehe kuren, 額黑庫倫)[9]의 어처 촌락(ece gašan, 額車村)을 공격하러 갔을 때 죽은 우리 병사가 3명이었는데 힘껏 싸우다가 몸에 한 곳 상처를 입어서 사람 4명 · 말 1마리 · 소 1마리를 상으로 주었다. 또 울라를 정벌했을 때 아란주(aranju, 阿蘭珠)와 함께 말에서 내려서 보병전을 하다가 몸에 네 곳 상처를 입어서 사람 2명을 상으로 주었다. 명나라의 총병 모문룡이 선박 13척에 병사 1,000여 명을 싣고, 왕 참장(王參將)과 소 도사(蕭都司)에게 시켜 300명을 이끌고 섬에 올라서 우리의 가옥을 불태우고 우리의 소와 말을 약탈했을 때, 우샨(ušan, 吳善) · 만둘리(manduli, 滿篤里) · 도노이(donoi, 多內)가 키오에게 기병 18명과 보병 20명을 이끌게 하여, 해안까지 추격해서 배에 오르지 못한 적병 300명을 모두 죽였다. 또 적의 유격 1명 · 비어 1명 · 친총 2명을 죽이고, 크고 작은 선박 4척을 노획하고, 적이 약탈한 소와 말을 모두 빼앗아서 돌아왔기에 갑옷 1벌을 상으로 주었다. 아오한 부락의 사람이 도주하여 1기(旗)당 대신 1명과 기장(旗長) 1명을 보내서 추격하게 했다. 키오는 구사어전 여천(yecen, 葉

9 어허 쿠런(ehe kuren, 額黑庫倫)의 위치는 동해 연안 지역이다.

臣)과 함께 전진하여, 오가며 격전을 벌였고 2발의 화살을 맞았으며, 탄 말도 화살에 맞아 죽었으므로 가죽옷 · 양탄자 · 활 · 말고삐를 상으로 주었다. 여순구(旅順口)를 공격할 때 용숀(yongšon, 雍舜)과 함께 성에 오른 공적이 있기에 백신(白身)이었는데 비어를 제수한다.

대릉하(大陵河)의 바르 바투루(bar baturu, 巴爾巴圖魯)는 여순구(旅順口)를 정벌할 때, 용숀과 함께 성에 오르고 힘껏 싸운 공적이 있기에 백신(白身)이었는데 비어를 제수한다.

정구터(jenggute, 鄭古特)는 여순구(旅順口)를 정벌할 때, 잘란의 병사를 이끌고 적을 공격했고 용숀과 함께 성에 오르면서 다섯 곳에 상처를 입었기에 백신(白身)이었는데 비어를 제수한다.

샹기얀 홀로(šanggiyan holo, 商鑑和洛)는 와르카를 정복할 때 사람 190명을 포획했고 40명을 죽였다. 또 난주(灤州)에 주둔할 때 주장(主將)이 무리에게 말하기를 "한병(漢兵)이 공격해 온다고 한다. 너희는 각자 주둔지를 잘 지켜서 방어하라."라고 했는데 나중에 과연 명나라의 군대가 황기(黃旗)가 주둔해 있는 성의 토대를 공격해 오자, 샹기얀 홀로는 적을 격퇴하고 독(纛) 2개를 획득했으며 다시 응전하다가 눈에 상처를 입었다. 여순구(旅順口)를 정벌할 때, 협령(協領)이 되어서 1니루당 갑병 10명을 이끌고 선판(船板)을 운반했는데 한 개도 손상된 것이 없었고, 선박을 만드는 것을 도와서 여러 군대를 구제했다. 그때 우리 군대가 옹성(甕城) 위에서 포위되어 있었는데 욜로숀(yološon, 岳樂舜)이 먼저 오르고 홀로가 뒤따랐다. 욜로숀이 상처를 입고 쓰러지자 홀로가 부축하여 돌아왔다. 홀로는 원래 비어였는데 공적이 있기에 다시 반비어(半備禦)를 더한다.

퉁커션(tungkešen, 佟克申)은 바부타이(babutai, 巴布泰)를 수행하여 출정한 때에, 쿠러너 숲(kurene weji, 庫勒訥林)에서 선박 8척을 건조하고, 그 선박으로 후르카(hūrka, 虎爾哈)에 원정을 가서 승리하고 돌아왔다. 또 카카이(kakai, 喀愷)와 종고도이(jonggodoi, 鍾果對)를 수행해

바닷가에 가서 선박 4척을 건조하고 와르카의 바다 섬 9곳을 취했다. 선박을 건조한 공적이 있다고 사람 4명 · 말 1마리 · 소 1마리를 상 내렸다. 조선을 정복할 때에 혼하(渾河)에서 선박 16척을 건조하고, 동경(東京)에서 선박 4척을 건조하고, 우장(牛莊)에서 선박 16척을 건조했다. 임신년(1632)에 또 선박 10척을 건조하여 금주(錦州)를 공격하다가 손에 한 곳 상처를 입어서 비단 2필 · 면포 10필을 상으로 주었다. 동경(東京)에서 처음으로 선박을 건조했다고 은 20냥을 상으로 주었다. 또한 맡은 일에 유능하여 천총을 수여했다. 또 계주(薊州)에서 적의 보병을 격퇴할 때, 독어전(纛額眞, tu i ejen)과 떨어지지 않아서 소 1마리를 상으로 주었다. 명나라의 감군(監軍) 장춘(張春)의 부대를 격파할 때, 양샨(yangšan, 楊善)이 대포에 맞아서 낙마하자 퉁커션이 부축하여 말에 태우고, 다시 적의 진영으로 돌입하여 부장 1명을 생포했다. 여순구(旅順口)를 정벌할 때 건조한 선박의 힘으로 성을 함락시켰기에 비어를 수여한다.

나하이(nahai, 納海)는 원래 비어였다. 장산(長山)에 주둔할 때 역슈(yekšu, 葉克書) 촌락에 적병이 이르렀다고 듣고, 즉시 병사를 이끌고 추격하여 40명을 죽였다. 또 장산(長山)에서 주둔할 때 도주한 단 비어(段備禦)를 추격하여 11명과 천총 1명을 죽였다. 조선에 가서 교역할 때 해변에서 모문룡의 부하 천총 1명과 병사 17명을 사로잡았다. 금주(錦州) 정벌에 종군했을 때 초졸(哨卒) 2명을 추격하여 죽이고 갑옷과 투구 · 말을 노획했다. 또 준화(遵化)를 공격할 때, 면갑(綿甲)을 입고 잘란의 병사를 이끌고 성을 공격하다가 손에 상처를 입어서, 일등급의 부상으로 은 50냥을 상으로 주었다. 임신년(1632)에 도망자가 요하(遼河) 밖의 아를라(arla, 阿爾喇) 지역으로 가는 것을 막고, 11명을 포획했다. 팔기가 노획한 것과 비교하면 특히 많아서 은 10냥을 상으로 주었다. 여순구(旅順口)를 정벌할 때 버일러 요토에게 공성전에 가고 싶다고 힘껏 요청하여 마침내 전사했기에 유격에 추증하고 그 아들 구라하(gūraha, 古喇哈)에게 계승하게 한다.

타나카(tanaka, 塔納喀)는 원래 비어였는데, 요동(遼東)을 함락시킬 때 하안(河岸)에서 힘껏 싸운 공적이 있기에 서유격(署遊擊)을 제수했다. 구왈차(gūwalca, 卦爾察) 형제의 집안 식구들을 데려오라고 명했을 때, 여러 사람들은 단지 200명을 획득했는데 타나카는 혼자 300명을 데려왔다. 또 명나라의 감군(監軍) 장춘(張春)의 부대를 격파할 때, 얼굴에 상처를 입고 이빨 세 개가 빠져서 일등급의 상을 받았다. 여순구(旅順口)를 정벌할 때 잘란의 병사들을 이끌고 성을 공격하다가 대포에 맞아 사망했기에 그의 아들 주르칸(jurkan, 朱爾堪)에게 원래의 직을 계승하게 한다.

욜로숀(yološon, 岳樂舜)은 원래 백신(白身)이었는데, 여순구(旅順口)를 정벌할 때 잘란의 병사를 이끌고 선박에 타고 적을 공격했고, 용숀과 함께 성을 오르다가 전사했기에 비어를 추증하고 그의 동생 얌샨(yamšan, 雅木善)에게 계승하게 한다.

어이문(eimun, 額伊門)은 원래 반비어(半備禦)인데 해주(海州)에 주둔할 때 선박 8척을 획득하고, 여순구(旅順口)를 정벌할 때 성에서 나온 적병을 맞받아 공격하다가 전사했기에 비어를 추증하고 그의 아들 어리허(erihe, 額里赫)에게 계승하게 한다.

어더이(edei, 額德)는 원래 백신(白身)이었는데, 여순구(旅順口)를 공격할 때 선박에 타고 적을 공격했고, 성문에서 적병과 전투하다가 화살이 떨어지자 칼을 쥐고 돌격하다가 창(鎗)에 맞고 사망했기에 반비어(半備禦)를 추증하고 그의 아들 허르수(hersu, 赫爾蘇)에게 계승하게 한다.

정국보(程國輔)는 원래 천총이었는데, 여순구(旅順口)를 정벌할 때 대포로 적을 공격하다가 전사했기에 반비어(半備禦)를 추증하고 그의 아들 정소오자(程小五子)에게 계승하게 한다.

우바하이(ubahai, 吳巴海)는 차하르에서 돌아올 때 시탕가(sitangga,

席唐阿)와 함께 도망자를 추격하여 차하르인 5명을 참하고 말 19마리를 획득했기에 각기 말 2마리를 상으로 준다. 또 여순구(旅順口)에서 전공을 세웠기에 사람 2명 · 비단 2필 · 면포 20필을 상으로 주고 기록(紀錄) 1차를 준다.

방순(bangsun, 邦蓀)은 여순구(旅順口)에서 배를 타고 해안에 올라서 적병을 죽이고 패퇴시켰다. 또 나팔을 불며 선두에 서서 삼시카와 합류하여 군사를 수습하고 적병을 조우하여 한 차례 격퇴하고, 가시나무 밭에 이르러 다시 적을 한 차례 패퇴시켰다. 삼시카와 함께 적병을 힘껏 격파한 공적이 있기에 기록(紀錄) 1차를 준다.

바두리(baduri, 巴都禮)는 여순구(旅順口)를 정벌할 때 배를 타고 해안에 올라서 성(城) 위의 적병을 추격하여 죽인 공적이 있기에 기록(紀錄) 1차를 준다.

○ 丁未, 上幸馬館. 命察兩旗護軍 · 精銳而家貧者, 以廄馬賞之.

○ 정미일(9.18), 주상이 마관(馬館)에 행차했다. 명하여 2기(旗)의 호군과 정예(精銳) 중에서 가난한 자를 찾아서 주상의 마구간의 말을 상으로 내리게 했다.

○ 戊申, 先是, 夜襲旅順口城時, 阿山 · 湯鼐 · 布舒庫三人, 率衆自城上向外跳走, 爲塔喇布牛彔下鄭古特, 布爾海牛彔下鄂雲 · 溫塔石, 喀囊阿牛彔下努山, 伊爾木牛彔下馬爾圖所訐, 法司質訊得實, 誅阿山, 籍其家. 湯鼐, 以投誠功, 免死, 鞭一百, 貫耳鼻, 仍籍其家, 給本貝勒爲奴. 布舒庫, 以其父有功, 免死, 鞭一百, 革職. 同跳城者十四人, 各鞭一百, 貫耳鼻.

○ 무신일(9.19), 이전에 여순구성(旅順口城)을 야습할 때에 아산(asan, 阿山) · 탕나이(tangnai, 湯鼐) · 부슈쿠(bušuku, 布舒庫) 3명이 무리를 이끌고 성(城)의 아래로부터 밖으로 도주한 것을 타라부(tarabu, 塔喇布) 니루의 정구터(jenggute, 鄭古特), 부르하이(burhai, 布爾海) 니루의 오욘(oyon, 鄂雲)과 운타시(untasi, 溫塔石), 카낭가(kanangga, 喀囊阿) 니루의 누산(nusan, 努山), 일무(ilmu, 伊爾木) 니루의 말투(maltu, 馬爾圖)가 고발하여 법사(法司)에서 조사하니 사실이어서 아산을 죽이고 가산을 적몰했다. 탕나이는 투항한 공적으로 사형을 면해 주고 채찍 100대를 때리고 귀와 코를 뚫고 가산을 적몰하고 소속 버일러에게 노비로 주었다. 부슈쿠는 그의 아버지의 공적 때문에 사형을 면해 주고 채찍 100대를 때리고 혁직했다. 함께 성에서 도망친 14명은 각기 채찍 100대를 때리고 귀와 코를 뚫었다.

○ 庚戌, 登州副將邱壘部下都司蔡賓等十六人, 以登州人疑其籍係遼東, 恐有異志, 遣百總姚世忠, 解送寧遠. 蔡賓等中道殺世忠, 率二十四人來歸. 上以賜都元帥孔有德, 諭之曰, 蔡賓之歸我也. 亦爲元帥故耳. 朕嘉其來歸, 賜以狐裘一, 馬一, 銀百兩. 其或厚加恩養或陞以官爵, 悉聽爾酌量行之.

○ 경술일(9.21), 등주부장(登州副將) 구루(邱壘)의 부하인 도사(都司) 채빈(蔡賓) 등 16명은 요동인이었다. 등주인(登州人)은 그들의 적관이 요동이므로 다른 뜻을 품고 있을 것이라고 두려워하여 백총 요세충(姚世忠)을 시켜서 영원(寧遠)으로 보냈다. 채빈 등은 도중에 요세충을 죽이고 24명을 이끌고 귀순했다. 주상은 도원수 공유덕에게 유시했다. "채빈이 우리에게 귀순한 것은 공유덕 원수 때문이다. 짐은 그들의 내귀를 가상히 여겨 여우가죽외투 1벌 · 말 1마리 · 은 100냥

을 내린다. 그들을 더욱 후히 보살피든 관작을 높이든 모두 그대가 헤아려서 시행하라."

○ 甲寅, 賜薩陽 · 戴青 · 寨桑吳巴什 · 特古 · 達當吳巴什, 甲胄 · 雕鞍 · 貂裘 · 銀器 · 緞布等物有差, 又賜達當吳巴什妻, 女朝衣 · 黑貂裘.

○ 갑인일(9.25), 사양(sayang, 薩陽) · 다이칭(daicing, 戴青) · 자이상 우바시(jaisang ubasi, 寨桑吳巴什) · 터구(tegu, 特古) · 다당 우바시(dadang ubasi, 達當吳巴什)에게 갑옷과 투구 · 조각한 안장 · 담비가죽옷 · 은그릇 · 비단과 면포 등의 물건을 차등 있게 하사했다. 또한 다당 우바시의 처에게 여조의(女朝衣)와 흑담비가죽옷을 하사했다.

○ 丁巳, 賜察哈爾國來歸谷祿護寨桑, 甲胄 · 雕鞍 · 撒袋 · 貂裘 · 銀器 · 緞布等物.

○ 정사일(9.28), 차하르국에서 내귀한 굴루후 자이상(guluhu jaisang, 谷祿護寨桑)에게 갑옷과 투구 · 조각한 안장 · 화살집 · 담비가죽옷 · 은그릇 · 비단과 면포 등의 물건을 하사했다.

○ 是日, 朝鮮國王李倧, 差羅德憲, 齎書來弔貝勒莽古爾泰喪. 書曰, 秋氣已高, 伏惟興居萬福, 嚮風瞻遡, 不任悠悠. 前者貴使來聞, 貴國三貝勒捐世, 良用驚悼, 想同氣之, 情何能自堪耶. 信使禮單曾已停妥, 而使臣全無所賫殊覺缺禮, 聊將土儀仰表微情, 薄賻竝將, 幸惟照諒. 七月二十九日, 貴國一人來至理山江東邊, 爲本部邏卒所獲察明情由, 供稱自貴國同逃來者三人, 乘桴各散, 未知去向. 又八月初三日, 渭原官緝獲一名, 供稱同類五人, 路間饑餓致死, 供情眞僞, 雖未詳知, 然明是貴國逃人. 兩國既有定約, 不敢容留, 故竝押付使臣帶行, 幸惟照諒.

○ 이날 조선국왕 이종(李倧)이 나덕헌(羅德憲)을 파견하여 글을 보내어 버일러 망굴타이의 상(喪)을 조문했다. 글에서 말했다. 「가을이 깊습니다. 삼가 생각건대, 기거(起居)에 만복(萬福)하고 풍교(風敎)를 사모하고 우러르니, 여유롭게 있을 수 없습니다. 앞서 귀국의 사신이 와서, 귀국의 셋째 버일러가 서거했다고 들으니 진실로 놀랍고 애도합니다. 형제의 정을 생각하면 어찌 견디십니까? 사신의 예단(禮單)이 정해져 있으나 가져가는 부의가 없으면 결례라고 생각해서 부족하나마 토산물로 정성을 표하고 가벼운 부의를 함께 하니 헤아려 주시면 다행이겠습니다. 7월 29일, 귀국의 한 사람이 이산(理山)의 강 동쪽 가에 와서 본 부(部)의 순라병졸이 체포하여 정황을 조사하니, 귀국으로부터 함께 도망친 자 3명이 뗏목을 탔는데 각자 흩어져 어디로 갔는지 모른다고 진술했습니다. 또 8월 초3일에 위원(渭原)의 관원이 1명을 체포했는데 같은 무리의 5명이 길에서 굶어 죽었다고 진술했습니다. 진술이 사실인지 거짓인지는 알 수 없지만 분명히 귀국의 도망자입니다. 두 나라 사이에 이미 약정이 있는데 감히 머무르게 할 수 없어 사신 편에 압송하니 헤아려 주기를 바랍니다.」

○ 戊午, 諭築城諸大臣曰, 畚鍤之功, 八旗蒙古 · 漢人, 及貝勒家下人等務一體供役, 所築城垣基址, 不可不堅. 築之不堅, 易致傾陷. 若純用黃黏土, 恐雨潦則崩, 應兼用沙土加意培築. 儻有惰窳必致前勞盡棄, 爾諸大臣須勤加督課. 不可退食私家. 晨午兩餐, 令人送至工, 次食之. 慎勿憚勞. 昔堯有九年之水, 使禹治之, 八年於外, 三過其門而不入. 爾大臣縱不能效大禹所爲, 數日之間, 亦宜黽勉勿怠.

○ 무오일(9.29), 축성하는 여러 대신들에게 유시했다. "공사를 할 때에 팔기몽고 · 한인 · 버일러 집안에 속한 사람들이 모든 공역(供役)에 힘써야 하며, 축조된 성벽과 기초가 견고해야 한다. 축조가 견고하지 않으면 쉽게 무너진다. 만약 순전히 황점토(黃黏土)만을 쓰면 비가 많이 올 때 무너질까 우려되니 사토(沙土)를 섞어서 주의해서 축조하라. 게을리하면 반드시 이전의 노고가 모두 수포가 되니, 너희 대신들은 반드시 성실하게 감독하라. 집으로 돌아가서 식사해서는 안 된다. 아침과 점심 두 끼를 사람을 시켜 공사장에 가져와서 먹으라. 신중하고 노력을 아끼지 말라. 옛날에 요임금 때 9년간 홍수가 있었는데, 우(禹)에게 치수하게 했다. 우는 8년간 밖에 있으면서 세 번 자신의 집 문을 지나치고 들어가지 않았다. 너희 대신들은 설령 대우(大禹)의 행동을 따라 할 수는 없다고 해도 며칠 동안이라도 노력하고 태만하지 말라."

권16

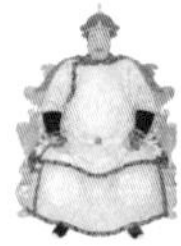

천총 7년 10월 ~ 12월

天聰七年, 癸酉冬十月, 庚申朔.

○ 천총 7년 계유년 겨울 10월 경신일 초하루(10.1).

○ 辛酉, 賜朝鮮國使臣戶部侍郎羅德憲及從官人役, 鞍馬·貂·參·白金有差.

○ 신유일(10.2), 조선국의 사신 호부시랑 나덕헌(羅德憲)과 그를 따라온 관원과 인역(人役)들에게 안장을 갖춘 말·담비가죽·인삼·백금을 차등 있게 하사했다.

○ 壬戌, 遣國舅阿什達爾漢·塔布囊達雅齊等, 往外藩蒙古諸國, 宣布欽定法令.

○ 임술일(10.3), 국구(國舅) 아시다르한 · 타부낭 다야치(dayaci, 達雅齊) 등을 파견하여 외번몽고 여러 나라에 가서 흠정법령(欽定法令)을 선포하게 했다.

○ 丙寅, 大閱, 時滿洲行營兵未出, 八旗護軍 · 舊漢人馬步軍 · 滿洲步軍俱集, 分八旗護軍爲左右翼, 舊漢人馬步軍爲一營, 滿洲步軍爲一營, 俱四面環列, 前設紅衣礮三十位及各種大小礮. 隊伍既成, 乃奏聞, 上擐甲乘馬, 率大貝勒代善及諸貝勒, 周覽衆軍畢, 上御座, 命大貝勒代善坐於側. 諸貝勒率護軍, 如對敵狀, 護軍在前, 貝勒率親軍立於後, 吶喊三次, 隨傳令曰, 聞礮聲三, 即喊而進, 聞蒙古角聲, 即退. 於是衆軍皆依令而進, 復依令而退. 次舊漢人馬步軍亦如對敵, 三喊而進, 攻礮軍, 礮軍亦聲礮對戰. 既操演畢, 復傳諭八旗護軍纛額眞 · 甲喇額眞曰, 凡臨陣對敵, 必整齊隊伍, 各依汎地, 竝馳而前. 若有不依己之汎地, 而退縮他人之後, 棄己之隊伍而混逐他人隊伍, 及他人既進而却立觀望者, 或斬, 或籍沒, 或鞭責, 或革職, 或罰贖, 皆量罪之輕重處之. 至整隊進攻, 稍有先後, 切勿以我先爾後爲言, 但以遇敵不退却, 能擊敗爲主, 若爭論先後, 是居心不良, 亂之道也. 如敵人不戰而走, 則選精騎以追之, 追時, 纛額眞勿往, 但引纛結隊, 躡後而進, 儻追兵誤入敵伏, 或衆方四散追逐, 遇敵兵傍出, 纛額眞即當接戰.

○ 병인일(10.7), 군대를 크게 사열했다. 이때 만주 행영(行營)의 병사는 나가지 않고 팔기의 호군 · 구한인(舊漢人) 마병과 보병 · 만주 보병이 모두 집결했다. 팔기의 호군은 좌우익으로 나누고 구한인 마병과 보병으로 1개 영을 만들고 만주 보병으로 1개 영을 만들어 모두 사각형으로 배열했다. 앞에는 홍의포(紅衣礮) 30문과 각종 크고 작은 포

를 설치했다. 대오가 갖추어진 후 상주하니, 주상은 갑옷을 입고 말에 올라 대버일러 다이샨과 여러 버일러들을 이끌고 여러 군사를 두루 사열하기를 끝냈다. 주상은 자리에 앉아 대버일러 다이샨을 옆에 앉게 했다. 여러 버일러들은 호군을 이끌고 적과 맞서는 상황처럼 호군은 앞에 나가게 하고 버일러들은 친군(親軍)[1]을 이끌고 뒤에 섰다. 세 번 외치고 잠시 후 명을 전하여 말했다. "포성이 세 번 들리면 소리치며 나아가고, 몽고뿔나팔 소리가 들리면 물러나라." 이에 여러 군사가 모두 명령에 따라 나아가고 다시 명령에 따라 물러났다. 그다음 구한인 마병과 보병 또한 적과 맞서듯이 세 차례 소리치고 나아가 포병을 공격하니, 포병 또한 대포 소리로 대적했다. 훈련이 끝나고 다시 팔기의 호군독어전(護軍纛額眞)·잘란어전에게 유시를 전했다. "전투에서 대적할 때는 반드시 대오를 정렬하고 각자의 주둔지에 따라 함께 달려 나가야 한다. 만약 자신의 주둔지를 따르지 않고 다른 사람의 뒤로 물러나거나, 자신의 대오를 버리고 다른 사람의 대오에 뒤섞여 달아나거나, 다른 사람은 나아갔는데 서서 관망하는 자는 참수하거나 재산을 몰수하거나 채찍으로 때리거나 혁직하거나 벌은을 내는 등 모두 죄의 경중에 따라 처벌한다. 대오를 정렬하여 진격하다가 약간 앞서거나 뒤처질 경우 나는 앞에 있었고 너는 뒤에 있었다는 것을 따지지 말고, 다만 적을 만나 물러서지 않고 격파한 것을 중심으로 논하라. 만약 앞과 뒤를 다툰다면 이는 마음이 불량한 것이고 도리를 어지럽히는 것이다. 만약 적병이 싸우지 않고 달아나면 정예병을 선발하여 추격하라. 추격할 때 독어전(纛額眞)은 가지 말고 독(纛)을 이끌고 대오를 만들어 뒤에서 따라 가라. 만약 추격병이 잘못해서 적의 매복에 빠지거나 무리가 사방으로 흩어져 추격하다가 옆에서 나타난 적병과

---

1 親隨護軍(dorgi gocika bayara)을 가리킨다. 『內國史院檔 天聰七年』, p.161.

마주치면 독어전(纛額眞)이 바로 공격하라."

○ 先是, 扎賴特部落台吉海賴, 坐會盟不至, 及行軍失期, 議罪. 至是, 引罪來朝, 獻馬駝, 酌納之. 仍以前罪罰馬七.

○ 이전에 잘라이트 부락의 타이지 하이라이(hairai, 海賴)가 회맹에 오지 않았고 행군(行軍)에 늦은 일로 죄를 논했다. 이때에 죄를 인정하고 내조하여 말과 낙타를 바치니 헤아려 받았다. 과거에 지은 죄에 대해서는 말 7마리를 벌로 취했다.

○ 丁卯, 科爾沁國台吉翁那偕其妻, 送女與貝勒德格類爲妻. 將至, 上命德格類·額爾克楚虎爾貝勒多鐸·貝勒豪格等, 先一夕迎之.

○ 정묘일(10.8), 코르친국 타이지 옹노이(ongnoi, 翁那)와 그의 처가 딸을 보내 버일러 더걸러이의 처로 삼게 했다. 도착하려 하니 주상이 더걸러이·어르커 추후르 버일러 도도·버일러 호오거에게 하룻밤 먼저 가서 맞이하게 했다.

○ 是日, 發帑金賚八旗步兵.

○ 이날 내탕금을 내어 팔기 보병에게 하사했다.

○ 戊辰, 上命貝勒阿濟格·墨爾根戴青貝勒多爾袞·貝勒杜度·薩哈廉及諸貝勒福金等, 出城五里, 迎台吉翁那等, 宴之, 入城.

○ 무진일(10.9), 주상은 버일러 아지거 · 머르건 다이칭 버일러 도르곤 · 버일러 두두 · 사할리얀과 여러 버일러들의 푸진들에게 성에서 5리 밖으로 나가 타이지 옹노이 등을 맞이하여 잔치하고 입성(入城)하게 했다.

○ 是日, 宴朝鮮國使臣羅德憲於禮部, 遣之歸國, 答朝鮮國王書曰, 遠使存慰, 兼承奠賻, 專此鳴謝. 又書曰, 辱王垂注不忘篤念兄弟鄰好, 將我國逃人二名, 如約送還, 感謝, 時居冬令, 王之起居, 萬宜珍重. 又書曰, 王所言馬事良是, 但予初不知此, 果如所言, 實爲非理. 嗣後若遣使往來, 其馬以病倒斃者, 俱不令償. 若無病而不豢養, 致瘦斃走失者, 仍令賠償. 不然, 往來之使, 豈可徒行乎.

○ 이날 예부에서 조선국의 사신 나덕헌(羅德憲)을 위해 잔치하고 보내 귀국하게 할 때 조선국왕의 글에 답신하여 말했다. 「멀리 사신을 보내 위로하고 아울러 상(喪)에 조의하니 진심으로 감사하다.」 또 글에서 말했다. 「왕이 형제의 우호를 잊지 않고 우리나라의 도망자 2명을 약속대로 송환하니 감사하다. 이제 겨울이 되었으니 왕은 거동에 자중(自重)하시라.」 또 글에서 말했다. 「마필(馬匹)에 관하여 왕이 말한 것이 옳다. 내가 처음에 이를 알지 못하고 그렇게 말한 것은 실로 옳지 않았다. 이후로 사신이 왕래할 때 말이 병들어 죽으면 모두 배상하지 않게 하라. 만약 병들지 않았는데 돌보지 않아서 굶주려 죽거나 잃어버린 경우에는 배상하게 하라. 그렇지 않으면 왕래하는 사신이 어찌 걸어갈 수 있겠는가?」

○ 己巳, 上召文館滿漢儒臣及六部滿漢啟心郎等入內廷, 命依次坐, 諭啟心郎等曰, 自設立六部以來, 惟吏戶兵三部, 辦事妥協, 不煩朕慮, 禮刑工三部, 辦事多有缺失. 若因事未諳而錯誤, 尚可寬宥, 乃伊等竝不實心辦事. 如刑部聽訟, 兩造俱至, 即當拘見證審問, 自可得其實情. 苟遷延日久, 然後訊問, 致彼串合供辭, 實情豈能盡得. 至於工部更不及他部, 此皆貝勒才短, 承政疏忽, 啟心郎怠惰故耳. 禮部辦事, 亦有缺失. 向嘗誡諭爾等啟心郎, 不得干預部事, 但坐於各貝勒之後, 儻有差謬, 則啟其心. 今聞各部貝勒, 多在私家理事, 果爾則設立衙門何爲, 此皆妄自尊大, 而慢於政事也. 似此情事, 爾等何不開導之, 各部之事若不勤加整理, 至三年考績, 或陞或降, 被降貝勒·大臣·啟心郎, 豈不愧悔耶. 六部諸臣內, 英俄爾岱爲人執拗, 待本旗人微有徇庇. 朕思人有全德者少, 彼能盡心部務, 辦事明決, 朕實嘉之. 其餘各部大臣, 不如彼之盡心辦事者甚多, 隨事啟迪, 非爾等啟心郎之責, 而誰責乎.

○ 기사일(10.10), 주상은 문관(文館)의 만주·한인 유신(儒臣)과 육부(六部)의 만주와 한인 계심랑을 불러 내정에 들어와 서열대로 앉게 하고 계심랑들에게 유시했다. 「육부를 설립한 이래 이부·호부·병부는 일 처리가 타당하여 나를 수고롭게 하지 않는데, 예부·형부·공부는 일 처리에 실수가 많다. 일을 잘 몰라서 실수하는 것은 용서할 수 있다. 그러나 너희는 모두 마음을 다하여 일을 처리하지 않는다. 형부가 소송을 심리할 때 원고와 피고를 함께 데려오고 증거를 가져와서 심문한다면 저절로 실상을 알게 될 것이다. 만약 지체하여 시일이 오래된 후에 심문한다면 그들이 서로 말을 맞추어 진술할 것이니 실상을 어찌 알 수 있겠는가. 공부가 다른 부(部)에 미치지 못한 것은 모두 버일러는 재능이 부족하고 승정은 일을 소홀히 하고 계심랑은

태만하기 때문이다. 예부의 처리에도 실수가 있다. 앞서 너희 계심랑들에게 각 부의 일에 간여하지 말고 다만 버일러의 뒤에 앉아 만약 실수가 있으면 깨우치라고 가르쳤었다. 지금 듣건대 각 부의 버일러들이 자신의 집에서 일을 처리하는 경우가 많다고 하니, 그렇다면 아문을 세운 까닭이 도대체 무엇이냐. 이는 모두 망령되이 스스로를 높이고 정사에 태만한 것이다. 이러한 일에 대해 너희는 어찌 깨우쳐 가르치지 않았느냐. 각 부의 일을 힘써 처리하지 않으면 3년 후 고과(考課)에서 어떤 이는 승진하고 어떤 이는 강등될 것이니, 강등된 버일러·대신·계심랑은 어찌 부끄럽지 않겠는가. 육부의 여러 신하 가운데 잉굴다이는 사람됨이 고집스럽고 자신의 기(旗)의 사람을 다소 비호한다. 내가 생각건대 덕을 온전히 갖춘 사람은 드물다. 그는 부(部)의 일에 마음을 다하고 일 처리가 분명하니 짐이 진실로 기쁘다. 나머지 각 부의 대신 가운데 잉굴다이처럼 마음을 다하여 일하지 않는 자가 매우 많다. 일에 따라 깨우치는 것이 너희 계심랑의 책임이 아니면 누구의 책임이겠는가?

爾漢啟心郎生員等, 動輒以航海取山東, 攻山海關爲言. 夫航海至危之事, 而我國又不善操舟. 至於山海關, 素號險固未易攻取. 此豈非欲航海者, 咸沒於水, 欲攻險者, 致損其兵乎. 我國方承天眷, 甫集之兵民無幾, 若少虧損, 何以克成大業. 爲此說者, 是爲敵人而損我兵, 徒以空言相賺耳. 此等疏奏, 何益之有, 朕爲一國之主, 與諸貝勒共圖軍事, 豈有不相其機宜之理, 此自不待爾等陳說. 如朕與諸貝勒, 或不理國政, 貪貨利, 耽酒色貽誤機務, 爾等言之, 朕若不聽, 朕之過也. 至爾等既任啟心郎之職, 遇本部貝勒有過, 言之不從, 遂默而不言, 可乎. 當再三言之, 終不見從, 方可奏朕. 爾等見部務差謬, 不能整飭, 竝無一言啟貝勒之心, 何以輒來瀆奏乎.

너희 한인 계심랑 생원(生員)들은 걸핏하면 "해로(海路)로 산동을 취하자, 산해관을 공격하자"라고 말한다. 해로는 매우 위험하며 또 우리나라는 선박 건조에 능하지 못하다. 산해관은 원래 험지로 불리며 쉽게 공략할 수 없는 곳이다. 이 어찌 항해하려면 모두 물에 빠져 죽고, 험지를 공격하려면 군사를 잃는 것이 아니겠는가? 우리나라가 하늘의 도움으로 겨우 모은 병사와 백성이 많지 않은데, 만약 조금이라도 손실이 생긴다면 어찌 대업(大業)을 이룰 수 있겠는가? 이런 말은 적을 위해 우리 병사를 해치게 하고 헛된 말로 서로 속이는 것일 뿐이다. 이러한 상주가 무슨 이익이 있겠는가. 짐이 한 나라의 주인으로 여러 버일러들과 군사를 함께 의논하면서 어찌 형편의 마땅함을 살피지 않겠는가. 이는 너희의 진언(陳言)을 기대할 일이 아니다. 만약 짐과 여러 버일러들이 국정을 다스리지 않고 재물을 탐하고 주색에 빠져 중요한 일을 그르치고, 너희가 진언하는데도 짐이 듣지 않는다면 짐의 잘못이다. 너희가 계심랑의 직책을 맡아 부(部)의 버일러의 잘못을 보고 진언했으나 듣지 않는다 하여 침묵하고 말하지 않는다면 옳겠는가? 거듭 말해도 끝내 따르지 않는다면 짐에게 상주하라. 너희는 부(部)의 업무에 착오가 있음을 보고도 고치지 못하고 말로 버일러의 마음을 깨우치지도 못하면서 어찌 자꾸 와서 함부로 상주하는가.」

復諭文館儒臣曰, 昔皇考太祖, 欲創造滿書, 巴克什額爾德尼, 辭以不能. 太祖曰, 汝何謂不能, 但以蒙古字, 合我國之語音, 聯綴成句, 即可因文見義矣. 吾意已定, 汝毋辭. 額爾德尼遂遵諭編成滿書, 我國初無滿字, 額爾德尼乃一代傑出之人, 今也則亡, 彼所造之書, 義或有在. 其後巴克什庫爾纏所增, 朕恐終有未合. 爾記載諸臣, 將所載之書, 宜詳加訂正, 若有舛譌之處, 即酌改之. 朕嗣大位, 凡皇考太祖行政用兵之道, 若不一一備載, 垂之史冊, 則後世子孫, 無由而知,豈朕所以盡孝乎.

다시 문관(文館)의 유신(儒臣)들에게 유시했다. 「과거에 황고(皇考) 태조께서 만주 문자를 창제하려고 했을 때 박시 어르더니는 못 하겠다고 거절했다. 태조께서는 "너는 어찌 안 된다고 하는가. 몽고 문자로 우리나라의 발음에 맞게 연결하여 만들면 문자로 뜻을 드러낼 수 있을 것이다. 내 뜻은 이미 정해졌다. 너는 못 하겠다 하지 말라."라고 하였다. 어르더니는 마침내 유시에 따라 만주 문자를 만들었다. 우리나라는 그전에는 만주 문자가 없었다. 어르더니 같은 일대의 걸출한 인물이 지금은 죽고 없으나 그가 지은 책에는 아마 뜻이 있을 것이다. 그 후 박시 쿠르찬이 증보한 것에는 미흡함이 있을까 염려된다. 너희 기록하는 신하들은 책을 자세히 교정하여 만약 잘못된 곳이 있으면 헤아려 고쳐라. 짐이 대위에 올랐는데 황고(皇考) 태조의 행정과 군사의 법도에 대해 하나하나 기록해서 역사서에 남기지 않는다면 후대의 자손들이 알 도리가 없을 것이니 어찌 짐이 효도를 다했다고 할 수 있겠는가.」

○ 辛未, 科爾沁國台吉翁那, 以送女與貝勒德格類爲婚, 具筵獻上, 兼獻駝馬, 酌納之.

○ 신미일(10.12), 코르친국 타이지 옹노이가 딸을 보내 버일러 더걸러이와 결혼시킨 일로 잔치를 갖추어 주상에게 올리고 아울러 낙타와 말을 바치니 헤아려 받았다.

○ 是日, 召台吉翁那等進宮賜宴.

○ 이날 타이지 옹노이 등을 불러 궁에 들어오게 하여 잔치를 베풀어 주었다.

○ 丙子, 重敘征明燕京時歸降官員, 分別注於賞冊. 馬光遠明建昌參將, 上親征時, 率闔城軍民歸順, 又令人入燕京, 迎取其母及兄弟家口, 陞授爲一等總兵官. 王世選明參將, 孑身來降, 陞授爲三等總兵官. 麻登雲明總兵, 由四總兵陣內擒獲收養, 仍以原職, 授爲三等總兵官. 授馬光遠兄光先爲二等參將, 弟光輝爲遊擊, 授王登甲爲備禦. 光先等因聞光遠歸順, 自燕京來歸, 故授是職. 姜進孝·魏得禮·劉世芳, 係明人, 因來歸, 俱授爲備禦. 臧調元明山海關總兵趙率教部將, 自陣獲收養後, 不煩監守, 即效力行間, 授爲遊擊. 授孟喬芳·楊文魁爲二等參將, 楊聲遠爲備禦, 三人皆永平官, 因克城後方就擒, 故各降授是職. 授丁啟明爲二等參將, 啟明係明末弁, 被擒收養, 因善鑄紅衣礮, 故授是職.

○ 병자일(10.17), 명나라의 연경을 공격할 때 투항한 관원을 다시 서훈하여 상책(賞冊)에 분별하여 기록했다. 마광원은 명나라의 건창참장(建昌參將)으로 주상이 친정할 때 성의 모든 군민을 이끌고 귀순했고 또 사람을 연경으로 들여보내 모친과 형제의 식솔을 데려왔다 하여 일등 총병관으로 승진시켰다. 왕세선(王世選)은 명나라의 참장으로 홀로 투항했다 하여 삼등 총병관으로 승진시켰다. 마등운(麻登雲)은 명나라의 총병으로, 총병 4명이 전투 중에 그를 잡아 살려 주었다. 원래의 직을 그대로 제수하여 삼등 총병관으로 삼았다. 마광원의

형 마광선(馬光先)은 이등 참장에 제수하고, 동생 마광휘(馬光輝)는 유격으로 삼았다. 왕등갑(王登甲)은 비어에 제수했다. 마광선 등은 마광원이 귀순했다는 소식을 듣고 연경에서 와서 귀순했으므로 이러한 직위에 제수했다. 강진효(姜進孝)·위득례(魏得禮)·유세방(劉世芳)은 명나라 사람이 귀순했다 하여 모두 비어에 제수했다. 장조원(臧調元)은 명나라 산해관총병 조솔교(趙率教)의 부장(部將)으로 전투 중에 포로로 잡혀 거두어진 이후 수비에 힘쓰고 전투에 진력했다고 하여 유격에 제수했다. 맹교방·양문괴(楊文魁)는 이등 참장에, 양성원(楊聲遠)은 비어에 제수했다. 이 세 사람은 모두 영평의 관원으로 성이 함락된 후에 사로잡혔기 때문에 강등하여 이러한 직위에 제수했다. 정계명(丁啟明)을 이등 참장에 제수했다. 그는 명나라의 하급무관으로 사로잡혀 거두어졌는데, 홍의포를 잘 주조했기 때문에 이 직위에 제수했다.

○ 丁丑, 召台吉海賴進宮, 賜宴, 宴畢, 賜以甲冑·雕鞍·銀器·緞布等物.

○ 정축일(10.18), 타이지 하이라이를 불러 궁에 들어오게 하여 잔치를 베풀어 주었다. 잔치가 끝난 후 갑옷과 투구·조각한 말안장·은그릇·비단과 면포 등 물건을 상 내렸다.

○ 己卯, 上行獵於俄黑多袞地方.

○ 기묘일(10.20), 주상이 워허 도곤(wehe dogon, 俄黑多袞)[2] 지방에서 수렵했다.

○ 是日, 諭都元帥孔有德 · 總兵官耿仲明曰, 卿等以禮物餽送諸貝勒 · 大臣, 此乃明人陋習, 我國無此例也. 此端一開, 即成亂階, 自今以後, 似此餽送, 宜永行禁止. 若尋常親誼交情, 以禮物相贈遺者, 各聽其便.

○ 이날 도원수 공유덕과 총병관 경중명에게 유시했다. 「경들이 버일러들과 대신들에게 예물을 보내는 것은 곧 명나라 사람들의 구습이니, 우리나라에는 이러한 예가 없다. 이런 관행이 한번 시작되면 화근이 될 것이니 앞으로 이러한 선물은 영원히 금지해야 할 것이다. 만약 평소에 가깝게 정을 나누어 서로 예물을 주고받는 경우는 각자 편한 대로 하라.」[3]

○ 癸未, 明鎭守廣鹿島副將尚可喜, 欲歸順我國, 遣盧可用 · 金玉奎二人來, 輸誠款.

○ 계미일(10.24), 명나라의 광록도(廣鹿島)를 진수하는 부장 상가희(尚可喜)[4]가 우리나라에 귀순하고자 노가용(盧可用)과 김옥규(金玉奎)

---

2 만주어 워허(wehe)는 '돌(石)'을 뜻하고 도곤(dogon)은 '나루터'를 뜻한다.

3 원문의 "若尋常親誼交情, 以禮物相贈遺者, 各聽其便"에 해당하는 만문 기록은 아래와 같다. "anda sadun niyaman hūncihin de juwe niyalma hūda hūdašara gese ishun de bure gaire de ume sembio" (친구, 사돈, 친척 사이에 두 사람이 매매하는 것처럼 서로 주고받는 것은 말하지 말라). 『內國史院檔 天聰七年』, pp.173-174.

4 尚可喜: 1604-1676. 요녕성(遼寧省) 해주(海州) 사람. 자는 원길(元吉)이고, 호는 진양(震陽)이다. 명나라 요동반도 동쪽 광록도(廣鹿島)의 부장(副將)이었다. 1633년(천총7) 청나라에 투항하여 총병관(總兵官)이 되었다. 이끌고 온 부대는

두 사람을 보내와서 선물을 전달했다.

○ 乙酉, 英俄爾岱·伊孫還自朝鮮, 攜朝鮮國王復書二函具奏, 其一書曰, 謹領來緘, 開示諄切, 第開市之請, 敝邦非故欲相拒也. 敝邦土産, 只有絲粟米, 爲百姓衣食之用, 初非商賈轉販之資. 青布彩緞, 本出中國, 我國亦僅貿用, 此貴邦所明知. 近來中國嚴禁物貨, 不許出境, 國內漢貨, 今已乏絕. 即開市亦無可交易者, 誠恐貴國之人, 踰險遠來, 必空橐而歸, 從前不得曲循來意者, 以此故耳. 至於參價高下, 亦非敝邦有所違負, 古今物價, 原無一定不易之理, 或前貴而後賤, 或舊乏而今饒, 自然之勢也. 此參價亦非我有意增損, 不過視一時貴賤而定高下耳. 至於邊民姦濫無識, 迫於饑寒, 圖尺寸之利, 以資朝夕, 豈肯以參價減少, 便自知止耶. 其冒禁越境, 本自可罪, 若執此以證參價之高下, 無乃未之思乎. 往年青城僉事安德幹, 係三品官, 一犯此禁, 便置極刑, 此貴使所目睹者, 敝邦於此法禁, 亦云盡心. 若明知犯罪, 法自必行, 有何顧惜. 貴國跨有全遼, 絲布帛, 土産既饒, 服用自裕. 敝邦豈以貴國之人, 爲無所衣服, 而欲相困耶. 此必無之理也, 貴國以此見訝, 良切愧歎. 目今參價至廉, 貴國非不明知, 而反借愚民冒法刨採爲言, 兄弟鄰比之間, 何其不相孚如此. 且貴使云, 押解我國二人, 俱脫枷鎖而逃, 防守非不嚴密, 而一朝見失, 誠爲可駭, 使此人眞有所犯, 而得逭罪戮, 殊極痛嘆. 大抵參價高下之說, 只以

천조병(天助兵, abkai nonggiha cooha)이라 불렀다. 1636년(숭덕1) 지순왕(智順王, bodohonggo ijishūn wang)으로 봉해졌다. 입관 후 평남왕(平南王, julergi be necihiyere wang)에 봉해졌다. 1656년 광주(廣州)에 번부(藩府)를 개설하여 삼번(三藩)의 하나가 되었다. 삼번의 난이 일어났을 때 가담하지 않고 청나라에 충성을 다했다. 장남 상지신(尙之信)이 오삼계(吳三桂)의 반란군에 가담하자 제재하지 못하고 분개하여 사망했다.

答來書之意耳, 若以事勢言之, 則貴國所欲貿易者, 乃布緞服用之需也, 今者國儲已竭, 島貨已絕, 價雖從廉, 無物充價, 百爾思量, 難副所願, 貴國諒之.

○ 을유일(10.26), 잉굴다이와 이순(isun, 伊孫)이 조선에서 돌아와 조선국왕의 답서 2통을 가지고 와서 올렸다. 그중 한 글에서 말했다. 「보내 온 서신을 삼가 받드니 깨우침을 주셨습니다. 다만 개시(開市)의 요청은 폐방(敝邦)이 거절하고자 하는 것이 아닙니다. 폐방에서 나는 물품은 겨우 실(絲)과 속미(粟米) 등 백성의 의식(衣食)에 사용되는 것뿐으로 상인들이 매매할 자원이 아닙니다. 모청포와 비단은 원래 중국에서 생산되는 것으로 우리나라에서는 근근이 사서 쓰는 물건임은 귀방(貴邦)도 잘 알고 있을 것입니다. 근래 중국이 교역을 엄금하고 나라 밖으로 나가지 못하게 하여 조선 내의 중국 물자가 이미 고갈되어 개시를 한다 해도 교역할 수 없습니다. 귀국의 사람들이 멀리 험한 길을 와서 필시 빈손으로 돌아갈 것이 염려되니 앞서 보내온 뜻에 따르지 못한 것은 이 때문입니다. 인삼 가격의 높고 낮음 또한 폐방이 어긴 것이 아닙니다. 물가란 원래 한번 정해져 바뀌지 않는 것이 아니라 이전에는 비싸던 것이 나중에는 싸지기도 하고, 이전에는 부족하던 것이 지금은 흔해지기도 하는 것이 당연한 흐름입니다. 지금 인삼 가격도 폐방이 일부러 높이거나 낮춘 것이 아니라, 그 때의 많고 적음에 따라 가격의 높고 낮음이 정해지는 것뿐입니다. 간악하고 무지한 변방의 백성이 굶주림과 추위에 밀려 작은 이익으로 소석서리를 얻으려 하는 것이니, 어찌 인삼의 가격이 낮아졌다고 하여 스스로 그만둘 줄을 알겠습니까. 금령을 어기고 월경하는 것은 마땅히 처벌해야 하나, 만약 이것으로 인삼 가격의 고하를 증명한다는 것은 생각할 수도 없는 일입니다. 이전에 3품관인 청성첨사(靑城僉事) 안덕간(安德幹)이 한

차례 금령을 어긴 일로 극형에 처해졌음은 귀방의 사신이 직접 목격한 바입니다. 폐방은 금령을 지키기 위해 진심을 다하고 있으니 범죄가 밝혀지면 마땅히 법으로 처벌할 것이니, 어찌 불쌍히 여기겠습니까. 귀국은 요동 전역을 차지했으니 면포와 비단의 생산이 넉넉하여 입고 쓰는 데 풍족할 것입니다. 폐방이 어찌 귀국의 사람들은 입을 것이 없으니 곤란을 당하게 하겠다고 생각하겠습니까. 이는 있을 수 없는 일입니다. 귀국이 이를 의심하는 것은 실로 통탄스럽습니다. 지금 인삼 가격이 낮아졌다는 것을 귀국이 모르지 않는데, 어리석은 백성들이 법을 어기고 몰래 삼을 캔 것을 빌미로 이웃 형제지간에 어찌 이처럼 불신할 수 있습니까. 또 귀국의 사신이 "우리나라로 압송하던 두 사람이 모두 칼과 쇠사슬을 풀고 달아났다. 방비가 엄한데도 하루아침에 사라졌다."라고 하니, 실로 놀랍습니다. 만약 이들이 진실로 죄를 지었다면 처벌을 벗어난 것은 매우 통탄스럽습니다. 대개 인삼 가격의 높고 낮음에 대한 말은 보내온 서신의 내용에 답한 것뿐입니다. 만약 일의 형세로 말한다면 귀국이 무역하고자 하는 것은 입는 데 쓸 면포와 비단입니다. 지금 나라의 저축은 이미 고갈되었고 피도(皮島)의 물자도 끊겼으니 가격이 낮다 해도 값을 채울 물건이 없습니다. 여러모로 생각해도 바라는 바에 부합할 수 없으니 귀국은 헤아려 주시기 바랍니다.」

又一書曰, 承示瓦爾喀遺民一事, 敝邦非於此有所恡惜也. 布占泰·瓦爾喀族系, 初不詳知, 故前書漫及之, 今承回示, 始悉其宗派所自. 但前因貴國之囑, 無論布占泰·瓦爾喀二種, 其凡民之入於我境者, 俱已一一送還, 兩國相好, 此外何加. 吾兩國封疆相接, 雖有防禁之令, 而人民時或私相往來. 貴國但知瓦爾喀遺民之或入我境, 而不思我民之流入貴國者亦多也, 若如貴國之指名追刷, 則我國亦當請刷我民. 第以事在數十年之前, 不宜復爲較論, 故自約和以來, 敝邦未嘗一言及此, 貴國必有以諒之也. 且前者貴使之來, 申約甚明, 辛未年閏十一月二十一日以前, 兩國逃民, 全不追論. 此正今日應守之條約, 豈可因此細事, 棄一定之約束, 乖兩國之和好哉. 事理甚明, 惟貴國平心諒察.

또 한 글에서 말했다. 「서신을 받았습니다. 와르카 유민(遺民)에 관한 일은 폐방이 이에 대해 아까워하는 것이 아닙니다. 부잔타이와 와르카 부족의 관계를 처음에 상세히 알지 못했기 때문에 지난 글에서 함부로 언급한 것이었습니다. 지금 답서를 받들어 보고 비로소 그 종파(宗派)의 유래를 알게 되었습니다. 다만 앞서 귀국의 요청에 따라 부잔타이와 와르카 두 집단을 불문하고 모든 백성 가운데 우리 경내에 들어온 자를 이미 모두 일일이 송환했습니다. 양국의 화호(和好)를 위해 이 외에 무엇을 더 하겠습니까. 우리 두 나라는 경계가 인접하여 비록 금령이 있어도 사람들이 수시로 사사로이 왕래합니다. 귀국은 와르카 유민(遺民)이 우리 경내에 들어온 것만 따질 뿐 귀국으로 흘러들어간 우리 백성도 많다는 것은 생각하지 않습니다. 만약 귀국이 이름을 지목하며 쇄환을 요구하면 우리도 마땅히 우리 백성의 쇄환을 청해야 합니다. 다만 수십 년 전의 일을 거듭 따지는 것은 옳지 않기 때문에 화친한 이후로 폐방은 이 일을 한 번도 언급하지 않았습니다. 귀국은 이를 헤아려야 합니다. 또 앞서 귀국의 사신이 와서 굳게 약속하여 신미년(1631) 윤11월 21일 이전에 발생한 양국의 도망민에 대해서는 다시 논하지 않기로 했습니다. 이는 지금 지켜야 하니, 어찌 이런 세세한 일로 한번 정한 약속을 저버리고 두 나라의 화친을 해치겠습니까. 사리가 분명하니 귀국은 평정심을 가지고 헤아리기 바랍니다.」

○ 是日, 兀扎喇地方虎爾哈名綽奇者, 率四人來朝, 貢貂狐皮.

○ 이날 우잘라(ujala, 兀扎喇) 지방의 후르카(hūrka, 虎爾哈)의 초키(coki, 綽奇)라는 사람이 4명을 이끌고 내조하여 담비가죽과 여우가죽을 바쳤다.

○ 朝鮮剛季 · 章土二城, 有十一人潛來採參, 喇發地方人, 擒之來獻.

○ 조선 강계(剛季; 江界)와 장토(章土; 上土) 두 곳에서 11명이 몰래 넘어와 인삼을 캐는 것을 라파(lafa, 喇發) 지방의 사람이 잡아서 데려왔다.

十一月, 己丑朔, 戌刻, 上還宮.

○ 11월 기축일 초하루(11.1), 술시(戌時)에 주상이 환궁했다.

○ 壬辰, 薩哈爾察部落之頭目費揚古 · 滿代, 率四十六人來朝, 獻貂皮千七百六十九張, 賜布二千六百三十疋.

○ 임진일(11.4), 사할차(sahalca, 薩哈爾察) 부락의 두목 피양구(fiyanggū, 費揚古)와 만다이(mandai, 滿代)가 46명을 데리고 내조하여 담비가죽 1,769장을 바쳤기에 면포 2,630필을 하사했다.

○ 乙未, 都元帥孔有德奏言, 臣蒙聖諭, 謹陳愚悃. 臣初仕明國, 秉性椎魯, 不務粉飾, 凡事從理而行, 未嘗有求於人, 亦不敢巧言欺詐, 因愚直而錯誤者有之. 自歸誠以來, 雖親戚朋友, 必待之以禮, 實無飾詐希覬之心, 身雖變遷, 初念未改. 今爲各官求敕, 準之於理, 方敢奏請, 但惟聖恩是倚, 非敢諂媚要求. 陛下自有見聞, 無庸臣言, 若不量臣愚拙, 疑爲諂媚, 臣自任罪, 與衆人無涉. 况各官之有功無功, 實皆從公開列, 衆目所見, 雖欲隱匿, 不可得也. 沐浴具奏, 不任惶悚之至.

○ 을미일(11.7), 도원수 공유덕이 상주하여 말했다. 「신은 성유(聖諭)를 받들고 삼가 어리석은 생각을 말씀드립니다. 신이 처음 명나라를 섬겼을 때 성품이 노둔하여 꾸밈에 힘쓰지 않고 매사를 이치에 따라 처리했으며, 다른 사람에게 청하거나 교묘한 말로 속이지 않았으며, 다만 어리석고 우둔하여 실수한 바가 있었습니다. 귀순한 이래 비록 친척이나 친구라 해도 반드시 예의로 대하고 꾸며서 속이거나 바라는 마음이 없으니, 몸은 변했어도 초심은 변하지 않았습니다. 지금 각 관리들의 관직을 위해 칙서(敕書)를 구한 것은 이치에 따라 공정하게 두루 주청한 것이고, 다만 성은에 맡길 뿐 감히 아첨하여 청한 것이 아님은 폐하께서 직접 아시니 제가 말씀드릴 필요가 없을 것입니다. 만약 신의 어리석음을 헤아리지 않으시고 아첨하는 것으로 의심하시면 신의 죄이니 다른 사람들과는 무관합니다. 하물며 관리가 공적이 있는지 없는지는 모두 공개되어 사람들에게 드러나니 숨기려 해도 숨길 수 없습니다. 삼가 목욕재계하고 상주하니 지극히 황송합니다.」

○ 丙申, 賜大淩河歸附副將 · 參將 · 遊擊 · 都司 · 守備等官, 緞布有差.

○ 병신일(11.8), 대릉하에서 투항한 부장·참장·유격·도사(都司)·수비 등의 관리들에게 비단과 면포를 차등 있게 하사했다.

○ 宴薩哈爾察部落費揚古·滿代等四十八人, 賜以鞍馬·撒袋·蟒衣·帽·鞾·銀器·緞布等物有差.

○ 사할차 부락의 피양구와 만다이 등 48명에게 잔치하고 안장을 갖춘 말·화살집·망의(蟒衣)·모자·신발·은그릇·비단과 면포를 차등 있게 하사했다.

○ 賜科爾沁國台吉翁那, 甲冑·雕鞍·銀器·緞布等物.

○ 코르친국의 타이지 옹노이에게 갑옷과 투구·조각한 안장·은그릇·비단과 면포 등 물건을 하사했다.

○ 戊戌, 和碩貝勒濟爾哈朗福金薨.

○ 무술일(11.10), 호쇼이 버일러 지르갈랑의 푸진이 사망했다.

○ 己亥, 卯刻, 上率大貝勒代善及諸貝勒, 往臨其喪, 貝勒濟爾哈朗, 迎於臺下, 上與代善坐. 命鄭哲格格·孫代格格, 以酒飲濟爾哈朗, 濟爾哈朗即捧觴獻上, 上舉觴讓代善先飲, 而後自飲, 次飲濟爾哈朗, 嗣進茶饌畢, 上回宮. 遣索海·車爾格·龍什, 諭濟爾哈朗曰, 伉儷之誼, 豈有不思念者, 但己身亦須保重, 當以國事爲念, 善自寬解, 不可過哀. 濟爾哈朗奏曰, 上慰臣之言, 誠是. 臣亦知徒思無益, 所委部事, 不敢有誤, 必盡力辦之.

○ 기해일(11.11), 묘시에 주상은 대버일러 다이샨과 여러 버일러들을 이끌고 빈소에 갔다. 버일러 지르갈랑이 대(臺) 아래에서 맞이하자 주상은 다이샨과 함께 앉고, 얀저 거거(yanje gege, 鄢哲格格)[5]와 순다이 거거(sundai gege, 孫代格格)에게 명하여 지르갈랑에게 술을 마시게 했다. 지르갈랑이 잔을 받들어 주상에게 바치니 주상은 잔을 들고 사양하여 다이샨이 먼저 마신 뒤에야 자신이 마셨고 그다음에 지르갈랑이 마셨다. 이어서 차와 음식이 나온 후 주상은 궁에 돌아왔다. 소오하이 · 처르거이 · 룽시를 보내 지르갈랑에게 유시했다. "부부의 정을 어찌 잊을 수 있겠는가. 다만 자신의 몸을 또한 보중해야 하니, 국사를 유념하여 마음을 잘 다스리고 지나치게 슬퍼하지 말라." 지르갈랑이 상주하여 말했다. "주상께서 신하를 위로하는 말씀이 실로 옳습니다. 신 또한 헛된 생각이 무익함을 알고 있으니, 맡은 부(部)의 일에 실수가 없도록 반드시 힘써 처리하겠습니다."

○ 甲辰, 遣英俄爾岱, 齎書二函, 遺朝鮮國王李倧. 其一書曰, 予與爾

---

5 얀저 거거(yanje gege, 鄢哲格格, 顔哲格格, 1578-1646)는 눈저 거거(nunje gege. 嫩哲格格)를 가리킨다. 누르하치의 둘째 딸이다. 누르하치와 側妃 이르건기오로(伊爾根覺羅) 씨 사이에서 태어났다. 아바타이(阿巴泰)와 어머니가 같다. 누르하치의 큰딸 동고 거거(donggo gege)도 눈저로 불리지만 다른 사람이다. 얀저 거거는 고종사촌동생인 沾河寨(jan bira i gašan)의 다르한(darhan, 1594-1644)과 결혼했기 때문에 沾河公主(jan birai gege)라고도 불렸다.

國, 原無德怨, 即爾國助兵於明, 予猶不爲介意. 繼因納我叛民, 給以居食, 致遼人逃亡, 絡繹不絕, 予是以興師致討. 蒙天垂鑒我直, 遂舉爾國土地城池, 悉以畀我. 彼時王避居島中, 悔過輸誠誓告天地, 期以同歸於好. 乃既盟之後, 予不敢有渝前言, 俾兵民越境採取, 而王之違約, 則實難悉舉. 今請畧數之, 王以族人詐稱親弟, 一也. 我兵駐義州, 爾國云, 請撤滿兵, 我守義州, 必不容漢人登岸, 萬一登岸, 我自拒之, 拒之不能, 即以相聞. 乃後竟容漢人屯種, 更給以爾國衣冠, 令在爾地哨探, 二也. 予陣獲爾國官員, 併所賞給妻奴, 盡歸於爾, 爾乃解送明國, 三也. 爾國人民, 每越境採參畋獵, 毫不約束, 前已執送三次矣. 今又獲盜參者十一人, 見在拘繫, 已知者如此, 未知者何可臆量, 四也. 義州大市, 一年二次, 業有定議, 乃背棄前約. 迄今通計, 止市二次, 五也. 孔有德 · 耿仲明航海歸我, 爾國截戰二次, 六也. 孔有德 · 耿仲明來後, 留我兵守船, 爾國復攻擊一次, 似此攻擊, 豈非搆兵, 七也.

○ 갑진일(11.16), 잉굴다이를 보내 두 통의 서신을 가지고 조선국왕 이종에게 가도록 했다. 한 통의 서신에서 말했다. 「나와 너희 나라는 본래 은덕도 원망이 없었으며 너희 나라가 명나라에 병사를 원조했을 때에도 나는 오히려 개의치 않았다. 그런데 계속 우리의 반민(叛民)들을 받아들이고 거처와 음식을 주어 요동인의 도주가 끊이지 않게 되었으니 내가 이 때문에 군대를 일으켜 정벌하기에 이르렀다. 하늘이 우리를 보살피셔서 마침내 너희 나라의 토지와 성을 장악하여 모두가 우리를 두려워했다. 그때 왕은 섬 안으로 도망쳐 은거하다가 과오를 뉘우치고 투항하여 천지에 맹세해 함께 화호할 것을 기약했다. 맹세한 후에 나는 감히 이전의 말을 바꾸어 병사와 백성에게 월경하여 채취하게 한 적이 없었다. 왕이 약속을 어긴 것은 실로 일일이 말

하기 어려우니 지금 대략 헤아려 보겠다.

왕이 친족을 친동생이라 속인 것이 첫째다. 우리가 병사를 의주에 주둔시켰는데 너희 나라에서 말하기를 "청컨대 만주 병사를 철수해 주십시오. 저희가 의주를 수비하면 반드시 한인이 강안에 상륙하는 것을 허용하지 않을 것이고 만에 하나 강안에 상륙한다면 저희가 스스로 막을 것입니다. 막지 못하면 곧 알리겠습니다."라고 해 놓고 나중에는 결국 한인이 주둔하여 농사짓는 것을 허용하고 더욱이 너희 나라의 의관을 주었으며 너희 땅에서 초탐(哨探)하게 했으니 이것이 둘째이다. 내가 전투에서 얻은 너희 나라의 관원과 상으로 내린 부인과 가노들을 모두 너희 나라에 돌려보냈더니 너희는 풀어 주어 명나라로 보냈다. 이것이 셋째이다. 너희 나라의 백성들이 매번 월경하여 인삼을 캐고 사냥을 하는데도 조금도 단속하지 않기에 우리가 잡아 보낸 것이 세 차례이다. 지금 또다시 인삼을 몰래 캔 자 11명을 잡아 현재 구금하고 있다. 이미 알고 있는 바가 이러한데 알지 못하는 경우를 어찌 다 헤아릴 수 있겠는가? 이것이 넷째이다. 의주의 대시(大市)를 매년 두 차례 열기로 의논하여 정했는데 약정을 저버렸다. 지금에 이르러 따져 보니 겨우 두 차례 교역했다. 이것이 다섯째이다. 공유덕과 경중명이 바다를 건너 우리에게 귀순했는데 너희 나라는 그들을 가로막고 두 차례 교전했다. 이것이 여섯째이다. 공유덕과 경중명이 온 이후 우리의 병사를 남겨 배를 지키도록 했는데 너희 나라가 다시 한 차례 공격했다. 이렇게 공격한 것이 어찌 전쟁을 일으킨 것이 아니라 하겠는가? 이것이 일곱째이다.

向訂盟時, 令爾斷絕明國往來, 爾云, 曷爲與明斷絕. 若與明交易, 我兩國均有利益. 今復易其辭云, 人參無用, 明國已絕往來, 無物充價, 何以爲市. 若果與明斷絕, 即每觔銀止一兩, 豈肯相強. 然與明斷絕之言, 實乃相欺之語耳. 我國屢獲漢人, 告我甚悉爾之欺誑甚明, 八也. 若謂旅順新破, 貨物稀少, 稍延時日, 猶覺近理. 今觀來書, 言兩國通市已絕, 此皆爾甘心結怨, 永相決絕之意. 况烏喇與我瓦爾喀, 由爾會寧地方持敕, 市買紬布·牛隻等物, 是皆爾國所產, 豈由明國來耶. 以常市之會寧, 而今不許開市, 實爾國之變更, 九也. 棄請還之義州, 而新築七城, 豈非欲與我搆兵乎. 十也. 若果禍結兵連, 何必攻新築七城. 東海以西, 義州以東, 各路進兵, 孰得而禦之. 王不過避居島中而已. 土地人民, 豈能全挈以行. 無土地, 無人民, 何以爲王. 蓋王者民之父母, 當拯黎元於塗炭, 登之袵席. 爾乃以太平樂業之民, 甘心使罹於兵革, 不識何意. 無乃似漢獻帝柔懦, 不能勝左右大臣耶. 無乃偏信明國, 而獨仇我國耶. 若與我爲仇, 勢必結怨搆兵, 則我欲加於明國者, 爾當任之, 然此事實非易, 易諒爾亦弗能也. 予非過爲矜誇, 但直言衷曲. 請執此書, 以爲後驗. 予惟慮他國聞之, 不知爾之藏慝變盟, 將謂予已和復仇, 反以無信目我也.

이전에 맹약을 맺었을 때 너희에게 명나라와 왕래를 끊으라고 했는데 너희가 말하기를 "어찌 명나라와 관계를 끊겠습니까? 명나라와 교역하면 우리 양국 모두에게 이익이 있을 것입니다."라고 했다. 지금 다시 그 말을 바꾸어 이르기를 "인삼은 쓸모가 없고 명나라는 이미 왕래를 끊었으며 값을 치를 물건이 없는데 어찌 교역하겠습니까?"라고 했다. 만약 정말 명나라와 관계를 끊었다면 1근에 겨우 은 1냥이라도 어찌 강요하겠는가? 그러나 명나라와 관계를 끊었다는 말은 사실 기만하는 말일 뿐이다. 우리나라가 누차 한인을 잡을 때마다 우리에게 자세히 고하기를 너희가 속이고 기만하는 것이 매우 명백하다고 했다. 이것이 여덟째이다. 만약 여순이 새로이 함락되어 재물이 극히 적어 시일이 조금 늦추어졌다고 한다면 오히려 이치에 가깝다고 생각했을 것이다. 지금 보내온 서신을 보니 양국의 통상이 이미 끊겼다고 하는데 이는 모두 너희가 기꺼이 원한을 맺고 영원히 서로 단절할 뜻을 결의한 것이다. 하물며 울라와 우리의 와르카가 너희 회령 지방으로부터 칙서를 가져와서 명주와 포·소 등의 물건을 교역했다. 이는 모두 너희 나라에서 생산되는 것인데 어찌 명나라에서 왔다고 하는가? 평소에 교역하던 회령에서 지금은 개시를 불허하고 있으니 너희 나라가 바꾼 것이다. 이것이 아홉째이다. 돌려 달라고 하던 의주를 버리고 새로 7개의 성을 축성했으니 어찌 우리와 전쟁하고자 하는 것이 아니겠는가? 이것이 열째이다.

만약 불화를 일으켜 전쟁이 연이어 일어난다면 새로 쌓은 7개 성을 공격할 필요가 있겠는가? 동해의 서쪽, 의주의 동쪽 각 방면으로 진격하면 누가 막을 수 있겠는가? 왕은 섬에 숨어 들어가게 될 뿐이다. 토지와 인민을 어찌 모두 데리고 갈 수 있겠는가? 토지도 없고 인민도 없다면 어찌 왕이라 하겠는가? 무릇 왕이 된 자는 백성의 부모이니 마땅히 백성을 도탄에서 구원해서 안정시켜야 한다. 너는 평화롭게 생업에 종사하는 백성들을 기꺼이 병화에 빠트리니 무슨 뜻인지 알 수 없다. 한나라의 헌제(獻帝)가 유약하여 좌우의 대신을 이겨 내지 못한 것과 어찌 같지 않겠는가? 어찌 명나라만을 편협하게 믿고 오직 우리나라와 원수가 되려 하는가? 만약 우리와 원수가 되면 그 형세가 분명 원한을 맺어 전쟁이 일어날 것이니 곧 우리가 명나라에 하고자 한 것을 너희가 감당해야 할 것이다. 그러나 이 일은 실로 쉽지 않으니 너희도 할 수 없다는 것을 쉽게 짐작할 수 있다. 내가 지나치게 허세를 부리는 것이 아니라 다만 간절한 마음을 직언하는 것이다. 이 서신을 가지고 나중에 시험해 보라. 나는 단지 다른 나라가 이 소식을 듣고 너희가 맹약을 저버린 것을 숨긴 것은 알지 못하고 내가 이미 화친하고도 보복했다며 도리어 불신의 눈으로 나를 볼까 염려될 뿐이다.」

又一書曰, 覩王來書, 言市事已絕. 然兩國和好, 不相通市, 於理弗宜. 故遣英俄爾岱達意, 諸凡議論, 悉令英俄爾岱口傳.

또 한 통의 서신에서 말했다. 「왕이 보내온 서신을 보니 교역은 이미 단절되었다고 했다. 그러나 양국이 화호했는데 서로 교역하지 않는 것은 이치에 맞지 않는다. 이에 잉굴다이를 보내 뜻을 전달하니 여러 의논들은 모두 잉굴다이에게 구두로 전달하게 하라.」

○ 是日, 遣金玉奎·盧可用, 還廣鹿島, 與明副將尙可喜書曰, 滿洲國皇帝致書尙將軍暨諸將. 諸凡情事, 前書已悉, 將軍與諸將, 可速爲籌度即來歸我. 儻荷天祐大事克成, 功名富貴, 皆可圖也. 機會一失, 悔之何及. 幸無猶豫, 速賜回音.

○ 이날 김옥규(金玉奎)와 노가용(盧可用)을 광록도(廣鹿島)로 돌려보내고 명나라의 부장 상가희에게 서신을 보내 말했다. 「만주국 황제가 상가희 장군과 여러 장수들에게 서신을 보낸다. 여러 정황은 이전의 서신으로 이미 알고 있다. 장군과 여러 장수들은 속히 계책을 세워 곧 우리에게 내귀하라. 하늘의 도움을 입어 대업을 이루면 공명과 부귀를 모두 도모할 수 있다. 기회를 한 번 잃으면 후회한들 무슨 소용이 있겠는가? 행여나 망설이지 말고 속히 답신을 보내라.」

○ 丁未, 諭曰, 從前滿洲擒獲姦細, 如姦細攜有財物, 以三分之二入官, 即以一分給擒獲之人. 嗣後滿洲有擒獲姦細者, 不論有無財物, 俱賞銀十兩.

○ 정미일(11.19), 유시했다. "종전에 만주인이 첩자를 사로잡았을 때 첩자가 재물을 가지고 있으면 3분의 2는 관으로 들이고 나머지 3분의 1은 잡아 온 자에게 주었다. 이후에는 만주인이 첩자를 사로잡았을 때 재물의 유무와 상관없이 모두 상으로 은 10냥을 주어라."

○ 戊申, 遣季思哈·吳巴海率官八員, 兵三百人, 往征朝鮮接壤之虎爾哈部落. 諭曰, 茲命爾等往征朝鮮接壤之國, 及島中餘孽, 爾等至彼, 如所獲充足則已, 否則量力再取. 隨征新人, 有兄弟親戚者, 勿令獨往, 必遣兵同行. 爾等如止以俘獲爲念, 聽信讒言, 害及無辜降人, 致令已順已獲之人, 復叛逃而去. 即將該管將領, 照姦淫婦女例治罪, 所俘婦女, 當擇謹厚之人守護. 若有姦淫事覺, 領兵固山額眞, 與姦淫之人, 俱從重治罪. 其無夫之婦, 各將卒分領看守. 其餘皮張等物, 不許分給, 收於公處. 至將領士卒身欲休息, 止許弛弓晝寢, 昏夜不可怠忽, 務擐甲上弦. 將俘獲人等, 嚴加巡邏. 能遵令行者論功, 違令亂行者坐罪. 其八貝勒家人遇用兵處, 皆令入伍, 聽調遣. 凡所俘獲, 令各自立營, 以無父母之子女, 分給守視. 查檢時, 勿論貝勒家人, 一概嚴加查檢. 爾領兵諸將, 宜朝夕嚴飭軍士, 不許任意乘馬. 馬正行時, 勿飲以水, 恐致生病, 駐營時, 須散放滾塵, 先令食草, 後飲以水. 至寧古塔·喇發二處人, 可分爲三, 以一分隨征, 以二分留守. 兀扎喇部落編戶人等, 亦令隨征. 伊等有所俘獲, 任其自取, 若無俘獲, 又無妻室者, 爾等當給與妻室, 其男子, 分給爾等養之.

○ 무신일(11.20), 기스하(gisha, 季思哈)[6]와 우바하이(ubahai, 吳巴海)

6 기스하: gisha, 季思哈. ?-1638. 우수(usu, 烏蘇) 씨. 만주정백기 소속이었으나 후에 양백기로 소속을 바꾸었다. 동해여진 와르카 馮佳屯에서 대대로 거주하다가

를 보내 관원 8명과 병사 300명을 이끌고 조선과 접경하고 있는 후르카 부락을 정벌하게 하고 유시했다. "지금 너희에게 조선과 접경한 나라와 섬 안의 잔당들을 정벌하도록 명하니 너희는 그곳에 가서 포획한 것이 충분하면 그만두고 그렇지 않다면 힘을 헤아려 다시 취하라. 정벌에 종군하는 새로 편입된 사람들은 형제와 친척이 있는 경우 혼자 가게 하지 말고 반드시 병사를 파견해 함께 가게 하라. 너희가 단지 노획만을 생각하여 이간질하는 말을 믿고 무고한 투항민에게 해를 끼쳐 이미 투항하거나 이미 사로잡은 사람들이 다시 배반하고 도망가도록 만든다면 해당 관할 장령을 부녀자를 간음한 정례(定例)에 따라 치죄한다. 노획한 부녀자는 성실한 사람을 골라 지키게 해야 한다. 만약 간음한 일이 발각되면 병사를 통솔하는 구사어전과 간음한 사람 모두 중죄(重罪)로 다스린다. 남편이 없는 부녀자는 각각 장졸들이 분담하여 감시하라. 나머지 가축 등의 물건들은 나누어 주는 것을 불허하고 공처(公處)로 거두어들여라. 장령들과 사졸들이 몸을 쉬고자 하면 다만 활시위를 풀고 낮잠 자는 것만을 허용한다. 어두운 밤에는 긴장을 늦추어서는 안 된다. 힘써서 갑옷을 입고 활시위를 당기고 있으라. 노획한 사람들을 엄격하게 순찰하라. 능히 명령을 좇아 행한 자는 공을 논할 것이고 명령을 위반하고 망령되이 행동한 자는 죄로 다스릴 것이다. 여덟 버일러의 가인(家人)들은 병사를 써야 할 곳이 생기면 모두 대오에 편입시켜 동원하라. 무릇 노획한 자들을 각자 영(營)을 세우게 하고 부모가 없는 자녀들은 팔가(八家)에 나누어 주어 지키게 하라. 조사할 때에는 버일러의 가인(家人)인지를 따지지 말고 모두 엄격하게

조상이 울라 부에 투항했다. 기스하는 1616년 누르하치에게 귀순하여 니루어전에 임명된 후 동해여진과 조선 공격에 참전해서 공적을 세웠고 吏部參政을 역임했다. 劉楠, 穆崟臣, 「滿洲八旗參領季思哈事跡考」, 『渤海大學學報』(哲學社會科學版), 2017, 제2기, pp.44-48.

조사하라. 병사를 통솔하는 너희 장수들은 조석으로 엄격히 군사들을 신칙해야 하며 마음대로 말을 타서는 안 된다. 말이 가고 있을 때는 물을 먹이지 말라. 병이 생길지도 모른다. 군영에 주둔할 때에는 반드시 풀어놓고 먼지를 털어 주고 먼저 풀을 먹인 다음에 물을 먹여라. 닝구타와 라파 두 곳의 사람을 3분하여 3분의 1은 종군하고 3분의 2는 남아서 지키게 하라. 우잘라 부락의 호(戶)로 편제한 사람들 역시 종군하게 한다. 그들이 노획한 것이 있으면 그들이 가지게 하고, 노획한 것이 없고 또한 아내가 없으면 아내를 주어라. 그 남자는 너희에게 나누어 줄테니 보살펴라.」

○ 以賈參將製火藥有功, 賞貂裘·羔裘各一, 緞二, 青布十.

○ 가 참장(賈參將)이 화약을 제조한 공이 있다 하여 상으로 담비가죽옷·새끼양 가죽옷 1벌씩, 비단 2필·모청포 10필을 내렸다.

○ 辛亥, 辰刻, 上與大貝勒代善, 及諸貝勒, 率每旗一纛額眞, 每甲喇一旗長, 每牛彔四護軍, 行獵於葉赫地方.

○ 신해일(11.23), 진시(辰時)에 주상이 대버일러 다이샨 및 여러 버일러들과 함께 구사마다 독어전(纛額眞) 1명, 잘란마다 기장(旗長) 1명, 니루마다 호군(護軍) 4명을 이끌고 여허 지방으로 수렵을 갔다.

○ 是日, 下令, 禁毋諠譁, 毋擾屯民, 毋取田間柴草.

○ 이날 명을 내려 시끄럽게 떠들지 말고, 촌민들을 침범하지 말고, 밭에 있는 땔감용 풀을 취하지 말라고 금했다.

○ 癸丑, 上駐蹕開原, 濟農額駙瑣諾木出城十里來迎, 請上幸其第, 具筵以獻. 上以貂裘賜哈達公主.

○ 계축일(11.25), 주상이 개원에 머무르고 있었는데 지농 어푸 소놈이 성을 나와 10리 밖에서 맞이했다. 주상에게 그의 집으로 행차할 것을 청하여 연회를 갖추어 바쳤다. 주상이 담비가죽옷을 하다 공주에게 하사했다.

○ 是夕, 諭隨獵大臣 · 官員 · 軍士等曰, 凡行獵處, 有擅入圍中者, 貝勒, 罰良馬一匹, 甲喇額眞, 罰銀十五兩, 旗長, 罰銀十兩, 閒散人, 罰銀九兩. 離伍退後者, 與入圍同罪. 遇榛葦而規避不入者, 亦罪之. 見野豕成羣, 不驅入圍內, 而向外逐射者, 亦罪之. 見猛獸在易射之地, 則往告貝勒. 在險地, 則令原派勞薩等入捕之, 其餘閒散廝卒, 宜令在後. 有射中麞鹿, 帶箭走入圍中者, 卽告於所在貝勒, 准其追尋. 不告而私尋者, 罪之.

○ 이날 저녁 수렵에 따라간 대신과 관원 · 군사들에게 유시했다. "수렵하는 곳에서 포위망 안에 함부로 난입하는 경우 버일러는 좋은 말 1마리, 잘란어전은 벌은 15냥, 기장(旗長)은 벌은 10냥, 한산인(閑散人)은 벌은 9냥을 부과한다. 대오를 이탈하여 뒤처진 경우 포위망에 들어간 것과 같은 죄에 처한다. 덤불과 갈대를 마주하여 눈치만 보고 피하고 들어가지 않는 자 역시 죄를 묻는다. 멧돼지가 무리를 이루고

있는 것을 보고도 포위망 내로 몰지 않고 밖으로 쫓으며 활을 쏘는 경우 역시 죄에 처한다. 맹수가 쉽게 활을 쏠 수 있는 곳에 있는 것을 보면 곧 버일러에게 가서 알려라. 위험한 곳에 있다면 곧 원래 파견한 로오사 등에게 명하여 들어가 잡게 하고 나머지 한산(閑散) 쿠툴러[7]들은 뒤에 있게 한다. 활을 쏘아 사슴을 맞혔는데 사슴이 화살에 맞은 채 포위망으로 들어간 경우 그곳에 있는 버일러에게 고하여 쫓아가 찾는 것을 허락한다. 고하지 않고 사사로이 찾는 자는 죄에 처한다."

十二月, 己未朔.

○ 12월 기미일 초하루(12.1).

○ 辛未, 上還宮. 以行獵時, 額爾克楚虎爾貝勒多鐸, 率所部人立後, 不相聯絡, 罰馬一. 又墨爾根戴青貝勒多爾袞 · 貝勒豪格, 一任從獵人, 在後行走, 不行稽察, 亦各罰馬一.

○ 신미일(12.13), 주상이 환궁했다. 수렵할 때에 어르커 추후르 버일러 도도가 속하의 사람들을 이끌고 뒤에 서서 서로 연락을 하지 않았다 하여 벌로 말 1마리를 부과했다. 또한 미르건 다이칭 버일러 도르곤과 버일러 호오거는 수렵을 따르는 사람들에게 일임하고 뒤에서

---

7 원문의 '廝卒'은 팔기의 말관리인 쿠툴러(kutule)를 뜻한다. 이 부분의 『내국사원당』 만문기록은 'garin(sula) kutule'이다. garin은 '허드렛일을 하는 노비'를 의미하고 sula는 '閑散'이므로 전체는 "무기가 없이 빈손으로 있는 쿠툴러"를 의미한다. 『內國史院檔 天聰七年』, p.187 참조.

가면서 제대로 살피지 않아 역시 벌로 말 1마리씩 부과했다.

○ 阿祿部落台吉達喇海來朝，獻駝馬，酌納之.

○ 아루 부락 타이지 달라하이(dalahai, 達喇海)가 내조하여 낙타와 말을 바치니 헤아려 받았다.

○ 壬申，明千總朱得明，攜五人，自皮島來歸，賜以妻室・僕人・馬・牛・驢・騾・裘・衣服・房屋. 其五人亦各給妻室・奴僕・衣服，俱付正黃旗章京喀喇養之.

○ 임신일(12.14), 명나라의 천총 주득명(朱得明)이 5명을 데리고 피도(皮島)에서 내귀해 와서 처・노복・말・소・나귀・낙타・가죽옷・의복・집을 하사했다. 그 5명 또한 각각 처・노복・의복을 주고 모두 정황기 장긴 카라(kara, 喀喇)에게 주어 보살피도록 했다.

○ 賜阿祿部落台吉達喇海甲胄・雕鞍・緞布・銀器等物.

○ 아루 부락의 타이지 달라하이에게 갑옷과 투구・조각한 안장・비단과 면포・은그릇 등의 물품을 하사했다.

○ 庚辰，賜雲敦・阿玉石台吉，莽古思塔布囊，單把等，銀各五十兩，竝雕鞍・鞓帶・銀器・猞狸猻裘等物.

○ 경진일(12.22), 욘돈(yondon, 雲敦) · 아유시(ayusi, 阿玉石) 타이지, 망구스(manggūs, 莽古思) 타부낭, 샴바(šamba, 單把) 등에게 각각 50냥의 은과 조각한 안장 · 가죽띠 · 은그릇 · 스라소니가죽옷 등의 물품을 하사했다.

○ 甲申, 上親臨, 視正黃旗固山額眞總兵官楞額禮疾.

○ 갑신일(12.26), 주상이 친히 정황기 구사어전 총병관 렁거리의 병문안을 갔다.

○ 是日, 土謝圖汗奧巴之子台吉巴達禮, 以賜號土謝圖濟農, 偕其叔扎薩克圖杜稜來謝恩. 上率大貝勒代善, 及諸貝勒, 至五里外演武場迎之. 時阿祿部落杜稜濟農來朝, 與土謝圖濟農等遇, 遂偕來謁上. 上御座, 命大貝勒代善坐於側, 諸貝勒列坐. 來朝貝勒遙望分列, 行三跪九叩頭禮, 土謝圖濟農進前復跪, 行抱見禮, 上起答之. 上因思其父土謝圖汗, 慘惻淚下, 列坐貝勒 · 大臣, 皆悲愴垂涕. 嗣土謝圖濟農, 抱見代善, 隨與諸貝勒以齒序相見. 次杜稜濟農 · 扎薩克圖杜稜, 近上前行抱見禮, 見代善及諸貝勒禮, 亦如之. 次班第衛徵朝見, 見畢衆皆退立班次. 土謝圖濟農率桑噶爾寨, 進前復跪, 令桑噶爾寨, 請上安. 上命塔布囊達雅齊答曰安, 亦致問土謝圖濟農畢. 土謝圖濟農以所攜酒餚獻上, 竝獻駝馬雕鞍貂裘等物. 扎薩克圖杜稜 · 台吉色本 · 墨爾根, 阿祿部落杜稜濟農 · 班第衛徵 · 達爾漢巴圖魯塞冷 · 台吉兀爾瞻 · 喇嘛斯希, 與巴圖伊爾登 · 布喇代 · 滿圖西 · 楮揚查薩克 · 塞桑吳巴什 · 桑噶爾寨, 及扎薩克圖杜稜之子台吉拜思噶爾, 各進獻駝馬貂皮等物, 上酌納之. 大宴畢, 入城.

○ 이날 투시예투 칸 오오바의 아들 타이지 바다리에게 투시예투 지농 칭호를 하사하니 그 숙부 자삭투 두령과 함께 와서 사은했다. 주상은 대버일러 다이샨 및 여러 버일러들을 이끌고 5리 밖 연무장에 가서 그들을 맞이했다. 그때 아루 부락의 두령 지농이 내조하여 투시예투 지농 등과 만나 함께 와서 주상을 알현했다. 주상은 어좌에 앉아 대버일러 다이샨을 옆에 앉게 하고 여러 버일러들을 열 지어 앉게 했다. 내조한 버일러들은 멀리서 주상을 바라보며 나누어 정렬해 삼궤구고두의 예를 행하고 투시예투 지농이 앞으로 나아가 다시 무릎 꿇고 포견례(抱見禮)를 행하자 주상이 일어나 답례했다. 주상은 투시예투 지농의 부친 투시예투 칸[8]이 생각나 비통해하며 눈물을 흘렸다. 정렬하여 앉은 버일러와 대신들도 함께 슬퍼하며 눈물을 쏟았다. 그 후 투시예투 지농은 다이샨과 포옹하며 인사했고 뒤이어 여러 버일러들이 연배에 따라 서로 만났다. 다음으로 두령 지농과 자삭투 두령이 주상의 앞에 가까이 가서 포견례를 행하였고 다이샨 및 여러 버일러들과 만나는 예 역시 이와 같았다. 다음으로 반디 워이정(bandi weijeng, 班第衛徵)이 알현했다. 알현을 마치자 무리들이 모두 물러나 반차(班次)에 따라 섰다. 투시예투 지농은 상가르자이를 이끌고 다시 주상의 앞에 나아가 무릎 꿇고 상가르자이로 하여금 주상의 안부를 묻게 했다. 주상은 타부낭 다야치(tabunang dayaci, 塔布囊達雅齊)로 하여금 편안하다고 대답하게 하고 마찬가지로 투시예투 지농에게 안부를 물었다. 안부 인사를 마치자 투시예투 지농은 가져온 술과 안주를 주상에게 올렸다. 아울러 낙타·말·조각한 안장·담비가죽옷 등의 물건을 헌상했다. 자삭투 두령·타이지 서분과 머르건, 아루 부락의 두령 지농·반디 워이정·다르한 바투루 서렁·타이지 우르잔(urjan, 兀爾瞻)·라

8 오오바를 가리킨다.

마스히(lamashi, 喇嘛斯希)와 바투 일덩·부라다이(buradai, 布喇代)·만투시(mantusi, 滿圖西)·초얀 자삭(coyan jasak, 楮揚查薩克)·자이상 우바시·상가르자이·자삭투 두렁의 아들 타이지 바이스갈이 각각 낙타·말·담비가죽 등의 물건을 바쳤다. 주상이 헤아려 받았다. 큰 연회를 마치고 성으로 들어갔다.

○ 乙酉, 賜台吉和尼齊, 與哈談巴圖魯甲胄·雕鞍·緞布等物.

○ 을유일(12.27), 타이지 호니치(honici, 和尼齊)와 하탄 바투루에게 갑옷과 투구·조각한 안장·비단과 면포 등의 물건을 하사했다.

○ 是日, 召科爾沁國土謝圖濟農巴達禮·扎薩克圖杜稜, 阿祿部落杜稜濟農, 三貝勒進宮, 賜宴.

○ 이날 코르친국의 투시예투 지농 바다리·자삭투 두렁, 아루 부락의 두렁 지농 세 버일러를 궁으로 불러 잔치를 베풀었다.

○ 丙戌, 都元帥孔有德·總兵官耿仲明來朝.

○ 병술일(12.28), 도원수 공유덕과 총병관 경중명이 내조했다.

○ 賜大凌河歸降副將祖可法·祖澤潤·祖澤洪·韓大勳·孫定遼·鄧長春·張存仁·陳邦選·李雲·曹恭誠·裴國珍等, 貂鑲朝衣各一.

○ 대릉하에서 투항한 부장 조가법(祖可法)·조택윤(祖澤潤)·조택홍(祖澤洪)·한대훈(韓大勳)·손정요(孫定遼)·등장춘(鄧長春)·장존인(張存仁)·진방선(陳邦選)·이운(李雲)·조공성(曹恭誠)·배국진(裵國珍) 등에게 담비가죽을 두른 조의를 각 1벌씩 하사했다.

○ 丁亥, 賜都元帥孔有德·總兵官耿仲明, 貂鑲朝衣·貂帽·黃皮韡.

○ 정해일(12.29), 도원수 공유덕과 총병관 경중명에게 담비가죽을 두른 조의(朝衣)·담비가죽 모자·황색 가죽 신발을 하사했다.

천총 8년

권17

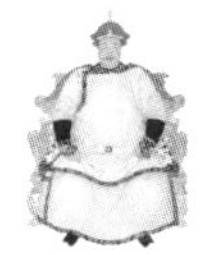

천총 8년 정월 ~ 2월

天聰八年, 甲戌, 春正月, 戊子朔, 寅刻, 上率諸貝勒·大臣, 謁堂子, 望天焚楮, 行禮還宮. 拜神畢, 上御殿, 命大貝勒代善坐右側, 以都元帥孔有德·總兵官耿仲明輸誠歸順, 命與八和碩貝勒同列行止, 與俱有德·仲明, 辭曰, 如此洪恩, 已不克承, 何敢與諸貝勒同列. 上命勿辭, 諸貝勒遂率有德·仲明於第一班行禮, 上命列坐左右. 於是科爾沁國土謝圖濟農巴達禮, 率本部諸貝勒, 敖漢部落濟農額駙瑣諾木, 率察哈爾·喀爾喀諸貝勒, 阿祿部落杜稜濟農, 率本部諸貝勒, 阿祿俄木布達爾漢卓禮克圖, 率本部諸貝勒, 喀喇沁部落塔布囊寨冷, 率本部衆塔布囊, 以次行禮. 次八旗總兵副將楊古利·達爾哈·葉克書·阿山·葉臣·伊爾登·篇古·色勒, 及管舊漢兵蒙古總兵官石廷柱·吳訥格, 各照旗分次第, 率所屬衆官行禮畢. 上詣董鄂公主第拜之, 又詣大貝勒代善第拜之, 以代善兄, 行有加禮, 代善令其子碩託跪, 奏曰, 上恩優渥, 臣無以報, 惟願上富壽多男, 一統天下, 永享太平. 上曰, 此言誠足爲福也, 敢拜受. 又詣哈達公主第拜之還. 殿前張黃幄, 上坐幄內, 代善及濟農額駙·杜稜濟農, 奈曼部落袞出斯巴圖魯坐於右側, 土謝圖濟農·扎薩克圖杜稜·塔賴達爾漢貝勒坐於左側.

其餘蒙古諸貝勒依次列坐, 設樂舞, 大宴.

○ 천총 8년 갑술년 봄 정월 무자일 초하루(1.1), 인시(寅時)에 주상이 버일러들과 대신들을 이끌고 당자에 배례하여 하늘을 바라보고 종이를 태웠다. 예를 행하고 환궁했다. 신에게 배례한 후 주상은 전(殿)에 들어 대버일러 다이샨에게 오른쪽 옆에 앉게 했다. 도원수 공유덕과 총병관 경중명이 투항해 귀순했다 하여 8명의 호쇼이 버일러와 같은 서열로 행례하게 하자 공유덕과 경중명이 모두 사양하여 말했다. "이러한 큰 은혜는 감당할 수 없습니다. 어찌 감히 버일러들과 같은 서열에 들겠습니까?" 주상이 사양하지 못하게 하자, 여러 버일러들이 마침내 공유덕과 경중명을 이끌고 첫 번째 서열로 예를 행하였다. 주상은 공유덕과 경중명을 좌우에 앉게 했다. 그리고 코르친국 투시예투 지농 바다리가 자신의 부락의 여러 버일러들을 이끌고, 아오한 부락의 지농 어푸 소놈이 차하르와 칼카의 여러 버일러들을 이끌고, 아루 부락의 두렁 지농이 자신의 부락의 여러 버일러들을 이끌고, 아루의 옴부 다르한 조릭투가 자신의 부락의 여러 버일러들을 이끌고, 카라친 부락의 타부낭 서렁이 자신의 부락의 여러 타부낭을 이끌고 차례로 예를 행하였다. 다음으로 팔기 총병 부장 양구리 · 다르한 · 역슈 · 아산 · 여천 · 일던 · 피양구 · 설러와 구한병(舊漢兵)과 몽고를 관할하는 총병관 석정주 · 우너거가 각각 기(旗)에 따라 차례로 소속 관원들을 이끌고 예를 행하는 것을 마쳤다. 주상이 동고 공주의 집에 가서 절했다. 또 대버일러 다이샨의 집으로 가서 절했다. 주상이 다이샨에게 형이라 하여 예를 더하여 행하자[1] 다이샨은 아들 쇼토에게 무릎

1 『내국사원당』에 의하면 대버일러 다이샨에게 세 번 무릎 꿇고 아홉 번 고두했다. 『內國史院檔 天聰八年』, p.4.

꿇게 하고 아뢰었다. "주상의 은혜가 매우 넓고 두터우시니 신이 갚을 길이 없습니다. 오직 원하건대 주상께서 장수하시며 아들을 많이 두시고 천하를 통일하여 영원히 태평을 누리소서." 주상이 말했다. "이 말은 실로 충분히 복됩니다. 감히 어찌 절을 받겠습니까." 또 하다 공주의 집에 가서 절하고 돌아왔다. 전(殿) 앞에 황색 장막을 펼치고 주상이 장막 안에 앉았다. 다이샨과 지농 어부 · 두렁 지농, 나이반 부락의 군추스 바투루가 오른쪽 옆에 앉았고 투시예투 지농 · 자삭투 두렁 · 탈라이 다르한(talai darhan, 塔賴達爾漢) 버일러가 왼쪽 옆에 앉았다. 나머지 몽고 버일러들은 차례에 따라 앉았다. 음악을 연주하고 춤을 추며 크게 잔치를 열었다.

○ 己丑, 集諸貝勒 · 大臣, 及各部落蒙古諸貝勒, 張樂, 設宴. 宴畢, 上諭曰, 科爾沁國土謝圖濟農屬下之巴珠代, 先賜號都喇爾護衛, 其言語明爽, 甚快人意, 間亦當理, 可再以都喇爾達爾漢之號賜之, 仍賜以御用繡面緞裘 · 蟒緞 · 緞布, 聽出入八和碩貝勒家.

○ 기축일(1.2), 버일러들과 대신들, 각 부락의 몽고 버일러들을 모이 음악을 연주하고 연회를 베풀었다. 연회를 마치자 주상이 유시했다. "코르친국 투시예투 지농 속하의 바주다이(bajudai, 巴珠代)에게 이전에 두랄 히야(dural hiya, 都喇爾護衛) 칭호를 하사했다. 그의 말이 밝고 명랑하고 다른 이의 마음을 기쁘게 하며 행동거지 역시 이치에 합당하니 다시 두랄 다르한(dural darhan, 都喇爾達爾漢) 칭호를 하사할 만하다." 또한 주상이 입었던 흉배를 수놓은 가죽옷 · 망단 · 비단과 면포를 하사하고 여덟 호쇼이 버일러의 집에 출입하는 것을 허락했다.

○ 是日, 塔賴・穆章・海薩巴圖魯・綽思熙・達爾漢卓禮克圖・阿玉石・俄爾果多克・瑣諾木達爾漢台吉, 四子部落海薩・塞冷・杜巴・桑噶爾寨・桑袞・車根・俄木布土門達爾漢・土藍・噶爾珠塞特爾・東戴青・內齊・額參特・俄爾博克・喀巴海・根度爾・色本達爾漢巴圖魯・昂阿・馬尼青巴圖魯・桑噶爾寨・喇巴泰・額滕・滿朱習禮・塞冷, 奈曼部落袞出斯巴圖魯・舍伯黑等, 以慶賀元旦, 各獻馬駝・貂皮等物, 上酌納之.

○ 이날 탈라이・무장・하이사 바투루(haisa baturu, 海薩巴圖魯)・초스히(coshi, 綽思熙)・다르한 조릭투・아유시・오르고닥(orgodak, 俄爾果多克)・소놈 다르한 타이지, 사자(四子) 부락의 하이사・서렁・두바(duba, 杜巴)・상가르자이・상군(sanggun, 桑袞)・처건(cegen, 車根)・옴부 투먼 다르한・툴란(tulan, 土藍)・갈주 서터르(galju seter, 噶爾珠塞特爾), 둥 다이칭(dung daicing, 東戴青)・너이치・어선터이(esentei, 額參特)・올복(olbok, 俄爾博克)・카바하이(kabahai, 喀巴海)・건두르(gendur, 根度爾)・서분 다르한 바투루・앙가(angga, 昂阿)・마니 칭 바투루(mani cing batur, 馬尼青巴圖魯)・상가르자이・라바타이(labatai, 喇巴泰)・어텅(eteng, 額滕)・만주시리・서렁, 나이만 부락의 군추스 바투루・서버허이(šebehei, 舍伯黑) 등이 원단(元旦)을 경하하여 각각 말, 낙타, 담비가죽 등의 물건을 바쳤다. 주상이 헤아려 받았다.

○ 庚寅, 塔賴・達爾漢卓禮克圖・車根・杜巴・塞冷・綽思熙・桑噶爾寨・東戴青・內齊・額參特・俄木布・喀巴海・根度爾・達爾漢巴圖魯・青巴圖魯・喇巴泰・額滕・滿朱習禮・塞冷・奈曼袞出斯巴圖魯等, 以慶賀元旦, 具盛筵獻上. 上召進宮, 賜宴.

○ 경인일(1.3), 탈라이 · 다르한 조릭투 · 처건 · 두바 · 서렁 · 초스히 · 상가르자이 · 둥 다이칭 · 너이치 · 어선터이 · 옴부 · 카바하이 · 건두르 · 다르한 바투루 · 칭 바투루 · 라바타이 · 어텅 · 만주시리 · 서렁 · 나이만의 군추스 바투루 등이 설날을 경하한다며 성대한 연회를 갖추어 주상에게 올렸다. 주상이 궁으로 불러서 연회를 베풀었다.

○ 賜衛徵台吉 · 蒙夸達爾漢和碩齊 · 杜稜濟農 · 達爾漢卓禮克圖 · 阿玉石, 甲胄 · 雕鞍 · 貂裘 · 帽韡 · 弓刀 · 銀器 · 緞布等物. 併賞其使臣從役, 各衣服 · 緞布有差.

○ 워이정 타이지 · 몽쿠와 다르한 호쇼치(mongkūwa darhan hošoci, 蒙夸達爾漢和碩齊) · 두렁 지농 · 다르한 조릭투 · 아유시에게 갑옷과 투구 · 조각한 안장 · 담비가죽옷 · 모자와 신발 · 활과 칼 · 은그릇 · 비단과 면포 등의 물건을 하사했다. 그와 함께 사신을 수행하는 이들에게도 각기 옷 · 비단과 면포를 차등 있게 상 주었다.

○ 是日, 上召集外藩各蒙古貝勒, 諭之曰, 爾蒙古諸部落, 向因法制未備, 陋習不除. 今與諸貝勒約, 凡貝勒奪有夫之婦, 配他人者, 罰馬五十匹, 駝五隻. 其納婦之人, 罰七九之數, 給與原夫. 姦有夫之婦, 拐投別貝勒下者, 男婦俱論死, 取其妻子牲畜, 盡給原夫. 如貝勒不執送者, 罰馬五十匹, 駝五隻. 至盔甲 · 綿甲與馬鬃尾無牌印及盔纓 · 纛纓 · 纛幅不遵我國制度者, 俱罪之.

○ 이날 주상이 외번 각 몽고 버일러들을 소집하여 유시했다. "너희 몽고의 여러 부락들은 이전부터 법과 제도가 갖추어지지 않아 고루한

습속을 버리지 못했다. 지금 여러 버일러들과 약조하니, 무릇 버일러가 남편이 있는 부녀자를 빼앗아 다른 사람에게 짝지어 주면 말 50마리, 낙타 5마리로 벌하고 그 부녀자를 맞이한 사람은 63마리로[2] 벌해 원래의 남편에게 지급한다. 남편이 있는 부녀자와 간음하고 다른 버일러 속하로 몸을 의탁하도록 꾀어내는 경우 사내와 부녀자 모두 사형으로 논하고, 그 처자와 가축을 취하여 모두 원래의 남편에게 지급한다. 만약 버일러가 잡아 보내지 않으면 말 50마리과 낙타 5마리로 벌한다. 회갑(盔甲) · 면갑(綿甲) · 말의 갈기와 꼬리에 명패와 인장이 없는 경우, 또한 투구끈 · 독(纛)의 끈 · 독(纛)의 폭에 이르기까지 우리나라의 제도를 따르지 않는 경우는 모두 죄를 준다."

○ 黑龍江地方羌圖里 · 嘛爾干率六姓六十七人來朝, 貢貂皮六百六十八張.

○ 흑룡강 지방의 기양투리(giyangturi, 羌圖里) · 마르간(margan, 嘛爾干)이 6성(姓)의 67명을 이끌고 내조하여 담비가죽 668장을 바쳤다.

○ 癸巳, 先是, 興祖直皇帝子六人. 是爲六祖, 其子孫有官職者, 免其徭役, 無官職者不免. 至是, 上命分別優免之, 長祖德世庫之裔, 吳

---

2 원문은 '七九'이다. 몽골의 관습법에서 가축 9마리를 단위로 하는 벌축(罰畜)이 기본적인 형벌이었다. 청대 몽골법에서도 가축 9마리를 한 세트로 해 죄의 경중에 따라 一九(9마리)에서 九九(81마리)까지 가축을 몰수하는 九論이 기본적인 형벌로 사용되었다. 九論의 한 세트는 말 2마리 · 거세한 소 2마리 · 乳牛 2마리 · 두 살 소 2마리 · 세 살 소 1마리이다. 九論 외에 五論도 있었다. 五論의 한 세트는 거세한 소 1마리 · 乳牛 1마리 · 두 살소 1마리 · 세 살 소 2마리이다.

山·卓爾會·德倍·羅托禮·卓班·凱穆布·薩岱·察翰·勞岱·扎齊喀·喇漢岱·塔漢岱·訥立·鄂爾輝·孫泰·溫泰·譚布·瓦爾喀·布山·席翰·席圖·伊圖·伊爾門·喜福·吳丹, 除本身外, 仍各免三丁. 二祖劉闡之裔, 塔哈布·塔哈納·特思護·塔爾布·額布格·席賴·薩壁翰·科爾坤·葉思護·富喀·公阿, 除本身外, 仍各免三丁, 以朱滿無甲, 除本身外, 仍免二丁. 三祖索長阿之裔, 勞察·布達禮·恭格特·鍾特·阿克善·握赫·佛爾赫·顧爾哈·來穆布·蘇拉圖·他爾圖·克德·庫爾蟾·黃代·拜尹達禮·寧淡·雍科·穆成格·郭科·岳科·格特·布泰·布爾山·阿爾山·邁圖·巴漢·昂阿喇·巴哈塔·額進·祜邁·龍什·祿赫·圖蘭·圖祿·外庫·碩里·藍泰·喀喇·孟特穆·布岱·布爾哈·哈世覃·富喀·碩塞·錫爾門·格禮·商鑑·牛旺堅·杜什·薩穆哈圖·喇塞·郎球·索尼·和尼·鄂岳·要覽·碩博會·碩羅·碩里喀·哈思祜·妥鈕·裘蘭·姚塔·羅德格·阿哈尼堪·碩塔·顏諸·鄂謨諾·富克他喇·金塔喇·穆臣·圖陳·達布篤禮·鐸郎阿·溫泰諸·西伯圖·克錫圖·額伯圖·克布圖·朱孔格·塔他布·赫塞·巴蘭·色翰·普爾噴·海蘭·雅布蘭·馬星阿·鄂星阿·薩哈爾察·布爾吉·阿爾海·巴布賴·喀喇·班布·羅碩·握赫·羅薩·夬達·布克達庫·阿度·魯得·奧哈·花善·貴和鐸·瑙得·索得·吳班·吳喇納·克春·莽吉圖, 除本身外, 仍各免三丁. 景祖翼皇帝之裔, 噶布喇·伊賴·脫穆多理·額爾德·額塞·阿拉密·阿賽·阿濟賴·習賴·脫特退·葉木濟·穆成格·何特·莽嘉·噶思哈·席漢, 除本身外, 仍各免三丁. 以馬爾漢·馬福塔二人無甲, 除本身外, 仍各免二丁. 五祖包朗阿之裔, 撒哈席庫·機爾塔席庫·吳壩席庫·蘇達喇·吳習譚·薩哈璉·郭河齊·蘇達喇之子穆成格·機爾塔席庫之子穆成格, 除本身外, 仍各免三丁. 六祖寶實之裔, 馬克達·

屯布祿・代尹柱・喀蒙愛・阿爾布・昂古・琫愛・羅託理, 除本身外, 仍各免三丁. 凡與父同居者, 止免本身.

○ 계사일(1.6), 이전에 흥조직황제(興祖直皇帝)[3]는 아들이 6명이었다. 이들이 육조(六祖)[4]로서, 그 자손 중 관직이 있는 자는 요역을 면해 주고 관직이 없는 자는 면해 주지 않았었다. 이때에 주상이 분별하여 후히 면해 주도록 명했다.

장조(長祖) 더시쿠(desikū, 德世庫)의 후예는 우산(usan, 吳山)・조르호이(jorhoi, 卓爾會)・더버이(debei, 德倍)・로토리(lotori, 羅托禮)・조오반(jooban, 卓班)・카임부(kaimbu, 凱穆布)・사다이(sadai, 薩岱)・차하(caha, 察翰)・로다이(lodai, 勞岱)・자치카(jacika, 扎齊喀)・나가다이(nagadai, 喇漢岱)・타하다이(tahadai, 塔漢岱)・너러이(nerei, 訥立)・오로호이(orohoi, 鄂爾輝)・손타이(sontai, 孫泰)・온타이(ontai, 溫泰)・탐부(tambu, 譚布)・와르카(warka, 瓦爾喀)・부산(busan, 布山)・시한(sihan, 席翰)・시투(situ, 席圖)・이투(itu, 伊圖)・일먼(ilmen, 伊爾門)・히퍼(hife, 喜福)・우단(udan, 吳丹)으로, 본인의 요역을 면제해 주는 것 외에도 각각 장정 3명분의 요역을 면제했다.

이조(二祖) 리오찬(liocan, 劉闡)의 후예는 타하부(tahabu, 塔哈布)・타하나(tahana, 塔哈納)・터스후(teshū, 特思護)・타르부(tarbu, 塔爾布)・어부건(ebugen, 額布格)・시라이(sirai, 席賴)・사비간(sabigan, 薩璧翰)・코르콘(korkon, 科爾坤)・여스후(yeshu, 葉思護)・푸카(fuka, 富喀)・궁가(gungga, 公阿)로, 본인의 요역을 면제해 주는 것 외에 각각

3　興祖直皇帝는 누르하치의 증조부 푸만(fuman, 福滿)이다.

4　육조는 누르하치의 할아버지 형제들인 더시쿠(desikū, 德世庫), 리오찬(liocan, 劉闡), 소오창가(soocangga, 索長阿), 기오창가(giocangga, 覺昌安), 보올랑가(boolangga, 包朗阿), 보오시(boosi, 寶實)이다.

장정 3명분의 요역을 면제했다. 주만(juman, 朱滿)은 갑병이 없다 하여 본인의 요역을 면제해 주는 것 외에 장정 2명분의 요역을 면제했다.

삼조(三祖) 소오창가(soocangga, 索長阿)의 후예는 로차(loca, 勞察)·부다리(budari, 布達禮)·궁거터이(gunggetei, 恭格特)·종토이(jongtoi, 鍾特)·악샨(akšan, 阿克善)·워허(wehe, 握赫)·퍼르허(ferhe, 佛爾赫)·굴하(gūlha, 顧爾哈)·라임부(laimbu, 來穆布)·수라투(suratu, 蘇拉圖)·타르투(tartu, 他爾圖)·커더이(kedei, 克德)·쿠르찬(kūrcan, 庫爾蟾)·후왕다이(hūwangdai, 黃代)·바인다리(baindari, 拜尹達禮)·닝단(ningdan, 寧淡)·용코이(yongkoi, 雍科)·무청거(mucengge, 穆成格)·고코(goko, 郭科)·요코이(yokoi, 岳科)·거터이(getei, 格特)·부타이(butai, 布泰)·부르산(bursan, 布爾山)·아르산(arsan, 阿爾山)·마이투(maitu, 邁圖)·바하(baha, 巴漢)·앙가라(anggara, 昂阿喇)·바하타(bahata, 巴哈塔)·어진(ejin, 額進)·구마이(gūmai, 祜邁)·룽시(lungsi, 龍什)·루거이(lugei, 祿赫)·툴란(tulan, 圖蘭)·투루(turu, 圖祿)·와이쿠(waiku, 外庫)·숄리(šoli, 碩里)·란타이(lantai, 藍泰)·카라(kara, 喀喇)·멍터무(mengtemu, 孟特穆)·부다이(budai, 布岱)·부르하(burha, 布爾哈)·하시타(hasita, 哈世覃)·푸카(fuka, 富喀)·쇼서(šose, 碩塞)·실먼(silmen, 錫爾門)·거리(geri, 格禮)·샹기얀(šanggiyan, 商鑑)·니오왕기얀(niowanggiyan, 牛旺堅)·두시(dusi, 杜什)·삼하투(samhatu, 薩穆哈圖)·라서(lase, 喇塞)·랑키오(langkio, 郎球)·소닌(sonin, 索尼)·호닌(honin, 和尼)·오요(oyo, 鄂岳)·요올란(yoolan, 要覽)·쇼보호이(šobohoi, 碩博會)·쇼로(šoro, 碩羅)·숄리카(šolika, 碩里喀)·하스후(hashū, 哈思祜)·토니오(tonio, 妥鈕)·키올란(kiolan, 裘蘭)·요오타(yoota, 姚塔)·로더커(lodeke, 羅德格)·아하니칸(ahanikan, 阿哈尼堪)·쇼타(šota, 碩塔)·얀주(yanju, 顏諸)·오모투(omotu, 鄂謨諾)·푹탈라(fuktala, 富克他喇)·긴탈라(gintala, 金塔喇)·무천(mucen, 穆臣)·투천(tucen, 圖陳)·탑두리(tabduri, 達布篤禮)·도올랑가(doolangga, 鐸

郎阿)·온타이주(ontaiju, 溫泰諸)·시버투(sibetu, 西伯圖)·커시투(kesitu, 克錫圖)·업투(ebtu, 額伯圖)·컵투(kebtu, 克布圖)·주쿵거(jukungge, 朱孔格)·타타부(tatabu, 塔他布)·허서(hese, 赫塞)·바란(baran, 巴蘭)·서한(sehan, 色翰)·푸르푼(purpun, 普爾噴)·하일란(hailan, 海蘭)·야불란(yabulan, 雅布蘭)·마싱가(masingga, 馬星阿)·오싱가(osingga, 鄂星阿)·사할차(sahalca, 薩哈爾察)·부르기(burgi, 布爾吉)·아르하이(arhai, 阿爾海)·바불라이(babulai, 巴布賴)·카라(kara, 喀喇)·밤부(bambu, 班布)·로쇼(lošo, 羅碩)·워허(wehw, 握赫)·로오사(loosa, 羅薩)·쿠와이다(kūwaida, 夬達)·북다쿠(bukdakū, 布克達庫)·아두(adu, 阿度)·루더이(ludei, 魯得)·오오하(ooha, 奧哈)·후와샨(hūwašan, 花善)[5]·고이고도(goigodo, 貴和鐸)·우더이(udei, 瑙得)·소타이(sotai, 索得)·우반(uban, 吳班)·울라나(ulana, 吳喇納)·커춘(kecun, 克春)·망기투(manggitu, 莽吉圖)로, 본인의 요역을 면제해 주는 것 외에 각각 장정 3명분의 요역을 면제했다.

경조익황제(景祖翼皇帝)[6]의 후예는 가불라(gabula, 噶布喇)·이라이(irai, 伊賴)·톰도리(tomdori, 脫穆多理)·얼더이(eldei, 額爾德)·어서이(esei, 額塞)·알라미(alami, 阿拉密)·아사이(asai, 阿賽)·아질라이(ajilai, 阿濟賴)·시라이(sirai, 習賴)·토트토이(tottoi, 脫特退)·염지(yemji, 葉木濟)·무청거(mucengge, 穆成格)·후워터(huwete, 何特)·망기야(manggiya, 莽嘉)·가스하(gasha, 噶思哈)·시한(sihan, 席漢)으로, 본인의 요역을 면제해 주는 것 외에 각각 장정 3명분의 요역을 면제했다. 마르간(margan, 馬爾漢)과 마푸타(mafuta, 馬福塔) 2명은 갑병이 없다 하여 본인의 요역을 면제해 주는 것 외에 장정 2명분의 요역을 면

5 만문본 『청태종실록』에는 "hūwašan i jui goigodo"(후와샨의 아들 고이고도)라고 기록되어 있다.

6 景祖翼皇帝는 누르하치의 조부인 기오창가(giocangga, 覺昌安)이다.

제했다.

오조(五祖) 보올랑가(boolangga, 包朗阿)의 후예는 사하시쿠(sahasikū, 撒哈席庫)·길타시쿠(giltasikū, 機爾塔席庫)·우바시쿠(ubasikū, 吳霸席庫)·수달라(sudala, 蘇達喇)·우시단(usidan, 吳習譚)·사할리얀(sahaliyan, 薩哈璉)·고호치(gohoci, 郭河齊)·수달라의 아들 무청거(mucengge, 穆成格)·길타시쿠의 아들 무청거(mucengge, 穆成格)로, 본인의 요역을 면제해 주는 것 외에 각각 장정 3명분의 요역을 면제했다.

육조(六祖) 보오시(boosi, 寶實)의 후예는 막다(makda, 馬克達)·툼부루(tumburu, 屯布祿)·다인주(dainju, 代尹柱)·카뭉가이(kamunggai, 喀蒙愛)·아르부(arbu, 阿爾布)·앙구(anggū, 昂古)·봉고이(bonggoi, 琫愛)·로토리(lotori, 羅託理)로, 본인의 요역을 면제해 주는 것 외에 각각 장정 3명분의 요역을 면제했다. 아버지와 함께 거주하는 자는 본인의 요역만 면제했다.

○ 乙未, 正黃旗固山額眞一等總兵官楞額禮卒. 上欲臨其喪, 諸貝勒勸勿往, 上不允, 遂親臨之, 酹酒者三, 哭之慟, 大貝勒代善及諸貝勒·大臣, 皆隨行. 駕旋, 不入宮, 設幄於丹墀, 坐而歎息漏下, 二鼓始入宮. 總兵官楊古利·納穆泰及其兄弟子姪俱往守喪, 上遣宗室葦阿岱及近御侍衛楊善, 往諭之曰, 爾等哀傷, 朕豈不痛. 但天定之數, 不可奪也. 當各還家. 於是, 先賜茶酒, 復賜以飯, 楊古利及其諸弟奏曰, 臣下之喪, 仰蒙上親率諸貝勒俯臨, 哀慟之情, 實不克. 當至臣等哀慟, 守喪分所應爾, 復廑聖懷, 存問賜食, 臣等不敢違命忍饑不食也. 遂望闕謝恩而食.

○ 을미일(1.8), 정황기 구사어전 일등 총병관 렁거리가 죽었다. 주

상이 상갓집에 가고자 하니 여러 버일러들이 가지 말라고 권했으나 주상은 윤허하지 않고 마침내 몸소 행차했다. 술을 땅에 부어 혼령을 부르기를 세 차례 하고 서럽게 곡했다. 대버일러 다이샨 및 버일러들과 대신들도 모두 수행하였다. 어가를 돌렸으나 궁으로는 들어가지 않고, 대궐 앞에 천막을 설치하고 앉아 탄식하고 눈물 흘리다가 2고(二鼓)에야 비로소 궁으로 들어갔다. 총병관 양구리 · 남타이 및 그 형제와 자식과 조카들 모두가 와서 상갓집을 지키니, 주상이 종실 궁가 다이와 근어시위(近御侍衛) 양샨을 보내 유시했다. "너희가 슬퍼하고 가슴 아파하는데, 짐이 어찌 통탄스럽지 않겠는가. 하지만 하늘이 정한 수명은 빼앗을 수 없다. 각자 집으로 돌아감이 마땅하다." 이에 먼저 차와 술을 하사하고, 다시 음식을 하사하니 양구리와 그의 여러 동생들이 상주하여 말했다. "신하의 상(喪)에 주상께서 몸소 여러 버일러들을 이끌고 굽어 살피시는 은혜를 입었으니, 애통한 마음을 실로 금할 수 없습니다. 신들에게 애통한 일이 닥쳤으니 상갓집을 지키는 것은 분수에 따라 응당 해야 하는 것인데, 거듭 성상께서 마음을 쓰시어 안부를 묻고 음식을 하사하셨습니다. 신들은 감히 명을 어기고 차마 굶으며 먹지 않을 수 없습니다." 마침내 궁궐을 향해 사은하고 먹었다.

○ 是日, 遣承政車爾格 · 文館范文程 · 喀木圖率官八員, 每牛彔下兵二名, 厮役一名, 往探明鎭守廣鹿島副將尙可喜投誠消息.

○ 이날 승정 처르거이와 문관 범문정 · 캄투를 보내 관원 8명과 각 니루 하의 군사 2명 · 쿠툴러 1명씩을 이끌고 가서 명나라의 광록도를 진수(鎭守)하는 부장 상가희가 투항할지에 대한 소식을 탐문하게 했다.

○ 癸卯, 遣前哨主將圖魯什·勞薩·吳拜·伊勒木·席特庫·蘇爾德·俄莫克圖·布顔·達哈塔·鄂碩·巴雅·努山·昂古奈·沙爾虎達·卦爾察席特庫等, 往錦州·松山捉生. 上諭之曰, 爾等臨陣敗敵時, 微有先後, 不必爭論. 今使擲丸爲戲, 豈無或遠或近者, 譬之畋獵射獸, 先中後中, 其中一也. 若畋獵時羣犬互噬, 則不能殺獸矣. 爾等但以克敵爲期, 不必互爭先後, 至爾等馭下之道, 惟在察其賢否而激勸之. 若知其賢而不加奬勸, 卽爲蔽賢, 知其不肖而隱而不言, 卽爲黨惡, 蔽賢黨惡, 何以爲主, 將激勵羣材乎. 副將勞薩奏曰, 誠如聖諭, 臣等向俱和衷商計而行. 至前次搆爭, 實臣等之愚昧, 今務同心戮力, 以奏膚功. 上又諭曰, 追敵時我兵不可全追, 爾等立望敵塵, 遣軍士按隊前驅, 大軍尾後徐行, 沿渾河宜馬土地方而進, 勿過木魯河也.

○ 계묘일(1.16), 먼저 가서 초탐(哨探)할 주장(主將)으로 투루시·로오사·우바이·일러무·시터쿠·술더이·오목투(omoktu, 俄莫克圖)·부얀(buyan, 布顔)·다하타(dahata, 達哈塔)·오쇼(ošo, 鄂碩)·바야이(bayai, 巴雅)·누산(nusan, 努山)·앙구나이(anggūnai, 昂古奈)·샤르후다·구왈차 시터쿠(gūwalca siteku, 卦爾察席特庫) 등을 보내 금주(錦州)와 송산(松山)에 가서 포로를 잡아 오도록 했다. 주상이 유시했다. "너희는 전투에서 적을 공격할 때에 약간 앞서거나 뒤지더라도 쟁론할 필요가 없다. 지금 창던지기 시합을[7] 하면 어찌 멀리 벌어지고 가깝게 떨어지는 것이 없겠는가? 사냥에서 짐승을 쏘아 잡는 일에 비유하면, 먼저 맞추었든 나중에 맞추었든 맞춘 것은 마찬가지이다. 만

7 원문은 '擲丸'이다. 『내국사원당』에 "gida seferefi maktaci"(창을 쥐고 던지면)라고 기록되어 있다. 『內國史院檔 天聰八年』, p.20.

약 사냥할 때에 사냥개 무리가 서로 물어뜯으면 짐승을 잡을 수 없을 것이다. 너희는 적을 이기는 것만을 기약하고 앞뒤를 다툴 필요는 없다. 너희가 아랫사람을 부리는 도리는 오직 그가 현명한지 아닌지를 살펴서 권면하는 것이다. 만약 그가 현명함을 알고도 장려하고 권면하지 않으면 현명함을 가리는 것이요, 그가 못난 사람임을 알고도 숨기고 말하지 않으면 악한 자와 한패가 되는 것이다. 현명함을 가리고 악한 자와 한패가 된다면 어찌 주인이 되어 재능 있는 자들을 격려할 수 있겠는가?" 부장 로오사가 아뢰었다. "참으로 성상께서 유시하신 바와 같이 신들은 항상 화목하고 서로 상의하여 행하겠습니다. 지난번에 헐뜯고 다툰 것은 실로 신들의 어리석음 때문이니, 이제 한마음으로 힘을 합치는 데 힘써 큰 공훈을 아뢰겠습니다." 주상이 또 유시했다. "적을 쫓아갈 때 우리 군사가 모두 쫓아갈 수는 없다. 너희는 서서 멀리 적들이 일으키는 먼지를 보고, 군사를 보낼 때 대오대로 돌진하게 하고 대군의 후미는 천천히 움직이게 하여, 혼하(渾河)를 따라 가서 이마투(imatu, 宜馬土) 지방으로 전진하되 무루 강(muru i bira, 木魯河)은 건너지 말라."

○ 是日, 衆漢官赴管戶部事貝勒德格類前訴稱, 我等向蒙聖恩, 每一備禦免丁八名, 止免其應輸官糧, 其餘雜差, 仍與各牛彔下堡民三百十五丁一例應付. 竊思我等本身照官例贍養新人, 較民例更重, 所免八丁, 復與民例一體當差. 本身又任部務, 所有差徭, 從何措辦. 徭役似覺重科, 況生員 · 外郎, 尚有免丁, 望上垂憐, 將所免八丁, 准照官例當差, 餘丁與民同例. 德格類奏聞, 上遣巴克什龍什 · 希福, 察訊差役重科之由, 奏稱, 所訴皆虛, 惟前此買婦女配給新人, 衆皆一體出價, 未經給還, 衆遂藉以爲詞耳. 上命將原價發還, 諭管禮部事貝勒薩哈廉曰, 此輩皆忘却得遼東時所受苦累, 而爲此誑言耳. 若不申諭, 使之豁然曉暢, 則此些少之費, 動爲口實矣.

○ 이날 여러 한인 관료들이 호부의 일을 관장하는 버일러 더걸러이에게 나아가 호소했다. 「우리는 성상의 은혜를 입어 비어 1명마다 장징 8명의 요역을 면제받았습니다. 하지만 납부해야 할 관량(官糧)만 면제되었고, 나머지 잡다한 차요(差徭)는 여전히 각 니루 속하 보민(堡民) 장정 315명과 같은 정례(定例)로 부과합니다. 삼가 생각건대 저희가 직접 관원의 정례에 따라 새로 편입된 사람들을 부양하니, 민인(民人)의 정례와 비교하면 더 무겁습니다. 요역을 면제받은 8명의 장정도 다시 민인의 정례에 따라 노역을 부담하고 있습니다. 저희 자신들 또한 해당 부(部)의 사무를 담당하고 있는데 모든 차요(差徭)를 어디에서 마련하겠습니까? 요역이 이중으로 부과되는 것 같습니다. 하물며 생원(生員)과 외랑(外郎)에게는 오히려 장정의 요역을 면해주고 있습니다. 바라건대 주상께서 불쌍히 여기시어, 노역을 면제한 장정 8명은 관원의 정례에 따라 노역을 부담시키고 나머지 장정은 민인의 정례(定例)와 같이 해 주십시오.」 더걸러이가 상주하니, 주상이 박시 룽시와 히퍼(hife, 希福)를 보내 요역이 이중으로 부과된 연유를 살펴 묻도록 했다. 그들이 상주했다. 「호소한 것이 모두 허황됩니다. 다만 이전에 부녀자를 사서 새로 편입된 이들에게 배필로 줄 때 무리가 모두 같이 값을 내었는데 아직 돌려받지 못했기 때문에 무리가 이를 빙자하여 말했을 뿐입니다.」 주상이 원래의 가격을 돌려주게 하고, 예부의 일을 관장하는 버일러 사할리얀에게 유시했다. 「이들 무리는 모두 요동을 얻었을 때 받았던 괴로움을 잊어서 이처럼 허튼 소리를 했을 뿐이다. 만약 신칙하여 그들에게 분명히 알게 하지 못하면 이 사소한 비용을 매번 구실로 삼을 것이다.」

於是, 薩哈廉奉上命集衆官於內廷, 傳諭曰, 爾衆漢官所訴差徭繁重, 可謂直言無隱, 若非實不得已, 豈肯迫切陳訴. 然朕意亦不可隱而不言, 當從公論之, 朕意以爲爾等苦累較前亦稍休息矣. 初爾等俱分隸滿洲大臣, 所有馬匹, 爾等不得乘, 而滿洲官乘之, 所有牲畜, 爾等不得用, 滿洲官強與價而買之. 凡官員病故, 其妻子皆給貝勒家爲奴. 既爲滿官所屬, 雖有腴田, 不獲耕種, 終歲勤劬, 米穀仍不足食, 每至鬻僕典衣以自給. 是以爾等潛通明國, 書信往來, 幾蹈赤族之禍, 自楊文朋被訐事覺以來, 朕姑宥爾等之罪, 將爾等拔出滿洲大臣之家, 另編爲一旗. 從此爾等得乘所有之馬, 得用所畜之牲. 妻子得免爲奴, 擇腴地而耕之, 米穀得以自給, 當不似從前之典衣鬻僕矣. 爾等以小事來訴, 無不聽理, 所控雖虛亦不重處, 是皆朕格外加恩, 甚於待滿洲者也. 至於困苦之事間或有之, 然試取滿洲之功與爾等較之, 果孰難孰易乎. 滿洲竭力爲國, 有經百戰者, 有經四五十戰者, 爾等曾經幾戰乎. 朕遇爾等稍有微勞, 即因而擢用, 加恩過於滿洲, 若與滿洲一例較傷論功以爲陞遷, 則爾今之爲總兵者, 未知尚居何職也. 爾漢官皆謂滿洲官員雖嫺攻戰, 貪得苟安, 不知憂國急公. 我等戰功, 雖不及滿洲, 而憂國急公則過之, 及覽爾等章奏, 豈皆憂國急公者耶. 爾等另編旗分之時, 咸云, 拯我等於陷溺之中, 不受滿洲大臣欺陵, 雖肝腦塗地, 不能仰答上恩於萬一, 今覽爾等所訴之詞, 何頓忘前言乎. 爾等訴稱苦累甚於滿洲, 盍向熟諳差役者問之, 若以滿洲相較, 輕則有之, 甚則未也. 古語有云, 有家者能養賢, 則取國而國可得, 有國者能養賢, 則取天下而天下可得, 此爾等所素知也. 是以朕及貝勒之家, 各量所有均出之, 以養上天, 畀我之民, 此即古聖人所謂養賢以及萬民之義也. 今爾等所輸, 不過大凌河數人贍養之資, 遂出怨言, 何其言行不相顧耶. 朕謂爾等博知典故, 雖非聖賢, 必有通達事理者, 由今觀之殆不然矣. 使爾等果能達於事理, 必謂朕及貝勒尚散財無吝, 我等隨衆輸納, 豈爲苦耶. 他國之主, 皆斂民間財賦, 以供一己之用, 有餘方以養人, 我國賦稅, 朕與諸貝勒曾有所私用乎. 我國民力, 朕與諸貝勒曾有所私役乎. 取國賦而糜費於家, 役民力以修治其室, 不以國事爲念, 止圖一己便安. 爾等自當諫朕. 今朕爲國家朝夕憂勤, 荷天眷佑, 殊方君長頭目接踵來歸, 猶恐不能招致, 故解衣衣之, 推食食之, 然一切賞賚之需, 皆自八家均出, 何曾多取一物於爾等乎. 禮部亦有漢官, 試往問之. 八家每年出羊若干, 貂裘 · 野獸 · 酒 · 米 · 筵宴若干, 禮部官員, 豈不明告於爾乎. 至國中年歲偶歉, 八家即均出米粟, 賑濟貧民, 朕與諸貝勒, 又散給各旗滿洲 · 蒙古 · 漢人, 贍養之. 其新附之蒙古 · 漢人 · 瓦爾喀 · 虎爾哈 · 卦爾察, 以及舊滿洲 · 漢人 · 蒙古等. 凡貧窮者, 則又給與妻室 · 奴僕 · 莊田 · 牛馬 · 衣食贍養, 何可勝數. 此皆爾等所明知者, 爾等果憂國急公, 其間縱有愚昧無知, 自言其苦者, 爾等猶當勸諭之. 且熟計經費所需, 敷陳裕國之策, 以慰上懷, 乃慮不及此, 反因些少之費, 遂出怨言, 所謂急公過於滿洲者, 徒虛語也.

이에 사할리얀이 주상의 명을 받들어 관원들을 조정 뜰에 모으고 유시를 전하여 말했다. 「너희 한인 관리들이 차요(差徭)가 번중하다고 한 호소는 숨김없이 직언한 것이라고 할 수 있다. 실로 부득이하지 않으면 어찌 그리 절박하게 호소했겠는가? 그러나 짐의 뜻 또한 숨기거나 말하지 않을 수 없다. 마땅히 공(公)에 따라서 논하면 짐이 생각하기에 너희의 괴로움은 전과 비교하여 조금 더 편하다. 처음에 너희가 모두 만주 대신에게 나뉘어 예속되었을 때 소유한 말도 타지 못하고 만주 관원이 탔으며, 소유한 가축도 너희는 쓰지 못하고 만주 관원이 강제로 값을 주고 사들였다. 관원이 병들어 죽으면 그 처자는 모두 버일러의 집에 주어 노복으로 삼았다. 만주 관원에게 소속되어 비옥한 밭이 있어도 농사를 짓지 못해서 1년 내내 수고해도 미곡은 입에 풀칠하기에도 부족하니, 매번 노복을 팔고 의복을 전당 잡혀 자급하기에 이르렀다. 너희가 몰래 명나라와 통하여 서신을 왕래하다가 거의 멸문을 당할 뻔했는데, 양문붕(楊文朋)이 고발되어 일이 발각된 이후에 짐이 잠시 너희의 죄를 용서하고 너희를 만주 대신의 집에서 빼내 별도로 1개의 기를 편성했다. 그 이후로 너희도 소유한 말을 탈 수 있었고 기른 가축을 쓸 수 있게 되었다. 처자는 노복이 되는 것을 면했고, 비옥한 토지를 택하여 농사를 지어 곡식을 얻어 자급할 수 있게 되면서, 이전처럼 의복을 전당 잡히고 노복을 팔지 않게 되었다. 너희가 사소한 일로 호소해도 들어주지 않은 것이 없었다. 고한 것이 허황되어도 중죄에 처하지 않았다. 이는 모두 짐의 특별한 은혜를 만주인보다 더 크게 내린 것이다.

곤궁하고 괴로운 일이 간혹 있을 수 있겠으나, 만주 관원들의 공을 너희와 비교해 인재를 선발한다면 과연 누구에게 어렵고 누구에게 쉽겠는가? 만주 관원들은 힘을 다해 나라를 위하여 100여 차례 전장에 나간 자도 있고 40-50여 차례 전장에 나간 자도 있는데, 너희는 일찍이 몇 번이나 전장을 거쳤는가? 짐이 너희를 대할 때 조금이라도 수고한 것이 있으면 이를 이유로 뽑아 임용하고 은혜를 만주 관원보다 더 내렸는데, 만약 만주 관원들과 마찬가지로 부상당한 것을 비교하여 전공을 논하고 지위를 올려 주면, 너희 중 지금 총병인 자들이라도 도리어 어느 직위에 있을지 알 수 없는 것이다.

너희 한인 관원들이 모두 말하기를 "만주 관원들은 공격에 익숙하지만 한때의 안락함에 탐닉할 뿐 나라를 걱정하고 공적인 일을 우선시할 줄을 모릅니다. 우리가 전장에서 세운 공은 만주 관원들에 미치지 못하지만 나라를 걱정하고 공적인 일을 우선시하는 것은 그들을 뛰어넘습니다."라고 한다. 너희가 상주한 글을 읽어 보았지만 어찌 모두 나라를 걱정하고 공을 우선시하겠는가? 너희를 별도의 기로 편제했을 때 다들 이르기를 "우리를 도탄 가운데서 건져 내셔서 만주 대신들이 조롱하고 깔보는 것을 당하지 않게 되었으니, 비록 몸이 부서지더라도 성상께서 베푸신 은혜의 만분의 일조차 보답하지 못할 것입니다."라고 했다. 그런데 지금 너희가 호소한 글을 보건대, 어찌 예전에 한 말을 잊어버렸는가?

너희는 괴로움이 만주 관원보다 심하다고 호소했지만, 차역(差役)에 대해 잘 아는 자에게 물으니 만주 관원과 비교해서 가벼운 경우는 있어도 심한 것은 없다고 했다. 옛말에 이르기를 "집안이 현인을 길러 나라를 취하면 나라를 얻을 수 있고, 나라가 현인을 길러 천하를 취하면 천하를 얻을 수 있다."[8]라고 했으니, 이는 너희가 명백히 아는 것이다. 짐과 버일러의 집이 소유한 것을 헤아려 균등하게 내놓아 상천을 봉양하고 우리 백성들에게 주었으니, 이는 "옛 성인이 이른바 어진 이를 길러서 만민에게 혜택이 미치게 한다."[9]는 뜻이다. 지금 너희가 납부한 것이 겨우 대릉하(大凌河)의 몇 사람을 부양할 정도인데 원망하는 말을 내뱉으니, 어찌 그 언행을 돌아보지 않는가? 짐은 너희가 전고(典故)에 박식하니, 비록 성현이 아니더라도 반드시 사리에 통달한 자가 있을 것이라 생각했으나, 지금 상황을 보니 그렇지 않다. 만약 너희가 과연 사리에 통달했다면 반드시 짐과 버일러가 오히려 아낌없이 재산을 나누어 주었으니 우리도 무리를 따라 납부해야겠다고 말해야 할 텐데, 어찌 괴롭다고 여긴단 말인가?

다른 나라의 임금은 모두 민간의 재물을 거두어들여 자기 자신을

8 만문으로는 "booi ulin saisa be ujifi gurun be gaici gurun be bahambi, gurun i ulin i saisa be ujifi, abkai fejergi be gaici, abkai fejergi be bahambi"(집의 재물로 현인을 길러 나라를 취하면 나라를 얻는다. 나라의 재물로 현인을 길러 천하를 취하면 천하를 얻는다)라고 기록되어 있다. 『內國史院檔 天聰八年』, p.27.

9 원문 "古聖人所謂養賢以及萬民之義"의 출전은 『周易』「彖傳」의 "聖人養賢以及萬民"(성인은 어진 이를 길러서 만민에게 혜택이 미치게 한다)이다.

위해서만 사용하고 여분이 생겨야 사람을 부양하는데, 우리나라의 부세(賦稅)를 짐과 여러 버일러들이 사사로이 쓴 적이 있는가? 우리나라의 민력(民力)을 짐과 여러 버일러들이 사사로이 부린 적이 있는가? 나라의 부세를 취하여 집안일에 소모하고 민력을 부려 그 궁실을 수리하게 하는 것은 나랏일을 유념하지 않고 자기 자신의 편안함만을 도모하는 것이니 너희는 짐에게 간언해야 한다. 지금 짐이 국가를 위해 조석으로 근심하며, 하늘의 보우하심에 힘입어 다른 지역의 군장(君長)과 두목들이 잇따라 귀부해 오는데도 오히려 부르지 못할까 걱정하여 옷을 벗어다 입히고 먹을 것을 미루어 먹였다. 상으로 내리는 일체의 물품도 모두 팔가(八家)에서 균등하게 내놓는데 너희에게서 한 가지 물품이라도 더 취한 적이 있는가?

예부에도 한인 관원이 있으니 가서 물어보라. 팔가(八家)가 매년 양 몇 마리를 내놓는지, 담비가죽옷·들짐승·술·쌀과 연회가 얼마인지, 예부 관원이 어찌 너희에게 명확히 고하지 않겠는가? 나라 안에 흉년이 들면 팔가(八家)가 즉시 미곡을 균등하게 내놓아 빈민을 진휼하여 구제하고, 짐과 여러 버일러들 또한 각 기의 만주·몽고·한인에게 나누어 주어 부양했다. 새로 귀부해 온 몽고·한인·와르카·후르카·구왈차 및 옛 만주·한인·몽고 중 빈궁한 자에게 아내·노복·장전·소와 말·옷과 음식을 주어 보살핀 것을 어찌 다 헤아릴 수 있겠는가? 이 모두 너희가 명백히 아는 것이다. 너희가 정말로 나라를 걱정하고 공적인 일을 우선시한다면, 너희 중에 설령 우매하고 무지하여 스스로 괴롭다고 말하는 자가 있다 해도 너희는 오히려 권면하고 깨우쳐 주어야 한다. 또 경비가 드는 것에 대해 깊이 헤아려 나라를 넉넉하게 할 방도를 아뢰어 윗사람의 마음을 위로하고 이에 미치지 못할 것을 걱정해야 하는데 도리어 사소한 비용을 이유로 원망하는 말을 내뱉으니, 만주보다 더 공적인 일을 우선시한다는 말은 한갓 허풍이다.

爾等曾奏云, 一切當照官職功次而行之, 我國家地土未廣, 民力維艱, 若從明國之例, 按官給俸, 則勢有不能. 然蒙天眷佑, 所獲財物, 原照官職功次加以賞賚, 所獲地土, 亦照官職功次給以壯丁, 從前分撥遼東人民時, 滿漢一等功臣, 占丁百名, 其餘俱照功以次給散, 如爾等照官職功次之言, 果出於誠心, 則滿漢官員之奴僕, 俱宜多寡相均, 乃爾漢官或有千丁者, 或有八九百丁者, 餘亦不下百丁. 滿官曾有千丁者乎. 計功而論, 滿洲一品大臣, 應得千丁. 今自分撥人丁以來, 八九年間, 爾漢官人丁, 多有溢額者, 若謂新生幼稚耶. 何其長養之速. 若謂他國所獲耶. 爾漢官又未另行出征, 如許人丁從何增益也. 爾等試思之, 非朕加恩爾等宥爾過愆, 能任爾等多得乎. 現今貝勒·滿洲大臣, 以爾等私隱人丁, 孰不懷怨, 朕若不任爾等多得, 不念爾等苦累, 豈不將滿洲漢官戶下人丁通行計算, 照官職功次再爲分撥乎. 儻如此分撥, 爾千丁者, 不識應得幾人也. 爾衆官在明國時, 所有人丁若干, 今有若干, 孰多孰寡, 何不細思之. 朕思我國雖貧, 爾等如此亦足矣. 欲令爾等與滿洲一例應差, 尙恐致累, 今爾等反言苦累過於滿洲. 滿漢官民, 雖有新舊, 皆我臣庶, 豈有厚薄之分乎. 滿洲出兵, 三丁抽一, 今令爾等亦與滿洲一例, 三丁抽一爲兵, 爾等以爲何如乎. 且滿洲之偏苦於漢人者, 不但三丁抽一也. 如每牛彔下守臺·淘鐵及一切工匠·牧馬人·旗下聽事人役等, 所出不下三十人, 當差者凡十有四家. 又每年耕種以給新附之人, 每牛彔又出婦人三口, 又耀州燒鹽, 獵取禽獸, 供應朝鮮使臣驛馬, 修築邊境四城, 巡視邊牆, 守貝勒門, 及派兵防守巨流河, 在在需人, 皆惟每牛彔是問. 又每牛彔設哨馬二匹, 遇有倒斃則均攤買補. 遇征瓦爾喀時, 又各餧馬二三匹從征, 每牛彔復派護軍十名, 兵丁二三名往來馳使差回, 又令餧養所乘馬匹. 遇各國投誠人至, 撥給滿洲現住屯·堡·房屋, 令滿洲展界移居, 又分給糧穀, 令其舂米·釀酒解納, 每年獵取獸肉, 分給新附之人. 又發帑金於朝鮮貿易布疋, 仍令滿洲負載運送. 邊城滿洲, 又有窖氷之役. 每年迎接新附之虎爾哈於教場, 看守皮張, 運送薪水. 朝鮮·蒙古使至, 駐瀋陽護軍·甲喇額眞, 各出一人, 運給水草. 若夏月至, 更有採給青草之役. 又每年採参, 併負往朝鮮貨賣. 每旗以一戶駐英格地方, 巡緝踪跡. 又以一戶駐瀋陽渡口, 看守船隻. 此皆滿洲偏苦之處, 若不向爾等詳切言之, 爾等亦未必深信. 今滿漢均屬一國人民, 爾等何竟不知差徭之少, 倍減於滿洲, 而滿洲差徭之多, 實踰爾等三十餘項也. 爾等試將朕言, 與爾等所言, 從公忖量, 果爾等偏苦乎. 抑滿洲偏苦乎. 有所欲言, 切直言之可也.

너희가 일찍이 상주하여 말하기를, 모든 것은 관직과 공훈의 순서를 살펴 행해야 한다고 했다. 우리나라의 토지는 적고 민력은 부족한데 만약 명나라의 예에 준하여 관직에 따라 녹봉을 지급하면 불가능하다. 그러나 하늘이 보우하시어 획득한 재물은 원래 관직과 공훈의 순서를 살펴 상으로 주고, 획득한 토지 또한 관직과 공훈의 순서를 살펴 장정을 지급했다. 종전에 요동 백성들을 나누어 줄 때에 만주와 한인 일등 공신들은 장정 100명을 점유했고, 그 나머지는 모두 공훈을 살펴 차등 있게 나누어 주었다. 만약 관직과 공훈의 순서를 살피자는 너희의 말이 과연 진심에서 우러나온 것이라면 만주와 한인 관원들의 노복은 모두 많고 적음이 균등해야 하지만, 너희 한인 관원들은 장정 1,000명을 보유한 자도 있고 장정 800-900명을 보유한 자도 있으며 나머지 역시 100명 이하로 내려가지 않는다. 만주 관원 중에 장정 1,000명을 소유한 자가 있는가? 공을 따져 논하자면 만주 1품 대신은 장정 1,000명을 받아야 한다. 지금 인구와 장정을 나누어 준 이래 8-9년 동안 너희 한인 관원들은 인구와 장정을 그 액수를 넘겨 보유한 자들이 많다. 만약 새로 아이들이 태어난 것이라면 어찌 그 장성함이 그

토록 빠르단 말인가? 만약 다른 나라에서 사로잡은 것이라면 너희 한인 관원들이 별도로 출정한 적이 없는데 그렇게 많은 인구와 장정이 어디서 더해졌단 말인가?

너희는 생각해 보라. 짐이 너희에게 은혜를 더하여 너희 잘못을 용서하고 너희가 많이 얻도록 한 것이 아닌가? 지금 버일러와 만주 대신들이 너희가 사사로이 인구와 장정을 숨긴다고 원망하지 않는 자가 없다. 짐이 만약 너희가 많이 얻도록 하지 않고 너희의 괴로움을 유념하지 않았다면 어찌 만주 · 한인 관원들 호하(戶下)의 인정(人丁)들을 전부 계산하여 관직과 공훈의 순서를 살펴 다시 나누어 주지 않았겠는가? 만약 이렇게 나누어 주면 너희 중 장정 1,000명을 가진 자도 몇 명을 얻게 될지 알 수 없다. 너희 관원들이 명나라에 있었을 때 소유한 인정(人丁)이 얼마였고 지금은 얼마인지, 누가 많았고 누가 적었는지 어찌 세심하게 생각하지 않는가? 짐은 우리나라가 비록 가난하더라도 너희가 이처럼 만족할 것이라 생각했다. 너희와 만주 관원들을 똑같은 예로 차역을 부과하고자 했으나 괴롭게 될까 염려했는데, 지금 너희는 도리어 괴로움이 만주 관원들보다 심하다고 말한다. 만주 · 한인 관원과 백성이 비록 신구(新舊)의 차이가 있지만 모두 나의 신하와 백성인데 어찌 후하고 박한 구분이 있겠는가?

만주 관원이 출병할 때 장정 3명당 1명을 뽑으니, 지금 너희도 만주 관원과 똑같은 예로 장정 3명당 1명을 뽑아 군사로 삼으라고 명하면 너희는 뭐라고 할 것인가? 또 만주의 괴로움이 한인보다 더한 것은 장정 3명당 1명을 뽑는 것만이 아니다. 니루마다 속하에서 대(臺)를 지키는 자, 도철(淘鐵), 모든 공장(工匠), 말을 기르는 사람, 팔기의 관청에서 사용하는 사람을 내놓는 것은 30명 이상이며, 14가(家)가 부담한다.[10] 또 매년 농사를 지어 새로 귀부해 온 사람들에게 지급하고 니루마다 부녀자를 3명씩 내놓는다. 요주(耀州)에서 소금을 굽고, 짐승을 사냥하고, 조선 사신에게 역마를 제공하고, 변경의 4성을 수리하고,

변장(邊牆)을 순시하고, 버일러들의 아문을 지키고, 병사를 보내 거류하(巨流河)를 방어하니, 곳곳마다 필요한 사람을 모두 오직 각 니루들이 담당한다. 또한 니루마다 보초용 말 2마리를 두는데, 말이 죽으면 사서 보충하는 비용을 모두가 고르게 부담한다. 와르카를 정벌할 때 각각 말 2-3마리를 길러 종군한다. 니루마다 또 호군 10명을 파견하고, 병사 2-3명이 오고 가며 말을 달려 파견을 갔다가 돌아오면 또 탄 말을 먹여 길러야 한다. 각국에서 투항한 사람들이 오면 만주인이 현재 살고 있는 촌락 · 보(堡) · 가옥을 내어 주고 만주인은 경계를 넘어 이주하게 한다. 또한 양식을 나누어 주어 그 도정한 쌀과 빚은 술을 납부하게 하며, 해마다 사냥한 고기를 새로 귀부한 자들에게 나누어 주게 한다. 또한 탕금을 내어 조선에서 포필(布疋)을 교역하는데, 만주인에게 물건을 지고 운반하게 한다. 또한 변성(邊城)의 만주인은 얼음을 보관하는 역(役)을 진다. 해마다 새로 귀부해 오는 후르카를 훈련장에서 영접하여 가축을 간수하고 땔나무와 물을 운송한다. 조선과 몽고의 사신이 오면, 심양에 주둔한 호군잘란어전(護軍甲喇額眞)[11]이 각 1명씩을 차출하여 물과 풀을 운반해 지급한다. 여름이 되면 다시 청초(青草)를 채취해 공급하는 역(役)을 진다. 또한 매해 인삼을 캐서 조선에 가지고 가서 판다. 기(旗)마다 1호(戶)가 영거(yengge, 英格) 지방에 주둔하며 종적을 조사한다. 또한 1호(戶)가 심양의 나루터에 주

10 『내국사원당』에 만주의 업무별 할당 인원수가 기록되어 있다. "만주는 3丁당 1丁이 披甲을 담당하고, 臺에 1니루마다 만주 8丁이 주둔하고, 淘鐵은 1니루에서 3丁이 담당하고, 鐵匠은 6정, 銀匠은 5정, 목축은 4정, 구사(旗)의 사용인(baitangga)은 2정이다. 1니루에서 14家가 나온다." 『內國史院檔 天聰八年』, pp.33-34.

11 '호군잘란어전'의 만주어 명칭은 bayara janggin이다. 본문은 호군잘란어전이 자기 집의 노복 1명을 데리고 가서 물을 나르고 풀을 베어 가져가서 지급한다는 뜻이다. 『內國史院檔 天聰八年』, p.35.

둔하며 배들을 지킨다. 이는 모두 만주가 불공평하게 더 고생하는 것들이다.

너희에게 상세하고 절실하게 말하지 않으면 너희는 분명히 믿지 않을 것이다. 지금 만주와 한인은 모두 한 나라의 인민이다. 너희는 어찌 너희의 차요(差徭)가 적은 것이 만주보다 배 이상이고 만주의 차요(差徭)가 많은 것이 실제로 너희보다 30여 개 항목이 넘음을 알지 못하는가. 너희는 짐의 말을 너희의 말과 비교해서 공평하게 헤아려 보라. 과연 너희가 더 불공평하고 힘든가? 아니면 만주가 더 힘든가? 또 하고 싶은 말이 있으면 솔직하게 직언해도 좋다.」

諭畢, 總兵官石廷柱 · 馬光遠 · 王世選, 及副將 · 參將 · 遊擊, 各官奏曰, 控訴之事, 我等不知, 皆衆備禦所爲, 遂將爲首八人執之. 薩哈廉曰, 爾等旣云不知, 當貝勒德格類遣布丹往問時, 何云知之, 又何爲將苦累之事, 備呈於部耶. 衆官對曰, 各備禦向我等不曾言差役重科, 但言欲訴幫丁八人之事, 故布丹來訊, 我等答曰知之, 至具呈之事, 乃龍什 · 希福, 令我等將所有差徭備細開寫, 我等無知, 故爾開送奏聞. 薩哈廉具以奏上.

주상의 유시가 끝나자, 총병관 석정주 · 마광원 · 왕세선 그리고 부장 · 참장 · 유격 각 관원이 아뢰었다. "공소한 일을 저희는 몰랐습니다. 모두 비어들의 짓입니다." 마침내 앞장섰던 8명을 체포했다. 사할리얀이 말했다. "너희는 몰랐다고 하는데, 버일러 더걸러이가 부단(budan, 布丹)을 보내 물었을 때에는 왜 알고 있다고 했는가? 또 어째서 고되고 힘든 일을 부(部)에 보고했는가?" 관원들이 대답하여 말했다. "비어들이 우리에게 차역(差役)이 이중으로 부과되었다고 말하지 않고, 그저 장정 8명의 요역에 관한 일을 공소하고 싶다고 말했습니다다. 그래서 부단이 와서 물었을 때, 저희들이 그것을 알고 있다고 대답한 것입니다. 부(部)에 보고한 일은 룽시와 히퍼가 저희에게 모든 차요(差徭)를 상세히 정리하여 기록하게 했습니다. 저희는 전혀 알지 못하고 이 때문에 기록해서 보고한 것입니다." 사할리얀이 이를 상주했다.

上曰, 諸臣既云不知, 所執備禦八員, 可竝釋之. 儻治其罪, 後有苦累, 亦更無敢言者矣. 各官及所執備禦, 皆勿令謝恩, 若謝恩, 則是欲罪而復赦之也. 各官復奏曰, 臣等雖未同訴, 然不能開諭於先, 復不能禁止於後, 此心懵然, 如醉如夢, 臣等罪無可逭. 伏念上及八家貝勒尙爾恤養外國, 珍賜無吝, 凡遇迎送, 宰牲設宴, 曾無虛日, 臣等更有何言. 臣等以瀕死之身, 蒙上生全, 另立旗分, 得叨寵遇. 凡此衣·食·奴僕·馬匹, 孰非上之恩賜. 果計功之大小, 頒行爵賞, 撥給人丁, 不特官爵非所敢望, 更有何物是臣等所應有者. 今臣等上等之家不下千丁, 下等之家, 不下二十餘丁. 似此豢養之恩, 雖肝腦塗地, 實難報稱萬一也.

주상이 말했다. "여러 신하들이 알지 못했다고 말하며 비어 8명을 잡아 왔는데 모두 석방하라. 만약 죄를 물으면 이후에 고되고 힘든 일이 있어도 두 번 다시 감히 말하는 자가 없을 것이다. 각 관원과 잡혀온 비어들은 모두 사은하지 말라. 사은하면 그것은 곧 치죄하려다가 번복하여 용서해 준 것이 된다." 각 관원이 다시 상주하여 말했다. "신들이 비록 함께 공소한 것은 아니었으나 먼저 깨우쳐 주지 못했고, 또 나중에 그들의 공소를 막지도 못했습니다. 마음이 심히 어리석어 취하고 몽상에 빠진 것과 같으니, 신들이 용서받을 수 없는 죄를 지었습니다. 삼가 생각건대, 주상과 팔가(八家) 버일러들은 여전히 외국을 아껴 보살피고 진귀한 물건을 아낌없이 하사하며, 영접하고 전송할 때 가축을 잡아 연회를 여니, 하루도 헛되이 보내지 않았는데 신들이 무슨 할 말이 더 있겠습니까. 신들은 거의 죽을 뻔한 몸으로 주상의 은혜를 입어 목숨을 부지하고 별도로 기(旗)까지 세웠으니 진실로 크나큰 은혜를 입었습니다. 이 모든 옷 · 음식 · 노복 · 말 가운데 무엇이 주상이 은혜로 하사하지 않은 것이겠습니까. 과연 공적의 크고 작음을 헤아려 벼슬과 상을 주고 인정(人丁)을 주었으니, 관작도 감히 바라지 못할 뿐만 아니라 그 밖에 또 무엇이 신들이 가질 수 있는 것이었겠습니까. 지금 신들 가운데 상등(上等)인 집안은 1,000정(丁)보다 적지 않으며, 하등(下等)인 집안도 20여 정(丁)보다 적지 않습니다. 이렇게 길러 주신 은혜는 저희가 몸을 바쳐도 실로 만의 하나조차 보답하기 어려울 것입니다."

○ 科爾沁卓禮克圖台吉國舅吳克善弟之子綽爾濟, 以娶貝勒阿巴泰之女, 獻鞍轡 · 甲胄 · 馬駝 · 貂皮. 其物皆粗劣不堪, 且所遣之人, 極其卑賤, 上怒, 諭曰, 爾在我覆庇之下, 何得狂傲如此. 本身既不親來, 復不遣一大臣與貝勒執爵, 止遣一卑賤人來, 狂傲殊甚. 且我每遣使至爾國, 爾以爲來自炎方, 疑生疥癬, 不容入室, 是何意見. 豈爾之父母昆弟, 今皆俱存無恙耶. 豈皆以我使入境之故而致之死耶. 自今以後, 試觀爾等能常享富貴否也. 因命力士阿爾薩蘭 · 石訥 · 額駙多爾濟, 毆辱其使.

○ 코르친의 조릭투 타이지 국구(國舅) 욱샨의 동생의 아들 초르지가 버일러 아바타이의 딸과 혼인했으므로 말안장과 고삐 · 갑옷과 투구 · 말 · 낙타 · 담비가죽을 바쳤다. 그 물건이 모두 조악하기 그지없고 더욱이 파견된 자의 지위가 매우 낮았으므로 주상이 노하여 유시

했다. "너는 우리의 비호하에 있으면서 어찌 오만방자함이 이와 같을 수 있는가. 본인이 직접 오지 않는다 하더라도, 버일러와 대작할 만한 1명의 대신을 보내지도 않았고, 그저 지위가 낮은 자 1명만을 보내왔으니, 오만방자함이 매우 심하다. 더욱이 내가 매번 너희 나라로 사신을 보냈을 때, 너희는 우리 사신들이 더운 지방에서 왔다고 옴이 생길까 의심하여 방 안으로 들이지 않으니, 이는 무슨 생각인가. 어찌 너의 부모와 형제는 지금 모두 무사히 있는가. 어찌 모두 우리 사신이 입경했다는 이유로 죽음에 이른단 말인가. 지금부터 너희가 언제나 부귀를 누리는지 아닌지 지켜볼 것이다." 이에 역사(力士) 아르살란 · 시너 · 어푸 도르지에게 코르친의 사신을 때리고 욕하게 했다.

○ 乙巳, 賜土謝圖濟農巴達禮 · 扎薩克圖杜稜布塔齊 · 達爾漢巴圖魯色本, 貂裘 · 蟒朝服 · 帽韡 · 鞓帶 · 甲胄 · 雕鞍 · 銀器 · 緞布等物有差.

○ 을사일(1.18), 투시예투 지농 바다리 · 자삭투 두렁 부타치 · 다르한 바투루 서분에게 담비가죽옷 · 망단 조복 · 모자와 신발 · 가죽띠 · 갑옷과 투구 · 조각한 안장 · 은그릇 · 비단과 면포 등의 물건을 차등 있게 하사했다.

○ 上御中殿, 命土謝圖濟農巴達禮 · 扎薩克圖杜稜布塔齊 · 噶爾珠塞特爾, 三貝勒下三旗力士, 先與小力士爲角觝之戲. 後令阿爾薩蘭, 與三旗選拔力士六人較. 阿爾薩蘭, 一一高擧而擲之, 三貝勒并滿洲 · 蒙古 · 漢人, 無不稱其奇勇.

○ 주상이 중전(中殿)에 가서 투시예투 지농 바다리·자삭투 두렁 부타치·갈주 서터르 등 세 버일러 속하의 3기(旗)의 역사(力士)에게 명하여 먼저 작은 역사와 씨름경기를 하게 했다. 후에 아르살란에게 3기(旗)에서 선발된 6명의 역사와 겨루게 했다. 아르살란이 한 명 한 명 높이 들어 올려 내던지니, 세 버일러와 만주·몽고·한인 가운데 그 신기한 용력(勇力)을 칭찬하지 않는 자가 없었다.

○ 丙午, 賜土謝圖濟農巴達禮, 貂鑲朝服·貂帽·玲瓏鞓帶·銀盃等物. 是日, 召土謝圖濟農巴達禮·扎薩克圖杜稜布塔齊·噶爾珠塞特爾, 進宮賜宴, 仍命八貝勒家各宴一日.

○ 병오일(1.19), 투시예투 지농 바다리에게 담비가죽을 두른 조복(朝服)·담비가죽 모자·정교하게 장식한 가죽띠·은술잔 등의 물건을 하사했다. 이날 투시예투 지농 바다리·자삭투 두렁 부타치·갈주 서터르를 불러 궁으로 오게 하여 연회를 베풀고, 여덟 버일러 가문이 각각 하루씩 연회를 베풀게 했다.

○ 丁未, 科爾沁國土謝圖濟農巴達禮·扎薩克圖杜稜布塔齊還, 上偕大貝勒代善, 及衆貝勒·大臣, 送至五里外, 下馬共坐. 土謝圖濟農·扎薩克圖杜稜, 因上遠送, 獻雕鞍馬, 酌酒奉上. 上納其馬, 各飲以酒, 復賜土謝圖濟農, 鞍馬一, 鷹一, 扎薩克圖杜稜, 鞍馬一, 又命貝勒濟爾哈朗·墨爾根戴青貝勒多爾袞·貝勒薩哈廉·阿巴泰·阿濟格·杜度, 送至十五里外, 宴而遣之.

○ 정미일(1.20), 코르친국 투시예투 지농 바다리·자삭투 두렁 부

타치가 돌아간다고 하여, 주상이 대버일러 다이샨 · 여러 버일러들 · 대신들과 함께 5리 밖까지 전송하고, 말에서 내려 함께 앉았다. 투시예투 지농과 자삭투 두렁은 주상이 멀리까지 전송해 주었다는 이유로 조각한 안장을 갖춘 말을 바치고 주상에게 술을 올렸다. 주상은 말을 받았고, 각각 술을 마셨다. 다시 투시예투 지농에게 안장을 갖춘 말 1마리와 매 1마리를, 자삭투 두렁에게 안장을 갖춘 말 1마리를 하사했다. 또 버일러 지르갈랑 · 머르건 다이칭 버일러 도르곤 · 버일러 사할리얀 · 아바타이 · 아지거 · 두두에게 15리 밖까지 전송하고 연회를 베풀고 돌려보내게 했다.

○ 戊申, 聞蒙古察哈爾汗民, 流散於席爾哈 · 席伯圖地方, 遣戴青塔布囊 · 布哈塔布囊 · 松蓋 · 巴思翰 · 達巴蓋 · 康喀爾 · 得爾格爾, 七大臣, 率蒙古每牛彔甲士一名, 及外藩駐牧蒙古巴林 · 喀喇沁 · 阿祿 · 阿壩垓各部落兵, 約於都爾鼻地方合, 征之. 上諭之曰, 爾等宜悉心籌畫而行, 前設哨卒防探, 若見火煙, 勿令彼知覺, 乘夜前進, 出其不意以取之. 降者勿殺, 拒敵者殺之. 攜歸撫養之人, 須嚴加防守, 儻有疏虞, 恐其竊馬而遁也. 凡所俘獲, 與衆軍士共之.

○ 무신일(1.21), 몽고 차하르 칸의 백성들이 시르가(sirga, 席爾哈) · 시버투(sibetu, 席伯圖) 지방에 흩어져 있다는 소식을 들었다. 다이칭 타부낭 · 부하 타부낭 · 숭가이(sunggai, 松蓋) · 바스한(bashan, 巴思翰) · 다바가이(dabagai, 達巴蓋) · 캉칼(kangkal, 康喀爾) · 덜거르(delger, 得爾格爾) 등 일곱 대신을 보내, 몽고니루마다 갑사(甲士) 1명씩과, 유목하는 외번몽고 바린 · 카라친 · 아루 · 아바가 각 부락의 병사를 이끌고, 두르비(durbi, 都爾鼻) 지방에서 모이기로 약속하고 차하르를 정벌하게 했다. 주상이 유시했다. "너희는 마음을 다해 계획을 세워서

나아가야 한다. 전방에 초졸(哨卒)을 세워 정탐하고, 만약 연기를 보면 적이 알아차리지 못하도록 밤을 틈타 전진하여 불시에 공격해서 적을 취하라. 항복하는 자는 죽이지 말고, 저항하는 자는 죽여라. 보살핀 자들을 데리고 돌아오되, 반드시 엄격하게 감시하라. 만약 소홀히 하면 그들이 말을 훔쳐 달아날까 염려된다. 획득한 것은 병사들과 함께 나누어라."

○ 己酉, 賜噶爾珠塞特爾·吳巴什·舍伯黑, 甲胄·雕鞍·帽鞾·玲瓏鞓帶·銀器·緞布等物有差.

○ 기유일(1.22), 갈주 서터르·우바시·셔버허이에게 갑옷과 투구·조각한 안장·모자와 신발·정교하게 장식한 가죽띠·은그릇·비단과 면포 등 물건을 차등 있게 하사했다.

○ 先是, 遣尼堪往迎喀爾喀所屬蒿齊忒部落歸降額林臣台吉·巴特瑪塔布囊. 至是, 還, 并攜壯丁二百三十九人, 婦女幼丁六百九十七口, 駝二百一隻, 馬四百匹以來.

○ 이전에 니칸을 보내 칼카 소속 호오치트(hoocit, 蒿齊忒)[12] 부락에

12 호오치트: 浩齊特, 蒿齊忒, 霍齊忒. 몽골어로 '오래된'의 뜻이다. 이른 시기에 몽골 대칸에 복속되었기 때문에 유래한 명칭으로 추정된다. 다얀 칸의 손자 다라이순(1516?-1557) 시기부터 호오치트라고 불렀다. 다라이순 칸의 증손인 볼로트(博羅特, ?-1654)와 가르마 서왕(噶爾瑪色旺, ?-1664) 시기에 칼카의 세첸 칸 숄로이(1577-1652)에게 의지했다. 1637년 볼로트가 무리를 이끌고 청에 귀부했다. 1646년 호오치트는 자삭旗로 편제되고 볼로트는 자삭 어르더니 군왕에 분봉되

서 귀순한 어린천 타이지(erincen taiji, 額林臣台吉)·바트마 타부낭을 영접하게 했는데, 이때에 돌아왔다. 더불어 장정 239명, 부녀자와 어린아이 697명, 낙타 201마리, 말 400마리를 이끌고 왔다.

○ 遣官營造都元帥孔有德·總兵官耿仲明第宅. 孔有德疏辭曰, 臣自歸附以來, 凡所屬官兵, 荷蒙聖恩, 給賜牲畜·衣食·房產, 已極周渥, 欲報深恩, 旦夕匪懈, 即夢寐之中, 時切在念. 今更勞睿慮, 遣官爲臣修第, 重傷民力, 臣何以當. 且臣所居之地, 亦已足矣. 但願皇上勉圖進取, 奄有天下, 國家底定, 民庶康寧. 此時以華屋賜臣, 臣亦受之無愧, 今值倥偬之際, 爲臣營治室宇, 臣心實切不安. 伏望皇上允臣所辭, 停止土木之工, 臣不勝欣幸之至. 上諭之曰, 爾言良是, 眞誠心憂國之言. 但進取之事, 難以預料, 惟仰賴上天之垂佑耳. 若得如所言, 克取天下, 自當更營第宅, 以俾爾居, 然必待異時, 規取他人之物, 則我等現在第宅, 遂置而不修乎. 况今所營造, 亦非過爲壯麗, 聊以示眷注之意, 且使他國聞之, 知朕優待功臣如此也.

○ 관원을 보내 도원수 공유덕과 총병관 경중명의 저택을 짓게 했다. 공유덕이 소(疏)를 올려 사양하여 말했다. "신(臣)이 귀부한 이래 속하의 관원과 병사가 성은을 입어 가축·의복과 식량·집과 토지를 하사받은 것이 많습니다. 깊은 은혜에 보답하고자 밤낮으로 게을리 하지 않고 꿈에도 언제나 절절히 생각하고 있습니다. 지금 또다시 수

었다. 1651년 가르마 서왕이 부족민을 이끌고 청에 귀순해서, 1개의 자삭기를 더 설치하고, 가르마 서왕은 호오치트 자삭 郡王에 분봉되었다. 두 자삭기는 시린골 맹에 소속되었다. 현재 호오치트 행정구역은 폐지되었고, 영역은 분할되어 東우주무친기와 西우주무친기에 속한다.

고롭게 살피시어 관원을 보내 신을 위해 집을 짓게 하시니 민력(民力)이 크게 소진되는 것을 신이 어찌 감당하겠습니까. 더욱이 신이 기거하는 곳 또한 이미 충분합니다. 다만 황상께서 앞으로 나아가 취하시기를 힘써 도모하셔서 천하를 제패하고 국가를 안정시키며, 백성을 평안하게 해 주시기를 바랄 뿐입니다. 그때가 되면 화려한 가옥을 신에게 주셔도, 신 또한 그것을 받기에 부끄러움이 없을 것입니다. 지금 정신없고 바쁜 때에 신을 위해 집을 지어 주신다고 하시니 신의 마음이 실로 편치 않습니다. 엎드려 바라건대 황상께서 신이 사양하는 바를 윤허하시어 토목 공사를 중단해 주신다면 신은 기쁘기 그지없을 것입니다." 주상이 그에게 유시했다. "그대의 말이 실로 옳다. 진심으로 나라를 걱정하는 말이로다. 그러나 나아가 취하는 일은 예측하기가 어렵고, 오직 하늘의 보우하심에 의지할 따름이다. 만약 말한 바대로 이루어져 천하를 쟁취하면 당연히 저택을 더 지어 그대가 살도록 할 것이다. 그러나 반드시 다른 때에 다른 사람의 물건을 취하기를 기다리고, 우리가 지금 살고 있는 집을 끝내 방치하고 보수하지 말아야 하겠는가. 하물며 지금 짓고 있는 집 또한 지나치게 크고 아름다운 집은 아니다. 그나마 배려의 뜻을 보이기 위함이며, 또한 다른 나라가 듣고 짐(朕)이 공신(功臣)들을 우대함이 이와 같다는 것을 알게 하려 함이다."

耿仲明奏曰, 臣以庸戇, 謬邀厚恩, 嘗戴如天之德, 末由報稱, 深切愧恥. 今又蒙皇上營賜臣第, 以示格外之仁, 此皇上莫大之恩也. 臣雖木石, 豈有不知. 但去年臣於東京舊居, 已增置數間, 儘可棲息. 今復興工營造, 不惟糜費財物, 且恐妨農時而疲民力也. 臣雖受恩, 不安彌甚, 伏祈皇上收回成命. 俾仍住舊居, 臣之獲福, 沒世難忘矣. 上不允辭, 一如諭孔有德之旨諭之.

경중명이 아뢰었다. “신(臣)은 어리석음에도 가당치 않게 두터운 은혜를 입었습니다. 하늘과 같은 덕(德)을 받고도 보답할 바가 없으니 실로 부끄럽습니다. 지금 또한 황상께서 신의 집을 지어 하사해 주시는 보살핌을 받아 특별한 인(仁)이 드러났으니, 이는 황상의 막대한 은혜입니다. 신이 비록 나무와 돌과 같지만 어찌 이를 모를 수 있겠습니까. 다만 작년에 신이 동경(東京)의 옛집에 이미 몇 칸을 증축하여 지내기에 부족함이 없습니다. 지금 다시 공사를 일으켜 집을 지으면 재물을 낭비할 뿐만 아니라 농사철을 방해하여 민력(民力)을 피폐하게 할까 염려됩니다. 신이 은혜를 입어도 심히 마음이 편치 않습니다. 엎드려 바라건대 황상께서는 명을 거두어 주십시오. 여전히 옛집에 살더라도 신이 받은 복은 죽어도 잊지 못할 것입니다.” 주상은 사양함을 윤허하지 않고, 공유덕에게 내린 유지(諭旨)와 같이 유시했다.

○ 甲寅, 車爾格等, 遣緞色齎奏至, 疏云, 廣鹿島副將尚可喜, 於十九日往征長山島, 其衆悉已迎降, 凡獲都司一員 · 男子六百名 · 婦女幼丁五百口 · 牛二百頭 · 馬五匹. 內有沈總兵下旗牌一員 · 屯千總一員 · 號頭一名, 以其兇暴殺之. 二十三日, 悉以所獲送至洪水對岸小島中, 二十四日往廣鹿島迎其眷屬. 先於正月初二日, 因廣鹿島都司知尚副將有叛意, 欲擒之, 尚副將覺, 遂收都司禁之. 今尚副將家屬之在廣鹿島者, 男丁千五百人 · 婦女幼丁二千人 · 牛三十頭 · 馬騾五匹. 石城島尚未克, 聞其中男子約千餘 · 婦女幼丁, 可二千許. 又登州喬副將, 率三十人, 乘舟往皮島, 經過廣鹿島, 因擒之, 言其後尚有餘黨二十二人, 若來時, 亦必擒之. 茲遣二守備齎疏, 奏請皇上准給騎乘, 迎接眷屬. 俟廣鹿島家口渡畢, 克石城島後, 再確具人口物件實數, 以聞.

○ 갑인일(1.27), 처르거이 등이 보낸 거오서(geose, 緱色)가 상주문을 가지고 왔다. 소(疏)의 내용은 다음과 같다. 「광록도부장(廣鹿島副將) 상가희가 19일에 장산도(長山島)를 정벌하니, 그 무리가 모두 항복했습니다. 도합 도사(都司) 1명, 남자 600명, 부녀자와 어린아이 500명, 소 200마리, 말 5마리를 획득했습니다. 그 가운데 심(沈) 총병 예하의 기패(旗牌) 1명, 둔천총(屯千總) 1명, 호두(號頭) 1명은 흉폭하기 때문에 죽였습니다. 23일에 노획한 모든 인원을 홍수보(洪水堡)의 건너편 연안 작은 섬으로 보냈고, 24일에 광록도로 가서 그 무리들을 맞이했습니다. 앞서 정월 초2일에, 광록도의 도사(都司)가 상가희 부장이 반란하려는 뜻을 품고 있음을 알고 그를 사로잡고자 했으나, 상가희 부장이 알아채고 도사를 가두었습니다. 현재 상가희 부장 집안에 속하여 광록도에 있는 자는 남정(男丁) 1,500명, 부녀자와 어린아이 2,000명, 소 30마리, 말과 노새 5마리입니다. 석성도(石城島)는 아직 점령하지 못했으나 그 안에 남자 약 1,000여 명, 부녀자와 어린아이 약 2,000명이 있다고 들었습니다. 또한 등주(登州)의 교 부장(喬副將)이 30명을 이끌고 배를 타고 피도로 갈 때 광록도를 지나갔으므로 이들을 체포했는데 후방에 아직 잔당 22명이 남아 있다고 합니다. 만약 광록도로 오면 반드시 체포하겠다고 합니다. 두 수비를 파견하여 소(疏)를 가지고 와서 탈 말을 보내 자신들의 권속(眷屬)을 맞아 달라고 황상께 주청했습니다. 광록도의 가구(家口)가 건너기를 기다려서 석성도를 점령한 후, 다시 인구와 물건의 실제 수를 확실히 파악하여 보고하겠습니다.」

○ 乙卯, 命諸貝勒於大殿前集滿漢蒙古諸臣諭之曰, 廣鹿島明副將尚可喜, 招撫長山·石城二島, 攜民人數千戶來歸, 非以我國衣食有餘而來也. 蓋承天眷佑, 彼自輸誠而求附耳. 但歸附既多, 糗糧宜備.

茲八家貝勒, 已出糧四千石與之, 尚屬未敷. 爾等凡積粟之家, 勿得隱藏, 可悉出以協濟, 亦非徑取之爾等, 仍照數給以價值也.

○ 을묘일(1.28), 여러 버일러들에게 명하여 대전(大殿) 앞에 만주·한인·몽고의 여러 대신을 모이게 하고 유시했다. "광록도의 명나라 부장 상가희가 장산도와 석성도 두 섬을 초무(招撫)하여 민인 수천 호를 데리고 내귀한 것은 우리나라에 의식(衣食)이 여유가 있다고 여겨서 오는 것이 아니다. 하늘의 보우하심을 받아, 그들이 스스로 투항하여 귀부를 청한 것이다. 다만 귀부하는 자가 많으니 양식을 준비해야 한다. 지금 팔가(八家)의 버일러가 이미 양식 4,000석(石)을 내어 주었으나 아직 부족하다. 너희 중 곡식을 쌓아 둔 집안은 숨기지 말고 모두 내어 함께 구제해야 한다. 이 또한 너희를 갈취하는 것이 아니니, 수량에 따라 값을 쳐줄 것이다."

○ 丙辰, 先是, 天聰七年十二月二十八日, 因歲暮, 往祭貝勒莽古爾泰於墓所, 祭畢, 固山額眞色勒, 率領奧塔·愛巴禮·扎福尼·額塞圖·克宜福·圖美·般篤禮·凱禮·碩色·溫泰諸·巴都古·巴特瑪塔布囊·達蘭泰·哈藍圖·特木德克·阿喇布·薩哈濂·萬塔什·阿晉·託退·吳賴·布蘭臺·席伯圖·阿福尼·克什圖等二十五人, 以其爲莽古爾泰姻戚, 欲入謁諸福金獻酒. 諸福金遣使阻之者再四, 不從, 徑入, 飮於諸福金前, 輒大醉. 託退持酒強克什圖飮, 克什圖不飮, 互相怒罵. 克什圖以其事奏聞於上. 上遣索海·鞏阿岱·壩奇蘭, 詣諸福金所, 察其狀, 是實. 又遣國舅阿什達爾漢·宗室拜尹圖, 往察同飮時職官, 於是將醉者列名具奏. 至是, 召集諸貝勒·大臣於大殿會議, 擬色勒斬, 上曰, 殺之固宜, 姑念愚蠢無知, 從寬免死, 命衆唾其面, 黜之.

○ 병진일(1.29), 이전 천총 7년 12월 28일에, 연말이므로 버일러 망굴타이의 묘소에 제사를 지내러 갔다. 제사를 마치고, 구사어전 설러(sele, 色勒)가 오오타(oota, 奧塔) · 아이바리(aibari, 愛巴禮) · 자푸니(jafuni, 扎福尼) · 어서투(esetu, 額塞圖) · 커이푸(keifu, 克宜福) · 투머이(tumei, 圖美) · 인두리(induri, 殷篤禮) · 카일리(kaili, 凱禮) · 쇼서(šose, 碩色) · 온타이주(ontaiju, 溫泰諸) · 바두구(badugū, 巴都古) · 바트마 타부낭(batma tabunang, 巴特瑪塔布囊) · 달란타이(dalantai, 達蘭泰) · 하란투(harantu, 哈藍圖) · 텀덕(temdek, 特木德克) · 아라부(arabu, 阿喇布) · 사할리얀(sahaliyan, 薩哈濂) · 완타시(wantasi, 萬塔什) · 아진(ajin, 阿晉) · 토토이(totoi, 託退) · 울라이(ulai, 吳賴) · 부란타이(burantai, 布蘭臺) · 시버투(sibetu, 席伯圖) · 아푸니(afuni, 阿福尼) · 커시투(kesitu, 克什圖) 등 25명을 이끌고, 망굴타이의 인척이라는 이유로 들어가 푸진들을 알현하고 술을 올리고자 했다. 푸진들은 사자(使者)를 보내 그들을 네 번이나 저지했으나 따르지 않고 멋대로 들어가 푸진들의 앞에서 술을 마시다가 크게 취했다. 토토이가 커시투에게 술을 강권하며 마시라고 했으나 커시투가 마시지 않자 서로 성내며 욕했다. 커시투가 이 일 때문에 주상에게 상주했다. 주상이 파견한 소오하이 · 궁가다이 · 바키란이 푸진들의 처소에 가서 상황을 조사하니 사실이었다. 또한 국구(國舅) 아시다르한과 종실 바인두를 보내 함께 음주한 관원들을 조사하고 취한 자의 명단을 상수했다. 이때에 버일러들과 대신들을 대전(大殿)으로 소집시켜 회의하니, 설러를 참해야 한다고 논의했다. 주상이 말했다. "그를 죽여야 마땅하나 그 어리석고 무지한 자를 불쌍히 여겨 너그러이 사형을 면해 준다." 좌중에게 명을 내려 그 얼굴에 침을 뱉게 하고 혁직했다.

○ 丁巳, 上傳諭入八分諸貝勒福金等曰, 婦以夫爲天, 若婦人夫喪未久, 祭掃時不知哀戚, 不禁絕男子入內飮酒至醉者, 宜何罪, 爾等俱集於禮部會議. 尋議, 祭夫不以禮, 不哀痛, 祭掃時, 不禁絕男子入內飮酒至醉者, 其罪甚重. 似此不誅, 無以訓後. 因議莽古爾泰福金罪, 擬辟以聞. 上曰, 爾等議誅之, 誠是. 但念其子, 已失父, 又誅其母, 子將安恃, 姑從寬免死, 爾諸福金往辱詈而訓誡之, 可也.

○ 정사일(1.30), 주상이 입팔분(入八分) 버일러들의 푸진들에게 유시를 전하여 말했다. "부녀자는 남편을 하늘로 여긴다 했다. 만약 부인이 남편과 사별한 지 오래지 않았는데도 성묘할 때 애도함을 알지 못하고, 남자가 안으로 들어와 술을 마셔 만취하는 것을 막지 못했다면 무슨 죄로 처벌해야 할지, 너희는 모두 예부에 모여 회의하라." 곧 의논하기를, "남편에게 예로써 제사 지내지 않고 애통해 하지 않으며, 성묘할 때 남자가 안으로 들어와 술을 마셔 만취한 것은 그 죄가 매우 중합니다. 이러한 자를 주살하지 않으면 후세에 교훈으로 삼을 수 없습니다."라고 했다. 이에 망굴타이의 푸진의 죄를 논의하여 사형죄에 처해야 한다고 상주했다. 주상이 말했다. "너희가 그를 주살하기로 논의한 것은 실로 옳다. 그러나 그 자식들을 생각해 보니, 이미 아비를 잃었는데 또 그 어미를 주살한다면 자식들은 장차 어찌 살아가겠는가. 너그러이 사형을 면해 주겠다. 너희 여러 푸진들이 가서 욕을 해 주고 그를 훈계하면 될 것이다."

○ 宜爾扎木台吉 · 海薩來朝, 具筵進上, 獻馬駝, 酌納之. 召進宮, 賜宴, 仍命八貝勒家, 依次宴之.

○ 이르잠(irjam, 宜爾扎木) 타이지와 하이사(haisa, 海薩)가 내조하여 연회를 갖추어 주상께 올리고 말과 낙타를 바치니 헤아려 받았다. 궁(宮)으로 불러 연회를 베풀어 주고, 여덟 버일러 가문에게 차례대로 연회를 열게 했다.

○ 先是, 遊擊祝邦成, 攻薊州陣亡, 因無兄弟子嗣, 停其襲職. 至是, 其妻控告, 以寡婦, 求免數丁差徭. 管吏部事墨爾根戴青貝勒多爾袞奏聞, 上念其爲功臣之妻, 准免八丁. 以後凡功臣已故, 而無兄弟子嗣承襲者, 准照官職, 免其丁之半, 其妻故後, 方令應差, 著爲令.

○ 이전에 유격 축방성(祝邦成)이 계주(薊州)를 공격하다 전사했는데 형제와 뒤를 이을 자식이 없어 습직을 중지했다. 이때에 그 처가 하소연하기를 과부이므로 몇 정(丁)의 차요(差徭)를 면제해 달라고 청했다. 이부(吏部)의 일을 관할하는 머르건 다이칭 버일러 도르곤이 상주하자 주상은 그가 공신의 처라는 점을 생각하여 8정(丁)의 차요를 면해 주었다. 이후 모든 전사한 공신 가운데 형제와 자식이 없어 직을 계승할 수 없는 경우, 관직에 의거하여 그 정(丁)의 절반을 면해 주고, 그 처가 죽은 후에 차요를 부과하게 했다. 이를 법으로 정했다.

二月, 戊午朔.

○ 2월 무오일 초하루(2.1).

○ 辛酉, 遣往錦州 · 松山捉生, 主將圖魯什 · 勞薩等, 遣四人至, 奏言, 臣等啟行九日, 沿邊巡畧, 未見漢人出獵, 止獲樵車一百十三輛, 牛·騾·驢, 共一百四十頭, 殺一百二十五人, 生擒蒙古·漢人各一名, 據云祖大壽之子, 於正月初五日來自燕京.

○ 신유일(2.4), 금주(錦州)와 송산(松山)으로 포로를 잡으러 나간 주장(主將) 투루시·로오사 등이 보낸 네 명이 도착하여 아뢰었다. "신들이 행군을 시작하고 9일 동안 변경을 따라 돌며 약탈했습니다만, 사냥을 나온 한인을 보지 못했습니다. 다만 장작 수레 113량, 소·노새·나귀 도합 140마리를 획득했습니다. 125명을 죽이고, 몽고와 한인 각 1명씩 생포했습니다. 그들의 말에 의하면, 조대수의 아들이 정월 초5일에 연경(燕京)으로부터 왔다고 합니다."

○ 是日, 車爾格等遣扈習·扈紐·石爾哈達至, 奏言. 臣等於二十八日晚渡海, 二十九日登岸, 於二里外下營. 廣鹿·長山二島, 共男子一千四百五名·婦女幼丁二千四百六十六人, 牛如前所報之數. 據副將尚可喜云, 我曾與我衆兵宰牛爲誓, 斷不令爾等男婦徒步而行, 我必求上給騎乘往, 今若蒙皇上矜憐, 給與乘騎, 必求敷用, 如或不敷, 則人衆路遙, 恐不能尅期進發, 臣等因於每牛彔下有四馬者, 撥給二匹與之乘矣. 又據我國遣回之盧可用·金玉奎, 及尚副將之妻父云, 我等曾遣二人, 請示安插地方, 竝探其妻子, 如尚未起行, 卽留彼居住. 又臣前奏擒獲登州喬副將, 今始察知其謬. 喬副將在後四船中, 前來一船, 止十人在內. 尚副將下五人與戰, 俱被殺. 至沿途糧糗頗足, 官員數目, 因未奉上命, 不曾詢問. 臣等覘之, 有遊擊·參將五員, 都司三員, 其餘備禦, 不知其數. 初二日, 往攻石城島, 往來約須六日, 二月初十間卽起程矣.

○ 이날 처르거이 등이 파견한 후시(hūsi, 扈習) · 후니오(hunio, 扈紐) · 시르가다(sirgada, 石爾哈達)가 도착하여 아뢰었다. "신들은 28일 밤에 바다를 건너 29일 해안에 상륙해 2리 밖에 군영을 설치했습니다. 광록도와 장산도 두 섬에는 도합 남자 1,405명, 부녀자와 어린아이 2,466명이 있고, 이전에 보고한 수만큼 소가 있습니다. 부장 상가희가 말했습니다. 「나는 일찍이 나의 병사들과 소를 잡아 맹세하기를, '결단코 너희 남녀들을 걸어가게 하지 않겠다. 내가 반드시 주상에게 부탁해 말을 타고 가게 하겠다.'라고 했습니다. 지금 황상께서 가엾게 여기시어 말을 주신다면 반드시 쓰기에 충분하게 주실 것을 청합니다. 혹시 부족하면 사람은 많고 길은 멀어 제때에 출발할 수 없을까 염려됩니다.」 이에 신들은 각 니루마다 예하에 있는 말 4마리 중 2마리를 거두어 그들에게 타고 가라고 주었습니다. 또한 우리나라에 파견되었다 돌아온 노가용(盧可用) · 김옥규(金玉奎)에 대해 상가희 부장의 장인이 말하기를, 「우리는 앞서 두 사람을 파견해 정착할 지방을 요청해 보고 처자식의 소식을 알아보라고 했습니다. 만약 그들이 아직 출발하지 않았다면 지금 있는 곳에 머물게 해 주십시오.」라고 했습니다.[13] 또한 신(臣)이 일전에 등주(登州)의 교 부장(喬副將)을 사로잡았다고 상주한 것이 오류였다는 사실을 지금 비로소 알게 되었습니다. 교 부장은 후방의 4척 배에 있었고, 앞에 온 1척에는 겨우 10명밖에 없었습니다. 상가희 부장 예하의 5명이 교전 중에 모두 피살되었

---

13 『내국사원당』에는 "jai musei ubaci genehe, lu k'o yung, jin žu kui, šang fujiyang ni amha hendume, meni takūraha juwe niyalma be, tere be baira anagan de ini juse sargan be tuwana seme unggihe, aikabade jurandara unde oci tebu sembi"(또 우리 쪽에서 간 盧可用 · 金玉奎는 尙 부장의 장인이 말하기를, "우리가 파견한 두 사람은 살 곳을 구한다는 구실로 그의 처자식을 보러 가라고 보냈습니다. 만약 출발하기 전이면 머물게 하십시오"라고 했습니다.)라고 되어 있다. 『內國史院檔 天聰八年』, p.57.

습니다. 길에서 필요한 식량은 충분합니다. 관원의 수는 주상의 명을 받지 않았으므로 묻지 않았습니다. 신들이 보아하니, 유격 · 참장 5명, 도사 3명이 있었고, 그 나머지 비어의 수는 모릅니다. 초2일에 석성도를 공격하러 갑니다. 왕래하는 데에 약 6일이 필요하다고 합니다. 2월 10일부터 출발하겠습니다."

○ 壬戌, 定喪祭焚衣及殉葬例. 自貝勒以下, 牛彔額眞以上, 凡有死喪者, 許焚冬衣 · 春秋衣 · 夏衣, 各三襲. 庶人許焚冬衣一襲 · 夏衣一襲 · 春秋衣一襲. 自貝勒以至庶人, 有不及此數者, 聽之. 若原製有衣服者, 仍照定數焚化. 如舊衣不足, 毋得新製充數. 若逾定數, 及無舊衣而新製以焚化者, 被人告發, 首告之人准離本主, 將焚化衣物賠出, 以二分入官, 一分給首告之人. 該管牛彔額眞, 及代子章京, 俱坐以應得之罪. 又婦人有欲殉其夫者, 平居夫婦相得夫死, 許其妻殉, 仍行旌表. 若相得之妻不殉, 而強逼侍妾殉者, 其妻論死. 其不相得之妻, 及媵妾, 俱不許殉. 違律自殉者, 棄其屍, 仍令其家賠婦人一口入官. 有首告者, 將首告之人, 准離本主. 夫族兄弟, 各坐以應得之罪.

○ 임술일(2.5), 상제(喪祭)에서 옷을 태우는 예(例)와 순장(殉葬)하는 예(例)를 정했다. 「버일러 이하 니루어전 이상이 죽어서 상을 치르는 경우, 겨울옷 · 봄가을옷, 여름옷 각각 3벌씩 태우는 것을 허락한다. 일반 백성은 겨울옷 1벌 · 여름옷 1벌 · 봄가을옷 1벌을 태우는 것을 허락한다. 버일러부터 일반 백성에 이르기까지 이 수에 미치지 못하면 허락한다. 만일 원래 만들어 둔 옷이 있는 경우, 그대로 정해진 수에 맞추어 태우도록 한다. 만일 입던 옷이 부족해도 새로 만들어 수를 채우지 말라. 만일 정해진 수를 초과하거나 입던 옷이 없어 새로이 만들어 태운 자가 다른 사람에게 고발당하면 고발한 자가 주인을 떠

나는 것을 허락하고, 태운 옷은 배상하게 하여 2분(分)은 관에 몰수하고 1분(分)은 고발한 자에게 지급한다. 해당 니루어전과 다이서 장긴(daise janggin, 代子章京) 모두 받아야 할 죄를 받는다. 또 부인이 남편을 따라 죽고자 할 경우, 평소에 부부의 사이가 좋았는데 남편이 죽었을 경우 그 처가 순사(殉死)하는 것을 허락하고 정표(旌表)한다. 만일 사이가 좋았던 처가 순사하지 않고 첩에게 순사하도록 강요하는 경우 그 처는 사형으로 논한다. 사이가 좋지 않았던 처나 첩은 모두 순사를 허락하지 않는다. 율(律)을 어기고 스스로 순사하는 경우 그 시체를 버리고, 그 집안에서 부인 1명을 배상하게 하여 관에 몰수한다. 고발한 자가 있으면, 고발한 자가 주인을 떠나는 것을 허락하고 남편 일족의 형제들은 각기 받아야 할 죄를 받는다.」

○ 是日, 命墨爾根戴青貝勒多爾袞·貝勒薩哈廉, 率右翼巴布泰·佐翼圖爾格·每旗官一員·每牛彔護軍一名·馬六匹·餘丁二人, 往迎明副將尚可喜.

○ 이날 머르건 다이칭 버일러 도르곤·버일러 사할리얀에게 명하여 우익 바부타이·좌익 투르거이·각 기(旗)의 관원 1명·각 니루의 호군 1명·말 6마리·여정(餘丁) 2명을 통솔해서 명나라의 부장 상가희를 맞이하러 가게 했다.

○ 圖魯什·勞薩·吳拜·伊勒木·席特庫·蘇爾德·俄莫克圖·布顏·達哈塔·鄂碩·巴雅·努山·昂古奈·沙爾虎達·卦爾察席特庫等, 自錦州等處捉生還. 上命以所獲牲畜, 分賞同往將士.

○ 투루시 · 로오사 · 우바이 · 일러무 · 시터쿠 · 숲더이 · 오목투 · 부얀 · 다하타 · 오쇼 · 바야 · 누산 · 앙구나이(anggūnai, 昂古奈) · 샤르후다 · 구왈차 시터쿠 등이 금주(錦州) 등지에서 포로를 잡아 돌아왔다. 주상이 노획한 가축들을 같이 갔던 장수와 병사들에게 나누어 상으로 주었다.

○ 賜宜爾扎木台吉, 甲胄 · 雕鞍 · 弓刀 · 銀器 · 貂鑲朝衣 · 緞布等物.

○ 이르잠 타이지에게 갑옷과 투구 · 조각한 안장 · 활과 칼 · 은그릇 · 담비가죽 테를 두른 조의(朝衣) · 비단과 면포 등의 물품을 하사했다.

○ 乙丑, 賞一等副將祖澤洪 · 韓大勳 · 曹恭誠 · 劉天祿 · 孫定遼 · 張存仁等, 各男婦四十口 · 牛十二頭, 二等副將陳邦選 · 鄧長春 · 薛大湖 · 李雲 · 裴國珍等, 各男婦三十二口 · 牛八頭, 參將張廉 · 劉士英 · 盛忠 · 姜新 · 高光輝 · 韓棟 · 吳良輔 · 段學孔等, 各男婦二十口 · 牛六頭. 遊擊劉武元 · 塗應乾 · 李一忠 · 劉良臣 · 方一元 · 楊名世 · 陳變武 · 蔣懷良 · 竇承武 · 胡弘先 · 吳奉成等, 各男婦十六口 · 牛四頭, 都司張可範等十四員, 守備李世魁等五十六員, 各男婦八口 · 牛二頭, 署都司曹天壽, 署守備顧昌武等五十五員, 各男婦四口 · 牛一頭. 以一等副將祖可法, 曾賞以巴布家口, 祖澤潤曾賞以黑雲龍家口, 俱不加賞, 可法等奏, 前賞人口牛隻俱死, 上加賞可法, 男婦十四口 · 牛十一頭, 澤潤, 牛二頭. 以上各官, 俱編入莊屯, 給以房地器用等物. 其賞賜衆官所餘人口牛隻, 俱存留公用.

○ 을축일(2.8), 일등 부장 조택홍(祖澤洪)·한대훈(韓大勳)·조공성(曹恭誠)·유천록(劉天祿)·손정요(孫定遼)·장존인(張存仁) 등에게 각기 남자와 여자 40명·소 12마리를, 이등 부장 진방선(陳邦選)·등장춘(鄧長春)·설대호(薛大湖)·이운(李雲)·배국진(裴國珍) 등에게 각기 남자와 여자 32명·소 8마리를, 참장 장렴(張廉)·유사영(劉士英)·성충(盛忠)·강신(姜新)·고광휘(高光輝)·한동(韓棟)·오량보(吳良輔)·단학공(段學孔) 등에게 각기 남자와 여자 20명·소 6마리를, 유격 유무원(劉武元)·도응건(塗應乾)·이일충(李一忠)·유량신(劉良臣)·방일원(方一元)·양명세(楊名世)·진변무(陳變武)·장회량(蔣懷良)·두승무(竇承武)·호홍선(胡弘先)·오봉성(吳奉成) 등에게 각기 남자와 여자 16명·소 4마리를, 도사(都司) 장가범(張可範) 등 14명, 수비 이세괴(李世魁) 등 56명에게는 각기 남자와 여자 8명·소 2마리를, 서도사(署都司) 조천수(曹天壽), 서수비(署守備) 고창무(顧昌武) 등 55명에게는 각기 남자와 여자 4명·소 1마리를 상으로 주었다. 일등 부장 조가법(祖可法)에게는 일찍이 바부(babu, 巴布)의 사람들을, 조택윤(祖澤潤)에게는 일찍이 흑운룡(黑雲龍)의 사람들을 상으로 주었기에 모두 상을 더하지 않았는데, 조가법 등이 이전에 상으로 받은 사람들과 소가 모두 죽었다고 상주하자, 주상이 조가법에게 상을 더하여 남자와 여자 14명·소 11마리를, 조택윤에게는 소 2마리를 상으로 주었다. 이상의 각 관원들을 모두 장둔(莊屯)에 편입하고 집과 토지·그릇 등의 물품을 지급했다. 모든 관리들에게 상으로 내리고 남은 인구와 소들은 모두 공용(公用)으로 남겨 두었다.

○ 丁卯, 車駕至避痘所. 遣羅碩往溫泉, 問大貝勒代善病, 并遺之食物.

○ 정묘일(2.10), 어가가 피두소(避痘所)에 이르렀다. 로쇼(lošo, 羅碩)를 온천으로 보내 대버일러 다이샨에게 병문안하게 하고 음식을 보냈다.

○ 是日, 都元帥孔有德疏劾總兵官耿仲明. 疏曰, 耿仲明自同臣歸附以來, 荷皇上仁恩. 不亞首功之臣, 屢召陛見. 臣每奉上命勸論, 不唯不聽, 而反以爲讎. 彼心懷妒惡, 侵漁官兵, 吸民骨髓. 一切官民, 怨恨深切, 曾經赴愬於臣. 其過端難以枚舉, 原狀俱在, 可明訊也. 耿仲明全無畏懼之心, 不聽臣言, 復違聖旨. 臣因念同僚, 隱而未發, 但恐積惡益深, 臣不預陳於皇上之前, 有誤國家大事, 則罪將及臣. 臣今非如在登州時, 事可獨斷, 彼設不馴, 焉能禁止. 不惟有負皇上養育之恩, 且令歸順官兵, 皆違初心, 衆皆含怨, 不得已而逃遁者, 已數百人矣. 先在登州時, 雖日厭糠粃困守八月, 無一人逃者. 今至此按口給糧, 贍養甚厚, 而多遁走, 其故何居. 臣即隱忍, 終不能掩, 是以直言奏聞. 伏乞皇上詳察實情, 以免官兵之塗炭, 鑒臣爲國憂民之本懷. 况彼總兵從何而得, 皆由臣薦舉, 遂蒙皇上賜之敕印, 今忘初恩, 不圖犬馬之報, 反肆悖逆之行, 紊亂國政. 臣久欲親奏, 白臣心事, 但未奉旨, 不敢擅行. 今欲馳奏, 未審上意允否, 懇乞皇上速賜綸音. 臣謹薰沐以待.

○ 이날 도원수 공유덕이 상소를 올려 총병관 경중명을 탄핵했다. 상소하여 말했다. 「경중명은 신(臣)과 함께 귀부한 이래 황상의 어진 은혜를 받아 첫째 등급의 공신과 같이 되어 여러 차례 부르셔서 황상을 알현했습니다. 신(臣)은 매번 주상의 명령을 받들어 가르쳤으나 그는 듣지 않았을 뿐만 아니라 오히려 신을 원수로 생각했습니다. 그는 마음에 시기와 미움을 품고 관병(官兵)들을 침탈하고 백성의 고혈을

착취했습니다. 모든 관원과 민인의 원한이 매우 깊어 신에게 달려와 하소연했습니다. 그의 과오를 하나하나 열거하기 어려우나, 하소연하는 글이 모두 있으니 명백히 조사할 수 있습니다. 경중명은 전혀 두려워하는 마음이 없이 신의 말을 듣지 않았고 또 황상의 뜻을 어겼습니다. 신은 동료라고 생각하여 그의 죄를 숨기고 드러내지 않았습니다. 그러나 그의 악함이 쌓여 더욱 깊어지는데 신이 사전에 황상께 말하지 않아 국가의 대사를 그르치게 되면 그 죄가 신에게 미칠까 두렵습니다. 신은 지금 등주(登州)에 있을 때처럼 일을 홀로 결단할 수 없으니, 그가 설령 따르지 않는다고 해도 어찌 막을 수 있겠습니까. 그는 황상이 길러 주신 은혜를 저버렸을 뿐만 아니라 귀순한 관병(官兵)들에게도 모두 초심을 어기도록 하니, 모두가 원한을 품어 부득이하게 달아나 숨은 자가 이미 수백 명입니다. 이전에 등주에 있을 때에는 비록 매일 겨와 쭉정이를 물리도록 먹으며 힘겹게 8개월간 수비했어도 한 사람도 도망가지 않았습니다. 그러나 지금 여기에 와서 인구대로 양식을 지급하고 넉넉하고 후하게 보살피는데도 많은 이들이 도망가니, 무엇 때문이겠습니까. 신이 비록 참고 드러내지 않아도 결국은 숨길 수 없기에 솔직하게 상주합니다. 엎드려 바라건대 황상께서 그 실상을 자세히 살피셔서 관병(官兵)들을 도탄에서 벗어나게 해 주시고, 신이 나라와 배성을 위해 근심하는 본뜻을 살펴 주십시오. 하물며 그가 총병 직책을 어디서 얻었겠습니까. 모두 신이 천거하고 황상께서 칙인(勅印)을 내리신 것입니다. 지금 처음의 은혜를 잊고 견마(犬馬)의 보은을 도모하지 않고, 오히려 패역한 행동만을 하고 국정을 어지럽히고 있습니다. 신은 오랫동안 직접 상주하여 신의 마음을 아뢰고자 했으나, 주상의 뜻을 받들지 못하여 감히 멋대로 행하지 못했습니다. 지금 가서 상주하고자 하나 주상께서 허락하실지 헤아릴 수 없습니다. 간절히 바라건대 주상께서 속히 허락해 주십시오. 신은 삼가 몸을 깨끗이 하고 기다리겠습니다.」

○ 戊辰, 命阿山・圖魯什・託克退・拖克拖會, 率管護軍大臣鰲拜・何洛會・準塔・葉什・阿哈占・藍拜・得特, 管行營兵大臣傅爾丹・和洛・薩必圖・索爾敏・吳善・安達里・察喇孫・蘇爾麻・石蘭・綽貝・吳孫泰・土勒德・丹坦・喀喇爾代, 每牛彔護軍一名, 每營甲士一名・廝卒一名, 蒙古兩旗兵四百名, 往略錦州, 併齎遺祖大壽書一函. 大凌河歸降副將以下, 參將・遊擊以上各官, 寄衆書十三函. 管兵部事和碩貝勒岳託引阿山・圖魯什・吳善・拖克拖會・託克退, 及嚮導伯布格, 謁上於避痘所. 上諭之曰, 凡我軍駐扎則合爲一營, 前行則嚴兩翼哨探. 自啟行以至旋師, 謹愼隄防, 不可少忽. 此次行軍, 可從爾等前次舊路之外而進, 至彼地, 則分兵爲三, 圖魯什同八大臣, 率百人爲前隊, 更令八大臣, 率兵三百人, 爲次隊繼之. 其餘官兵, 令八大臣同阿山・吳善, 統領之爲末隊. 凡當俘略時, 頭隊越其地而前, 以截敵兵, 令次隊悉收取所有. 儻敵人忿其爲我所略, 先以少兵來戰, 則阿山・吳善一隊, 擇地設伏以待, 圖魯什越其伏地而誘之. 中途遇有應俘者, 俘之以還, 若無所遇, 則視有蒙古駐牧之處而進. 或方當俘略之時, 或已經俘獲之後, 遇敵迎戰, 所獲之物, 應棄與否, 惟爾等酌行. 若敵兵逼近, 恐愛戀俘獲, 或致有失, 此等處皆當悉心籌畫, 加意隄防也. 諭畢, 衆皆退. 岳託復謂圖魯什等曰, 凡有會議差遣之處, 當就阿山商之, 勿違其言.

○ 무진일(2.11), 아산・투루시・톡토이・톡토호이에게 명하여 호군을 관할하는 대신 오보이・홀로호이(holohoi, 何洛會)・준타(junta, 準塔)・여시(yesi, 葉什)・아하잔(ahajan, 阿哈占)・람바이(lambai, 藍拜)・더터(dete, 得特), 행영병(行營兵)을 관할하는 대신 푸르단(furdan, 傅爾丹)・홀로(holo, 和洛)・사비투(sabitu, 薩必圖)・솔민(solmin, 索爾敏)・우샨(ušan, 吳善)・안다리(andari, 安達里)・찰라순(calasun, 察喇

孫)·술히오(sulhio, 蘇爾庥)·시란(siran, 石蘭)·초보이(coboi, 綽貝)·우순타이(usuntai, 吳孫泰)·툴러더이(tuledei, 土勒德)·단탄(dantan, 丹坦)·카랄다이(karaldai, 喀喇爾代)와 각 니루에서 호군 1명, 각 군영에서 갑사(甲士) 1명과 쿠툴러 1명, 몽고의 두 기(旗)에서 군사 400명을 이끌고 금주(錦州)를 공략하게 하고, 또 조대수에게 서신 한 통을 남기게 했다. 대릉하에서 귀항한 부장 이하 참장과 유격 이상의 각 관리들에게는 군신(群臣)들에게 부치는 서신 13통을 맡겼다.

병부의 일을 관할하는 호쇼이 버일러 요토가 아산·투루시·우샨·톡토호이·톡토이와 향도관(嚮導官) 버부거이(bebugei, 伯布格)를 이끌고 피두소(避痘所)에서 주상을 알현했다. 주상이 유시했다. "우리 군대는 머물러 주둔할 때에는 1군영으로 합치고, 전진할 때에는 엄격히 양익(兩翼)으로 나누어 초탐하라. 출병할 때부터 회군할 때까지 삼가 방비에 힘쓰고 조금도 소홀히 하지 말라. 이번 행군은 너희가 저번에 갔던 옛길 바깥을 따라 진격하고, 그곳에 도착하면 군대를 셋으로 나누라. 투루시는 8대신과 함께 100명을 통솔하여 전대(前隊)로 삼고, 다시 8대신에게 병사 300명을 통솔하게 하여 차대(次隊)로 삼아 따라가게 하라. 나머지 관병(官兵)은 8대신에게 아산·우샨과 함께 통솔하게 하여 말대(末隊)로 편성하라. 약탈할 때에 맨 앞의 부대는 그 지역을 지나 앞으로 가서 적병을 끊고, 그다음의 부대에게 물건을 모두 거두게 하라. 만일 적병이 우리에게 약탈당한 것에 분노하여 먼저 적은 병사로 와서 교전하면, 아산과 우샨의 한 부대가 지역을 골라 매복하여 기다리고, 투루시는 그 매복지를 지나가서 적병을 유인하라. 중도에 만약 노획할 만한 것이 있으면 노획해서 돌아오고, 만약 없으면 몽고인들이 목축하는 곳이 있는지 살펴보며 진격하라. 막 약탈하려고 할 때나, 혹은 이미 약탈하고 노획한 이후에 적병과 교전하면, 노획한 물건을 버려야 할지 여부는 오로지 너희가 헤아려 행하라. 만일 적병이 가까이 왔는데 약탈하고 노획한 물건을 아낀다면 실수가 있을까 염려된다. 이러한 부분을 모두 마음을 다해 계획하여 방비에 힘써라." 유시를 마치자, 모두 돌아갔다. 요토가 다시 투루시 등에게 말했다. "회의하고 파견할 일이 있으면 아산에게 가서 상의해야 한다. 그의 말을 어겨서는 안 된다."

○ 是日, 貝勒岳託奏曰, 每年牛彔二哨兵之馬, 遇有倒斃, 輒令牛彔下衆人分賠買補, 恐力不能堪. 且哨兵以衆人賠買之馬, 任意馳騁, 屢致倒斃. 前貝勒阿濟格往迎孔有德等, 見有哨兵策馬縱馳, 臣等曾經會議. 一議, 凡馬死, 即鞭哨長及乘馬之人. 一議, 於牛彔內, 擇殷實之家, 免其數丁差徭, 遇馬死, 令其購買. 但馬死, 無以知其倒斃之由, 即行鞭責, 似未平允. 若令部人時時往驗, 又恐無暇. 上曰, 鞭責不宜. 可於牛彔內擇殷實者一人, 准免四丁差徭, 馬死即令購買. 岳託又請每牛彔, 各減廝卒一名. 上曰, 哨長許留廝卒, 餘俱罷之.

○ 이날 버일러 요토가 상주했다. "매년 니루의 초병의 말 2마리가 쓰러져 죽으면 번번이 니루에 소속된 사람들에게 나누어 배상하게 해 말을 사서 보충하도록 했는데, 민력이 감당하지 못할까 염려됩니다. 또 초병이 사람들이 배상하여 산 말을 마음대로 타고 질주하니, 말이 자꾸 쓰러져 죽습니다. 이전에 버일러 아지거가 공유덕 등을 맞이하러 갔을 때 초병이 말을 채찍질하여 달리는 것을 보고 신들이 모여 의논했습니다. 한 가지 의견은 말이 죽으면 초장(哨長)과 말을 탄 자를 채찍으로 때리자는 것입니다. 또 하나는, 니루 내에서 부유한 집을 골라 몇 정(丁)의 차요(差徭)를 면해 주고 말이 죽으면 그 집이 말을 구매하게 하는 것입니다. 그러나 말이 죽으면 그 쓰러져 죽은 이유를 모르면서 즉시 채찍질로 벌하는 것은 공평하거나 타당하지 않은 것 같습니다. 만약 부(部)의 사람으로 하여금 수시로 가서 조사하게 하면, 또

한 그럴 겨를이 없을까 걱정입니다." 주상이 말했다. "채찍질하는 것은 마땅하지 않다. 니루 내에서 부유한 자 1명을 골라 4명 분의 차요(差徭)를 면해 주고, 말이 죽으면 구매하게 하라." 요토가 다시 니루마다 쿠툴러 1명씩을 줄여달라고 청했다. 주상이 말했다. "초장(哨長)의 쿠툴러는 남겨 두고 나머지는 모두 없애라."

○ 己巳, 阿山·圖魯什, 率兵略錦州, 是日起行.

○ 기사일(2.12), 아산과 투루시가 병사를 통솔하여 금주(錦州)를 공략하러 이날 출발했다.

○ 上召黑龍江地方來歸之嘛爾干·羌圖里, 入中殿, 諭之曰, 虎爾哈慢不朝貢, 將發大兵往征. 爾等勿混與往來. 恐致誤殺. 從征士卒, 有相識者, 可往見之. 此次出師, 不似從前兵少, 必集大衆以行也. 諭畢, 以嘛爾干·羌圖里, 自歸服以來, 貢獻不絕於道, 賜嘛爾干鞍馬一匹, 羌圖里婦人一口. 又以伊濟納送喀住弟至, 喀達送波濟里弟至, 各賜布疋等物, 仍賜之宴.

○ 주상이 흑룡강 지방에서 내귀한 마르간(margan, 嘛爾干)과 키양투리(kiyangturi, 羌圖里)를 중전(中殿)으로 들게 하여 유시했다. "후르카가 나태하여 조공을 바치지 않으니 대병(大兵)을 일으켜 정벌하려고 한다. 너희는 그들과 섞여 왕래하지 말라. 오인하여 죽일까 염려된다. 정벌에 종군하는 사졸 중에 서로 아는 자가 있는 경우는 가서 봐도 된다. 이번 출병은 이전에 군사가 적었던 것과는 달리 반드시 많은 군사를 모아 갈 것이다." 유시한 후, 마르간과 키양투리가 귀부한 이래

공물을 끊임없이 바쳤다고 하여, 마르간에게는 안장을 갖춘 말 1마리를, 키양투리에게는 부인 1명을 하사했다. 또 이치나(icina, 伊濟納)가 카주(kaju, 喀住)의 동생을 보내오고, 카다(kada, 喀達)가 보지리(bojiri, 波濟里)의 동생을 보내왔기에 각각 포필(布疋) 등의 물품을 하사하고 연회를 베풀었다.

○ 召喀爾喀所屬蒿齊忒部落, 攜家口來歸之額林臣台吉·巴特瑪塔布囊, 進宮賜宴. 仍各賜甲胄·雕鞍·蟒衣·狐裘·銀器·緞布等物. 額林臣台吉·巴特瑪塔布囊, 及同來班第·土魯齊·塞桑·僧格·布顏·車臣·吳巴什等, 各獻駝馬. 上酌納之.

○ 칼카에 속한 호오치트 부락에서 집안 식구들을 데리고 귀부한 어린천 타이지·바트마 타부낭을 궁으로 불러서 잔치를 베풀었다. 이어서 각기 갑옷과 투구·조각한 안장·망의(蟒衣)·여우가죽옷·은그릇·비단과 면포 등의 물건을 하사했다. 어린천 타이지·바트마 타부낭과 함께 온 반디(bandi, 班第)·투루지(turuji, 土魯齊)·자이상(jaisang, 塞桑)·셍게(sengge, 僧格)·부얀(buyan, 布顏)·체첸(cecen, 車臣)·우바시 등이 각기 낙타와 말을 바치니 주상이 헤아려 받았다.

○ 庚午, 先是, 額林臣台吉屬下五十三戶來歸. 至是, 以額林臣歸附, 遂以所屬戶口賜之.

○ 경오일(2.13), 이전에 어린천 타이지 속하의 53호가 내귀했었다. 이때에 어린천이 귀부했기에 소속 호구(戶口)를 그에게 하사했다.

○ 以額林臣台吉 · 巴特瑪塔布囊新附, 命八貝勒家以次各宴一日.

○ 어린천 타이지와 바트마 타부낭이 새로 귀부했기에, 명하여 여덟 버일러 집에서 차례대로 하루씩 연회를 베풀게 했다.

○ 辛未, 諭都元帥孔有德曰, 爾前所奏一切, 皆爲國之言, 朕已悉知. 爾豈僅爲此二人而言耶. 耿總兵亦謂, 訐彼之人, 不可留於部下, 欲撥給元帥, 以圖和好, 此言甚爲合理, 朕亦思及此, 故爾勸諭, 爾其善撫之. 諭總兵官耿仲明曰, 爾將首告之人, 給與元帥. 其黨類尚有在爾部下者, 亦宜善加撫養, 勿念舊惡. 若日後懷讎虐使, 朕即以爾爲不思報國, 止爲身謀也. 儻其人復越分妄行, 自作罪孽, 國法具在, 朕亦安肯姑容.

○ 신미일(2.14), 도원수 공유덕에게 유시했다. "그대가 전에 상주한 모든 것이 국가를 위한 말이었음을 짐이 모두 알고 있다. 그대가 어찌 단지 이 두 사람 때문에 말했겠는가. 경중명 총병도 그를 비방한 자를 속하에 둘 수 없으니 원수(元帥)에게 보내 화호(和好)를 도모하고자 한다고 말했는데 이 말은 매우 도리에 맞다. 짐 역시 이를 생각해서 권유하는 것이니 그를 잘 무마하라." 총병관 경중명에게 유시했다. "그대는 고발한 자를 원수(元帥)에게 보내라. 그 무리 중 여선히 그대의 속하에 남아 있는 자들을 잘 보살피고, 이전의 악행을 괘념지 말라. 만일 이후로 원한을 품고 그들을 학대하면 짐은 그대를 보국(報國)은 생각지 않고 자신만을 도모하는 자로 여길 것이다. 만일 그 사람이 다시 본분을 넘어 망령되이 행동하고 스스로 죄를 저지르면, 국법(國法)이 있는데 짐이 어찌 기꺼이 용서하겠는가."

○ 是日, 召都元帥孔有德 · 總兵官耿仲明進宮, 賜宴.

○ 이날 도원수 공유덕과 총병관 경중명을 불러 궁(宮)에 들게 하여 연회를 베풀어 주었다.

○ 癸酉, 墨爾根戴青貝勒多爾袞 · 貝勒薩哈廉, 遣喀木圖奏言, 副將尚可喜, 攜來廣鹿 · 長山二島戶口, 共男子一千四百五名 · 婦女幼丁二千四百六十六名口.

○ 계유일(2.16), 머르건 다이칭 버일러 도르곤과 버일러 사할리얀이 캄투를 보내 상주하기를, 부장 상가희가 광록도와 장산도 두 섬의 호구(戶口)를 데리고 왔는데, 총 남자 1,405명 · 부녀자와 어린아이 2,466명이라고 했다.

○ 甲戌, 賜都元帥孔有德 · 總兵官耿仲明羊酒, 諭曰, 朕聞舊漢官, 攜爾等於教場角射, 設筵以饗. 意爾等必欲酬宴, 爾等去家遠, 即將此羊酒, 於教場答宴可也.

○ 갑술일(2.17), 도원수 공유덕과 총병관 경중명에게 양과 술을 하사하며 유시했다. "짐이 듣기에 구한인(舊漢人) 관리가 그대들을 데리고 교장(教場)에서 활쏘기를 겨루고, 주연을 베풀어 대접했다고 한다. 생각건대 너희도 분명 답례로 잔치하고자 할 것이나, 너희의 집이 머니 이 양과 술로 교장에서 답례로 연회를 열면 될 것이다."

○ 是日, 遣雅孔阿·辛他什·阿納布·喀達布, 往諭墨爾根戴青貝勒多爾袞·貝勒薩哈廉曰, 前曾令貝勒等同尙副將, 視船隻堪用者, 運置蓋州, 若不堪用, 更難於運至者, 可焚燬之, 速來.

○ 이날 야쿵가(yakūngga, 雅孔阿)·신타시(sintasi, 辛他什)·아나부(anabu, 阿納布)·카다부(kadabu, 喀達布)를 보내 머르건 다이칭 버일러 도르곤과 버일러 사할리얀에게 가서 유시하게 했다. "이전에 이미 버일러들과 상(尙) 부장에게 선박 중 쓸 만한 것을 보아 개주(蓋州)에 운반해 놓으라고 했었는데, 쓸 수 없고 운반하기 어려운 것은 불태우고 속히 와라."

○ 乙亥, 以前遣錦州書, 恐不能達, 照前書重繕, 遣勞薩·色楚·蘇爾德·鄂碩·席特庫·沙爾虎達·努山等, 率護軍精騎八十名·廝卒四十名, 往錦州捉生, 并齎書往, 諭之曰, 爾等可率駐防巨流河四大臣兵, 竝四路哨卒之半前往. 量遣數人, 襲取明哨卒所守臺執其人. 又聞敵人哨騎甚衆, 可乘夜越其地捉生. 若我兵先往者已過, 其在後漢人必爲爾等所俘矣. 爾等所進之處, 務須左右隄防. 若獲其人, 即以書付之, 令攜歸, 如不獲, 即懸書於十三站山坡而來. 巨流河兵, 將哨卒人等, 從爾等北路捉生, 至閭陽峪會兵可也. 捉生之後, 可將人民居住之臺具數以聞. 爾等愼勿恃兵勢, 不加意防備也. 又諭曰, 因爾等彼此忿爭, 先已有旨申飭, 料爾等必識之. 凡各兵該管貝勒, 孰助馬, 孰不助馬, 圖魯什還時, 勿徇情面, 籍名來奏. 且爾等有富而不輸馬者, 有貧而反輸馬者, 爾等當直言之也. 又諭穆成格曰, 勞薩等先已往略一次, 馬皆疲瘦, 爾可傳諭各該管貝勒, 以馬給之.

○ 을해일(2.18), 이전에 금주에 보냈던 서신이 도착하지 못했을까 염려되어 이전의 서신을 다시 고쳐 로오사・서추(secu, 色楚)・술더이(蘇爾德, suldei)・오쇼(ošo, 鄂碩)・시터쿠・샤르후다・누산(nusan, 努山) 등을 보내 호군 정예기병 80명과 쿠툴러 40명을 통솔하여 금주로 가서 포로를 사로잡게 하고 아울러 서신을 들고 가게 했다. 이들에게 유시했다. 「너희는 거류하(巨流河)에 주둔하는 4대신의 군사와 4로(路)의 초졸(哨卒)의 절반을 이끌고 전진하라. 헤아려서 몇 명을 보내 명나라의 초졸(哨卒)이 수비하는 대(臺)를 습격하여 취하고 사람을 잡아라. 또 적의 초탐하는 기병이 매우 많다고 들으면, 밤을 틈타 그 지역을 넘어서 포로를 사로잡아라. 만일 우리 군사 중 앞서간 자들이 지나가면 그 뒤에 있는 한인들은 반드시 너희가 사로잡아야 한다. 너희는 가는 곳에서 반드시 좌우 방비에 힘써라. 만일 사람을 잡으면 서신을 주어 가지고 돌아가게 하고, 만일 잡지 못하면 서신을 십삼참(十三站)의 산등성이에 걸고 돌아와라. 거류하의 군대는 초졸(哨卒)에게 너희를 따라 북로(北路)에서 포로를 잡게 하고, 여양욕(閭陽峪)에 도착하여 합류하면 된다. 포로를 사로잡은 후에 백성들이 거주하는 대(臺)를 모두 헤아려 보고하라. 너희는 군사의 우세를 믿고 방비에 더욱 주의하지 않으면 안 된다.」

또 유시했다. 「너희가 서로 분쟁하여 이전에 조서를 내려 신칙한 것을 너희도 분명 알고 있을 것이다. 각 군대의 관할 버일러들 중 누가 말을 원조했고 누가 안했는지를 투루시가 돌아올 때 체면을 봐주지 말고 이름을 적어 상주하라. 또 너희 중 부유한데도 말을 바치지 않은 자, 빈곤한데도 도리어 말을 바친 자를 너희는 직언해야 한다.」 또 무청거에게 유시했다. 「로오사 등이 이전에 가서 한 차례 공략했으니 말들이 모두 피로할 것이다. 너는 각 해당 관할 버일러들에게 유시를 전하여 말을 달라고 하라.」

○ 朝鮮國王李倧遣總兵官李士英齎書二函, 來賀元旦, 貢方物. 其一書云, 去歲季冬, 貴使至平壤回, 曾具啟稱謝, 諒已洞悉. 今天運轉移, 元陽復至, 恭候起居萬福. 遣具土產菲儀, 以表寸衷, 伏乞鑒納. 又一書曰, 査送逃人一事, 自辛未歲定約以來, 前後往來書辭, 亦非一二次矣. 何貴國復言及此耶. 蓋兩國和睦, 當守信義, 即微小失誤, 惟恐彼此有乖. 近聞已遣使臣, 敝邦故亦遣使. 前往舊約之所令, 其同申公論, 如此則和睦可全, 而信義不失矣. 是時, 朝鮮將所屬平安道義州白馬城 · 龍川隆固城 · 鐵山雲靄城 · 宣川建山城 · 郭山林翰城 · 寧川藥山城 · 茶山磁磨城 · 平壤寶山城 · 黃海道黃州正方城 · 瑞興固城 · 彩寧常秀城 · 溫化邑久越城 · 海州岫陽城 · 京畿道廣州南漢城, 俱堅築焉.

○ 조선국왕 이종이 총병관 이사영(李士英; 李時英)[14]을 보내 서신 두 통을 가지고 와서 원단(元旦)을 경하하고 방물(方物)을 진공했다. 한 서신의 내용은 다음과 같다. 「지난해 겨울에 귀국의 사신이 평양에 와서 돌아갈 때 사의를 표하는 뜻을 갖추어 보냈으니, 이미 모두 알고 계실 것이라 믿습니다. 지금 천운이 바뀌어 원양(元陽)이 다시 이르니, 기거(起居)에 만복(萬福)하시기를 기원합니다. 보잘것없는 토산물을 보내어 작은 정성을 표하니, 바라건대 살펴 거두어 주십시오.」

또 한 통의 서신에서 말했다. 「도망자를 조사해 보내는 일은 신미년에 약조한 이래 전후로 왕래한 서신에 말한 것 역시 한두 번이 아닌데 어찌 귀국은 또다시 이 일을 언급하는 것입니까. 무릇 두 나라가 화

14 李士英은 李時英을 가리킨다. 李時英은 1634년 1월에 春信使로 파견되었다. 그가 가져온 후금의 서신 2통은 『조선인조실록』 권29 인조 12년 3월 15일조에 간략히 정리되어 있다.

목하기 위해서는 신의를 지켜야 하는데, 작은 실수로 서로 어긋남이 있을까 염려됩니다. 근자에 사신을 보냈다고 들었기에 폐방(弊邦)도 사신을 보냈습니다. 이전에 맺은 구약(舊約)의 규정은 함께 의논한 것이니 그렇게 하면 화목이 온전하고 신의를 잃지 않을 것입니다.」

이때, 조선이 그 소속의 평안도(平安道) 의주(義州) 백마성(白馬城; 白馬山城)·용천(龍川) 융고성(隆固城; 龍骨山城)·철산(鐵山) 운애성(雲藹城; 雲巖山城)·선천(宣川) 건산성(建山城; 劍山城)·곽산(郭山) 임한성(林翰城; 凌漢山城)·영천(寧川; 寧邊) 약산성(藥山城)·다산(茶山; 慈山) 자마성(磁磨城; 慈母山城)·평양(平壤; 平陽) 보산성(寶山城; 保山山城)·황해도(黃海道) 황주(黃州) 정방성(正方城)·서흥고성(瑞興固城; 瑞興山城)·채령(彩寧; 載寧) 상수성(常秀城; 長壽山城)·온화읍(溫化邑; 文化) 구월성(久越城; 九月山城)·해주(海州) 수양성(岫陽城; 首陽山城)·경기도(京畿道) 광주(廣州) 남한성(南漢城)을 모두 견고하게 쌓았다.

○ 丙子, 巴思翰·康喀爾·松蓋·得爾格爾, 往略蒙古席爾哈·席伯圖地方, 獲馬四十一匹·婦女幼丁二百一十七名口以還. 上命即以所獲, 賞出征將士有差.

○ 병자일(2.19), 바스한(bashan, 巴思翰)·캉칼(kangkal, 康喀爾)·숭가이(sunggai, 松蓋)·덜거르(delger, 得爾格爾)가 몽고의 시르가(sirga, 席爾哈)·시버투(sibetu, 席伯圖) 지방을 공략하여 말 41마리·부녀자와 어린아이 217명을 포획하여 돌아왔다. 주상이 명하여 포획한 것을 출정한 장수와 병사들에게 차등 있게 지급하게 했다.

○ 己卯, 和碩額爾克楚虎爾貝勒多鐸, 往娶科爾沁國台吉瑣諾木女.

上賜貂鑲裘 · 玲瓏金鞍 · 弓矢等物.

○ 기묘일(2.22), 호쇼이 어르커 추후르 버일러 도도가 코르친국의 타이지 소놈의 딸을 아내로 맞았다. 주상이 담비가죽으로 테를 두른 가죽옷 · 정교하게 조각하고 금을 상감한 안장 · 활과 화살 등의 물품을 하사했다.

○ 甲申, 勞薩 · 色楚 · 蘇爾德 · 鄂碩 · 席特庫 · 沙爾虎達 · 努山等, 至錦州捉生, 無所俘獲, 遂以所齎遺祖大壽書, 懸於十三站山坡而還.

○ 갑신일(2.27), 로오사 · 서추 · 술더이 · 오쇼 · 시터쿠 · 샤르후다 · 누산 등이 금주에 가서 포로를 잡으려 했지만 잡지 못하여, 조대수에게 주려고 가져간 서신을 십삼참(十三站) 산등성이에 걸어 두고 돌아왔다.

권18

천총 8년 3월 ~ 5월

○ 天聰八年, 甲戌, 三月, 丁亥朔, 卯刻, 天霽無雲, 有虹見, 色綠. 巳刻日食, 自西及北, 食過半.

○ 천총 8년 갑술년 3월 정해일 초하루(3.1), 묘시(卯時)에 하늘이 개어 구름이 없고, 녹색 무지개가 보였다. 사시(巳時)에 일식이 일어나 서쪽부터 북쪽까지 절반 넘게 가려졌다.

○ 阿祿伊蘇忒部落古英和碩齊, 先爲兩國往來議和, 後阿祿濟農, 爲察哈爾所侵, 率族屬來歸, 因賜號達爾漢和碩齊, 令行軍居前, 田獵居中, 及其子孫永照此行. 賜以敕書.

○ 아루의 이수트(isut, 伊蘇忒) 부락의 구영 호쇼치(guyeng hošoci, 古英和碩齊)가 앞서 두 나라를 오가면서 강화를 의논했는데, 나중에 아루의 지농이 차하르의 침략을 받게 되자 족속들을 이끌고 와서 귀부했다. 이에 다르한 호쇼치(darhan hošoci, 達爾漢和碩齊) 칭호를 내리고

행군할 때는 앞에 있게 하고, 수렵할 때는 가운데에 있게 했다. 그 자손들까지 영구히 그대로 행하게 했다. 칙서를 내렸다.

○ 戊子, 以旅順口所獲歸附副將尚可喜之親戚 · 婦女 · 幼丁及先來歸男子共二十七人, 俱給與可喜完聚.

○ 무자일(3.2), 여순구(旅順口)에서 얻은 귀부한 부장 상가희의 친척 · 부녀자 · 어린아이와 앞서 귀부해 온 남자까지 총 27명을 모두 상가희에게 주어 함께 살도록 했다.

○ 阿山 · 圖魯什等出畧還, 獲馬 · 牛共五十二.

○ 아산과 투루시 등이 약탈을 나갔다가 돌아왔다. 얻은 말과 소가 모두 52마리였다.

○ 賜朝鮮國貢使總兵官李士英, 鞍馬 · 貂 蔘, 通事張夢泰及從人等, 各賞貂皮 · 白金有差, 賜宴禮部. 以報書付士英齎還, 書曰, 來書謂自辛未年定約以後, 一切逃人, 概置不索, 斯言誤矣. 辛未年所言, 乃陣獲高麗人逃回者, 我不索還, 未嘗言及我國之人也. 若果有此語, 則必傳者之誤, 不然即王誤聽而失其指耳. 朕守信秉禮, 心事光明, 豈肯以此數人之故而反覆食言耶. 今我已遣賢能之臣, 赴會寧城, 諭令應索還者索之, 不應索者勿概索, 料王亦必遣能臣至彼, 一切事宜, 斟酌情理, 數言可決也. 又一書曰, 互市之事, 兩國均利, 彼此崇尚公平, 勿相虞詐, 斯可永久. 今爾國所市布帛, 每以一疋斷爲二三疋, 紙則每卷減六七張. 及詢其故, 據市商云, 皆係明國減之也. 緞與青布, 固明國所出, 白布與紙, 豈亦明國所出耶. 王其思之. 以缺半之物, 務索全價, 其誰與之. 予欲計物償值, 恐王不知, 疑予爲恃強脅市矣. 價值既難相符, 互市勢將中止, 而兩國親愛之誼, 不從此少乖乎. 今後王當遣賢能官, 從公評價, 嚴飭商賈, 勿斷布帛, 勿減紙張, 物數如舊, 價值相符, 則兩國交歡, 而釁端可杜矣.

○ 조선국의 조공사신 총병관 이사영(李士英; 李時英)에게 안장을 갖춘 말 · 담비가죽 · 인삼 등을 내리고, 통사 장몽태(張夢泰)와 종인들에게는 각각 담비가죽과 백금을 차등 있게 상으로 주었다. 예부에서 연회를 베풀고 이사영에게 답서를 주어 돌려보냈다. 서신에서 말했다. 「보내온 서신에서 신미년(1631) 약조한 이래로 도망한 사람들을 전부 내버려두고 찾지 않겠다고 했다는 말은 잘못되었다. 신미년에 말한 것은 곧 전장에서 획득한 고려인이 도망친 것을 우리가 찾아서 데려가지 않겠다는 것이지, 우리나라 사람들을 말한 것이 아니다. 만약 이러한 말이 있었다면 필시 전한 자의 실수이거나 아니면 왕이 잘못 듣고 그 뜻을 놓친 것일 뿐이다. 짐은 믿음과 예의를 지키고 마음이 광명정대한데 어찌 이 몇 사람 때문에 이를 뒤집고 말을 바꾸겠는가. 지금 내가 이미 현명하고 유능한 신하를 파견하면서 회령성(會寧城)으로 가서 찾아야 할 자는 찾고, 찾을 필요가 없는 자는 찾지 말도록 유시했다. 생각건대 왕도 유능한 신하를 파견하여 그곳에 보내 모든 일의 적절함을 헤아려 보게 하면 몇 마디의 말로 해결할 수 있을 것이다.」

또 한 서신에서 말했다. 「호시(互市)의 일은 두 나라에 모두 이로우니 서로 공평함을 중시하고 서로 속이지 말아야 오래 지속될 수 있을 것이다. 요즘 그대 나라 시장의 면포와 비단은 1필을 잘라서 2-3필로 만들고, 종이는 1권(卷)마다 6-7장이 적은데 그 까닭을 물으면 시장의 상인들은 모두 명나라에서 줄였기 때문이라고 한다. 비단과 청포(靑布)는 진실로 명나라에서 나지만, 백포(白布)와 종이가 어찌 명나라에서 나는 것인가? 왕은 생각해 보라. 반이나 모자란 물건으로 온전한 값을 요구하면 누가 주겠는가? 나는 물건을 따져서 값을 매겨 주고자 하는데 왕이 알지 못하여 내가 강함을 믿고 호시를 위협한다고 의심할까 염려된다. 값을 서로 맞추기 어려우면, 호시가 장차 중지될 것이니 두 나라의 친애하는 뜻이 이것 때문에 다소 어그러지지 않겠는가? 이후에 왕은 마땅히 어질고 능력 있는 관원을 파견하여 가격을 공평하게 하고 상인들을 엄격하게 신칙하여 면포와 비단을 자르지 못하게 하고 종이의 장수를 줄이지 못하게 하라. 물건의 수량이 예전과 같고 가치가 서로 맞으면 두 나라가 즐거이 교역하게 될 것이고, 흔단을 막을 수 있을 것이다.」

○ 辛卯, 命譚泰爲右翼帥, 圖爾格爲左翼帥, 每旗護軍甲喇額眞一員, 旗長一員, 每牛彔護軍一名, 每二牛彔合出厮卒一名, 往畧明錦州.

○ 신묘일(3.5), 탄타이를 우익군 장수, 투르거이를 좌익군 장수로 삼고 각 기(旗)마다 호군잘란어선(護軍甲喇額眞) 1명씩, 기장(旗長) 1명씩, 각 니루마다 호군 1명씩, 2니루마다 쿠툴러 1명씩을 내어 명나라의 금주(錦州)로 가서 공략하게 했다.

○ 壬辰, 副將尙可喜, 遣盧可用奏言, 臣蒙皇上高厚洪恩, 特賜乘騎, 已率三島官員兵民, 於二月十七日, 自洪水堡起行, 二十六日至海州矣. 仰念皇上仁恩, 欲詣闕叩謝, 因降衆未輯, 兼之乘騎不敷, 以至遲延. 伏祈宥臣愆期之罪, 則棄暗投明之願遂矣.

○ 임진일(3.6), 부장 상가희가 노가용(盧可用)을 보내어 상주했다. 「신이 황상의 높고 두터운 큰 은혜를 입어, 특별히 타고 갈 말을 내려주시니 세 섬의 관원과 군민들을 이끌고 2월 17일에 홍수보(洪水堡)로부터 출발하여 26일에 해주(海州)에 도착했습니다. 우러러 황상의 어진 은혜를 생각하여 대궐에 가서 고두하며 사은하고자 했으나, 항복한 무리들이 아직 모이지 못한 데다 탈 말이 부족하여 지연되기에 이르렀습니다. 엎드려 바라건대, 신이 기한을 지키지 못한 죄를 용서해 주신다면 어두움을 버리고 밝은 데로 투탁하고자 하는 바람을 이룰 수 있을 것입니다.」

○ 癸巳, 遣喀木圖 · 羅碩, 齎敕往論副將尚可喜, 敕曰, 將軍跋涉勞頓, 朕意欲於初到時, 即行召見, 適以他事暫居別所, 料將軍亦必詳聞. 朕願見之懷, 匪朝伊夕矣. 待事畢, 即當遣使召見. 恐將軍念切, 故此敕論.

○ 계사일(3.7), 캄투와 로쇼를 파견하여 칙서를 가지고 부장 상가희에게 가서 유시하게 했다. 칙서에서 말했다. 「장군은 먼 곳에서 오느라 고생이 많다. 짐은 도착하자마자 곧바로 만나보고자 했으나 마침 다른 일로 잠시 다른 곳에 머무르고 있음을 장군도 필시 들었을 것이다. 짐도 만나고 싶은 마음을 품은 것이 하루 이틀이 아니다. 일이 끝나기를 기다렸다가 즉시 사신을 보내 부르겠다. 장군이 초조하게 생각할까 염려하여 이렇게 칙유한다.」

○ 丁酉, 副將尚可喜奏言, 本月初六日, 蒙皇上遣使, 賜還臣親戚二十七人, 聖恩優渥, 體恤周詳, 臣惟有闔家頂祝, 誓竭力圖報於將來也. 謹遣守備張世祿, 叩闕謝恩.

○ 정유일(3.11), 부장 상가희가 상주했다. 「이달 6일 황상께서 사절을 보내어 신의 친척 27명을 돌려주셨습니다. 성은이 매우 두터우시고 몸소 아껴 주심이 두루 세심하시오니, 신은 오직 온 가족과 함께 이마를 땅에 대고 빌며, 앞으로 힘을 다해 보답할 것을 맹세합니다. 삼가 수비(守備) 장세록(張世祿)을 파견하여 궁궐에 나아가서 사은합니다.」

○ 戊戌, 副將尚可喜奏言, 本月初九日, 臣接聖諭, 即於署中稽首捧讀, 皇上念臣遠來, 急欲召見, 因今在避痘所, 令臣暫緩, 慰諭肫切, 此實千載之鴻恩也. 臣謹遵旨靜候. 專差都司金玉奎上奏.

○ 무술일(3.12), 부장 상가희가 상주했다. 「이달 9일, 신은 성유(聖諭)를 받고 즉시 관아 안에서 머리를 조아리고 받들어 읽었습니다. 황상께서 신이 멀리서 오는 것을 생각하시어 급히 불러 보고자 하시지만 지금 피두소(避痘所)에 계시므로 신으로 하여금 잠시 늦추게 하시고 위로하고 타이르심이 정성스럽고 간절하니, 이는 실로 천 년에 한 번 있을 큰 은혜입니다. 신은 삼가 칙지를 받들어 따라 조용히 기다리겠습니다. 도사(都司) 김옥규(金玉奎)를 특별히 파견하여 상주합니다.」

○ 己亥, 大閱於瀋陽城北郊. 兵部貝勒岳託, 率滿洲八旗·蒙古二旗·舊漢兵一旗, 共十一旗行營兵, 俱赴集, 前列舊漢兵礮手, 次滿洲·蒙古步兵, 次騎兵, 次守城各處應援等兵, 次守城礮兵, 各以序列, 綿亙二十里許. 上臨閱, 駐馬蒲河岡. 岳託以戰守紀律, 指示衆軍, 聲礮者三, 衆軍吶喊如之, 步伐整齊, 軍威嚴肅. 上嘉獎之, 賞每甲士銀一兩.

○ 기해일(3.13), 심양성의 북쪽 교외에서 군대를 크게 사열했다. 병부 버일러 요토가 만주 8기(旗)·몽고 2기(旗)·구한병(舊漢兵) 1기(旗), 모두 11기(旗)의 행영병(行營兵)을 이끌고 모두 나와 모였다. 맨 앞에는 구한병(舊漢兵) 포수(礮手)들을 배열하고, 둘째 열에는 만주와 몽고 보병을, 셋째 열에는 기병을, 넷째 열에는 성을 지키며 곳곳에서 응원하는 군사를, 다섯째 열에는 성을 지키는 포병(礮兵)을 각각 순서대로 배열했는데, 20리가량 걸쳐 이어졌다. 주상이 직접 열병하고 포하(蒲河) 언덕에 말을 세웠다. 요토가 공격과 수비의 기율로 여러 군사들을 지휘하고 세 번 포를 쏘자 여러 군사들이 이에 맞추어 함성을 질렀는데, 대오가 정돈되었고 군사의 위세가 엄숙했다. 주상이 기뻐하며 격려하고 갑사(甲士)마다 은 1냥씩 상으로 내렸다.

○ 甲辰, 遣英俄爾岱·馬福塔等往朝鮮互市. 遺書朝鮮國王李倧曰, 王所饋物, 俱已祗登, 玆遣人候王起居, 竝致不腆土物. 又一書曰, 我與明國議和之事, 欲王從中轉達, 王已俞允, 未見回音. 王或以我國屢次興師致討, 而和好之言, 未必出於誠心耶. 試以朕與明國搆兵之由, 悉爲王陳之. 我國載籍雖未即全備, 而前言往蹟, 間有存者. 故從來於各國, 未嘗恃強貪得, 輕啟兵端, 必他國先以非禮相加, 於是我國以曲直之由, 昭告上天, 然後興師, 未有無故而樂動干戈者. 夫我國與明所以交惡者何也. 緣癸未年, 明國官員, 無故害我二祖, 一也. 癸巳年, 葉赫國納林布祿·布寨, 哈達國孟格布祿, 烏喇國布占泰,輝發國拜音達里, 蒙古翁阿代 · 莽古思 · 明安 · 孔果爾, 席北, 薩哈爾察等九國, 無故合兵侵我, 明國坐視不援. 幸天直我而曲彼, 其後哈達國孟格布祿, 復來侵我, 明國仍無一言. 己亥年, 我出師報哈達, 天遂以哈達畀我, 明國偏助哈達, 逼我復還其地. 及我還後, 復爲葉赫掠去, 明國復無一言. 明既爲中國, 則當秉公持平, 乃他國侵我, 則置若罔聞, 我獲哈達, 則脅令復還, 我既還之哈達, 爲葉赫所侵掠, 則又不出一言, 明之偏私, 二也. 明國雖啟釁, 我仍欲堅舊好, 以圖休息, 故於戊申年勒碑邊界, 刑白馬烏牛, 盟告天地. 誓云, 滿 · 漢兩國之人, 毋越疆圉, 違者殛之, 若見越邊之人而不殺, 殃必及之. 此皆堅守信義之實意也. 其後明人私出邊界, 擾我疆土, 我遵前誓誅之. 彼乃責我擅殺, 縲繫我廣寧使臣綱古里 · 方吉納, 且要我殺十人於邊境, 以逞報復, 三也. 癸丑年, 明復渝前盟, 遣兵出邊助葉赫, 爲之駐守, 四也. 又庇葉赫, 俾我國已聘之女, 改適蒙古, 五也. 明人又出邊奪我世守之地, 焚燬廬舍, 我民已熟之禾, 不令收獲而逐之. 自靉陽以北, 樊河以南, 展立石碑, 置沿邊三十里外, 奪我疆土, 其間人參 · 貂皮 · 五穀 · 材木產焉. 我民所賴以爲生者, 攘而有之, 六也. 甲寅年, 聽信葉赫讒言, 遣使遺書, 種種惡言, 肆行侮慢, 七也. 歷年大恨, 有此七端, 至於小忿, 何可悉數. 陵逼實甚, 故我太祖時, 曾歷敘忿恨之情, 以告明國大臣, 乃竟不爲上達. 我太祖又親至撫順以書告之, 又拒不納. 兵端之起, 實由於此. 雖然, 興師以來, 我猶以太平爲念, 屢致書議和, 而明竟置不報, 不知執事諸臣, 壅於上聞耶. 抑其主知之而不應耶. 予思干戈者, 人所共惡, 太平者, 人所共願. 故體太祖之心, 不絕和好之意, 數遣使致書寧遠議和既已定約, 旋復更變, 迄用無成. 壬申年, 我往征蒙古察哈爾, 收服其國, 直抵黃河班師, 路經宣府 · 大同邊境, 又與明國諸臣言修好事, 據云, 奉伊主命, 同予議和, 因宰牛馬, 盟於天地, 相與互市, 予遂還兵. 予方信爲實然. 復遣使致書寧遠, 豈知竟無一言相報. 及致書宣·大, 亦敗前盟. 此非我誤中明國之計而與之盟, 實冀望太平之心切耳. 假使志在貪得, 不樂太平, 則以我乘勝之兵, 長驅直入, 不知彼作何狀矣. 古不云乎. 下情上達罔不治, 下情上壅罔不亂. 以我國無限積悰, 不得上達, 以致兵連禍結, 直至於今. 予近復再四與彼議和, 而明之諸臣, 輒欲索還遼東·廣寧故地. 夫以天賜我遼東·廣寧之人民, 及各方歸附蒙古, 欲盡居於曩時狹隘之地, 將使人衆可以并室而居, 地少可以不耕而食耶. 其勢有所不能也. 且明國與其索還遼東故地, 何如將現在疆土保靖安全, 晏處燕京, 亦不爲褊小矣. 此非我故爲誇大之詞, 特以實意悉爲王道之耳. 今王若能贊成和議, 則王於兩國之間, 曲全相睦之誼, 豈不善乎.

○ 갑진일(3.18), 잉굴다이·마푸타 등을 파견하여 조선의 호시(互市)에 가게 했다. 조선국왕 이종에게 보낸 글에서 말했다. 「왕이 보내준 물건을 모두 잘 받았다. 이에 사람을 보내어 왕의 안부를 묻고 또 변변치 않은 토산물을 함께 보낸다.」

또 하나의 서신에서 말했다. 「우리가 명나라와 화친을 의논하는 일을 왕에게 중간에서 전달하게 하니, 왕은 이미 승낙했으면서도 아직 답을 하지 않았다. 왕은 혹 우리나라가 여러 차례 군사를 일으켜 토벌했기 때문에 화호의 말이 필시 진실한 마음에서 나온 것이 아니라 여기는가. 짐이 명나라와 전쟁을 하게 된 이유를 왕을 위해 말해 주겠다. 우리나라는 서책이 비록 온전히 갖추어져 있지 않지만 이전의 말과 행적들 사이에 남아 있는 것이 있다. 종래에 각국에 대해 일찍이 강함을 믿고 이득을 탐하여 가벼이 전쟁을 일으킨 적이 없었다. 반드시 타국에서 먼저 무례하게 대했기 때문에 우리나라가 옳고 그른 연유를 하늘에 고한 후에 군대를 일으켰으니 까닭 없이 전쟁을 즐긴 것이 아니다.

무릇 우리나라와 명이 서로 미워하게 된 까닭은 무엇인가. 먼저 계미년(1583)에 명나라 관원이 이유 없이 나의 조부와 증조부를 해쳤다. 이것이 첫째이다. 계사년(1593)에 여허국의 나림불루(narimbulu, 納林布祿)·부자이(bujai, 布寨), 하다국의 멍거불루(menggebulu, 孟格布祿), 울라국의 부잔타이(bujantai, 布占泰), 호이파국의 바인다리(baindari, 拜音達里), 몽고의 웅가다이(unggadai, 翁阿代)·망구스(manggūs, 莽古思)·밍간(minggan, 明安)·콩고르(konggor, 孔果爾), 시버(sibe, 席北), 사할차(sahalca, 薩哈爾察) 등 9개국이 이유 없이 군사를 합쳐 우리를 침공했을 때 명나라는 이를 좌시하고 구원하지 않았지만, 다행히 하늘이 우리를 옳다 하고 저들을 그르다 여겼다. 그 뒤 하다국의 멍거불루가 다시 우리를 침공했지만 명나라는 또한 한 마디도 하지 않았다. 기해년(1599)에 우리가 출병하여 하다에 보복하니 하늘이 마침내 하다를 우리에게 주었는데, 명나라는 일방적으로 하다를 돕고 우리를 핍박하여 그들의 땅을 돌려주게 했다. 우리가 돌려보낸 뒤 하다는 다시 여허의 침략을 받았는데 명나라는 한 마디도 하지 않았다. 명이 중국이라면 공평함을 유지해야 하는데 다른 나라가 우리를 침략할 때는 못들은 체하고 우리가 하다를 얻었을 때는 협박하여 돌려주게 했으며, 우리가 하다를 돌려보낸 뒤 여허의 침략을 받았을 때는 한 마디도 하지 않았으니 명이 한쪽 편을 든 것이다. 이것이 둘째이다.

명나라가 비록 흔단을 열었지만 우리는 오히려 옛 우호를 지키고 휴식을 도모하고자 무신년(1608) 변계에 비석을 세우고 흰말과 검은 소를 잡아 천지에 고하여 맹세했다. 맹세에서 말하기를, "만주와 한인 두 나라의 사람은 경계를 넘지 않는다. 이를 어기는 자는 죽인다. 만약 변경을 넘는 사람을 보고도 죽이지 않는다면 반드시 재앙이 미칠 것이다."라고 했으니, 이는 모두 신의를 굳게 지키려는 진실한 뜻이었다. 그 뒤에 명나라 사람들이 사사로이 변방 경계를 넘어 우리의 강토를 소란스럽게 하니 우리가 이전의 맹세에 따라 죽였다. 저들은 곧 우리가 함부로 죽였다고 질책하면서 우리가 광녕(廣寧)으로 보낸 사신 캉구리(kangguri, 綱古里)·팡기나(fanggina, 方吉納)를 묶었고, 우리에게 10명을 변경에서 죽이라고 요구하여 보복했다. 이것이 셋째이다. 계축년(1613) 명은 다시 이전의 맹세를 바꾸고 군대를 파견하여 변경을 나가 여허를 도와 주둔했다. 이것이 넷째이다.

또 여허를 비호하여 이미 우리나라와 약혼했던 여자를 몽고로 시집보내게 했다. 이것이 다섯째이다. 명나라 사람들이 또 변경을 나와 우리가 대대로 지켜온 땅을 빼앗고 가옥을 불태우며 우리 백성들이 경작한 곡식을 거두지 못하게 하고 쫓아냈다. 애양(靉陽) 북쪽에서 번하(樊河) 남쪽에 이르기까지 석비를 변경의 30리 밖으로 옮겨 세워서 우리의 강토와 그곳에서 나는 인삼·담비가죽·오곡·재목을 빼앗아 우리 백성이 의지하여 살아가는 기반을 훔쳐갔다. 이것이 여섯째이다. 갑인년(1614) 여허의 거짓말을 믿고 사절을 파견하여 서신을 보내 갖가지 나쁜 말로 마음대로 모욕했다. 이것이 일곱째이다.

여러 해에 걸쳐 큰 원한으로 이렇게 일곱 가지가 있고 작은 분노로 치면 어찌 모두 헤아릴 수 있겠는가. 능멸하고 핍박함이 심하여 우리 태조 때 여러 분노와 원한의 감정을 차례대로 명나라의 대신에게 고했는데 끝내 위로 보고하지 않았다. 우리 태조께서 또 친히 무순(撫順)에 가서 서신으로 고했으나 또 거절하고 받아들이지 않았다. 전쟁의 시작은 실로 여기에서 비롯된 것이다. 그럼에도 불구하고 군대를 일으킨 이래 우리는 오히려 태평을 생각하여 누차 서신을 보내어 화친을 의논하고자 했으나 명은 끝내 내버려두고 대답하지 않았다. 아마도 일을 맡은 신하들이 위에 보고하는 것을 막았거나, 아니면 그 군주가 알고도 응하지 않은 것이다.

내가 생각하기에 전쟁은 사람의 공통된 악이요, 태평은 사람의 공통된 바람이다. 그러므로 태조의 마음으로 나의 마음을 삼아 화호의 뜻을 끊지 않고 수차례 사절을 파견하여 영원(寧遠)에 서신을 보내어 화의하기로 약속을 정했으나 또다시 바꾸어 끝내 이루어지지 않았다. 임신년(1632) 우리가 몽고의 차하르를 정벌하여 복속시키고 황하에 도착했다가 회군하는 길에 선부(宣府)·대동(大同)의 변경을 지나며 또 명나라의 신하들에게 화친의 사안을 말했다. 그들은 군주의 명을 받들어 나와 화친을 의논하고 소와 말을 잡아 천지에 맹세하고 서로 호시(互市)하기로 했고, 나는 곧장 군대를 돌렸다. 나는 당시에 진실이라고 믿고 다시 사절을 파견하여 영원(寧遠)에 서신을 보냈는데 끝내 한 마디도 답이 없을 줄 어찌 알았겠는가. 선부·대동에 서신을 보냈지만 역시 이전의 맹세를 어겼다. 이는 내가 명나라의 계략에 빠져서 맹세를 한 것이 아니고 실로 태평을 바라는 마음이 절실했던 것이다. 내가 이득을 탐하여 태평을 바라지 않고 이긴 기세를 타서 군대로 거침없이 몰아 쳐들어갔으면 그 뒤의 상황이 어찌 되었을지 모른다. 옛말에 이르지 않았는가? 아래의 상황이 위에 도달하면 다스려지지 않는 것이 없고, 아래의 상황이 위에서 막히면 반드시 난리가 일어난다. 우리나라의 절실한 마음을 위로 전하지 못해서 전쟁이 끊이지 않고 지금에 이르렀다. 나는 근래 4차례나 저들에게 화친을 청했는데, 명나라의 신하들은 번번이 요동·광녕의 옛 땅을 돌려 달라고 한다. 하늘이 우리에게 내려 준 요동·광녕의 백성과 각 지방에서 귀부해 온 몽고 모두를 이전의 협소한 지역에 몰아넣으면 많은 사람이 같은 집에 살게 되는데 좁은 땅에서 경작하지 않고 먹일 수 있는가. 형세상 불가능하다. 명나라는 요동의 옛 땅을 돌려 달라고 하지만, 현재의 강토를 보전하는 것이 좋다. 연경에 안거하는 것도 작다고 할 수 없다. 이는 내가 과장해서 말하는 것이 아니라 다만 진실된 뜻으로 모두 왕도를 생각하는 것이다. 지금 왕이 화의에 찬성하면 왕이 양국의 사이에서 서로 화목한 정을 곡진히 보전할 수 있을 것이니 어찌 좋지 않겠는가?」

○ 是日, 諭都元帥孔有德 · 總兵官耿仲明曰, 旗纛乃三軍眼目, 不可不加分別. 若用他色恐與八旗舊纛相同, 爾等之纛, 當以白鑲皁, 爾所屬營兵之纛, 亦以白鑲皁. 如此, 則采章有別, 不致與八旗相淆. 至於飾畫之處, 任從爾便.

○ 이날 도원수 공유덕 · 총병관 경중명에게 유시했다. "기(旗)와 독(纛)은 삼군(三軍)의 눈과 같으니 분별하지 않을 수 없다. 만약 다른 색을 사용하면 팔기의 이전 독(纛)의 색과 같을까 우려된다. 너희의 독(纛)은 검은 바탕에 흰색 테두리를 두르고, 너희에게 소속된 군영병의 독(纛)도 검은 바탕에 흰색 테두리를 둘러라. 이렇게 하면 표식의 색이 구별되어 팔기와 서로 뒤섞이지 않을 것이다. 장식을 그리는 곳은 우선 너희 편의대로 하라."

○ 諭副將尚可喜曰, 將軍纛色, 當於皁旗中用白圓心爲飾, 以爲識別.

○ 부장 상가희에게 유시했다. "장군의 독(纛)은 검은 기의 가운데에 흰색 원심을 그려서 표시하고 그것으로 식별하라."

○ 上出閱護軍較射, 諭諸貝勒曰, 爾等可令本旗護軍各十名, 令閑散侍衛與之較射各賞, 本旗護軍之射中者分爲四等. 中八九箭者賞布四, 中七箭者賞布三, 中五六箭及三四箭者賞布二, 中一二箭者不賞. 至賞弓, 則勿論其一時之中與不中, 布之得與不得, 當另行分別, 擇其素善射者賞之. 賞弓之人, 勿追取原弓. 旗長等先已各賞一弓, 不必再給. 如射中應得布者, 仍聽其照數受賞, 蒙古之小台吉及塔布囊等, 有在護軍數內者, 許與滿洲護軍同列, 其不在護軍數內之台吉·塔布囊, 併在護軍數內之大台吉·塔布囊等 勿得與滿洲護軍同列. 於是命各旗較射, 分別差等, 以弓·布賞之.

○ 주상이 호군들의 활쏘기 시합을 관람하러 나와서 여러 버일러들에게 유시했다. "너희는 본 기(旗)의 바야라 10명씩과 한산시위(閒散侍衛)들에게 활쏘기를 겨루게 하고 각각 상을 주라. 본 기(旗)의 호군으로 쏘아 맞춘 자를 4등급으로 나누어 8-9발을 맞춘 자는 면포 4필을 상으로 주고, 7발을 맞춘 자는 면포 3필을 상으로 주며, 5-6발을 맞춘 자와 3-4발을 맞춘 자에게는 면포 2필을 상으로 주라. 1-2발을 맞춘 자에게는 상을 내리지 말라. 활을 상으로 내릴 때는 한때 맞추었는지 혹은 면포를 받았는지를 따지지 말고, 따로 분별하여 시행하고 평소에 활을 잘 쏘는 자를 선발하여 상을 주어야 한다. 활을 상으로 받은 사람에게서 본래 가지고 있던 활을 거두지 말라. 기장(旗長)들은 예전에 활을 1개씩 상으로 받았으니 다시 줄 필요는 없다. 쏘아 맞추어 면포를 받아야 하는 자의 경우 그 수에 따라서 상을 주어라. 몽고의 소(小) 타이지와 타부낭 가운데 호군에 속한 자는 만주 호군과 동열에 두고, 호군에 속하지 않은 타이지·타부낭과 호군에 속한 대(大)타이지, 타부낭들은 만주 호군과 동열에 두지 않는다." 이에 각 기에게 활쏘기를 겨루게 하고 등급을 나누어 활과 면포를 상으로 주었다.

○ 丙午, 上聞杜稜濟農子古木思希布卒, 遣衛寨桑, 賜濟農及古木思希布妻, 緞疋等物.

○ 병오일(3.20), 주상이 두렁 지농(dureng jinong, 杜稜濟農)의 아들

구무스힙(gumushib, 古木思希布)이 죽었다는 소식을 듣고 우이 자이상을 보내어 지농과 구무스힙의 처에게 비단 등의 물건을 내리도록 했다.

○ 壬子, 額爾克楚虎爾貝勒多鐸, 往科爾沁國親迎還, 遣貝勒阿巴泰·多爾袞·薩哈廉, 郊迎五里外, 設宴.

○ 임자일(3.26), 어르커 추후르 버일러 도도가 코르친국으로 가서 친영(親迎)하고 돌아오니 버일러 아바타이·도르곤·사할리얀을 보내어 교외 5리 밖에서 맞이하고 잔치를 열게 했다.

○ 是日, 考試漢人生員, 分別等第, 一等十六人, 二等三十一人, 三等一百八十一人.

○ 이날 고시(考試)의 한인 생원들의 등급을 나누었는데, 일등은 16명, 이등은 31명, 삼등은 181명이었다.

○ 癸丑, 以故一等總兵官楞額禮子穆成格, 參將花善子巴特瑪, 襲職.

○ 계축일(3.27), 사망한 일등 총병관 렁거리(lenggeri, 楞額禮)의 아들 무청거(mucengge, 穆成格), 사망한 참장 후와샨(hūwašan, 花善)의 아들 바트마(batma, 巴特瑪)에게 습직시켰다.

○ 甲寅, 額爾克楚虎爾貝勒多鐸, 以所擄歸之馬駝進獻, 上酌納之.

○ 갑인일(3.28), 어르커 추후르 버일러 도도가 가지고 온 말과 낙타를 바치니 주상이 헤아려 받았다.

○ 郭爾羅斯部落桑阿爾來朝, 賜甲胄 · 雕鞍 · 朝衣 · 鞓帶 · 銀器 · 弓矢 · 緞布等物.

○ 고를로스(gorlos, 郭爾羅斯) 부락의 상가르(sanggar, 桑阿爾)가 내조하니, 갑옷과 투구 · 조각한 안장 · 조의(朝衣) · 가죽으로 만든 요대 · 은그릇 · 활과 화살 · 비단과 면포 등의 물건을 내렸다.

○ 召科爾沁國得格類 · 博托 · 託克退 · 特白里祜 · 屯德塔布囊, 康喀爾 · 克什等, 入中殿賜宴, 復命八貝勒各依次宴之. 以其送貝勒多鐸福金至也.

○ 코르친국의 더걸러이(degelei, 得格類) · 보토(boto, 博托) · 톡토이(toktoi, 託克退) · 터버리후(teberihu, 特白里祜) · 툰더이 타부낭(tundei tabunang, 屯德塔布囊), 캉칼(kangkal, 康喀爾) · 커시(kesi, 克什) 등을 불러 중전(中殿)으로 들어오게 하여 잔치를 베풀고 다시 여덟 버일러들에게 각각 순서대로 잔치해 줄 것을 명했는데, 버일러 도도의 푸진을 보내왔기 때문이다.

○ 阿爾楚海來朝, 賜甲胄・雕鞍・朝衣・鞓帶・銀器・緞布等物.

○ 알추하이(alcuhai, 阿爾楚海)가 내조하니 갑옷과 투구・조각한 안장・조의(朝衣)・가죽으로 만든 요대・은그릇・비단과 면포 등의 물건을 내렸다.

○ 乙卯, 賞考試取中一二三等生員, 銀兩有差.

○ 을묘일(3.29), 고시(考試)에서 일등・이등・삼등으로 합격한 생원들에게 상으로 은량을 차등 있게 내렸다.

夏四月, 丙辰朔.

○ 여름 4월 병진일 초하루(4.1).

○ 辛酉, 上念皇考太祖諸子, 宜加優擢, 因授閑散宗室湯古代・巴布泰及備禦阿拜, 俱爲三等副將, 陞遊擊塔拜・備禦巴布海, 俱爲一等參將, 授閑散宗室賴慕布爲備禦.

○ 신유일(4.6), 주상이 황고(皇考) 태조의 여러 아들들을 생각하여 더욱 특별히 발탁하고자 한산 종실 탕구다이(tanggūdai, 湯古代)・바부타이(babutai, 巴布泰)와 비어 아바이(abai, 阿拜)를 모두 삼등 부장으로 삼고, 유격 타바이(tabai, 塔拜)・비어 바부하이(babuhai, 巴布海)를 모

두 일등 참장으로 삼았으며, 한산 종실 라임부(laimbu, 賴慕布)를 비어로 삼았다.

○ 上念哈達·烏喇二國之後無顯職, 命授哈達國白身克什訥爲副將, 陞烏喇國備禦巴彦爲三等副將.

○ 주상이 하다(hada, 哈達)·울라(ula, 烏喇) 두 나라의 후손 가운데 고위 관원이 없음을 생각하여 하다국의 백신(白身)인 커시너(kesine, 克什訥)를 부장에 제수하고, 울라국의 비어 바얀(bayan, 巴彦)을 삼등 부장으로 올리라고 명했다.

○ 上諭都元帥孔有德·總兵官耿仲明曰, 近聞諸臣往來經過爾地者, 爾必躬迎款宴, 是蓋欲朕聞之稱善耳. 不知朕視爾等如子弟. 豈以此分愛憎耶. 朕念爾等新附, 若遇往來之人, 必一一接待, 恐力有不給. 且朕視爾等如子弟, 以朕之子弟而接待諸臣, 於理亦有不合. 嗣後惟貝勒等經過, 則當迎宴, 其餘官員, 不必迎宴. 爾係新附之人, 有何餘貲, 以供交際. 朕意惟與爾等同來之人, 或有困窮者, 能加之愛養, 斯愜朕心耳. 豈於接待諸臣敬慢之間稍有介意, 至爾等有事遣使來時, 須令使者赴禮部知會, 禮部給與館舍廩餼. 不然, 爾等新附, 親知尙少, 使來者自謀居食, 不重困乎.

○ 주상이 도원수 공유덕·총병관 경중명에게 유시했다. "근래 들으니, 여러 신하들이 너희의 땅을 왕래할 때 너희가 반드시 몸소 맞이하고 잔치를 베푼다고 하니 이는 아마도 짐에게 칭찬을 듣고자 하는 것이리라. 짐이 너희를 자제와 같이 여김을 알지 못하는가. 어찌 이로

써 좋아하거나 싫어하겠는가. 짐이 생각건대, 너희는 새로 귀부했으니 왕래하는 사람들을 일일이 접대하면 힘이 미치지 못할까 우려된다. 또 짐은 너희를 자제와 같이 여기니 짐의 자식이 신하들을 접대하는 것 또한 도리에 합당하지 않다. 이후로는 오직 버일러들이 지날 때만 맞이하여 잔치하고, 나머지 관원들에게는 맞이하여 잔치를 베풀 필요가 없다. 너희는 새로 귀부한 사람들이니 무슨 여유가 있어 교제하는 일에 쓰겠는가. 짐이 생각하기에 너희와 함께 온 사람들 가운데 혹 곤궁한 자가 있을 것이니 그들을 더 자애하여 부양하는 것이 짐의 마음을 흡족하게 하고, 신하들을 접대할 때 공경하거나 소홀한 것에는 조금도 개의치 않는다. 너희는 일이 있어 사절을 보내올 때 사절에게 예부로 가서 알리게 하라. 그러면 예부에서 관사와 곡식을 주겠다. 그렇지 않으면 너희가 새로 귀부하여 친지가 아직 적기에 사절로 온 자가 스스로 거처와 음식을 마련해야 하니 몹시 곤란하지 않겠는가?"

○ 以正黃旗遊擊張世兆年老, 令其子中第, 襲替.

○ 정황기의 유격 장세조(張世兆)가 연로하여 아들 장중제(張中第)에게 이어서 대신하게 했다.

○ 遣科爾沁國得格類等歸國, 召進宮, 賜宴, 頒賜大妃女朝衣 · 金杯等物, 賜得格類 · 俄爾寨圖 · 託克退及其妻并隨從婦女等, 玲瓏鞓帶 · 緞布等物有差. 仍命禮部大臣, 及額爾克楚虎爾貝勒多鐸屬下官員設宴餞之.

○ 코르친국의 더걸러이 등을 보내 귀국하게 할 때, 궁으로 불러 잔

치를 열고 대비(大妃)에게 여조의(女朝衣)·금 그릇 등을 하사했다.[1] 더걸러이·올제이투·톡토이 및 그들의 처와 수행한 부녀자들에게 정교하게 장식한 가죽띠·비단 등의 물품을 차등 있게 하사했다. 예부대신과 어르커 추후르 버일러 도도 속하의 관원들에게 명하여 잔치를 베풀고 전송하게 했다.

○ 上諭曰, 朕聞國家承天創業, 各有制度, 不相沿襲, 未有棄其國語, 反習他國之語者. 事不忘初是以能垂之久遠永世弗替也. 蒙古諸貝子, 自棄蒙古之語, 名號俱學喇嘛, 卒致國運衰微. 今我國官名, 俱因漢文從其舊號. 夫知其善而不能從, 與知其非而不能省, 俱未爲得也. 朕纘承基業, 豈可改我國之制, 而聽從他國. 嗣後我國官名, 及城邑名, 俱當易以滿語. 勿仍襲總兵·副將·參將·遊擊·備禦等舊名. 凡賞冊書名, 悉爲釐定. 五備禦之總兵官, 爲一等公, 一等總兵官, 爲一等昂邦章京, 二等總兵官, 爲二等昂邦章京, 三等總兵官, 爲三等昂邦章京, 一等副將, 爲一等梅勒章京, 二等副將, 爲二等梅勒章京, 三等副將, 爲三等梅勒章京, 一等參將, 爲一等甲喇章京, 二等參將, 爲二等甲喇章京, 遊擊爲三等甲喇章京, 備禦爲牛彔章京, 代子爲驍騎校, 章京爲小撥什庫, 旗長爲護軍校, 屯撥什庫仍舊名. 凡管理不論官職, 管一旗者, 即爲固山額眞, 管梅勒者, 即爲梅勒章京, 管甲喇者, 即爲甲喇章京, 管牛彔者, 即爲牛彔章京, 管護軍纛額眞, 即爲護軍統領, 管護軍甲喇額眞, 即爲護軍參領, 其瀋陽城, 稱曰天眷盛京,

---

1 정확한 내용은 『내국사원당』에 기록되어 있다. "초9일에 어르커 추후르 버일러의 처를 보내러 온 더걸러이, 톡토이, 올제이투 등을 전송하는 예로 한이 잔치를 베풀어 궁으로 불러서 양을 잡고 상을 차리고 주연을 열었다. 잔치를 마친 후 대비(大妃)에게 한이 준 것은 황금비단에 자수를 놓은 女朝衣, 남색비단에 자수를 놓은 女朝褂 1벌…" 『內國史院檔 天聰八年』, p.113.

赫圖阿喇城, 曰天眷興京. 毋得仍襲漢語舊名. 俱照我國新定者稱之, 若不遵新定之名, 仍稱漢字舊名者, 是不奉國法, 恣行亂者也, 察出, 決不輕恕.

○ 주상이 유시했다. 「짐이 듣기에 국가는 하늘의 명을 받아 창업하여 각기 제도가 있고 남의 제도를 따르지 않으니, 국어를 버리고 도리어 타국의 언어를 익히는 경우는 없다. 일은 시초를 잊지 않음으로써 오래 전해질 수 있고 영구히 바뀌지 않는 것이다. 몽고의 버일러들은 스스로 몽고의 언어를 버리고 이름을 모두 라마를 본떠 결국 국운이 쇠락했다. 지금 우리나라의 관직명은 모두 한문으로 된 옛 명칭을 쓰고 있다. 좋은 점을 알면서 따르지 않는 것과 나쁜 점을 알면서 없애지 않는 것은 모두 좋지 않다. 짐이 기업(基業)을 계승하여, 어찌 우리나라의 제도를 바꾸어 다른 나라의 것을 따를 수 있겠는가. 이후에 우리나라의 관명과 성읍의 이름을 모두 만주어로 바꾸어야 한다. 총병(總兵)・부장(副將)・참장(參將)・유격(遊擊)・비어(備禦) 등의 옛 이름을 그대로 쓰면 안 된다.[2]

모든 상(賞) 내리는 책(冊)에 쓰는 이름을 모두 개정하여, 5비어(五備禦)의 총병관(sunja beiguwen i sumingguwen)은 일등공(一等公, ujui gung), 일등총병관(一等總兵官, ujui jergi sumingguwen)은 일등암바장긴(一等昂邦章京, ujui jergi amba janggin), 이등총병관(二等總兵官, jai jergi sumingguwen)은 이등암바장긴(二等昂邦章京, jai jergi amba janggin), 삼등총병관(三等總兵官, ilaci jergi sumingguwen)은 삼등암바

2 저본은 이때 만주어로 개정된 명칭을 한자로 표기하고 한어명칭을 혼용하여 혼란이 있다. 만문 내국사원당에 기록된 정확한 개정 명칭을 번역문의 괄호 안에 명기했다. 아래 참조. 『內國史院檔 天聰八年』, 천총 8년 4월 9일조, pp.114-116.

장긴(三等昂邦章京, ilaci jergi amba janggin), 일등부장(一等副將)은 일등머이런장긴(一等梅勒章京, uju jergi meiren i janggin), 이등부장(二等副將)은 이등머이런장긴(二等梅勒章京, jai jergi meiren i janggin), 삼등부장(三等副將, ilaci jergi fujiyang)은 삼등머이런장긴(三等梅勒章京, ilaci jergi meiren i janggin), 일등참장(一等參將, uju jergi sanjiyang)은 일등잘란장긴(一等甲喇章京, uju jergi jalan i janggin), 이등참장(二等參將, jai jergi sanjiyang)은 이등잘란장긴(二等甲喇章京, jai jergi jalan i janggin), 유격(遊擊, iogi)은 삼등잘란장긴(三等甲喇章京, ilaci jergi jalan i janggin), 비어(備禦, beiguwen)는 니루장긴(牛彔章京, niru i janggin), 다이서(代子, daise)는 효기교(驍騎校, funde bošokū), 장긴(章京, janggin)은 소 보쇼쿠(小撥什庫, ajige bošokū), 기장(旗長, kiru i ejen)은 호군교(護軍校, juwan i da), 가샨 보쇼쿠(屯撥什庫, gašan bošokū)는 계속 이전의 이름으로 한다. 관리는 관직에 상관없이 하나의 기(旗, gūsa)를 관리하는 자는 구사어전(gūsa i ejen), 머이런을 관리하는 자는 머이런장긴(meiren i janggin), 잘란을 관리하는 자는 잘란장긴(jalan i janggin), 니루를 관리하는 자는 니루장긴(niru i janggin), 호군을 관리하는 독어전(管護軍纛額眞, bayara i tu i ejen)은 호군통령(護軍統領, bayara i tu i janggin), 호군을 관리하는 잘란어전(甲喇額眞, bayara i jalan i ejen)은 호군참령(護軍參領, bayara i jalan i janggin)이라고 한다. 심양성(瀋陽城)은 천권성경(天眷盛京, abkai gosiha mukden)이라고 칭하고, 허투 알라 성(hetu ala, 赫圖阿拉城)은 천권흥경(天眷興京, abkai gosiha yenden)이라 칭한다. 이전의 한어 이름을 쓰지 말라. 모두 우리나라가 새로 정한 이름으로 부르라. 만약 새로 지은 이름을 따르지 않고 이전의 한어 이름으로 부르면 국법을 따르지 않고 멋대로 하는 자이니 조사하여 가벼이 용서하지 않을 것이다.」

○ 以故牛彔章京布顏圖子多禮喀, 襲職.

○ 죽은 니루장긴 부얀투의 아들 돌리카(dolika, 多禮喀)에게 습직시켰다.

○ 墨爾根戴青貝勒多爾袞屬下旗鼓牛彔章京曹振彦, 因有功, 加半個前程.

○ 머르건 다이칭 버일러 도르곤 소속의 기고니루장긴(旗鼓牛彔章京)[3] 조진언(曹振彦)[4]은 공로가 있으므로 반개전정(半個前程)[5]을 더했다.

---

3 cigu niru(旗鼓佐領)는 booi niru(包衣佐領)의 일종이다. 청 초기에 귀부한 漢人으로 조직되었기 때문에 包衣漢軍佐領 혹은 旗鼓漢軍이라고도 했다. 이들은 漢軍이라고 불렸지만 팔기한군(ujen cooha) 소속이 아니고 팔기만주의 booi jalan(包衣參領)에 속했다. 『만문노당』 숭덕 원년 5월 3일조에 의하면, 황제에게 직속된 cigu niru의 수장의 만주어 명칭은 faidan i janggin으로 정해지고 한어 명칭은 旗手衛指揮로 정해졌다. 동시에 親王 · 郡王 · doroi beile들에게 속한 cigu niru의 수장의 만주어 명칭은 faidan i da로 정해지고 한어 명칭은 長史로 정해졌다.

4 曹振彦: ?-?. 奉天 遼陽人. 曹錫遠의 아들. 『홍루몽』의 저자인 曹雪芹(1715-1763)의 고조부. 아지거의 보오이(包衣)였다. 명 말기 요양에서 거주하다가 1621년 후금에 투항한 후 한군정백기의 보오이(包衣)로 편제되었다. 후에 佟養性 속하에서 우전 초오하(ujen cooha, 重軍)의 教官이 되었다. 1634년 도르곤 속하로 이동하여 기고니루장긴(旗鼓牛錄章京)을 담당했다. 1644년 도르곤을 따라 입관한 후 佐領이 되었다. 1649년 姜瓖의 반란을 진압하는 전투에 참전했고 1650년 山西 平陽府 吉州의 知州에 임명되었다. 1652년 山西 陽和府 知府로 승진한 후 兩浙都轉鹽運使司 鹽運使를 역임했다. 1658년 퇴임했다.

5 半個前程: 청 초기 작위명. 세습의 최하 작위이다. 만주어로는 절반을 의미하는 emu hontoho라고 했다. 1647년(순치4)에 투와샤라 하판(tuwašara hafan, 拖沙喇哈番)으로 개칭했고 1736년 한어 명칭이 운기위(雲騎尉)로 정해졌다.

○ 乙丑, 新附副將尙可喜來朝見, 上率大貝勒代善及衆貝勒, 滿洲·蒙古·漢人各官, 出迎十里外. 上率諸貝勒各官拜天, 行三跪九叩頭禮畢, 御黃幄, 可喜遙行五拜禮, 近前復拜, 二次抱上膝, 見畢. 退行一拜禮, 復與代善行一拜禮. 抱見. 其餘衆貝勒, 各以齒序抱見, 次可喜所屬官員, 遙行五拜禮, 次衆兵俱跪叩首. 可喜跪獻緞疋等物, 上酌納之. 命坐於御座左側, 官屬兵丁坐左側帳內, 設大宴. 宴之, 賜可喜蟒衣·鞓帶·帽韡·元狐裘·雕鞍·馬·駝·羊等物, 可喜率衆官謝恩. 復命八貝勒,各以次宴之.

○ 을축일(4.10), 새로 귀부한 부장 상가희가 알현하러 오자 주상은 대버일러 다이샨 및 여러 버일러들, 만주·몽고·한인 관원들을 이끌고 10리 밖으로 나가 맞이했다. 주상이 여러 버일러들과 관원들을 이끌고 하늘에 절하고 삼궤구고두의 예를 행하고 황색 천막에 가니, 상가희가 멀리서 다섯 번 배례하고 가까이 앞으로 나와 다시 절하고 두 차례 주상의 무릎을 껴안고 알현했다. 물러나 한번 배례하고, 다시 다이샨과 한번 배례했다. 나머지 버일러들과는 각각 나이 순서대로 포견례를 했다. 다음으로 상가희 소속의 관원은 멀리서 다섯 번 배례하고 다음 여러 병사들이 함께 무릎을 꿇고 머리를 조아렸다. 상가희가 꿇어앉아 비단 등의 물품을 바치니 주상이 헤아려 받았다. 어좌의 왼쪽에 앉게 하고, 관속(官屬)과 병정들은 왼쪽 천막 안에 앉게 하고 큰 연회를 베풀어 잔치했다. 망의(蟒衣)·가죽띠·모사와 신발·검은 여우가죽옷·조각한 안장·말·낙타·양 등의 물품을 상가희에게 하사하자, 상가희는 관원들을 이끌고 사은했다. 다시 여덟 버일러에게 명하여 각각 차례대로 연회를 열게 했다.

○ 都元帥孔有德奏言，臣於本月十一日，捧讀上諭，一言一字，體恤臣等，無微不至．諸貝勒往來經過，臣之迎款，不過蔬食，表臣微敬，爲物菲薄，所費無多．其隨臣同來之貧人，雖不能使之富足，亦斷無瘠人肥己之念．況更蒙皇上屢降訓諭，臣敢不仰體聖心．益加謹慎．又命凡臣等差役至京，許赴禮部報名准給館舍廩餼，此皆皇上弘恩之遠被也．

○ 도원수 공유덕이 상주하여 말했다. 「신이 이 달 11일에 주상의 유시를 받들어 읽으니, 한마디 한마디가 신들을 긍휼히 여기심이 미치지 않는 곳이 없었습니다. 여러 버일러들이 왕래하는 동안 신이 맞이할 때 변변치 못한 음식으로 신의 작은 공경함을 표했을 뿐 사용한 물자가 적어 비용이 많이 들지 않았습니다. 신을 따라온 가난한 사람들을 풍족하게 해 줄 수는 없어도 결코 그들을 여위게 하고 저를 살찌우려는 생각은 없습니다. 하물며 황상의 훈유를 여러 번 받았는데 신이 감히 성심(聖心)을 따르지 않겠습니까. 더욱 신중하겠습니다. 또한 신들이 사람을 파견하여 심양에 도착했을 때 예부에 이름을 보고하고 관사(館舍)에 식량을 지급하라고 명하셨으니, 이는 모두 황상의 큰 은혜가 멀리까지 미친 것입니다.」

○ 乙亥，以科爾沁國額駙綽爾濟及公主還國，召進宮，宴之．賜雕鞍馬·綵緞·銀器等物．

○ 을해일(4.20), 코르친국 어푸 초르지와 공주가 돌아와서, 궁으로 불러들여 잔치를 열었다. 조각한 안장을 갖춘 말 · 채단(綵緞) · 은그릇 등의 물품을 하사했다.

○ 丙子, 布哈塔布囊, 鑲白旗席特庫, 鑲藍旗席特庫 · 戴青塔布囊 · 衛徵等, 往畧蒙古席爾哈 · 席伯圖地方, 斬七十三人, 獲其婦女六口, 馬四十四, 駝十二. 竝獲閒散戶口瑣諾木下男子九十人, 婦女十八人, 馬二 · 牛一, 以還. 即以所獲賞出征將士.

○ 병자일(4.21), 부하 타부낭, 양백기의 시터쿠, 양람기의 시터쿠 · 다이칭 타부낭 · 워이정 등이 몽고의 시르가 · 시버투 지방에 약탈하러 가서, 73명을 베고, 부녀자 6명, 말 44마리, 낙타 12마리를 사로잡았다. 아울러 획득한 한산(閒散) 호구, 소놈 속하 남자 90명, 부녀자 18명, 말 2마리, 소 1마리를 획득해서 돌아왔다. 노획물을 출정한 장수와 병졸들에게 상으로 주었다.

○ 初, 各官敍功時, 一等梅勒章京拜尹圖, 無功可敍. 而其父乃太祖親弟, 緣不諳事務, 故未入貝勒之列. 至是, 上加恩宗室, 陞拜尹圖爲三等昂邦章京, 與功臣同.

○ 이전에 관원의 공적을 평가할 때, 일등 머이런장긴 바인투는 서용할 만한 공이 없었다. 그의 아버지는 태조의 친동생으로, 일에 밝지 못했기 때문에 비일러의 반열에 들이기지 못했다. 이때에 주상이 종실에 은혜를 더해 바인투를 승진시켜 삼등 암바장긴으로 삼고 공신과 같게 했다.

○ 丁丑, 授歸附副將尙可喜爲總兵官, 賜敕印. 上御文館, 可喜謝恩畢, 賜坐於御座左側, 次可喜偕來二副將叩拜, 命坐於館外, 設大宴,宴之. 敕曰, 朕惟任賢使能, 崇功尙德, 乃國家之大典, 乘機遘會, 達變通權, 誠明哲之芳踪. 爾副將尙可喜, 原係明臣, 知明運之傾危, 識時勢之向背, 擒明副將二員, 取廣鹿附近三島, 殘破海防, 實爲我助, 又全攜兵民, 盡載甲冑器械, 乘危涉險, 航海來歸. 偉績豐功, 超羣出類, 誠可嘉尙, 用資輔毗. 今陞爾爲總兵官, 給以敕印, 功名富貴, 遠期, 奕世之休, 帶礪山河, 永無遺棄之義. 凡有一切過犯, 盡皆原宥. 爾宜益勵忠勤, 恪共乃職. 勿負朕意, 尙其欽哉. 故敕.

○ 정축일(4.22), 귀부한 부장 상가희를 총병관으로 삼고 칙인(敕印)을 주었다. 주상이 문관(文館)에 가자 상가희가 사은하니 어좌 왼쪽에 앉게 했다. 다음으로 상가희와 함께 온 두 부장이 고두하여 절하니 문관 밖에 앉도록 명했고 큰 연회를 베풀어 잔치했다. 칙서에서 말했다. 「짐이 생각하기에 유능한 인재를 기용할 때 공덕을 숭상하는 것은 국가의 대전(大典)이고, 좋은 기회를 만나 임시방편을 잘 사용하는 것은 진실로 명철한 행동이다. 그대 부장 상가희는 원래 명나라의 신하였으나, 명나라의 운명이 위태로움을 알고 시세의 향배를 헤아려서 명나라 부장 두 명을 사로잡고 광록(廣鹿) 부근 세 섬을 취해 해안의 방비를 무너뜨려 실로 우리에게 도움이 되었다. 또 병민을 온전하게 데려오고, 갑옷과 투구와 무기를 모두 가지고 위험을 무릅쓰고 바다를 건너 귀부했으니, 큰 공적이 탁월하다. 진실로 칭찬할 만하고 나라에 도움이 될 만하여 지금 너를 승진시켜 총병관으로 삼고 칙인을 지급한다. 부귀공명이 영원하고 대대로 이어져 산하(山河)가 다하도록 영원히 저버리는 뜻이 없도록 하라. 어떠한 잘못을 저질러도 모두 용서하겠다. 너는 충성스럽고 성실하게 더욱 힘써 직책을 조심스럽게 다하라. 짐의 뜻을 저버리지 말고 항상 공경하라. 이에 칙유한다.」

○ 初尙可喜在島時, 欲來降遣盧可用・金玉奎二人來. 輸款, 上曰, 來歸甚善, 果歸, 當授汝二人官. 遂遣還, 後果從尙可喜來歸. 至是, 上以二人往來效力, 克有成事, 遂俱授爲甲喇章京, 各賜馬・牛・狐裘・銀兩. 又可喜遣可用・玉奎來時, 曾令邢傻子者同行, 亦因其效力有成, 以馬・牛・驢賞之. 邢傻子, 原隸總兵官耿仲明部下, 以其爲可喜姊夫, 遂令與可喜完聚.

○ 이전에 상가희가 섬에 있을 때 노가용(盧可用)・김옥규(金玉奎) 두 사람을 보내 항복하려고 했다. 두 사람이 항복하겠다고 하자 주상이 말했다. "내귀하겠다니 매우 기쁘다. 정말로 귀순하면 마땅히 너희 두 사람에게 관직을 수여하겠다." 마침내 파견왔다가 돌아간 후에 과연 상가희를 따라 내귀했다. 이때에 주상은 두 사람이 오가며 노력하여 일을 성사시켰다 하여, 마침내 모두 잘란장긴을 수여하고, 각각 말・소・여우가죽옷・은량을 하사했다. 또 상가희가 노가용(盧可用)과 김옥규(金玉奎)를 보낼 때, 형사자(邢傻子)라는 자를 동행하게 했는데, 또한 그의 노력으로 일이 성사되었기 때문에 말・소・나귀를 상으로 주었다. 형사자는 원래 총병관 경중명의 부하였는데 상가희의 매형이었으므로 마침내 상가희와 함께 거주하게 했다.

○ 己卯, 遣總兵官尙可喜, 歸海州, 召進宮, 賜宴.

○ 기묘일(4.24), 총병관 상가희를 해주(海州)로 돌려보낼 때 궁으로 불러와서 연회를 베풀었다.

○ 庚辰, 總兵官尚可喜, 回海州, 命禮部承政巴都禮, 率參政等官, 送之十里許.

○ 경진일(4.25), 총병관 상가희가 해주(海州)로 돌아갈 때, 예부승정 바두리에게 참정 등의 관원들을 이끌고 10리쯤 전송하도록 명했다.

○ 辛巳, 初命禮部考取通滿洲 · 蒙古 · 漢書文義者爲舉人. 取中滿洲習滿書者, 剛林 · 敦多惠, 滿洲習漢書者, 查布海 · 恩格德, 漢人習滿書者, 宜成格, 漢人習漢書者, 齊國儒 · 朱燦然 · 羅繡錦 · 梁正大 · 雷興 · 馬國柱 · 金柱 · 王來用, 蒙古習蒙古書者, 俄博特 · 石岱 · 蘇魯木, 共十六人俱賜爲舉人, 各賜衣一襲, 免四丁, 宴於禮部.

○ 신사일(4.26), 이전에 예부에 명하여 만주 · 몽고 · 한어 글의 뜻에 능통한 자를 시험 쳐서 거인(舉人)으로 삼게 했다. 선발한 자 가운데 만주인으로 만주문을 학습한 자는 가린 · 돈도호이이고, 만주인으로 한문을 학습한 자는 차부하이(cabuhai, 查布海) · 엉거더이(enggedei, 恩格德)이고, 한인으로 만주문을 학습한 자는 이청거(icengge, 宜成格)이고, 한인으로 한문을 학습한 자는 제국유(齊國儒) · 주찬연(朱燦然) · 나수금(羅繡錦) · 양정대(梁正大) · 뇌흥(雷興)[6] · 마국주(馬國柱) · 김주(金柱) · 왕래용(王來用)이고, 몽고인으로 몽고문을 학습한 자는 오보트(obot, 俄博特) · 시다이(sidai, 石岱) · 수룸(surum, 蘇魯木)이

6 雷興: ?-1653. 遼東人, 한군정황기, 청 초기의 관리. 태조 누르하치 시기에 文館에서 근무했다. 태종 시기에 秘書院에서 근무했다. 숭덕 연간에 都察院에서 일하다가 漢軍旗가 창제될 때 한군정황기에 편제되었다.

었다. 총 16명 모두에게 거인(擧人)을 하사하고, 각각 옷 1벌을 주고 4정(丁)의 요역을 면제했으며, 예부에서 연회를 베풀었다.

○ 壬午, 英俄爾岱等, 擕朝鮮國王李倧報書還書曰, 李士英回, 蒙貴國賜書云, 貿易時, 敝邦之人, 將緞布短少紙張減數一聞此言, 不勝惶愧, 但敝邦客商軍民, 原自不同. 又無定居之所, 見利卽往. 屢申法令, 不能禁止. 予亦甚惡, 此輩, 國事如此, 敢不認罪, 竊念此輩亦係人類, 乃敢譎詐, 圖一己之利, 以欺鄰國乎. 已曾遣部臣查究, 以懲將來.

○ 임오일(4.27), 잉굴다이 등이 조선국왕 이종의 답서를 가지고 왔다. 답서에서 말했다. 「이사영(李士英; 李時英)이 돌아올 때 가져온 귀국의 서신에서 말한 바, 무역할 때 폐방의 사람이 대부분 비단과 면포를 짧고 적게 하고, 종이의 수를 줄인다는 말을 들으니 부끄러움을 금하지 못하겠습니다. 그러나 폐방의 객상은 본래 군민과 같지 않습니다. 정해진 주거지가 없고 이익을 보면 가니 여러 번 법령을 내려도 금지하지 못하고 있습니다. 저 역시 이들을 매우 싫어하나 국가의 일이 이와 같아서 감히 죄를 줄 수 없습니다. 삼가 생각건대 이들도 사람인데 감히 속여서 자기의 이익을 도모하고 이웃 국가를 속이겠습니까? 이미 신하에게 조사하라고 보냈으니 앞으로 징계하겠습니다.」

又一書曰, 去歲夏, 接貴國書, 令我向明國言和好之事. 甚慕高誼, 至今未忘. 今觀來書, 復將前事悉陳, 誠懇之念, 未有不畢吐者, 我是以深爲嗟嘆. 貴國初意如彼, 事體如此. 每多相左數年以來, 干戈不寧, 豈非彼之大不幸哉. 貴國今出此言, 我竊思之, 皆仰體天心, 厭兵戈而樂好生也, 實天下生靈之福, 亦敝邦之厚幸, 予樂聞此言, 願竭力以助, 不知尊意以爲何如. 去歲周都督來時, 曾以貴國之意, 詳書遣送, 周都督回書云, 我盡力轉達, 令我聽候內旨, 乃至今未見分曉, 亦不解其何意也. 玆承來書, 甚爲懇切, 謹以貴國之意往告皮島, 令其再達, 愚計止此. 但明朝嚴重, 上有君, 下有臣, 不惟不能盡伸敝邦之意, 且恐不納皮島官員之言. 觀來書所云, 其寧遠衆官不允, 亦可知矣. 此事成與不成係明朝竝我兩國生民之利害, 貴國有此美意, 天必從之, 非人力所能爲也.

또 다른 서신에서 말했다. 「지난 여름에 받은 귀국의 서신에서 우리로 하여금 명나라에게 화호(和好)의 일을 말하도록 했으니, 깊은 흠모와 우의를 지금까지 잊지 못하고 있습니다. 지금 보내온 글을 보건대, 다시 이전의 일을 모두 말하며 성의의 마음을 모두 보이지 않았다고 하니 저는 깊이 탄식합니다. 귀국의 본래 마음은 그러하고 일의 상황은 이러하여 매번 서로 다른 지 수년이 되어 전쟁이 끊이지 않으니, 어찌 이것이 큰 불행이 아니겠습니까? 귀국이 지금 보낸 이 말을 제가 삼가 생각하니, 모두 천심을 우러러 체득하고, 전쟁을 싫어하고 살리기를 좋아하는 것입니다. 실로 천하 생령의 복이고 또한 폐방의 두터운 행복입니다. 저는 이 말을 기쁘게 듣고 힘을 다해 돕고자 합니다. 귀국의 뜻은 어떠한지 모르겠습니다. 작년에 주문욱(周文郁) 도독이 왔을 때, 귀국의 뜻을 자세히 적어 보냈습니다. 주문욱 도독이 회신에서 말하기를 "제가 힘껏 전달하니 제게 내지(內旨)를 기다리라고 합니다."라고 했습니다. 그 후 지금까지 결과를 알 수 없고 무슨 뜻인지 몰랐습니다. 이제 보내온 글을 받으니 상황이 절실합니다. 삼가 귀국의 뜻을 피도(皮島)에 가서 고하고 다시 전달하게 하고 싶습니다. 저의 계책은 이러합니다. 다만 명나라는 엄중하여 위에는 임금이 있고 아래에는 신하가 있어, 폐방의 뜻을 모두 아뢰지 않을 수 없을 뿐 아니라 피도 관원의 말을 받아들이지 않을까 걱정입니다. 보내온 글을 보니, 영원(寧遠)의 관원들을 윤허하지 않은 것도 알 수 있습니다. 이 일이 성공하고 성공하지 못하는 것은 명조와 우리 양국 백성의 이해와 관계됩니다. 귀국의 이 아름다운 뜻은 하늘이 반드시 따를 것이고 사람이 할 수 있는 것은 아닙니다.」

又一書曰, 敝使方回, 貴使旋至, 多蒙眷問, 竝賜美物, 銘刻難忘也, 今以清和之時, 伏願起居萬安, 邊民違法, 越境採參, 罪在不赦, 貴國猶送與敝邦發落, 貴國尊崇信義, 愈可知矣. 謝謝.

또 한 통의 서신에서 말했다.「폐방의 사신이 지금 돌아왔고 귀국의 사신이 바로 이르렀습니다. 많은 보살핌과 위로를 입었고 아름다운 선물을 주셨으니 사무쳐 잊지 못할 것입니다. 지금 화창한 때에, 기거하심이 편안하기를 엎드려 빕니다. 변경의 백성이 법을 어기고 국경을 넘어 인삼을 채취하니 죄가 있어 용서할 수 없습니다. 귀국이 오히려 폐방에게 처리하게 하니, 귀국이 믿음과 의리를 존숭한다는 것을 더욱 알 수 있을 것입니다. 감사합니다.」

○ 乙酉, 金繼孟 · 張朝爵 · 黃思治 · 金文高 · 王三畏 · 何萬金, 自明石城島來歸. 爲總兵官耿仲明屬下李副將所獲送至, 訊之, 云聞我等妻子, 俱在尚總兵部下, 是以來投, 即付尚可喜, 令其完聚.

○ 을유일(4.30), 김계맹(金繼孟) · 장조작(張朝爵) · 황사치(黃思治) · 김문고(金文高) · 왕삼외(王三畏) · 하만금(何萬金)이 명나라 석성도(石城島)로부터 내귀하여, 총병관 경중명 소속의 이(李) 부장이 이들을 잡

아서 보냈다. 이들을 심문하니 대답했다. "우리 처자가 상가희 총병 부대에 함께 있다고 들어서 항복합니다." 즉시 상가희에게 맡겨서 흩어진 가족들이 모일 수 있게 했다.

○ 是日和碩貝勒濟爾哈朗女, 嫁科爾沁國扎薩克圖杜稜布塔齊之子諾爾布, 和碩貝勒德格類·多爾袞·岳託·薩哈廉·貝勒阿巴泰·阿濟格, 皆與宴, 宴畢. 濟爾哈朗以雕鞍馬·甲冑·貂裘, 諸聘物獻, 上俱却之.

○ 이날 호쇼이 버일러 지르갈랑의 딸이 코르친국 자삭투 두렁 부타치의 아들 노르부(norbu, 諾爾布)와 결혼하여, 호쇼이 버일러 더걸러이·도르곤·요토·사할리얀·버일러 아바타이·아지거가 모두 잔치에 참여했다. 잔치를 마친 후 지르갈랑이 조각한 안장을 갖춘 말·갑옷과 투구·담비가죽옷 등의 여러 예물을 바쳤으나, 주상이 모두 물리쳤다.

五月, 丙戌朔, 黑龍江地方頭目巴爾達齊, 率四十四人來, 朝貢貂皮一千八百一十八張.

○ 5월 병술일 초하루(5.1), 흑룡강 지방 두목 발다치(baldaci, 巴爾達齊)[7]가 44명을 이끌고 내조하여 담비가죽 1,818장을 바쳤다.

---

7 발다치(baldaci): 巴爾達齊. ?-1654. 솔론 다우르의 수장. 사할차 部 징키리 씨(jingkiri hala, 精奇里氏). 징키리강 연안 도코 촌락(多科屯)에서 대대로 거주했다. 1634년(천총8) 35명을 인솔하고 盛京에 와서 후금에 담비가죽 1,818장을 바

○ 庚寅, 初, 察哈爾國汗親叔台吉毛祁他特, 逃於科爾沁國土謝圖濟農下. 至是, 來朝. 上賜甲胄 · 雕鞍 · 蟒朝服 · 玲瓏鞓帶 · 帽 · 鞾 · 銀盆等物.

○ 경인일(5.5), 이전에 차하르국 칸의 친숙부 타이지 모오 키타트(moo kitat, 毛祁他特)가 코르친국 투시예투 지농 속하에서 달아났는데, 이때에 내조했다. 주상은 갑옷과 투구 · 조각한 안장 · 망조복(蟒朝服) · 정교하게 장식한 요대 · 모자 · 신발 · 은그릇 등의 물품을 하사했다.

○ 是日, 上諭曰, 朕仰蒙天眷, 撫有滿洲 · 蒙古 · 漢人兵衆, 前此騎 · 步 · 守 · 哨等兵, 雖各有營伍, 未分名色, 故止以該管將領姓名稱爲某將領之兵, 今宜分辨名色, 永爲定制. 隨固山額眞行營馬兵, 名爲騎兵, 步兵爲步兵護軍, 哨兵爲前鋒, 駐守盛京礮兵爲守兵, 閒駐兵爲援兵, 外城守兵爲守邊兵, 舊蒙古右營爲右翼兵, 左營爲左翼兵, 舊漢兵爲漢軍, 元帥孔有德兵爲天祐兵, 總兵官尚可喜兵爲天助兵.

○ 이날 주상이 유시했다. "짐이 하늘의 은혜를 입어 초무한 만주 ·

치며 신복했다. 1635년 22명을 인솔하고 다시 후금에 와서 조공했다. 그의 영향하에 다우르의 여러 부족들이 후금에 귀부했다. 후금의 황족 여성과 결혼하여 어푸(efu, 額駙)가 되었다. 1636년 후금이 국호를 청으로 개칭할 때 세 번째로 來朝했고 이후에도 지속적으로 성경을 방문했다. 1649년 형제들을 인솔하고 북경으로 이주하여 정백기에 소속되었다. 처음에 三等 ashan i hafan(男爵)에 봉해졌고, 이후 두 번 승진하여 一等 ashan i hafan이 되었다. 1654년 북경에서 사망했다.

몽고·한인 병사가 많다. 이전의 기병(騎兵, moringga cooha)·보병(步兵, yafahan cooha)·수병(守兵, tere cooha)·초병(哨兵, karun i cooha) 등은 각 부대가 있지만 명칭이 구분되지 않고 해당 관할 장령의 이름을 가지고 '아무개 장령의 병(兵)'으로 칭했다. 지금 명색(名色)을 분별하여 영구히 제도로 정한다. 구사어전을 따라서 행영(行營)하는 마병(馬兵, moringga cooha)을 기병(騎兵, aliha cooha), 보병(步兵, yafahan cooha)을 보병호군(步兵護軍, beki cooha), 초병(哨兵, bayarai karun)을 전봉(前鋒, gabsihiyan cooha), 성경(盛京)에 머물러 지키는 포병(礮兵, poo jafabuha cooha)을 수병(守兵, tuwakiyara cooha), 단지 주둔하는 부대를 원병(援兵, dara cooha), 외성(外城)을 수비하는 부대를 수변병(守邊兵, jecen be tuwakiyara cooha), 구몽고(舊蒙古)의 우영(右營, ici ergi gūsa)을 우익병(右翼兵, ici ergi ashan i cooha), 좌영(左營, hashū ergi gūsa)을 좌익병(左翼兵, hashū ergi ashan i cooha), 구한병(舊漢兵, fe nikan i cooha)을 한군(漢軍, ujen cooha), 원수 공유덕의 병사를 천우병(天祐兵, abkai aisilaha cooha), 총병관 상가희의 병사를 천조병(天助兵, abkai nonggiha cooha)으로 한다."[8]

○ 明石城島千總袁家晉·劉文奎, 率七人來歸, 命隸總兵官尚可喜部下.

○ 명나라 석성도(石城島)의 천총 원가진(袁家晉)·유문규(劉文奎)가 7명을 이끌고 내귀했는데, 총병관 상가희의 부하로 예속시켰다.

8 병종과 부대명의 만주어는 아래 참조. 『內國史院檔 天聰八年』, pp.135-136.

○ 癸巳, 上召諸覺羅入內廷, 賜宴. 上迎於內廷門, 遜入, 衆以免丁欲謝恩. 上以貝和齊・薩哈爾察・瓦爾喀・屯布祿, 皆叔伯行, 不受拜, 餘皆拜謝. 命叔貝和齊, 坐於上, 叔薩哈爾察・瓦爾喀・撒哈席庫・屯布祿, 坐於左, 上坐於右, 以示敬, 其餘各序長幼坐. 進宴, 上起席, 親以酒跪奉叔貝和齊, 其餘諸叔, 上跪於坐位命公楊古利, 擧觴酌之. 宴畢, 賜貝和齊・薩哈爾察・瓦爾喀, 各貂裘一・白氈一・紅氈一. 賜撒哈席庫・屯布祿・機爾塔席庫・吳壩席庫・寧淡・孟特穆・阿爾布・克春・布爾吉・薩璧翰・姚塔・奧塔・託退・譚布, 各緞二・布八, 隨謝恩. 叔貝和齊曰, 皇上仁恩如此, 惟願君臨天下, 永膺天眷, 萬壽無疆. 叔屯布祿曰, 皇上恤我老朽無可報答, 惟願皇上仰承天眷, 福壽綿長. 衆遂出, 上命公楊古利・覺羅龍什, 傳諭諸覺羅曰, 朕篤親親之誼, 叔姪兄弟, 一堂宴衎. 本欲厚加錫予, 因諸國歸附日衆, 賞賚浩繁, 未能遍示優渥. 儻蒙天佑, 帑藏充裕, 豈僅目前相待之禮哉. 爾等各宜制節謹度, 守法奉公, 慎勿因貧窶之故, 而或至敗度, 自干罪戾. 縱空乏難支, 宜告之各旗貝勒. 貝勒不能相濟, 即以告朕可也.

○ 계사일(5.8), 주상이 여러 기오로[9]를 내정(內廷)에 불러들여 연회를 베풀었다. 주상이 내정문에서 맞이하자 서로 양보하며 들어갔다. 기오로들이 면세받은 정역(丁役)에 대해 사은하려 하자, 주상은 보이호치・사할차・와르카・툼부루를 모두 백부와 숙부로 여겨 절을 받

9 청대 황족은 宗室(uksun)과 기오로(gioro, 覺羅)로 구분되었다. 宗室은 누르하치의 아버지인 탁시의 직계후손, 즉 누르하치와 그의 형제들의 후손으로, 황색 요대를 띠게 했으므로 黃帶라고도 불리었으며 그 수장은 族長이라고 했다. 기오로는 탁시의 직계 후손을 제외한 누르하치의 조부 기오창가의 여섯 형제들의 후손으로, 홍색 요대를 띠게 했으므로 紅帶라고도 불리었다.

지 않았고, 나머지 모두는 절하며 사은했다. 숙부 보이호치에게 위에 앉으라고 하고, 숙부 사할차 · 와르카 · 사하시쿠 · 툼부루는 왼쪽에 앉게 하고, 주상은 오른쪽에 앉음으로써 공경함을 보이니, 나머지도 각각 나이 순서대로 앉았다. 잔치에 나아가, 주상은 자리에서 일어나 숙부 보이호치에게 친히 무릎 꿇고 술잔을 바치고, 나머지 여러 숙부에게는 주상이 자리에서 무릎 꿇고 공(公) 양구리를 시켜 술잔을 따르게 했다. 연회를 마치고 보이호치 · 사할차 · 와르카에게 각각 담비가죽옷 한 벌, 흰 양탄자 하나, 붉은 양탄자 하나씩 하사했다. 사하시쿠 · 툼부루 · 길타시쿠 · 우바시쿠 · 닝단 · 멍터무 · 아르부 · 커춘 · 부르기 · 사비간 · 요오타 · 오오타(oota, 奧塔) · 토토이 · 탐부에게 각각 비단 2필, 면포 8필을 하사하니, 이에 은혜에 감사했다. 숙부 보이호치가 말했다. "황상의 어진 사랑으로 베푼 은혜가 이와 같으니, 오직 바라건대 천하에 군림하시고, 오래도록 하늘의 은총을 받으시고, 만수무강하십시오." 숙부 툼부루가 말했다. "황상이 우리 늙은이들을 보살펴 주시는데 보답할 길이 없으니, 오직 바라건대 황상이 하늘의 은총을 우러러 받들고, 복수(福壽)를 오래도록 이어 가십시오." 무리들이 나가자, 주상이 공(公) 양구리 · 기오로 룽시에게 명하여, 여러 기오로에게 전해 알리라고 말했다. "짐이 친척을 친히 여기는 뜻을 두텁게 하여 숙질 · 형제가 한자리에 모여 연회를 즐겼다. 본디 후하게 주고자 했는데 여러 나라에서 귀부하는 자가 날로 많아져서 상을 하사할 것이 많아 은혜를 두루 두텁게 내릴 수 없었다. 만약 하늘의 도우심을 입으면 국고가 가득 찰 것이니, 어찌 겨우 지금 내린 예물에 비하겠는가? 그대들은 각자 절제하고 삼가며, 법을 지키고 공(公)을 받들며, 가난으로 인하여 법도를 무너뜨리거나 죄를 범하지 말라. 만약 궁핍하여 지탱하기 어려우면 각 기의 버일러에게 고해야 한다. 버일러가 구제하지 못하면 짐에게 고해야 한다."

○ 乙未, 滿朱習禮胡土克圖喇嘛至, 上迎於五里外, 握手相見, 偕入. 至中門下, 命坐於御座傍右榻宴之. 宴畢, 獻上鞍馬一, 納之. 賜喇嘛御服黑貂裘一領 · 銀百兩 · 布百疋. 瀕行, 上復親送出城.

○ 을미일(5.10), 만주시리 후툭투 라마가 이르자, 주상이 5리 밖에서 맞이하여 악수하며 만나고 함께 들어왔다. 중문(中門) 아래에 이르자, 어좌 곁의 오른쪽 걸상에 앉게 하고 연회를 베풀었다. 연회를 마치고 안장을 갖춘 말 1마리를 바치자 주상이 받았다. 라마에게 황제가 입었던 흑담비가죽옷 1벌 · 은 100냥 · 포 100필을 하사했다. 떠날 때 주상이 친히 성에서 나와 전송했다.

○ 丙申, 上問諸貝勒 · 大臣, 征明當由何路進兵. 貝勒 · 大臣, 俱以宜從山海關大路而入對. 上曰, 諸貝勒 · 大臣所議, 未協軍機. 今我大軍宜直抵宣大, 蒙古察哈爾國, 先爲我兵所敗, 心膽皆裂, 擧國騷然, 彼貝勒 · 大臣, 將來歸我, 我往必遇諸塗, 爾衆貝勒可多備衣服, 以賞彼貝勒 · 大臣之來降者. 我師往征大同, 兼可收納察哈爾來歸貝勒官民, 計莫有善於此者. 遂命出內庫緞帛, 多製各色衣服 · 帽鞾 · 甲胄 · 弓矢 · 撒袋 · 鞍轡等物, 以備賞賚. 復命出征諸貝勒, 各多製衣服, 及一切用物. 命甲喇章京范文程 · 喀木圖, 以行師之期, 往諭都元帥孔有德, 總兵官耿仲明 · 尙可喜. 於是集各固山額眞, 衆章京, 及撥什庫等於大殿, 傳諭行軍事宜. 每牛彔下派騎兵二十名, 護軍八名. 各處兵士, 期於十九日入城, 騎兵於二十日啟行, 護軍於二十二日啟行. 右翼五旗, 由上榆林出口, 左翼五旗, 由沙嶺出口. 師行時, 勿擅離本纛, 勿酗酒, 勿踐踏田禾. 凡隨滿洲旗蒙古貝勒所屬牛彔甲兵, 令各該管甲喇章京, 率之以行, 其蒙古貝勒則各該固山額眞率之以行, 勿使一二後期, 即滿洲·蒙古騎兵, 亦勿使一二後期. 其大凌河蒙古, 及歸化城俘獲蒙古與各處所獲新蒙古等, 不必率往. 如蒙古中, 有其主自言, 所屬蒙古人, 曾給以奴僕使之各居, 撫養得所, 可保不逃者, 即許彼攜往. 如將蒙古內不足憑信之人, 擅行攜去, 以致脫逃者罪之. 每甲喇出弓匠二名, 每牛彔出鐵匠一名·钁五·钃五·鍬五·斧五·錛二·鑿二, 每人隨帶鐮刀, 各備一月糗糧, 每牛彔纛一杆, 每二人共鎗一杆, 箭五十枝, 每甲喇出雲梯二架, 用預採乾木爲之, 各備冬衣一副, 固山額眞以下, 牛彔章京以上, 各量力備鮮明衣服涼帽, 凡馬絆及匙碗, 俱書字號, 每兵攜帶帳房一架. 又傳諭留守貝勒·大臣, 告以留守兵數, 每牛彔護軍二名, 步兵·援兵·守兵, 俱留守, 騎兵有駐防巨流河者, 有往征瓦爾喀者, 減援兵之數以補之, 或有牛彔下騎兵原不足數者, 以步兵有馬者補之, 若有牛彔下騎兵額數太少者, 令馬匹有餘之牛彔, 多派人前往, 其派往之數, 令缺額之牛彔, 派人頂補留守, 仍將留守兵丁姓名開報, 如各牛彔下留守兵丁姓名開報不實, 怠玩曠誤者, 後被留守貝勒等查出, 以缺數註冊, 定坐重罪.

○ 병신일(5.11), 주상이 버일러와 대신들에게 명나라를 정벌할 때 어떤 길로 진군해야 할지 물었다. 버일러와 대신들은 모두 산해관의 대로(大路)를 통해 들어가야 한다고 대답했다. 주상은 말했다. "버일러와 대신들이 논의한 바는 군기(軍機)에 맞지 않는다. 지금 우리 대군은 곧장 선부와 대동으로 진격해야 한다. 몽고 차하르국은 예전에 우리 군대에 의해 격파되어 심지와 담량이 모두 무너졌다. 온 나라가 동요하여 그 버일러와 대신들이 장차 나에게 귀순할 것이니 내가 가면 반드시 길에서 만나게 될 것이다. 너희 버일러들은 그 투항해 오는 버일러와 대신들에게 상 내려 주도록 의복을 많이 마련하라. 우리 군대

가 대동을 정벌하러 가서 아울러 차하르의 내귀한 버일러와 관민들을 거둘 수 있다면 이보다 더 좋은 계책은 없을 것이다." 마침내 내고(內庫)의 비단을 내어 각종 의복·모자와 신발·갑옷과 투구·활과 화살·화살집·안장과 굴레 등의 물품을 많이 만들어 상으로 줄 물건을 준비하게 했다. 또한 출정하는 버일러들에게 각각 의복과 일체의 용품을 많이 만들게 했다. 잘란장긴 범문정과 캄투에게 명해 출병 날짜를 도원수 공유덕, 총병관 경중명과 상가희에게 가서 유시하게 했다.

이때 각 구사어전과 장긴들 및 보쇼쿠 등을 대전(大殿)에 모아 행군의 일에 대해 유시했다. 「각 니루에서 기병 20명씩·호군 8명씩 파견한다. 각지의 병사들은 19일을 기한으로 입성한다. 기병은 20일에 출발하고 호군은 22일에 출발한다. 우익 5기(旗)는 상유림(上楡林)의 관문으로 나가고 좌익 5기(旗)는 사령(沙嶺)의 관문으로 나간다. 진군할 때 함부로 자신의 소속 독(纛)을 이탈하지 말고 술주정하지 말고 전답을 짓밟지 말라. 만주기를 따르는 몽고 버일러들 소속 니루의 갑병(甲兵)은 각기 해당 관할 잘란장긴이 통솔하여 행군하고 몽고 버일러는 각기 해당 구사어전이 이끌고 행군하라. 한두 사람도 뒤처지게 하지 말라. 만주와 몽고 기병 역시 한두 사람도 뒤처지게 하지 말라. 대릉하의 몽고인과 귀화성에서 노획한 몽고인 그리고 각지에서 노획한 새로운 몽고인들은 데리고 갈 필요 없다. 만약 몽고인 가운데 그 주인이 "소속 몽고인에게 이미 노복을 지급하여 그들을 각자 거주하게 했고 보살펴서 적당한 자리를 얻게 했으니 도망가지 않을 것이라 보증한다."라고 말하는 경우에는 그 주인이 데리고 가는 것을 허락한다. 만약 몽고인 중에 믿을 만하지 않은 사람을 함부로 데려갔다가 도망치게 된 경우 죄에 처한다. 잘란마다 궁장(弓匠)을 2명씩 내놓고, 니루마다 철장(鐵匠) 1명·괭이 5개·송곳 5개·가래 5개·도끼 5개·자귀 2개·끌 2개씩 내놓는다. 사람마다 낫을 가져가고 각기 1개월분의 양식을 준비한다. 니루마다 독(纛) 1개, 두 사람마다 창 1개와 화살 50개를 함께 마련한다. 잘란마다 운제(雲梯) 2개씩 내놓고, 운제는 미리 벌목해 말린 목재로 만든다. 각기 겨울옷 1벌씩 준비하라. 구사어전 이하 니루장긴 이상은 각기 능력을 헤아려 좋은 의복과 여름모자를 준비하라. 무릇 지달 · 숟가락 · 그릇도 모두 자호(字號)를 쓰고 병사마다 천막 1개씩 휴대하라.」

또한 심양성에 남아서 지키는 버일러와 대신들에게 유시를 전하여 남아서 지키는 병사의 수를 알렸다. 「니루마다 호군 2명씩, 보병(步兵)[10] · 원병(援兵)[11] · 수병(守兵)[12]은 모두 남아 지킨다. 기병(騎兵) 중에서 거류하(巨流河)에 주둔해 지키는 자와 와르카에 정벌하러 간 자만큼 원병(援兵)의 수를 감해 기병을 보충한다. 혹 니루 하의 기병의 수가 원래 부족한 경우 보병 중에서 말이 있는 자로 보충한다. 만약 니루 하의 기병의 수가 너무 적으면 말이 여유가 있는 니루에서 사람을 많이 파견해 가게 한다. 그 파견한 수를 기병이 부족한 니루에서 사람을 보내 인원을 보충하여 지키게 하고 남아서 지키는 병정의 성명을 기록해 보고한다. 만약 각 니루 하의 남아서 지키는 병정의 성명을 보고한 것이 부실하고 태만하여 실수가 있어 나중에 남아서 지키는 버일러들이 조사할 때 부족한 수를 책(冊)에 기록하면 중죄(重罪)에 처할 것이다.」

○ 遣國舅阿什達爾漢, 及伊拜 · 諾木圖, 往科爾沁國調兵.

○ 국구(國舅) 아시다르한과 이바이 · 놈투를 보내 코르친국에 가서

---

10 보병은 만주어로 beki cooha이다.
11 원병은 만주어로 dara cooha이다.
12 수병은 만주어로 tuwakiyara cooha이다.

병사를 징발하게 했다.

○ 遣使招撫駐牧明邊境察哈爾國諸蒙古, 示以書曰, 皇帝賜書於察哈爾國遺衆, 爾掌部落寨桑, 未審爲誰, 是以未書姓名, 朕聞自察哈爾西遷以來, 所遺部衆俱駐明邊外, 此大誤矣. 與其居於彼處, 何若歸我. 凡爾寨桑等, 不拘衆寡, 有擧國來降者, 即命掌其國事, 成全錄用, 如不審度事勢, 欲於明境安居, 獨不思, 以全盛之察哈爾, 尙不能自存, 而逃往西海地方, 爾等又焉能久居於此乎. 若不歸我而歸明, 明與我兩國之強弱, 爾試忖度之, 當自明也. 我與爾兩國, 語言雖異, 衣冠則同, 與其依異類之明人, 何如來歸於我, 不惟爾等心安, 即爾祖父世傳之衣冠體貌, 亦不煩變易矣. 且彼先附明國之右翼土門蒙古等, 窮年累月, 不得家居, 妻子不能相見, 屢爲我兵所戮, 其存者明人猶驅之使戰, 委命疆埸, 此皆爾等所目睹者. 爾等若不從朕言, 亦任爾自便, 但我大軍一出, 儻蒙天祐以地與我, 彼時欲求撫養, 言之無及矣. 天果祐我, 得明土地, 雖潛奔西海者, 亦難安居, 豈獨爾區區附明之蒙古哉.

○ 사신을 파견해 명 변경에서 유목하고 있는 차하르국의 몽고인들을 초무했다. 이들에게 서신을 보내 말했다. 「황제가 차하르국의 유민들에게 서신을 내린다. 너희 부락을 관장하는 자이상이 누구인지 아직 잘 알지 못하여 성명을 쓰지 않았다. 짐이 듣기에 차하르가 서천(西遷)한 이래 남은 부민들이 모두 명 변경 밖에 머물고 있다 하는데 이는 크게 잘못된 것이다. 그곳에 거하는 것이 어찌 나에게 귀순하는 것만 하겠는가. 너희 자이상들이 무리의 수가 많건 적건 나라를 들어 내항하면 곧 그 나라의 일을 관장하게 하고 예전과 같이 온전히 등용할 것이다. 만약 일의 형세를 살피지 못하고 명나라 변경에서 안거하

고자 한다면 너희는 생각을 잘못하고 있는 것이다. 융성했던 차하르가 오히려 스스로 지키지 못하고 서해(西海)[13] 지방으로 도주했는데 너희가 또한 어찌 이곳에서 오랫동안 안거할 수 있겠는가.

만약 나에게 귀순하지 않고 명에게 귀순해서 명나라와 우리나라, 양국의 강약을 너희가 헤아려 보면 자명해질 것이다. 나와 너희 양국은 언어는 비록 다르나 의관은 같다. 다른 부류의 명나라 사람에게 의지하는 것이 어찌 나에게 귀순하여 너희 마음도 편안해질 뿐만 아니라 너희 조상 대대로 내려온 의관과 체모(體貌)를 번거롭게 바꾸지 않는 것만 하겠는가. 또한 예전에 명나라에 붙었던 저 우익 투먼 몽고들은 1년 내내 집에 있지 못하고 처자와 만나지도 못했으며 누차 우리 군대에게 도륙되었다. 살아남은 자들은 명나라 사람들이 전쟁터에 내몰아 목숨을 바쳤으니 이는 모두 너희도 목도한 것이다. 너희가 만약 짐의 말을 따르지 않겠다면 너희 마음대로 하라. 그러나 우리 대군이 한번 출정하여 하늘이 도와 땅을 나에게 주면 그때에 보살펴 달라 청해도 소용없다. 하늘이 과연 나를 도와 명나라의 땅을 얻으면 서해(西海)로 달아난 자들도 편히 살기 힘들 것인데 어찌 구구하게 명나라에 붙은 너희 몽고가 편히 살 수 있겠는가.」

○ 初, 正藍旗三等甲喇章京胡什屯養其弟努山之子渾代爲嗣, 及胡什屯病故, 渾代襲職, 努山代理其事. 上聞之曰, 姪不如弟親, 遂罷渾代職, 令努山襲之.

○ 이전에 정람기 삼등 잘란장긴 후시툰(hūsitun, 胡什屯)이 그의 동

13 『內國史院檔 天聰八年』의 해당 구절에는 huhe nor(青海)로 기록되어 있다. 『內國史院檔 天聰八年』, p.140.

생 누산(nusan, 努山)의 아들 훈다이(hūndai, 渾代)를 길러 후사로 삼았다. 후시툰이 병으로 사망하자 훈다이가 습직하고 누산이 그 업무를 대리했다. 주상이 이 소식을 듣고 "조카는 동생만큼 가깝지 않다."라고 하자 마침내 훈다이의 직(職)을 파하고 누산에게 습직하게 했다.

○ 壬寅, 始敍各官功次, 賜之敕書, 額駙楊古利爲左翼超品一等公, 仍帶六章京職. 三等公額駙和碩圖子和爾本, 吳訥格, 一等昂邦章京楞額禮子穆成格, 三等昂邦章京札爾固齊費英東子察喀尼, 巴圖魯額亦都子遏必隆, 六人准世襲不替. 其餘一等昂邦章京, 二等昂邦章京, 三等昂邦章京, 一等梅勒章京, 二等梅勒章京, 三等梅勒章京, 一等甲喇章京, 二等甲喇章京, 三等甲喇章京, 暨牛彔章京, 一切衆官, 不論官職, 以功之大小, 俱賜敕書. 仍諭吏部, 將國家開創以來諸功臣, 其祖父以部落來歸, 及身歷行間, 率先攻戰著有勳績者, 一一分別詳載撰給世襲敕書, 其無功績而因才授職及因管牛彔事授職者, 撰給不世襲敕書. 舊例敕書開載, 大臣及各官以勤修政事, 約束兵馬, 授某職, 微員以不負任使, 著有成效, 授某職, 俱准世襲不替, 其分別撰給兩等敕書, 自此始.

○ 임인일(5.17), 처음으로 각 관리의 공적의 서열을 분별해 칙서를 하사했다. 어푸 양구리를 좌익초품일등공(左翼超品一等公)으로 하고 6상긴의 직(職)을 갖도록 했다. 삼등공(三等公) 어푸 호쇼투의 아들 홀본(holbon, 和爾本), 우너거, 일등 암바장긴 렁거리의 아들 무청거(mucengge, 穆成格), 삼등 암바장긴 자르구치 피옹돈의 아들 차카니(cakani, 察喀尼), 바투루 어이두의 아들 어빌룬(ebilun, 遏必隆) 이 여섯 사람에게 세습불체(世襲不替)를 허락했다. 나머지 일등 암바장긴 · 이등 암바장긴 · 삼등 암바장긴 · 일등 머이런장긴 · 이등 머이런장긴 ·

삼등 머이런장긴 · 일등 잘란장긴 · 이등 잘란장긴 · 삼등 잘란장긴 및 니루장긴, 모든 관리들에게 관직을 막론하고 공적의 크고 작음에 따라 모두 칙서를 하사했다. 이어서 이부(吏部)에 유시했다. 「국가를 개창한 이래 여러 공신들 중 그 조부와 부친이 부락을 이끌고 내귀했거나 몸소 전장에 나가 솔선하여 적을 공격해 공적이 혁혁한 자들을 일일이 분별하여 상세히 기록해 세습의 칙서를 만들어 주어라. 공적은 없으나 재능이 있어 직(職)을 받았거나 니루의 일을 관리하여 직(職)을 받은 경우 불세습(不世襲)의 칙서를 만들어 지급하라.」 구례(舊例)의 칙서는 「대신과 각 관리가 정사(政事)를 삼가 잘 다스리고 병마(兵馬)를 잘 단속하여 아무개 직(職)을 받았다.」, 「하급 관원이 직임을 저버리지 않고 뛰어난 성과를 내어 아무개 직(職)을 받았다.」고 일일이 기록했고 모두 세습불체(世襲不替)를 허락했었다. 두 등급의 칙서를 분별해 지급한 것은 이때부터 시작되었다.

○ 甲辰, 往征東海一路虎爾哈部落季思哈 · 吳巴海, 遣人奏捷, 俘男子五百五十人, 婦女幼小, 共一千五百人, 獲有主馬一百五十六, 牛一百八十三, 無主馬三十八, 牛二十一, 貂 · 猞狸猻 · 狐 · 水獺 · 黃鼠 · 灰鼠 · 貉等裘, 共一百六十有奇, 貂 · 猞狸猻 · 狐 · 狼 · 水獺 · 黃鼠 · 灰鼠 · 虎 · 貉 · 海獺等皮, 共二千二百五十有奇, 貉褥二, 布一百二十, 緞四, 人參二馱.

○ 갑진일(5.19), 동해 지역 후르카 부락을 정벌하러 간 기스하와 우바하이가 사람을 보내 승리를 아뢰었다. 남자 550명 · 부녀자와 어린아이 모두 1,500명을 포로로 잡았고 주인 있는 말 156마리 · 소 183마리, 주인 없는 말 38마리 · 소 21마리, 담비 · 스라소니 · 여우 · 수달 · 족제비 · 회서(灰鼠) · 오소리 등의 가죽옷 총 160여벌, 담비 · 스

라소니 · 여우 · 늑대 · 수달 · 족제비 · 회서(灰鼠) · 호랑이 · 오소리 · 해달 등의 가죽 총 2,250여 장, 오소리 가죽 요 2장, 면포 120필, 비단 4필, 인삼 2바리(駄)를 노획했다.

○ 是日, 各路兵俱調集盛京, 命和碩貝勒濟爾哈朗駐盛京留守, 以大臣孟阿圖 · 薩壁翰 · 霸奇蘭 · 舒賽副之. 上諭之曰, 凡遇敵人來侵, 須偵探確實, 悉心商議, 相機應援, 覘敵情形, 從容接戰, 愼勿深入, 如深入, 致我兵一二人被傷, 則銳氣少挫, 敵難再克矣. 敵旣深入我境, 我以逸待勞, 何必張皇. 若欲往援, 則可令大臣孟阿圖 · 薩壁翰 · 舒賽 · 噶布喇統領駐防將士, 謹守盛京, 毋違旨妄動. 敵之來侵者, 不過南路朝鮮, 於晏安無事時, 樂於搆釁而來耳. 其沿海諸島漢人, 已盡爲孔有德攜來, 餘者又爲尙可喜所掠, 今皮島所遺, 止數千人, 必不敢來. 縱有敵兵, 不過侵邊外蒙古, 不敢他侵也. 可令圖爾格, 率兵防守張古臺河之地, 以扼敵兵, 圖爾格駐防之地, 若有兵來侵, 亦勿輕往援. 尤有慮者, 大凌河新附官員, 恐有潛逃, 宜嚴加防閑, 朝夕詳察. 至軍士, 勿令閒居, 一應甲冑器械, 俱令修整. 儻荷天眷佑, 得一隅之地, 來調爾等, 亦未可知. 其城上所置礮位, 俟城工完日, 各按汛地布列, 而以預備隨征小礮, 列於城下, 不時操演, 毋致疎忽.

○ 이날 각 로(路)의 군사가 모두 동원되어 성경(盛京)에 모이자 호쇼이 버일러 지르갈랑을 성경에 남아서 지키게 하고 대신(大臣) 뭉가투 · 사비간 · 바키란 · 슈사이(šusai, 舒賽)에게 지르갈랑을 보좌하게 했다. 주상이 유시했다. "무릇 적인이 침략해 오면 정탐이 확실해야 하고 전심으로 상의해 상황을 보아 응전해야 한다. 적의 정황을 엿보아 차분하게 접전하고 신중하게 하여 깊이 들어가지 말라. 만약 깊이 진입해 우리 병사 한두 사람이라도 부상을 입게 되면 예기가 조금이

라도 꺾여 적을 다시 격파하기 어려워진다. 적이 우리 경내로 깊이 들어왔으면 우리는 여유롭게 적이 지치기를 기다리면 된다. 어찌 서두를 필요가 있겠는가. 만약 지원을 가려면 대신 몽가투 · 사비간 · 슈사이 · 가불라(gabula, 噶布喇)에게 주방(駐防)하는 장수와 병사들을 지휘하여 신중히 성경을 지키게 하라. 지(旨)를 어기고 경거망동하지 말라. 만약 적이 공격해 온다면 남쪽의 조선이 무사태평할 때 병화를 일으키는 것을 바라고 오는 것일 뿐이다. 연해 섬들의 한인은 이미 모두 공유덕이 데리고 왔고 나머지는 또한 상가희에 의해 약탈당하여 지금 피도(皮島)에 남은 자들은 수천 명에 불과하니 분명 감히 공격해 오지 못할 것이다. 설령 적병이 있다 해도 변외의 몽고를 침범할 뿐 다른 곳은 감히 침범하지 못한다. 투르거이에게 군사를 이끌고 장구타이 강(janggūtai bira, 張古臺河)[14] 지역을 방어하여 적병을 제어하게 하면 된다. 투르거이가 주둔한 곳에 만약 적병이 침략해 오더라도 역시 경솔하게 지원을 가지 말라. 특히 우려되는 것은 대릉하의 새로 귀부한 관원 중에 몰래 도주하는 자가 있을 수 있는 점이니 더욱 엄히 방비하고 조석으로 상세히 살펴야 한다. 군사들을 한가롭게 두지 말고 모든 갑옷과 투구와 무기를 정비하게 하라. 만약 하늘이 보우하시어 한 곳의 땅을 얻으면 너희를 오라고 동원할지도 모른다. 성 위에 배치한 포의 위치는 성이 완공된 후에 각기 주둔지에 따라 배열하라. 정벌을 위해 준비한 소포(小礮)를 성 아래에 배치하여 수시로 훈련하라. 소홀히 하지 말라."

又諭宗室博和託 · 光衮 · 馬瞻 · 屯齊 · 鄧什庫等曰, 所以留爾等者,

---

14 장구타이(janggūtai, 張古臺)는 지금 요녕성 彰武縣 지역. 彰武臺, 章古臺, 張古特 등으로도 쓴다.

非令爾等弋獵自娛, 縱情淫佚也. 實欲爾等守正奉公, 爲城守貝勒之輔翼. 爾等所爲, 勿謂朕不能知. 凡有擧動, 縱掩飾一時, 終有覺察之日, 爾等其各黽勉自勵, 恪守朕訓. 濟爾哈朗請曰, 若明寧遠·錦州一帶之兵, 皆往內援, 各城空虛, 我等可率兵往略否. 上曰, 縱往畧, 所獲有限. 如必欲前往以耀兵威, 亦必向西南捉生二三次, 偵敵確信, 果無防兵, 然後可會圖爾格等, 率兵往畧. 其駐守外地之兵, 可於六月初十日遣發. 又諭漢軍甲喇章京圖瞻·達爾漢曰, 朕因爾等誠信, 特令留守. 新附官員, 可時加防範, 一切軍器宜加意修整, 隨營紅衣礮一十八位, 俱速令造車完備.

또한 종실 보호토(bohoto, 博和託)[15]·구왕군(guwanggun, 光袞)[16]·마잔(majan, 馬瞻)[17]·툰치(tunci, 屯齊)[18]·덩시쿠(dengsiku, 鄧什庫)[19] 등에게 유시했다. "너희를 남긴 이유는 너희에게 사냥하고 놀며 멋대로 방탕하게 즐기라고 한 것이 아니다. 실로 너희가 공정함을 받들어 성을 지키는 버일러들을 보좌하게 하고자 함이다. 너희의 행동을 짐이 알 수 없을 것이라 생각하지 말라. 어떠한 거동이든 한때 숨겨도 끝내 발각되기 마련이니 너희는 각기 스스로 힘쓰고 권면하여 짐의 가르침을 삼가 지켜라."

지르갈랑이 청해 말했다. "만약 명나라의 영원·금주 일대의 군사

---

15 보호토: bohoto, 博和託. 1610-1648. 누르하치의 손자. 아바타이의 둘째 아들. 만주정람기인. 조선, 명, 이자성, 칼카 몽골을 공격할 때 전공을 세웠다. 구사이 버이서에 봉해졌고, 시호는 溫良이다.

16 구왕군: 망굴타이의 아들.

17 마잔: 다이샨의 여섯째 아들.

18 툰치: tunci, 屯齊. 1614-1663. 슈르하치의 넷째 아들 툴런(tulen, 圖倫)의 아들. 누르하치가 기른 준저 공주(肫哲. 1612-1648)의 동생.

19 덩시쿠: 더걸러이의 아들.

가 모두 도우러 가면 각 성이 빌 터인데 우리가 병사를 이끌고 가서 약탈해도 되겠습니까?" 주상이 말했다. "약탈한다 해도 얻는 것은 한계가 있다. 반드시 가서 무위를 떨치고 싶다면 반드시 서남쪽으로 가서 두세 차례 포로를 잡아 적의 정세를 확실하게 파악하여 정말로 수비하는 병사가 없으면 그때 투르거이 등과 합류해 병사를 이끌고 약탈하러 가라. 외지에 주둔한 병사는 6월 초10일에 출발시켜라." 또한 한군 잘란장긴 투잔(tujan, 圖瞻)과 다르한에게 유시했다. "짐이 너희를 진실로 믿기에 특별히 남아서 지키게 한 것이다. 새로 귀부한 관원들을 수시로 잘 감시하라. 모든 무기는 더욱 신경 써서 정비하고 군영에 가져갈 홍의포 18문은 모두 속히 수레를 만들어 완비시키라."

又命貝勒杜度防守海州, 保邊禦敵, 以步兵將領薩穆什喀副之, 諭曰, 爾等駐防海州, 如四境有敵來侵, 即當往援, 亦必遣人, 以親往偵探之狀, 告於留守盛京貝勒. 若爾兵與敵衆寡相當, 務度量敵人形勢, 相機掩殺, 切勿深入. 儻敵兵甚衆不能相當, 可待留守盛京貝勒, 會兵合謀相機出戰. 若敵兵乘船來侵, 非一夕所能驟至, 我必先瞭見之, 既見, 即可嚴爲設備. 杜度請曰, 皇上曾令每月三次遣人捉生於旅順口, 今應仍往否, 上曰, 不必一月三遣, 閱二十日一往, 可也.

또한 버일러 두두에게 해주(海州)를 방수(防守)하여 변경을 지키고 적을 막게 했다. 보병 장령 삼시카에게 두두를 보좌하게 했다. 유시했다. "너희가 해주에 주둔해 방비하는데 만약 사방에서 적이 침공해 오면 즉시 가서 지원하되 반드시 사람을 보내 직접 가서 정탐한 상황을 성경(盛京)에 남아서 지키는 버일러에게 고하라. 만약 너희 군대와 적병의 수가 비슷하면 힘써 적의 상황을 보아 급습하여 죽이되 절대 깊이 들어가지 말라. 만약 적병이 너무 많아 감당할 수 없으면 성경에 남아서 지키는 버일러들을 기다려 병사를 합쳐 함께 적절한 바를 모의하여 출전하라. 만약 적병이 배를 타고 침공해 오면 하룻밤 사이에 신속히 이를 수는 없을 것이고 우리가 반드시 먼저 그들을 발견할 것이니 적병을 보면 즉시 엄히 방비하라." 두두가 청해 말했다. "황상께서는 일찍이 매월 세 차례 사람을 파견해 여순구에서 포로를 잡았습니다. 지금도 예전대로 가야 합니까?" 주상이 말했다. "반드시 한 달에 세 번 파견할 필요는 없다. 20일에 한 번 가도 된다."

又召留守將領宗室塔拜, 甲喇章京克徹尼, 步兵將領梅勒章京霸奇蘭, 戶部承政覺羅薩壁翰, 工部承政甲喇章京孟阿圖, 梅勒章京舒賽, 鎭守盛京管兵甲喇章京衛齊·哈哈納等, 各授以方畧. 命吏部承政圖爾格, 前鋒將領梅勒章京勞薩等, 率護軍出邊渡遼河, 沿張古臺河駐劄, 保守外藩蒙古, 竝扼敵兵. 諭之曰, 敵若來犯, 必先侵爾等所駐防一路蒙古, 爾等當從陽石木河北岸抵張古臺河立營, 預分兵爲二隊, 一隊簡選精銳, 令勞薩等八將統之, 一隊令圖爾格統之. 嘗見千兵合爲一隊, 則覺其少, 千兵分爲數隊, 則覺其多. 爾等可先分爲二, 後合爲一, 再令喀喇沁兵, 與爾兵同駐, 若遇敵至, 勞薩一隊前擊, 圖爾格殿後. 敵若自渾河內偪, 度能追及, 乃與之戰, 若相距太遠, 不必追擊, 儻深入我西拉木輪河, 則擊之.

또한 심양에 남아서 지키는 장령(將領)과 종실 타바이(tabai age, 塔拜), 잘란장긴 커처니, 보병 장령 머이런장긴 바키란, 호부승정 기오로 사비간, 공부승정 잘란장긴 뭉가투, 머이런장긴 슈사이, 성경(盛京)에 진수(鎭守)하는 병사를 관할하는 잘란장긴 우이치(uici, 衛齊)와 하하나(hahana, 哈哈納) 등을 불러 각각 방략을 알려 주었다. 이부승정 투르거이, 전봉장령(前鋒將領) 머이런장긴 로오사 등에게 호군을 이끌고 변경을 나가 요하(遼河)를 건너 장구타이 강을 따라 주둔하여 외번 몽고를 보호하고 아울러 적병을 제어하게 했다. 유시했다. "적이 침략해 오면 반드시 먼저 너희가 주둔한 지역의 몽고를 침범할 것이니 너희는 양시무 강 북안부터 장구타이 강에 이르기까지 군영을 세워야 한다. 군대를 미리 두 부대로 나누어 한 부대는 정예병을 선발해 로오사 등 여덟 장수가 통솔하라. 한 부대는 투르거이가 통솔하라. 천명의 군사를 한 부대로 합쳐보면 적게 보이고 천명의 군사를 여러 부대로 나누면 많아 보인다. 너희는 먼저 부대를 둘로 나누고 나중에 하나로 합쳐라. 또한 카라친 병사를 너희 병사와 함께 주둔시켜라. 만약 적이 이르면 로오사의 부대가 앞에서 공격하고 투르거이의 부대는 후미를 담당하라. 적이 만약 혼하(渾河)로부터 진입해 오면 추격할 수 있을지를 헤아려 그들과 싸우라. 만약 거리가 너무 멀면 추격할 필요 없다. 만약 적이 우리 시라무렌 강으로 깊이 들어오면 공격하라."

圖爾格奏曰, 黃泥窪一路, 若有敵至, 臣等可往否. 上曰, 儻敵至黃泥窪勿往, 恐乘爾等去後來襲, 亦未可知. 可令駐防巨流河城四將, 率兵四十駐彼處村落, 餘則爾等率之以往. 至於外藩蒙古, 勿使沿邊屯住, 俱令退駐陽石木河迤北, 朵內衮濟·塞冷來歸, 獨在衆後, 亦當命之遠退. 凡此遣退蒙古及發喀喇沁兵俱不可無蒙古衙門官員, 可留該衙門扈什布·溫太, 竝其下辦事四人, 以任其事. 諭畢, 兵部和碩貝勒岳託, 復謂圖爾格等曰, 自陧岸以東, 巨流河以西, 原置十四哨, 爾等斟酌布置, 晝則令軍士時時習射, 整理弓矢, 休養其身, 夜勿解衣, 須張弓, 開甲囊以待. 若駐營之處, 牧草將盡, 可遵皇上所指示地移營. 分撥既畢, 隨令哨探前鋒將領梅勒章京圖魯什, 牛彔章京吳拜等, 竝漢軍固山額眞昂邦章京石廷柱·馬光遠·王世選等, 各率兵前發.

투르거이가 아뢰었다. "황니와(黃泥窪)[20] 지방에 적이 이르면 신들이 가서 공격해도 되겠습니까?" 주상이 말했다. "적이 황니와(黃泥窪)에 이르면 가지 말라. 너희가 간 틈을 타서 습격해 올지 모른다. 거류하성(巨流河城)에 주둔한 네 장수들에게 병사 40명을 이끌고 그곳의 촌락에 주둔하게 하고 나머지는 너희가 이끌고 가라. 외번몽고를 변계 근처에 있게 하지 말고 모두 양시무 강 이북으로 물러나 주둔시켜라. 도노이 군지와 서렁이 내귀했을 때 홀로 무리의 뒤에 남았으니 역시 멀리 물러나게 해야 한다. 무릇 이 몽고를 퇴각시켜 보내는 것도, 카라친 병사를 파병하는 것도 몽고아문의 관원이 없이는 안 되므로 해당 아문의 후시부(hūsibu, 扈什布)와 운타이(untai, 溫太), 그리고 그 속하에서 일을 처리하는 네 명을 남겨서 그 일을 맡겨라." 유시를 마치자 병부 호쇼이 버일러 요토가 다시 투르거이 등에게 말했다. "제방의 동쪽부터 거류하(巨流河) 서쪽까지 주둔시킨 초탐 14명을 너희가 헤아려 배치하고 낮에는 군사들을 수시로 활쏘기 연습시키고 활과 화살을 정비하게 하고 휴식시켜라. 밤에는 옷을 벗지 말고 활시위를 당겨 놓고 갑옷싸개를 열고 대기하라. 군영의 목초(牧草)가 다할 것 같으면 황상이 지시하는 지역으로 군영을 옮겨라." 안배를 마치고 얼마 후 초탐으로 가는 전봉장령 머이런장긴 투루시·니루장긴 우바이 등과 한군 구사어전 암바장긴 석정주·마광원·왕세선(王世選) 등에게 각기 병사를 이끌고 먼저 출발하게 했다.

○ 乙巳, 命正黃旗固山額眞納穆泰, 鑲黃旗固山額眞梅勒章京達爾哈, 正紅旗固山額眞梅勒章京葉克書, 鑲紅旗固山額眞昂邦章京葉

20 黃泥洼는 현재 요양시 서쪽 太子河의 남안에 있고, 黃泥洼鎭은 요양현 서부에 위치한다.

臣, 鑲藍旗固山額眞宗室篇古, 正藍旗固山額眞覺羅色勒, 正白旗固山額眞昂邦章京阿山, 鑲白旗固山額眞梅勒章京伊爾登, 左翼固山額眞公吳訥格, 右翼固山額眞甲喇章京阿代, 偕諸梅勒章京·甲喇章京·牛彔章京等, 并天祐軍都元帥孔有德·總兵官耿仲明, 天助軍總兵官尙可喜等, 各率兵前發.

○ 을사일(5.20), 정황기 구사어전 남타이, 양황기 구사어전 머이런장긴 다르한, 정홍기 구사어전 머이런장긴 역슈, 양홍기 구사어전 암바장긴 여친, 양람기 구사어전 종실 피양구, 정람기 구사어전 기오로 설러, 정백기 구사어전 암바장긴 아산, 양백기 구사어전 머이런장긴 일던, 좌익 구사어전 공(公) 우너거, 우익 구사어전 잘란장긴 아다이를 머이런장긴·잘란장긴·니루장긴들과 천우군(天祐軍) 도원수 공유덕·총병관 경중명, 천조군(天助軍) 총병관 상가희 등과 함께 각기 군대를 이끌고 먼저 출발하게 했다.

○ 丁未, 上率大貝勒代善, 貝勒阿巴泰·德格類·阿濟格·多爾袞·多鐸·岳託·薩哈廉·豪格, 左翼超品公楊古利, 八旗護軍統領, 護軍參領, 及護軍等, 於卯刻出盛京撫近門, 謁堂子, 列八纛, 鳴角奏樂, 拜天畢, 大軍西行, 出上榆林口, 至達代塔前, 駐營.

○ 정미일(5.22), 주상이 대버일러 다이샨, 버일러 아바타이·더걸러이·아지거·도르곤·도도·요토·사할리얀·호오거, 좌익 초품공(超品公) 양구리, 팔기 호군통령, 호군참령과 호군 등을 이끌고 묘시에 성경(盛京)의 무근문(撫近門)을 나가 당자(堂子)에 가서 여덟 독(纛)을 배열하고 각라(角螺)를 불고 군악을 연주하며 하늘에 배례했다. 그

후 대군이 서쪽으로 출발해 상유림구(上楡林口)를 나가서 다다이 수바르간(dadai subargan, 達代塔) 앞에 이르러 군영을 세웠다.

○ 戊申, 大軍渡遼河, 抵陽石木河, 沿河立二十營. 往科爾沁國調兵之伊拜還奏言, 科爾沁國噶爾珠塞特爾 · 海賴 · 布顏代 · 白谷壘 · 塞布壘等, 各率本部落人民, 託言往征北方索倫部落, 取貢賦自給, 遂叛去. 其土謝圖濟農巴達禮, 扎薩克圖杜稜, 額駙孔果爾, 台吉吳克善等, 已率兵往追之矣. 於是上遣戶部承政英俄爾岱 · 擧人敦多惠, 還盛京, 諭留守和碩貝勒濟爾哈朗, 可令索倫部落來朝頭目巴爾達齊速還國, 恐致噶爾珠塞特爾等襲取其地, 宜詳加訓諭而遣之. 又遣巴克什希福, 及伊拜, 往諭科爾沁土謝圖濟農等曰, 法律所載叛者必誅, 爾科爾沁貝勒, 若獲噶爾珠塞特爾等, 欲誅則誅之, 若不誅而欲以之爲奴者聽.

○ 무신일(5.23), 대군이 요하를 건너 양시무 강에 이르러 강을 따라 20개의 군영을 세웠다. 코르친국에 군사를 동원하러 갔던 이바이가 돌아와 아뢰었다. "코르친국의 갈주 서터르 · 하이라이(hairai, 海賴) · 부얀다이(buyandai, 布顏代) · 버굴러이(begulei, 白谷壘) · 서불러이(sebulei, 塞布壘) 등이 각기 자신의 부락민을 이끌고 북방의 솔론 부락을 정벌해 공물을 취해 자급자족하겠다고 핑계대고 마침내 배반해 갔습니다. 코르친의 투시예투 지농 바다리 · 사삭투 두렁 · 이푸 콩고르 · 타이지 우샨 등이 이미 군사를 이끌고 그들을 추격해 갔습니다."[21] 이에 주

21 갈주 서터르 · 하이라이 · 부얀다이는 형제로 보디다라의 일곱째 아들 얼지거 조릭투의 아들들이다. 버굴러이와 서불러이는 갈주 서터르의 조카들이므로 갈주 서터르의 배반사건에 연루된 이들은 모두 얼지거 조릭투의 일족이었던 셈이다.

상은 호부승정 잉굴다이와 거인(擧人) 돈도호이를 보내 "성경(盛京)으로 돌아가서, 성경에 남아서 지키는 호쇼이 버일러 지르갈랑에게 유시하여 내조한 솔론 부락의 두목 발다치(baldaci, 巴爾達齊)를 속히 귀국시켜라. 갈주 서터르 등이 그곳을 습격해 취할까 염려된다. 마땅히 상세히 훈유하여 그를 보내라."라고 했다. 또한 박시 히펴와 이바이를 보내 코르친 투시예투 지농 등에게 유시했다. "법률에 기록한 대로 반역한 자는 반드시 주살한다. 너희 코르친 버일러들이 만약 갈주 서터르 등을 잡아서 죽이고 싶다면 죽여라. 만약 죽이지 않고 노복으로 삼겠다면 허락하겠다."[22]

○ 喀喇沁部落蘇布地杜稜妻, 遣其子古魯思希布, 以酒殽來迎, 竝獻涼帽·蟒緞·蟒袍·駝馬, 酌納之, 賜蘇布地杜稜妻雕鞍馬一匹, 令巴琫塔布囊往送之. 是晚, 即駐蹕其地.

○ 카라친 부락 수부디 두렁의 아내가 그의 아들 구루스힙(gurushib, 古魯思希布)을 보내 술과 안주를 가지고 주상을 맞이하러 와서 여름모자·망단(蟒緞)·망포(蟒袍)·낙타와 말을 바쳤다. 주상이 헤아려 받고, 수부디 두렁의 아내에게 조각한 안장을 갖춘 말 1마리를 하사하고, 바붕 타부낭(babung tabunang, 巴琫塔布囊)을 시켜 보냈다.

이들은 칭기스 칸의 동생 카사르의 후예들이 지배층인 코르친부의 귀족들이고, 코르친 좌익(남사이系)·우익(치치게이系) 수장층과는 방계의 관계이다.

22 홍타이지의 이 언급은 갈주 서터르에 대한 처결권을 코르친부 수장들에게 위임한 것처럼 보이나 '반역한 자는 반드시 죽인다.'는 금령을 상기시킨 것은 홍타이지의 뜻을 은연중에 알린 것이기도 하다. 결국 바다리를 위시한 코르친 수장들은 갈주 서터르 무리를 모두 체포해 처형하고 속민을 몰수했다. 『內國史院檔 天聰八年』, p.179.

이날 밤 주상이 그곳에서 머물렀다.

○ 己酉, 大軍至都爾鼻地方, 與前行兵會. 喀喇沁 · 土默特部落古魯思希布 · 塞冷 · 石蘭圖 · 耿格爾率馬步兵五千來會. 是晚, 大軍於其地駐營.

○ 기유일(5.24), 대군이 두르비(durbi, 都爾鼻) 지방에 이르러 앞서 간 병사들과 합류했다. 카라친 · 투메트 부락의 구루스힙 · 서렁 · 시란투(sirantu, 石蘭圖) · 겅걸(genggel, 耿格爾)이 기병과 보병 5,000을 이끌고 합류해 왔다. 이날 밤 대군이 그곳에서 숙영했다.

○ 庚戌, 大軍至岡干駐營. 察哈爾國林丹汗所屬土巴濟農下二人, 攜馬十三匹來歸.

○ 경술일(5.25), 대군이 강가(gangga, 岡干)에 이르러 군영을 세워 머물렀다. 차하르국 릭단 칸 소속의 투바 지농 속하의 두 사람이 말 13마리를 가지고 내귀했다.

○ 癸丑, 大軍至查木哈克, 駐營.

○ 계축일(5.28), 대군이 참캭(camkak, 查木哈克)에 이르러 군영을 세우고 머물렀다.

○ 是日, 巴林部落塞冷·滿珠習禮·阿玉石, 柰曼部落衮出斯巴圖魯等, 各率本部兵來會, 具筵進上.

○ 이날 바린 부락의 서렁·만주시리·아유시, 나이만 부락의 군추스 바투루 등이 각기 부락의 병사를 이끌고 합류해 와서 모두 주상을 위해 연회를 열었다.

○ 甲寅, 大軍次納里特河立營, 綿亙山野. 有天鵞三, 環營飛翔, 無棲止處力乏, 落御營前, 盡殺之, 又有雌雉自西飛墮御營內, 衆軍索之不得, 夜入御幄榻下, 翼旦, 起營移幄, 雉飛觸幄椽, 乃得之, 衆皆謂雉翟乃后妃之羽儀, 當爲皇上得賢后吉占云.

○ 갑인일(5.29), 대군이 나리트 강(narit bira, 納里特河)에 도착해 군영을 세웠는데 산야에 끊임없이 이어졌다. 고니 3마리가 군영 위를 선회하며 날다가 앉을 곳이 없어 힘이 다해 어영(御營) 앞에 떨어져서 모두 죽였다. 또 암꿩이 서쪽에서 날아와 어영 안으로 떨어졌는데 군사들이 찾아도 잡지 못했다. 밤에 꿩이 주상의 천막의 걸상 아래로 들어갔는데 다음날 아침 출발하려고 천막을 옮기자 꿩이 날아올라 장막 지지대에 부딪쳐 잡게 되었다. 무리들이 모두 꿩은 후비(后妃)의 의장(儀仗)이니 분명히 황상이 현숙한 후비(后妃)를 얻을 길한 조짐이라고 했다.

○ 先是, 天聰七年八月, 有鳥曰鵽鳩, 羣集遼東, 遼東素無此鳥, 乃西北蒙古所產. 其色淡黃, 形如鴿, 爪如人足而有毛. 國人皆曰, 蒙古之烏, 來至我國, 必蒙古有歸順之兆云.

○ 이전 천총 7년 8월에 탈구(鵽鳩)[23]라는 새가 요동에 모였는데, 요동에는 본래 이 새가 없고 서북 몽고에 서식하는 것이었다. 그 색은 담황이고 모양은 비둘기 같은데 다리는 사람의 다리 같고 털이 있다. 국인들이 모두 말하기를 몽고의 새가 우리나라에 왔으니 필시 몽고가 귀순할 조짐이라고 했다.[24]

23 『내국사원당』에 nukturu로 기록되어 있다. 몽골어 눅투루(nukturu)는 사막꿩(沙雞)을 가리킨다. 만주어로는 누투루(nuturu)이다. 『內國史院檔 天聰八年』 p.144.

24 『청태종실록』에서는 이 기사가 천총7년 8월의 일이라고 했지만 『내국사원당』에는 천총8년 5월 홍타이지가 버일러들에게 명나라를 정벌할 때 어느 길로 진격할 것인지를 묻는 기사와 함께 기재되어 있다. 『內國史院檔 天聰八年』 p.144.

권19

천총 8년 6월 ~ 8월

天聰八年, 甲戌, 六月, 乙卯朔, 大軍次古爾班圖爾哈地方駐營.

○ 천총 8년 갑술년 6월 을묘일 초하루(6.1), 대군이 구르반 툴가(gūrban tulga, 古爾班圖爾哈) 지방에 도착하여 군영을 세우고 주둔했다.

○ 是日, 阿祿部落杜稜濟農・東戴青等, 各率本部兵來會, 謁上. 具筵以進獻駝馬. 俱却之.

○ 이날 아루 부락의 두령 지농과 둥 다이칭 등이 각자 그 부(部)의 병사들을 이끌고 합류하여 주상을 배알했다. 잔치를 열고 낙타와 말을 바쳤다. 주상이 모두 받지 않았다.

○ 阿祿部落濟農屬下額爾克台吉・祁他特台吉來歸, 獻上馬匹, 酌納之. 各賜緞袍一.

○ 아루 부락의 지농 속하의 어르커 타이지와 키타트 타이지가 내귀하여 주상에게 말을 바치니 헤아려 받았다. 각각 비단 겉옷 1벌씩 하사했다.

○ 諾木圖自科爾沁國至, 奏言, 科爾沁諸貝勒, 往追噶爾珠塞特爾等, 俱擒之.

○ 놈투가 코르친국에서 와서 상주해 말했다. "코르친의 여러 버일러들이 갈주 서터르 등을 추격하여 모두 사로잡았습니다."

○ 命額駙布彥代, 及達蘭泰 · 星訥, 率蒙古每旗護軍十名, 由哈麻爾嶺一路前進. 布哈塔布囊 · 戴青塔布囊, 率蒙古每旗護軍十名, 由西拉木輪一路前進.

○ 어푸 부얀다이(buyandai, 布彥代) · 달란타이(dalantai, 達蘭泰) · 싱너(singne, 星訥)에게 명하여 몽고 기(旗)마다 호군 10명을 이끌고, 하마르 령(hamar dabagan, 哈麻爾嶺) 길을 거쳐 전진하게 했다. 부하 타부낭 · 다이칭 타부낭은 몽고 기(旗)마다 호군 10명을 이끌고 시라무렌 길을 거쳐 전진하게 했다.

○ 上命設宴, 召大貝勒代善, 比至, 上乘馬出營, 迎入行幄. 宴畢, 賜代善良馬一. 代善謝恩, 上答禮.

○ 주상이 명하여 잔치를 열고 대버일러 다이샨을 불렀다. 도착할

무렵 주상이 말을 타고 군영을 나서서 행악(行幄)으로 맞이했다. 잔치가 끝나고 다이샨에게 좋은 말 1마리를 하사했다. 다이샨이 사은하고 주상이 답례했다.

○ 賜巴林部落塞特爾貝勒之臣布兌山津, 雕鞍馬一.

○ 바린 부락 서터르 버일러의 신하 부두이 산진(budui sanjin, 布兌山津)에게 조각한 안장을 갖춘 말 1마리를 하사했다.

○ 辛酉, 扎魯特部落色本達爾漢巴圖魯·恩克參·桑噶爾寨·昂阿·戴青·博爾濟·巴特瑪·馬尼青巴圖魯·寨桑·畢登圖·拜渾代·喇巴泰·滿朱習禮·氷圖·額騰·馬尼·恩格參·際爾哈朗·多爾濟·額爾古得克·額參特·桑圖·俄爾博克·喀巴海·根度爾·常加布·內齊, 吳喇忒部落杜巴·綽克託·圖虎·阿布爾古·孟古爾代·桑噶爾寨·蘇墨爾·和尼海·班第思轄布·土門達爾漢·克什克·阿巴噶爾代·俄木布·塞泠·阿拜圖·戴青·多爾濟·莫羅寨, 阿祿翁牛特部落杜稜濟農·額爾德尼寨桑·達爾漢顧實·班第衛徵·達喇海·薩陽·巴木布·滿濟·海岱塔布囊·得濟塔布囊·宜爾扎木·綽思熙台吉·布代·畢禮克·博羅和·昂阿塔布囊·達爾漢卓禮克圖·瑣諾木達爾漢·俄爾和達克·桑噶爾寨·多爾濟木蘇·顧祿·塔賴楚虎爾·巴爾察·祁他特·海塞·古木·阿玉石·穆章·古木·代公·孔果爾·達爾瑪·馬薩等, 諸部落蒙古貝勒, 各率所部兵來會. 上率諸貝勒·大臣, 出西喇兀蘇河之南山平岡, 御黃幄, 各部落蒙古貝勒, 皆執酒駁, 朝見, 進獻馬匹, 酌納之, 於是頒軍律於蒙古諸貝勒及都元帥孔有德·總兵官耿仲明·尚可喜等曰, 師行動衆,約束宜嚴, 不可不明示法律, 以肅衆志. 大軍按隊安驅, 毋許喧譁. 勿離旗纛. 若馱載有一二歆斜, 全旗暫止, 以俟整頓, 然後前行. 大軍入境, 如一二人私出刦掠, 爲敵人所殺者, 妻子入官, 該管將領坐罪. 經過之處, 勿毁廟宇, 勿殺行人. 敵兵抗拒者殺之, 歸順者養之. 所俘之人, 勿奪其衣服, 勿離其夫婦. 卽不堪驅使之人, 亦不許奪其衣服. 勿加侵害, 勿淫婦女. 其俘獲之人, 勿令看守馬匹. 至往取糧草時, 若一二人擅往被殺, 照離衆私掠者治罪. 勿餐熟食, 勿飮酒. 曩我兵往征時, 敵人見軍士隨處沽買食物, 今多置毒於中, 不可不愼也. 若有違令者, 正法. 諭畢, 設大宴, 宴諸部落貝勒.

○ 신유일(6.7), 자루트 부락의 서분 다르한 바투루(sebun darhan baturu, 色本達爾漢巴圖魯)·엉커선(engkesen, 恩克參)·상가르자이(sanggarjai, 桑噶爾寨)·앙가(angga, 昂阿)·다이칭(daicing, 戴靑)·보르지(borji, 博爾濟)·바트마(batma, 巴特瑪)·마니 칭 바투루(mani cing baturu, 馬尼靑巴圖魯)·자이상(jaisang, 寨桑)·비덩투(bidengtu, 畢登圖)·바이훈다이(baihūndai, 拜渾代)·라바타이(labatai, 喇巴泰)·만주시리(manjusiri, 滿朱習禮)·빙투(bingtu, 氷圖)·어텅(eteng, 額騰)·마니(mani, 馬尼)·엉거선(enggesen, 恩格參)·지르갈랑(jirgalang, 際爾哈朗)·도르지(dorji, 多爾濟)·어르구덕(ergudek, 額爾古得克)·어선터이(esentei, 額參特)·상투(sangtu, 桑圖)·올복(olbok, 俄爾博克)·카바하이(kabahai, 喀巴海)·건두르(gendur, 根度爾)·창기야부(canggiyabu, 常加布)·너이치(neici, 內齊), 우라트 부락의 두바(duba, 杜巴)·촉토(cokto, 綽克託)·투후(tuhū, 圖虎)·아부르구(aburgū, 阿布爾古)·몽굴다이(monggūldai, 孟古爾代)·상가르자이(sanggarjai, 桑噶爾寨)·수머르(sumer, 蘇墨爾)·후니하이(hūnihai, 和尼海)·반디스히얍(bandishiyab, 班第思轄布)·투먼 다르한(tumen darhan, 土門達爾漢)·케식(kesik, 克什

克)・아바갈다이(abagaldai, 阿巴噶爾代)・옴부(ombu, 俄木布)・서렁(sereng, 塞冷)・아바이투(abaitu, 阿拜圖)・다이칭(daicing, 戴青)・도르지(dorji, 多爾濟)・모로자이(morojai, 莫羅寨), 아루의 옹니우트 부락의 두렁 지농(dureng jinong, 杜稜濟農)・어르더니 자이상(erdeni jaisang, 額爾德尼寨桑)・다르한 구시(darhan gusi, 達爾漢顧實)・반디 워이정(bandi weijeng, 班第衛徵)・달라하이(dalahai, 達喇海)・사양(sayang, 薩陽)・밤부(bambu, 巴木布)・만지(manji, 滿濟)・하이다이 타부낭(haidai tabunang, 海岱塔布囊)・더지 타부낭(deji tabunang, 得濟塔布囊)・이르잠(irjam, 宜爾扎木)・초스히 타이지(coshi taiji, 綽思熙台吉)・부다이(budai, 布代)・빌릭(bilik, 畢禮克)・보로호(boroho, 博羅和)・앙가 타부낭(angga tabunang, 昂阿塔布囊)・다르한 조릭투(darhan joriktu, 達爾漢卓禮克圖)・소놈 다르한(sonom darhan, 瑣諾木達爾漢)・오르고닥(orgodak, 俄爾和達克)・상가르자이(sanggarjai, 桑噶爾寨)・도르짐수(dorjimsu, 多爾濟木蘇)・구루(guru, 顧祿)・탈라이 추후르(talai cūhur, 塔賴楚虎爾)・바르차(barca, 巴爾察)・키타트(kitat, 祁他特)・하이서(haise, 海塞)・구무(gumu, 古木)・아유시(ayusi, 阿玉石)・무장(mujang, 穆章)・구무(gumu, 古木)・다이궁(daigung, 代公)・콩고르(konggor, 孔果爾)・다르마(darma, 達爾瑪)・마사(masa, 馬薩) 등 여러 부락의 몽고 버일러들이 각각 자기 부의 병사를 이끌고 합류했다.

주상이 버일러들과 대신들을 이끌고 시라 우수(sira usu, 西喇兀蘇) 강의 남쪽 산의 평평한 언덕을 나서서 황색 장막에 가자, 각 부락의 몽고 버일러들이 모두 술과 안주를 가지고 알현하고 말을 바쳤다. 주상이 헤아려 받았다. 이때 몽고 여러 버일러들 및 도원수 공유덕・총병관 경중명・상가희 등에게 군율을 반포하여 말했다. "군대를 행하거나 무리를 움직일 때 통제를 엄히 해야 하므로 법률을 분명히 보여 무리의 뜻을 다스려야 한다. 대군(大軍)은 대오를 갖추어 서행해야 하며 시끄럽게 떠들어서는 안 된다. 기(旗)와 독(纛)에서 떨어져서는 안 된다. 만약 가축에 실은 물건 중에 한두 개가 기울어지면 모든 기(旗)가 잠시 정지하고 정돈하기를 기다린 후에 앞으로 나아가라. 대군(大軍)이 경계에 진입했는데 한두 사람이 사사로이 나아가 약탈을 하여 적에게 살해되는 경우가 있으면 그 처자를 적몰하고 해당 관할 장령(將領)을 죄에 처한다. 군대가 지나는 곳에서 묘우(廟宇)를 훼손하지 말고 지나가는 사람을 죽이지 말라. 적병 중에 저항하는 자는 죽이고 귀순하는 자는 돌보아라. 사로잡은 사람에게서 의복을 빼앗지 말고 부부를 떨어지게 하지 말라. 부릴 수 없는 사람이라 하더라도 역시 의복을 빼앗는 것은 허락하지 않는다. 피해를 끼치지 말고 부녀자를 강간하지 말라. 노획한 사람에게 말을 간수하게 하지 말라. 양식과 풀을 취하러 갈 때, 한두 사람이 멋대로 가다가 피살되면 무리를 이탈하여 사사로이 약탈한 경우에 따라 치죄할 것이다. 익힌 음식을 먹지 말고 술을 마시지 말라. 예전에 우리 병사가 정벌을 갔을 때, 우리 군사가 여기저기서 음식을 구입하는 것을 적이 보았고 지금 대부분 그 안에 독을 풀었을 것이니 신중하지 않을 수 없다. 만약 명령을 어기는 경우에는 법에 따라 처리할 것이다." 유시를 마치고 큰 잔치를 여러 부락의 버일러에게 베풀었다.

○ 先是, 壬申年上統大軍, 往征蒙古察哈爾國林丹汗時, 林丹汗擧國驚恐無措, 林丹汗見人心惶擾, 知國勢不可爲, 爲竄逃計, 遂棄故業, 渡黃河, 西奔圖白忒部落, 牲畜死者甚多. 其臣民向苦其暴虐, 抗違不往中途逗遛者十之七八, 又食盡, 殺人以食, 自相屠戮, 奪取牲畜·財物, 相繼潰散, 皆不出宸算, 來歸者甚衆. 時來歸之內, 先有一人爲哨探前鋒參領努山·席特庫等擒獲來獻. 訊之對曰, 我自察哈爾國逃來, 如我類者, 千有餘戶, 俱在中途, 上卽命戶部承政英俄爾岱·覺羅布爾吉, 率每旗章京二員, 兵二千名, 往探具所在.

○ 이전 임신년(1632)에 주상이 대군을 통솔하여 몽고 차하르국의 릭단 칸을 정벌하러 갔을 때, 릭단 칸의 나라 전체가 놀라고 두려워 어찌할 바를 몰랐다. 릭단 칸은 인심이 당황하는 것을 보고 국세가 어쩔 수 없다는 것을 알고 도망칠 계획을 세워서, 마침내 터전을 버리고 황하를 건너 서쪽 투베트(tubet, 圖白忒) 부락으로 도망가니, 가축이 죽은 것이 매우 많았다. 그의 신민들은 예전부터 그의 폭정에 시달려서, 저항하여 가지 않고 중도에 머무른 자가 10에 7-8이었다. 또 음식이 다 떨어져 사람을 죽여서 먹으니 자연히 서로 죽이고 가축과 재물을 빼앗았으며 계속해서 뿔뿔이 흩어졌다. 이는 모두 주상의 생각에서 벗어나지 않았으니, 내귀한 자가 매우 많았다. 이때에 내귀한 자들 중에 앞서 초탐을 간 전봉참령(前鋒參領) 누산과 시터쿠 등이 사로잡아 바쳐 왔던 1명이 있었다. 그를 심문하자 대답해 말했다. "저는 차하르국에서 도망쳐 왔는데, 저와 같은 부류가 1,000여 호(戶)가 있고 모두 도중에 있습니다." 주상이 곧 호부승정 잉굴다이와 기오로 부르기에게 기(旗)마다 장긴 2명과 병사 2,000명을 이끌고 가서 그들이 있는 곳을 찾게 했다.

○ 杜陵濟農屬下一人, 乘馬私逃, 前鋒參領吳拜, 執之以聞.

○ 두렁 지농 속하의 1명이 말을 타고 몰래 도망가자 전봉참령 우바이가 잡아서 보고했다.

○ 有五人自察哈爾國逃至, 爲阿祿部落班第衛徵所獲, 以獻.

○ 차하르국에서 도망쳐 온 5명을 아루 부락의 반디 워이정이 잡아

서 바쳤다.

○ 癸亥, 哨探前鋒參領伊勒木, 遇明哨卒二蒙古, 二漢人, 來探我國由何路進兵, 殺蒙古一人, 生擒二漢人, 一蒙古, 來獻.

○ 계해일(6.9), 초탐을 간 전봉참령 일러무가 명나라의 정찰병인 몽고인 2명과 한인 2명이 우리나라가 어느 지방에서 진격하는지 정탐하러 온 것을 보고 몽고인 1명을 죽이고, 한인 2명과 몽고인 1명을 사로잡아 바쳐 왔다.

○ 命和碩貝勒德格類, 率本旗護軍 · 騎兵, 及左翼公吳訥格兵, 往助覺羅布爾吉 · 英俄爾岱軍.

○ 호쇼이 버일러 더걸러이에게 그의 기(旗)의 호군 · 기병과 좌익(左翼)의 공(公) 우너거의 병사를 이끌고 기오로 부르기와 잉굴다이의 군대에게 가서 돕게 했다.

○ 額駙布彥代及星訥 · 達蘭泰遣人奏言, 有一喇嘛及俄爾塞圖 · 退圖三人, 率戶口百, 弓手百有五十, 馬七十, 駝一百二十四, 牛二百六, 羊千, 自察哈爾國來歸.

○ 어푸 부얀다이 및 싱너 · 달란타이(dalantai, 達蘭泰)가 사람을 보내 상주해 말했다. "라마 1명과 올제이투(oljeitu, 俄爾塞圖) · 토이투(toitu, 退圖) 3명이 100호(戶)와 궁수 150명 · 말 70마리 · 낙타 124마

리 · 소 206마리 · 양 1,000마리를 이끌고 차하르국에서 내귀했습니다."

○ 命固山額眞昂邦章京阿山, 率每旗護軍參領一員, 每牛彔護軍一名, 往收察哈爾國潰散蒙古.

○ 구사어전 암바장긴 아산에게 기(旗)마다 호군참령 1명을, 니루마다 호군 1명을 이끌고 차하르국에 흩어져 있는 몽고인을 거두어들이러 가게 했다.

○ 是日, 覺羅布爾吉 · 英俄爾岱, 遇察哈爾國來歸蒙古戶口一千. 遂遣其頭目侯痕巴圖魯, 見上, 侯痕巴圖魯獻貂裘 · 馬匹. 却之. 其先來歸一百戶口頭目俄爾寨圖 · 退圖, 亦朝見上, 獻駝馬. 却之.

○ 이날 기오로 부르기와 잉굴다이가 차하르국에서 내귀한 몽고 1,000호(戶)를 만났다. 그 두목 허오헌 바투루(heohen baturu, 侯痕巴圖魯)를 보내 주상을 알현하게 했다. 허오헌 바투루가 담비가죽옷과 말을 바쳤으나 주상이 받지 않았다. 이전에 내귀한 100호(戶)의 두목 올제이투와 토이투 역시 주상을 알현하고 낙타와 말을 바쳤으나 주상이 받지 않았다.

○ 遣人往諭貝勒德格類曰, 蒙古來歸戶口, 可令其居中爾德格類居前, 公吳訥格居後, 護送至所約之地. 勿令扎魯特部落蒙古, 與新附戶口貿易.

○ 사람을 보내 버일러 더걸러이에게 유시를 전하여 말했다. "몽고에서 내귀한 호구는 가운데 위치하고, 너 더걸러이는 앞에 위치하고, 공(公) 우너거는 뒤에 위치하여, 약속한 땅까지 호송하라. 자루트 부락의 몽고인과 새로 귀부한 호구가 무역하게 하지 말라."

○ 貝勒德格類, 遣歸附蒙古一千戶口頭目巴達習寨桑 · 額參侯痕巴圖魯 · 烏努固齊達魯噶 · 康喀爾塔布囊 · 綽博惠侯痕巴圖魯, 五人見上. 朝見畢, 上賜之食, 善言撫慰, 仍令歸入原戶.

○ 버일러 더걸러이가 귀부한 몽고 1,000호(戶)의 두목 바다시 자이상(badasi jaisang, 巴達習寨桑) · 에센 허오헌 바투루 · 우누구치 다루가(unuguci daruga, 烏努固齊達魯噶) · 캉칼 타부낭 · 초보호이 허오헌 바투루를 보내와서 5명이 주상을 알현했다. 알현이 끝나고 주상이 그들에게 음식을 하사하고 좋은 말로 위로했으며, 얼마 후 원래 호(戶)에 돌아가도록 했다.

○ 乙丑, 賜阿祿部落宜塞虎巴圖魯 · 吳喇忒部落班第, 各緞袍 · 甲冑 · 雕鞍 · 玲瓏撒袋等物.

○ 을축일(6.11), 아루 부락의 이수후 바투루(isuhu baturu, 宜塞虎巴圖魯) · 우라트 부락의 반디에게 각각 비단 겉옷 · 갑옷과 투구 · 조각한 안장 · 정교하게 장식한 화살집 등의 물품을 하사했다.

○ 戊辰, 兵部和碩貝勒岳託有疾, 上親率諸貝勒至其營視之, 命還盛京.

○ 무진일(6.14), 병부의 호쇼이 버일러 요토가 병에 걸리자 주상이 직접 여러 버일러들을 이끌고 그의 군영에 이르러 살피고 성경(盛京)으로 돌아가게 했다.

○ 是日, 額駙布彦代·布哈塔布囊, 於西拉木輪河源, 獲察哈爾國來歸男婦幼稚四十人. 先令其一人見上.

○ 이날 어푸 부얀다이와 부하 타부낭이 시라무렌 강의 수원지에서 차하르국으로부터 내귀한 남녀와 어린아이 40명을 얻었다. 우선 그 중 1명에게 주상을 알현하게 했다.

○ 阿祿部落薩陽台吉·巴木布楚虎爾, 各獻馬匹. 酌納之.

○ 아루 부락의 사양 타이지·밤부 추후르가 각각 말을 바치니 헤아려 받았다.

○ 己巳, 大軍次習禮地方. 和碩貝勒德格類·公吳訥格, 攜察哈爾國歸附千餘戶來見.

○ 기사일(6.15), 대군(大軍)이 시리 지방에 도착했다. 호쇼이 버일

러 더걸러이와 공(公) 우너거가 차하르국에서 귀부한 1,000여 호(戶)를 데려와서 주상에게 보였다.

○ 庚午, 以和碩貝勒德格類·公吳訥格所獲察哈爾千餘戶, 分給八旗, 賜御前留用巴木布戶舒冷格·巴達習·噶爾馬伊爾都齊等, 各緞袍一, 其分給七旗貝勒之蒙古, 賞亦如例, 賜衆蒙古戶口, 米八十石, 設宴, 宴之. 於是令每旗遣小撥什庫一名, 送千餘戶口往盛京.

○ 경오일(6.16), 호쇼이 버일러 더걸러이·공(公) 우너거가 얻은 차하르의 1,000여 호를 8기(旗)에 나누어 주고, 어전(御前)에 남겨 부릴 밤부후 슐렁거(bambuhu šulengge, 巴木布戶舒冷格)·바다시·가르마 일두치 등에게 각각 비단 겉옷 1벌씩 하사했다. 7기(旗)의 버일러에게 나누어 준 몽고인들에게도 정례(定例)에 따라 상 주고, 여러 몽고 호구에 쌀 80석(石)씩을 하사하고 잔치를 베풀었다. 이때 기(旗)마다 소(小) 보쇼쿠 1명을 보내 1,000여 호가 성경(盛京)에 가는 것을 호송하게 했다.

○ 是日, 賜阿祿部落薩陽台吉, 甲胄·雕鞍·鞓帶·衣服等物.

○ 이날 아루 부락의 사양 타이지에게 갑옷과 투구·조각한 안장·가죽띠·의복 등의 물품을 하사했다.

○ 辛未, 大軍至庫黑布里都地方, 駐營.

○ 신미일(6.17), 대군(大軍)이 쿠쿠부르두(kukuburdu, 庫黑布里都) 지방에 이르러 군영을 세우고 주둔했다.

○ 先是, 覺羅布爾吉 · 英俄爾岱, 遇察哈爾國布顏圖台吉部衆, 招之降, 不從, 布爾吉 · 英俄爾岱, 遂縱兵擊之, 殺布顏圖及壯丁二百餘人, 獲婦女 · 幼稚一百四十人, 駝三十四, 馬三十五, 牛四百四, 驢八, 羊一百二十, 來奏云, 遇布顏圖部衆, 招降不從, 因俱殺之. 上以所獲婦女十八人, 給與察哈爾新附之人爲妻, 布爾吉 · 英俄爾岱, 及同往將士, 各賞以駝 · 牛 · 馬匹有差. 至是, 布爾吉 · 英俄爾岱所殺餘黨, 約三十人來奔, 奏曰, 彼時並無一言相問, 我等欲降不允, 遂行屠戮. 上怒, 命議罪. 遂盡奪布爾吉 · 英俄爾岱諸將賜物, 併奪所賞兵丁俘獲人口.

○ 이전에 기오로 부르기와 잉굴다이가 차하르국의 부얀투 타이지 부(部)의 무리를 만나 그들을 초무하여 항복시키려 했으나 따르지 않았다. 부르기와 잉굴다이는 마침내 병사를 내어 공격하여 부얀투 및 장정 200여 인을 죽이고 부녀자와 어린아이 140명과 낙타 34마리, 말 35마리, 소 404마리, 나귀 8마리, 양 120마리를 사로잡고 상주하여 말했다. "부얀투 부(部)의 무리를 만났는데 항복하라는 권유에 따르지 않아서 모두 죽였습니다." 주상이 사로잡은 부녀자 18명을 새로 귀부한 차하르 사람들에게 아내로 지급하고, 부르기와 잉굴다이 및 함께 갔던 장수와 병사들에게는 각각 낙타 · 소 · 말을 차등 있게 상 주었다. 이때에 부르기와 잉굴다이에게 죽임을 당하고 남은 무리 약 30명이 도주하여 상주해 말했다. "그때에 한마디도 묻지 않다가 저희들이 항복하려고 할 때 허락하지 않았고 끝내 살육했습니다." 주상이 노하여 죄를 논하게 했다. 마침내 부르기와 잉굴다이 및 여러 장수와 병사

들에게 하사한 물품을 모두 빼앗고 아울러 상으로 준 병정과 사로잡은 인구도 빼앗았다.

○ 癸酉, 梅勒章京額駙布彦代·布哈塔布囊至, 奏言, 臣等遇察哈爾國逃來百餘戶, 招降之, 俱攜以來.

○ 계유일(6.19), 머이런장긴 어푸 부얀다이와 부하 타부낭이 이르러 상주해 말했다. "신들이 차하르국에서 도망 온 100여 호를 만나 초무하여 항복시켰고 모두 데리고 왔습니다."

○ 甲戌, 大軍至喀喇拖落木地方, 駐營.

○ 갑술일(6.20), 대군(大軍)이 카라토롬(kara torom, 喀喇拖落木) 지방에 이르러 군영을 세우고 주둔했다.

○ 命和碩貝勒德格類, 率正藍旗固山額眞覺羅色勒, 鑲藍旗固山額眞篇古, 左翼固山額眞公吳訥格, 及兩藍旗護軍將領, 蒙古巴林·扎魯特·土默特部落諸貝勒衆頭目兵, 進獨石口, 遇敵人拒戰者殺之, 取其地, 規視居庸, 會大軍於朔州, 休兵秣馬, 以候進取日期.

○ 호쇼이 버일러 더걸러이에게 정람기 구사어전 기오로 설러, 양람기 구사어전 피양구, 좌익 구사어전 공(公) 우너거 및 두 람기의 호군장령, 몽고의 바린·자루트·투메트 부락의 여러 버일러들과 무리의 우두머리 병사들을 이끌고 독석구(獨石口)로 나아가, 저항하는 적

은 죽이고 그 지방을 취하여 거용관(居庸關)을 엿보게 하고, 대군(大軍)과 삭주(朔州)에서 합류하여 병사를 쉬게 하고 말을 먹여 진군할 날짜를 기다리게 했다.

○ 是日, 以阿祿部落濟農之弟巴木布楚虎爾來會大軍, 賜以御服黃蟒袍, 並甲胄·雕鞍·弓矢等物.

○ 이날 아루 부락 지농의 동생 밤부 추후르가 대군(大軍)과 합류했으므로 황제가 입던 황색 망포(蟒袍)와 갑옷과 투구·조각한 안장·활과 화살 등의 물품을 하사했다.

○ 乙亥, 大軍至波碩兌地方, 駐營.

○ 을해일(6.21), 대군(大軍)이 보쇽투이(bošoktui, 波碩兌) 지방에 이르러 군영을 세워 주둔했다.

○ 巴克什希福自科爾沁國還, 奏言, 科爾沁國土謝圖濟農巴達禮·扎薩克圖杜稜布塔齊·額駙孔果爾·卓禮克圖台吉吳克善, 率兵往追噶爾珠塞特爾等, 俱獲之, 殺噶爾珠塞特爾·海賴·布顏代·白谷壘·塞布壘等, 盡收其部下戶口.

○ 박시 히퍼가 코르친국에서 돌아와 상주하여 말했다. "코르친국의 투시예투 지농 바다리·자삭투 두렁 부타치(butaci, 布塔齊)·어푸 콩고르·조릭투 타이지 욱산이 병사를 이끌고 갈주 서터르 등을 추격

하여 모두 사로잡았고, 갈주 서터르 · 하이라이 · 부얀다이 · 버굴러이 · 서불러이 등을 죽였으며, 그들 부(部) 속하의 호구(戶口)를 모두 수합했습니다."

○ 是日, 察哈爾國額林臣戴青 · 多爾濟塔蘇爾海 · 顧實 · 布顔代 · 塞冷等五寨桑, 率男子七百人, 家屬二千人, 盡攜牲畜來歸.

○ 이날 차하르국의 어린천 다이칭 · 도르지 타수르하이(dorji tasurhai, 多爾濟塔蘇爾海) · 구시(gusi, 顧實) · 부얀다이 · 서렁 등 5명의 자이상이 남자 700명과 가속 2,000여 명, 가축 전부를 이끌고 내귀했다.

○ 丁丑, 大軍起行. 貝勒阿濟格遣星訥, 攜察哈爾土巴濟農下諾顔太錫吳巴什 · 班第車臣 · 台吉白本 · 塞冷墨爾根四人, 來奏土巴濟農歸附. 賜諾顔吳巴什馬一, 令與星訥同還.

○ 정축일(6.23), 대군(大軍)이 행군을 시작했다. 버일러 아지거가 싱너(singne, 星訥)를 보내 차하르의 투바 지농 속하 노얀 타이시 우바시(noyan taisi ubasi, 諾顔太錫吳巴什) · 반디 체첸(bandi cecen, 班第車臣) · 타이지 버분(bebun, 白本) · 서렁 머르건(sereng mergen, 塞冷墨爾根) 4명을 이끌고 와서 투바 지농이 귀부했음을 상주했다. 노얀 우바시에게 말 1마리를 하사하여 싱너와 함께 돌아가게 했다.

○ 是日, 前鋒將領梅勒章京圖魯什 · 牛彔章京吳拜等, 率領前鋒兵,往喀喇沁地方, 覓從前貿易時遺失踪跡, 獲其原物而還.

○ 이날 전봉장령(前鋒將領) 머이런장긴 투루시·니루장긴 우바이 등이 전봉병(前鋒兵)을 이끌고 카라친 지방에 가서 이전에 무역할 때 잃어버린 것의 흔적을 찾아서 원래의 물건을 획득하여 돌아왔다.

○ 諭衆軍曰, 大軍遠征, 念爾等行間勞苦, 凡所獲牲畜及布疋·衣服等物, 聽爾等取之. 每牛彔會同均給. 至於金·珠·緞疋珍貴之物, 宜獻之各貝勒, 毋得擅取. 蒙天眷佑, 使我軍士富足, 庶購買馬匹, 整頓器械, 各有所資, 不致有誤, 故逾格加恩, 從來出師無此例也. 如違旨隱匿應獻之物, 必照例治罪, 仍沒所獲之物入官.

○ 여러 군사들에게 유시했다. "대군(大軍)이 원정을 왔으니, 너희가 행군하는 동안 고생한 것을 생각하여 사로잡은 가축과 포필(布疋)·의복 등의 물품을 너희가 갖는 것을 허락한다. 니루마다 회동하여 균등하게 지급하라. 금·구슬·비단 등 진귀한 물품은 각 버일러에게 헌상해야 하고 멋대로 취해서는 안 된다. 하늘이 보우하시어 우리 군사를 풍족하게 하셨으니 말을 구매하고 무기를 정비하는 데 각각 보태고 잘못되지 않도록 특별히 은혜를 베풀었으니, 이전의 출병에서는 이러한 정례(定例)가 없었다. 지(旨)를 어기고 헌상해야 할 물품을 은닉한 경우 반드시 정례(定例)에 따라 치죄하고 또한 획득한 물품을 몰수하여 관에 들일 것이다."

○ 戊寅, 遣國舅阿什達爾漢·巴克什希福, 諭蒙古諸貝勒曰, 科爾沁國額爾濟格貝勒之子噶爾珠塞特爾·海賴·布顏代·塞布壘·白谷壘等, 凡遇興師, 旣不隨行, 又違法令, 於出兵後, 侵無主之國, 掠其牲畜. 朕以其爲歸順之國, 不念其惡, 猶欲保全而屢宥之, 乃彼受朕豢養之恩, 安享逸樂, 竟不知德, 嘗欲叛朕, 奔察哈爾國. 今果叛往索倫, 爲其族兄弟科爾沁土謝圖濟農·扎薩克圖杜稜·孔果爾·吳克善等, 追獲噶爾珠塞特爾等, 俱已被殺, 朕心猶爲憫惻. 蓋朕視諸貝勒, 猶臂指然, 今殺彼, 猶傷吾指也. 朕原欲宣布德化, 招集人民, 使之共臻安樂, 乃諸貝勒不獲令終, 皆朕教化未洽之所致也. 今阿祿部落杜稜濟農之子弟達喇海·薩陽等, 又踰所限之地駐牧, 按律應以軍法從事, 朕心不忍, 爾衆貝勒可議罪具奏. 蒙古諸貝勒奏曰, 誠如上諭, 噶爾珠塞特爾等, 背叛作孽, 自殞其身, 阿祿部落達喇海·薩陽等, 越上所限駐牧之地, 按律當誅. 但念伊等雖違法越限, 猶能自歸, 請加寬宥, 免死, 各罰駝百, 牲畜千, 家人十戶. 上曰, 所議良是, 應罰之物, 或全追, 或追其半, 俟朕再加裁酌.

○ 무인일(6.24), 국구(國舅) 아시다르한과 박시 히퍼를 보내 몽고 여러 버일러들에게 유시했다. "코르친국의 얼지거 버일러의 아들 갈주 서터르·하이라이·부얀다이·서불러이·버굴러이 등은 군사를 일으켰을 때 처음부터 종군하지 않았다. 또 법령을 어겨서 출병한 후에 주인 없는 나라를 침략하여 가축을 약탈했다. 짐은 그들을 귀순한 국인으로 여겨 잘못을 염두에 두지 않고 보전해 주고자 여러 차례 용서했다. 그들은 짐의 보살피는 은혜를 입어 편안히 즐거움을 누렸으나 끝내 덕을 알지 못하고 짐을 배반하여 차하르국으로 도망가고자 했다. 지금 과연 솔론으로 배반해 갔으니 그 종족 형제인 코르친 투시예투 지농·자삭투 두렁·콩고르·욱샨 등이 갈주 서터르 등을 추격해 잡아서 모두 죽였는데, 짐의 마음은 오히려 가엾게 여기고 있다.

짐이 여러 버일러들을 손가락처럼 아끼는데 지금 죽임을 당했으니 나의 손가락이 다친 것과 같다. 짐은 본래 덕으로 널리 감화시켜 인민을 불러 모아 안락하게 하고자 했으나, 여러 버일러들은 유종의 미를 거두지 못했으니 모두 짐의 교화가 미치지 못한 소치이다. 지금 아루 부락의 두렁 지농의 자제인 달라하이와 사양 등도 제한 지역을 넘어 목축을 하니, 율에 따라 군법으로 일을 처리해야 하나, 짐의 마음이 차마 그러지 못하겠다. 너희 여러 버일러들이 죄를 의논해 상주를 갖추어 올려라." 몽고 여러 버일러들이 상주해 말했다. "진실로 주상께서 유시하신 것처럼, 갈주 서터르 등은 배반하고 나쁜 짓을 하여 스스로 몸을 해친 것입니다. 아루 부락의 달라하이와 사양 등은 주상께서 제한하신 목축지를 넘었으니 율에 따라 죽여야 합니다. 단 그들이 비록 법을 어겨 제한 지역을 넘어섰지만 스스로 돌아올 수 있을 것이니 관용을 베풀어 죽음을 면해 주고 각각 낙타 100마리, 가축 1,000마리, 가인(家人) 10호(戶)로 속(贖)을 취하기를 청합니다." 주상이 말했다. "의논한 바가 맞다. 속(贖)으로 취해야 할 물품을 전부 거둘지 반만 거둘지 짐이 다시 판단하기를 기다려라."

○ 是日, 召察哈爾國歸附小寨桑多爾濟塔蘇爾海·顧實·布顏代·塞稜·額林臣等入營. 上御黃幄, 命新附蒙古較射角觝, 設宴, 宴之, 用昭優渥之意.

○ 이날 차하르국에서 귀부한 소(小) 자이상 도르지 타수르하이·구시(gusi, 顧實)·부얀다이·서렁·어린천 등을 불러 군영에 들어오게 했다. 주상이 황색 장막에 가서 새로 귀부한 몽고인들에게 활쏘기와 씨름을 하게 하고 잔치를 열어 은혜를 두텁게 하는 뜻을 보였다.

○ 庚辰, 命國舅阿什達爾漢 · 巴克什希福, 及伊拜, 往迎科爾沁兵, 諭之曰, 可盡取班第 · 色本 · 額古, 三人部落, 以一分給蒙胯, 以一分給土默特部落明安達禮, 及明安等. 班第 · 色本 · 額古, 不遵法度, 向懷叛心, 此次又與噶爾珠塞特爾等同叛, 宜盡收其所屬人民, 止給看守牲畜貧人各五戶, 其班第則令孔果爾兼管, 色本則令吳克善卓禮克圖台吉兼管, 額古則令伊爾都齊兼管. 以噶爾珠塞特爾 · 海賴 · 布顏代 · 白谷壘 · 塞布壘部下人, 各撥十戶, 並海賴家屬牲畜, 給噶爾圖 · 海古. 若被殺諸貝勒, 尚有子姪, 毋得取其牲畜, 惟令離其所屬人民, 歸併他人兼管. 其所屬人民, 撥給土謝圖濟農 · 扎薩克圖杜稜 · 吳克善卓禮克圖台吉 · 杜爾伯特等各一分, 孔果爾 · 伊爾都齊同給一分. 若伊爾都齊遣來兵少, 即無容撥給, 噶爾圖 · 海古, 令與孔果爾合爲一旗.

○ 경진일(6.26), 국구(國舅) 아시다르한 · 박시 히퍼 · 이바이에게 코르친 병사를 맞이하게 하고 그들에게 유시했다. "반디 · 서분 · 어구(egu, 額古) 3명의 부락을 모두 취해서 1분(分)을 몽코(mongko, 蒙胯)에게 주고, 1분(分)을 투메트 부락의 밍간다리 및 밍간 등에게 주어라. 반디 · 서분 · 어구는 법도를 준수하지 않고 배반의 뜻을 품었었는데, 이번에 또 갈주 서터르 등과 함께 배반했다. 그들 속하의 인민을 모두 몰수하여 단지 가축을 간수할 가난한 자들로 각 5호(戶)씩 지급하라. 반디는 콩고르에게, 서분은 욱샨 조릭투 타이지에게, 어구는 일두치에게 관리를 겸하게 하라. 갈주 서터르 · 하이라이 · 부얀다이 · 버굴러이 · 서불러이 등의 부(部) 소속 사람들로부터 각각 10호(戶)씩 차출하여 하이라이의 가속 · 가축과 함께 갈투(galtu, 噶爾圖)와 하이구(haigū, 海古)에게 지급하라. 만약 죽임을 당한 여러 버일러들에게 자식과 조카가 있으면 가축은 취하지 말고 그의 소속 인민을 분리하여

다른 사람에게 귀속시켜 함께 관리하게 하라. 그 소속 인민은 투시예투 지농·자삭투 두렁·욱샨 조릭투 타이지·두르베트 등에게 각각 1분(分)을, 콩고르와 일두치에게는 합쳐서 1분(分)을 지급하라. 만약 일두치가 보내온 병사가 적으면 나누어 주지 말라. 갈투와 하이구는 콩고르와 합하여 하나의 기(旗)를 이루게 하라."

○ 額爾克楚虎爾貝勒多鐸, 具筵獻上.

○ 어르커 추후르 버일러 도도가 연회를 차려 주상에게 바쳤다.

○ 辛巳, 貝勒阿巴泰, 請上幸其營, 具筵以進, 并獻馬三匹.

○ 신사일(6.27), 버일러 아바타이가 주상에게 그의 군영에 행차하도록 청하고 연회를 갖추어 주상에게 바치고 아울러 말 3마리를 바쳤다.

○ 是日, 多爾濟塔蘇爾海之母, 具酒餚來獻, 進雕鞍·馬駝·貂裘·銀器·珊瑚數珠等物. 酌納之.

○ 이날 도르지 타수르하이의 모친이 술과 안주를 갖추고 와서 조각한 안장, 말과 낙타·담비가죽옷·은그릇·산호 염주 등의 물품을 바치니 헤아려 받았다.

○ 壬午, 先是, 察哈爾國林丹汗部下土巴濟農, 以察哈爾汗不道, 苦虐國人, 聞上寬仁恤衆, 德威被於天下, 遂叛彼來歸. 上聞之, 喜甚, 遂命貝勒阿濟格·超品公楊古利, 率兵往迎, 復遣禮部承政巴都禮·吏部承政拜尹圖等, 迎至十二程. 至是, 土巴濟農盡攜其民千餘戶至, 上命築臺于兀爾圖卜喇克南山, 坐黃幄中. 土巴濟農遙望下馬, 至幄前, 上出幄, 行三十步許, 親率土巴濟農, 對天行三拜禮. 上還御幄, 土巴濟農獻珊瑚·琥珀·菩提子三種數珠·金銀器皿·貂鑲朝衣·蟒衣·甲冑·鞍·轡·馬駝. 土巴濟農之子塞冷台吉·扎木蘇杜稜·太錫諾顏·土巴濟農之婿安達古英·蘇默爾台吉·吹墨爾根·道通巴圖魯·班第戴青·古木思轄布台吉·虎爾蓋齊台吉, 各獻駝馬朝見. 土巴濟農遙拜一次, 復近前跪拜. 上答之, 行抱見禮, 次與大貝勒代善抱見, 次與敖漢部落濟農, 阿祿部落杜稜濟農, 貝勒阿巴泰·多爾袞·多鐸·薩哈廉·豪格, 奈曼部落袞出斯巴圖魯, 各以次相見畢, 土巴濟農以所攜酒餚, 酌金卮獻上. 上命土巴濟農坐左側, 大宴之. 賜甲冑·蟒袍·帽鞾·玲瓏鞓帶·鞍馬等物. 先喀爾喀部落巴噶達爾漢曾娶太祖所聘葉赫國之女, 向有嫌隙, 是日, 亦同土巴濟農輸款來歸獻鞍轡·馬駝·東珠數珠·金碗·貂裘, 遙拜謁上. 上納土巴濟農鞍馬及琥珀·珊瑚·菩提子數珠, 其諸貝勒所獻物俱却之.

○ 임오일(6.28), 이전에 차하르국 릭단 칸의 부하 투바 지농은 차하르 칸이 무도하여 국인을 괴롭히고 학대할 때에, 주상이 너그럽고 인자하시어 백성들을 불쌍히 여겨 덕과 위엄이 천하에 두루 퍼짐을 듣고 마침내 저들을 배반하여 귀순했다. 주상이 이를 듣고 매우 기뻐하여 마침내 버일러 아지거와 초품공(超品公) 양구리에게 병사를 이끌고 가서 맞이하게 하고, 다시 예부승정 바두리와 이부승정 바인투 등을 보내어 12정(程)까지 가서 맞이했다. 이때에 투바 지농이 백성 1,000

여 호를 모두 이끌고 오자, 주상은 우르투 불락(urtu bulak, 兀爾圖卜喇克)의 남산(南山)에 대(臺)를 세우게 하고, 황색 천막 가운데 앉았다. 투바 지농이 멀리서 보고 말에서 내려 천막 앞에 이르니, 주상이 천막을 나와 30보 정도를 걸어와서 친히 투바 지농을 데리고 하늘에 삼배(三拜)의 예를 행하였다. 주상이 천막으로 돌아오자 투바 지농은 산호·호박·보리수 세 종류로 만든 염주·금은 그릇·담비가죽을 두른 조의(朝衣)·망의(蟒衣)·갑옷과 투구·안장·고삐·말과 낙타를 바쳤다. 투바 지농의 아들 서렁 타이지·자무스 두렁·타이시 노얀·투바 지농의 사위 안다 구영·수머르 타이지·초이 머르건·도오툭 바투루·반디 다이칭·구무스히얍 타이지(gumushiyab taiji, 古木思轄布台吉)·홀라가이치 타이지(holgaici taiji, 虎爾蓋齊台吉)는 각자 말과 낙타를 바치고 주상을 배알했다. 투바 지농이 멀리서 한 차례 절하고 다시 가까이 나아가 무릎 꿇고 절했다. 주상이 이에 답하여 포견례를 행하고, 다음으로 대버일러 다이샨과 포견례를, 다음으로 아오한 부락의 지농, 아루 부락의 두렁 지농, 버일러 아바타이·도르곤·도도·사할리얀·호오거, 나이만 부락의 군추스 바투루와 각자 차례로 서로 포견례를 행하였다. 그 후 투바 지농이 가지고 온 술과 안주를 황금색 잔에 따르고 주상에게 올렸다. 주상은 투바 지농을 좌측에 앉게 하고 크게 잔치를 열었다. 갑옷과 투구·망포(蟒袍)·모자와 신발·정교하게 장식한 가죽띠·안장을 갖춘 말 등을 하사했다. 이전에 칼카 부락 바가다르한(bagadarhan, 巴噶達爾漢)은 일찍이 태조가 정혼하려 했던 여허국의 여자를 취하여 좋지 않은 감정이 있었는데, 이날 투바 지농과 함께 투항하고 안장과 고삐·말과 낙타·동주(東珠)로 만든 염주·금그릇·담비가죽옷을 바치고, 먼 곳에서 주상을 배알했다. 주상이 투바 지농의 안장을 갖춘 말·호박과 산호와 보리수로 만든 염주를 받고, 여러 버일러들이 바치는 물건은 모두 받지 않았다.

○ 甲申, 命大貝勒代善・和碩貝勒薩哈廉・碩託, 率正紅旗固山額眞梅勒章京葉克書・鑲紅旗固山額眞昂邦章京葉臣・右翼固山額眞甲喇章京阿代・敖漢部落杜稜濟農・奈曼部落袞出斯巴圖魯・阿祿部落塔賴達爾漢・俄木布達爾漢卓禮克圖・三吳喇忒部落車根・喀喇沁部落古魯思轄布・耿格爾等兵, 自喀喇俄保地方, 入得勝堡, 往畧大同一帶, 取其城堡, 西畧黃河, 會兵於朔州.

○ 갑신일(6.30), 대버일러 다이샨・호쇼이 버일러 사할리얀・쇼토는 정홍기 구사어전 머이런장긴 역슈・양홍기 구사어전 암바장긴 여천・우익 구사어전 잘란장긴 아다이・아오한 부락의 두령 지농・나이만 부락의 군추스 바투루・아루 부락의 탈라이 다르한・옴부 다르한 조릭투・세 우라트 부락의 처건・카라친 부락의 구루스히얍・경걸 등의 병사를 이끌고, 카라 오보(kara obo, 喀喇俄保)[1] 지방에서 득승보(得勝堡)로 들어가 대동(大同) 일대를 공략하여 성과 보를 취하고, 서쪽로는 황하를 공략하고 삭주(朔州)에 병사를 집결하도록 명했다.

○ 命前鋒將領梅勒章京圖魯什・牛彔章京吳拜等, 率兵歷歸化城, 招撫察哈爾國逃民, 約於朔州會兵.

○ 전봉장령 머이런장긴 투루시・니루장긴 우바이 등에게 병사를 이끌고 귀화성(歸化城)을 지나 차하르국의 도주민들을 초무(招撫)하고

1 『內國史院檔 天聰八年』 p.190에 karabu로 기록되어 있다. 원문의 喀喇俄保는 몽골어 '카라 오보'(kara obo)의 음사이고, karabu는 그것이 만주어화된 발음일 것이다.

삭주(朔州)에 병사를 집결하게 했다.

○ 是日, 賞軍士羊.

○ 이날 군사들에게 양을 상으로 내렸다.

秋七月, 乙酉朔, 土巴濟農下蘇默爾代旺台吉, 進獻貂裘·琥珀數珠·馬駝, 上酌納之. 賜土巴濟農·蘇默爾代旺台吉宴, 仍賜土巴濟農緞袍·帽·鞾·玲瓏鞓帶等物.

○ 가을 7월 을유일 초하루(7.1), 투바 지농의 부하 수머르 다이 왕 타이지가 담비가죽옷·호박 염주·말과 낙타를 공물로 바치니, 주상이 헤아려 받았다. 투바 지농과 수머르 다이 왕 타이지에게 연회를 베풀고 투바 지농에게 비단옷·모자·신발·정교하게 장식한 가죽띠 등의 물건을 하사했다.

○ 丙戌, 嫩科爾沁國土謝圖濟農巴達禮·額駙孔果爾·扎薩克圖杜稜布塔齊·台吉吳克善·伊爾都齊·多爾濟·桑噶爾寨·瑣諾木·達爾漢巴圖魯滿朱習禮·塞冷·噶爾馬·古木·扎木巴喇·塞爾固稜等, 率兵五千人來會. 上出營迎之, 還御黃幄, 科爾沁國諸貝勒於營外下馬, 入御營, 獻貂裘·貂皮·駝馬. 衆皆遙拜一次, 土謝圖濟農, 復近前跪拜, 上答之行抱見禮. 次額駙孔果爾·扎薩克圖杜稜·卓禮克圖台吉吳克善·伊爾都齊·多爾濟·桑噶爾寨·瑣諾木·達爾漢巴圖魯滿朱習禮·塞冷·噶爾馬·古木·扎木巴喇·塞爾固稜等, 以次朝見上, 行抱見禮, 次與貝勒阿巴泰·阿濟格·多爾袞·多鐸·豪格互相抱見畢. 土謝圖濟農·額駙孔果爾·扎薩克圖杜稜·卓禮克圖台吉吳克善·達爾漢巴圖魯滿朱習禮, 以金卮酌所攜酒, 以次跪獻. 上命設大宴, 宴之. 賜土謝圖濟農等蟒袍各一.

○ 병술일(7.2), 논 코르친(non i korcin, 嫩科爾沁)국 투시예투 지농 바다리·어푸 콩고르·자삭투 두렁 부타치·타이지 욱샨·일두치·도르지·상가르자이·소놈·다르한 바투루 만주시리·서렁·가르마·구무·자말라·서르굴런 등은 병사 5,000명을 이끌고 만나러 왔다. 주상이 군영을 나가 그들을 맞이하고 황색 천막으로 돌아오니, 코르친국 여러 버일러들은 군영 밖에서 말에서 내려 황제가 있는 천막으로 들어와 담비가죽옷·담비가죽·낙타와 말을 바쳤다. 이들 모두 한 번 먼 곳에서 절하고 투시예투 지농은 가까이 가서 다시 궤배하니, 주상이 이에 답하여 포견례를 행하였다. 다음으로 어푸 콩고르·자삭투 두렁·조릭투 타이지 욱샨·일두치·도르지·상가르자이·소놈·다르한 바투루 만주시리·서렁·가르마·구무·자말라·서르굴런 등이 차례대로 주상을 알현하여 포견례를 행하고, 다음으로 버일러 아바타이·아지거·노르곤·도도·호오거와 서로 포견례를 마쳤다. 투시예투 지농, 어푸 콩고르, 자삭투 두렁, 조릭투 타이지 욱샨, 다르한 바투루 만주시리는 금술잔에 가지고 온 술을 따르고 차례대로 무릎 꿇고 술을 올렸다. 주상은 큰 잔치를 열게 했다. 투시예투 지농 등에게 각자 망포(蟒袍) 하나씩 하사했다.

○ 己丑, 命貝勒阿濟格·和碩墨爾根戴青貝勒多爾袞·額爾克楚虎爾貝勒多鐸, 率護軍統領等, 正白旗固山額眞昂邦章京阿山·鑲白旗固山額眞梅勒章京伊爾登·阿祿翁牛特部落孫杜稜·察哈爾新附土巴濟農·額林臣戴青·多爾濟塔蘇爾海·俄伯類·布顏代·顧實等諸軍, 自巴顏朱爾格地方, 入龍門, 會兵於宣府. 上親率貝勒阿巴泰·和碩貝勒豪格·超品公楊古利·護軍統領·正黃旗固山額眞納穆泰·鑲黃旗固山額眞梅勒章京達爾哈·漢軍固山額眞昂邦章京石廷柱·馬光遠·王世選·天佑兵都元帥孔有德·總兵官耿仲明·天助兵總兵官尚可喜·嫩科爾沁國土謝圖濟農巴達禮·扎薩克圖杜稜·額駙孔果爾·卓禮克圖台吉吳克善等, 入上方堡, 由宣府攻畧朔州一帶, 定議四路兵俱於七月初八日入邊.

○ 기축일(7.5), 버일러 아지거·호쇼이 머르건 다이칭 버일러 도르곤·어르커 추후르 버일러 도도는 호군통령 등을 이끌고, 정백기 구사어전 암바장긴 아산·양백기 구사어전 머이런장긴 일던·아루의 옹니우트 부락의 순 두령·차하르의 새로 귀부한 투바 지농·어린천 다이칭·도르지 타수르하이·우벌러이·부얀다이·구시 등의 여러 군대는, 바얀 줄거(bayan julge, 巴顏朱爾格) 지방에서 용문(龍門)으로 들어가 선부(宣府)에서 병사를 집결하게 했다. 주상이 친히 버일러 아바타이·호쇼이 버일러 호오거·초품공(超品公) 양구리·호군통령·정황기 구사어전 남타이·양황기 구사어전 머이런장긴 다르한·한군 구사어전 암바장긴 석정주·마광원·왕세선·천우병(天佑兵) 도원수 공유덕·총병관 경중명·천조병(天助兵) 총병관 상가희·논 코르친국 투시에투 지농 바다리·자삭투 두렁·어푸 콩고르·조릭투 타이지 욱샨 등을 이끌고, 상방보(上方堡)로 들어가, 선부(宣府)를 통해 삭주(朔州) 일대를 공략하고, 4로(路)의 군대가 모두 7월 8일에 변경으로 진입하기로 결정했다.

○ 庚寅, 上統大軍前行, 至哈流土地方, 察哈爾國雲敦車臣 · 俄伯類 · 塞冷台吉 · 塞冷墨爾根巴圖魯 · 叟僧戴青, 率部下四百餘戶來歸, 遇於中途. 上御黃幄, 雲敦車臣等朝見, 獻貂裘 · 馬駝, 賜之宴, 降諭撫慰之.

○ 경인일(7.6), 주상이 대군을 이끌고 진군하여 하일리오투(hailiotu, 哈流土) 지방에 이르러 차하르국 욘돈 체첸 · 우벌러이 · 서렁 타이지 · 서렁 머르건 바투루 · 서성 다이칭이 부하 400여 호를 이끌고 귀순하니 도중에 마주쳤다. 주상이 황색 천막에 가자 욘돈 체첸 등이 알현하고 담비가죽옷 · 말과 낙타를 바치니, 그들에게 연회를 베풀고 유시를 내려 위무했다.

○ 辛卯, 命貝勒豪格 · 超品公楊古利 · 正黃旗固山額眞納穆泰 · 鑲黃旗固山額眞梅勒章京達爾哈, 前往上方堡, 析毁邊墻, 攻臺捉生. 命護軍統領甲喇章京譚泰 · 鰲拜 · 圖賴等, 前往設伏. 上親率大軍繼之, 至喀喇巴爾噶孫地方駐營.

○ 신묘일(7.7), 버일러 호오거 · 초품공(超品公) 양구리 · 정황기 구사어전 남타이 · 양황기 구사어전 머이런장긴 다르한에게 상방보(上方堡)로 전진하여 변장(邊墻)을 허물고 대(臺)를 공격하며 사람을 생포하게 했다. 호군통령 잘란장긴 탄타이 · 오바이 · 툴라이 등은 먼저 가서 매복하게 했다. 주상은 친히 대군을 이끌고 그들을 뒤따르다가, 카라 발가순(kara balgasun, 喀喇巴爾噶孫) 지방에 이르러 군영을 세우고 주둔했다.

○ 壬辰, 黎明大軍將行. 貝勒豪格等, 奏報邊墻已毀, 於是大軍入上方堡. 分道而進, 至宣府右衛, 遣龍什等, 令臺軍齎書, 與右衛參將曰, 滿洲國皇帝, 致書明國官員. 予向與爾等定盟時在我毫無欺誑之意, 亦并無猜疑爾等之心. 故對天地盟誓, 以成和好, 孰意爾等竟陰懷詭譎不念前盟. 初約遣人於遼東尋盟, 久候不至, 予三次遣使, 遼人復拒不納, 且襲我邊部, 殺我二十餘人. 伊雖如此, 予猶欲追念前盟, 共敦和好, 曾經遣書歸化城, 遼東執事者, 毀棄誓詞, 侵我邊塞, 爾等之意云何. 若謂遼人不和, 與爾無涉, 我兩國盟誓, 具在, 可即遣使來, 若謂遼人既不欲和, 爾亦難以獨和, 則不必遣使. 至今不惟不遣人來, 且無一語相復. 是以予切望之心, 從此斷絶也. 爾等或以向日詐盟, 自爲得計, 恐上天必不見佑. 予縱可欺, 上天豈可欺乎. 况盟誓者, 同此上天, 稱名者, 各是國主, 同盟之人, 何論大小耶. 今爾等果願和好, 可遣信使持爾主璽書來, 速與裁決, 勿延時日. 不然, 予惟量力前進耳, 夫復何言. 今予此來, 爾地方已遭殘破, 若再經此, 城郭雖存, 糗糧不繼, 民何所恃耶. 爾等乃民之父母, 明知強弱之形, 已不相敵, 而不念軍民之塗炭, 議和不允, 其故何也. 若謂古人有既盟而復毀者, 因而效之, 是特守株之見耳. 古有盟而復毀者, 亦有始終不變者, 自宜隨時權變也. 如執迷不悟, 干戈相尋, 爾國之禍, 何時已乎. 既爲民父母不以民之疾苦, 奏於朝廷, 速議和好, 但偷安竊祿, 惟恐上之罪已, 則爾之所謂大臣者, 亦何益於民耶. 予未嘗不願太平. 値此炎暑豈樂興兵, 皆爾等不贊成和議之所致耳. 諭軍民曰, 予與爾明國搆兵之故, 非我所願止. 因遼東各官, 欺侮難受, 及上奏, 又壅蔽不達, 故興兵至此, 冀爾主下詢其由. 豈知用兵多年竟無一言相問, 及予屢次致書遣人議和, 並不納我使臣亦不答書. 前年臨爾邊地, 秋毫無犯, 結盟而歸. 予以誠心議和, 毫無疑貳, 誓諸天地, 不意爾官吏陰懷詭詐, 從前盟約, 盡爲爾君臣所毀. 凡人盟誓, 皆同此天, 無論大小, 稱名各是國主, 豈有可以輕棄之理耶. 古云, 下情上達, 天下罔不治, 下情上壅, 天下罔不亂, 似此干戈不息, 皆由汝官吏壅蔽下情, 爾國君不願議和所致, 爾等父母妻子離散, 無辜之民, 死於鋒鏑, 實非予之故, 乃爾國君之過也.

○ 임진일(7.8), 동이 틀 무렵 대군이 진군했다. 버일러 호오거 등이 상주하여 변장(邊牆)이 무너졌다고 알리니 대군이 상방보(上方堡)로 들어갔다. 길을 나누어 진군하여 선부(宣府)의 우위(右衛)에 이르러 룽시 등을 파견해 대군(臺軍)에게 서신을 가져가게 하여 우위참장에게 말했다. 「만주국 황제가 명나라의 관원에게 서신을 보낸다. 내가 지난번에 너희와 맹약을 맺을 때에 나는 조금도 속이려는 뜻이 없었고 또한 너희를 의심하는 마음도 없었다. 그러므로 천지에 맹세하고 화호했다. 너희가 끝내 속이려는 마음을 품고 이전의 맹약을 생각하지 않을 줄 누가 알았겠는가. 처음에 약속하기를 요동에 사람을 보내어 맹약하겠다고 했는데, 오래 기다려도 소식이 오지 않아 내가 세 차례 사신을 보냈다. 요동인은 다시 거절하여 사신을 받아들이지 않고, 또 우리 변방을 기습하여 우리 20여 명을 죽였다. 저들이 이렇게 행동해도 나는 이전의 맹약을 생각하며 화호를 돈독히 하려고 귀화성(歸化城)에 서신을 보내어 말했다. "요동의 관리가 맹세를 어기고 우리 변경의 요새를 침범하니 너희의 뜻은 무엇인가? 만약 요동인이 화친하지 않는 것이 너희와 관련이 없다면 우리 양국의 맹세는 모두 갖추어져 있으니 즉시 사신을 보내면 된다. 만약 요동인이 화친하고자 하지 않고 너희도 홀로 화친하는 것이 어렵다면 사신을 보낼 필요가 없다." 그 후 지금까지 사람을 보내오지 않고 한마디 말도 대답이 없다. 나의 간절히 바라는 마음이 이로 인해 끊어졌다. 너희가 혹시 이전의 거짓된 맹세를 스스로 좋은 계책이라고 여기면 하늘이 필시 돕지 않을 것

이다. 나를 마음대로 속일지언정 하늘을 어찌 속이겠는가? 하물며 맹세는 하늘과 하는데 각자 국가의 군주라고 칭하는 자가 맹세하는 자의 크고 작음을 어찌 논하겠는가? 지금 너희가 화호를 원하면 사신을 보내어 너희 주인의 옥새가 찍힌 문서를 가지고 와야 하며 속히 판단하고 결정에 시일을 끌어서는 안 된다. 그렇지 않으면 나는 오직 힘껏 전진할 뿐이니 다시 무슨 말을 하겠는가? 이제 내가 이곳에 와서 너희 땅을 파괴했는데, 만약 이곳을 다시 지나간다면 비록 성과이 있더라도 식량이 지탱하지 못할 것이니 백성이 무엇에 의지하겠는가? 너희가 백성의 부모로서 강약의 형세가 대적할 수 없음을 분명히 알 터인데, 군민(軍民)의 고통을 생각하지 않고 화호를 논의해도 허락하지 않으니 그 이유가 무엇인가? 만약 옛사람 가운데 맹세하고 어긴 일이 있으므로 그것을 본받겠다고 한다면 이는 수주대토(守株待兎)의 견해일 뿐이다. 예전에 맹세했다가 어긴 자도 있지만 처음부터 끝까지 변하지 않은 자도 있으니 시의에 따라 처신해야 한다. 잘못을 고집하여 깨닫지 못하고 전쟁이 계속 이어지면 너희 나라의 화(禍)가 어느 때에 그치겠는가? 백성의 부모가 되어 백성의 고통을 조정에 보고하고 서둘러 화호를 의논하지 않고, 다만 일시적인 안일을 탐해 공로도 없이 봉록을 받으며 주상에게 죄를 받을까 두려워한다면 너희 대신이라 불리는 자가 백성에게 무슨 득이겠는가? 나는 태평을 바라지 않은 적이 없다. 어찌 무더운 여름에 병사를 일으키기를 좋아하겠는가. 모두 너희가 화의에 동의하지 않아 일어난 일일 뿐이다.」

군민(軍民)에게 유시했다. 「내가 너희 명나라와 교전하는 까닭은 내가 원해도 그칠 수 없기 때문이다. 요동의 관원들이 우리를 멸시하는 것을 견디지 못하고 상주했으나 또 은폐하여 위에 보고하지 않았다. 그래서 나는 병사를 일으켜서 너희 군주가 아랫사람에게 그 까닭을 물어보기를 바란 것이다. 그런데 수년간 전쟁을 하면서도 끝내 한마디도 물어보지 않았으며, 내가 누차 서신을 보내고 사람을 보내 화호를 제의했으나 끝내 우리 사신을 들이지 않고 답신조차 하지 않을 줄 어찌 알았겠는가. 작년에 너희 변경에 와서 추호도 공격하지 않았고 맹약을 맺고 돌아갔다. 나는 진심으로 화호를 의논하고 다른 마음이 없이 천지에 맹세했는데, 뜻밖에 너희 관리들은 속이려는 마음을 가졌고 이전의 맹약을 모두 너희 군신(君臣)이 깨뜨렸다. 무릇 사람의 맹세는 모두 하늘과 하는데, 크고 작음을 막론하고 각자 국가의 군주라고 칭하는 자가 어찌 가벼이 어길 리 있겠는가. 옛말에 이르기를 "아래의 실정이 위로 전해지면 천하에 다스려지지 않는 것이 없고, 아래의 실정이 위로 전해지지 않으면 천하에 어지러워지지 않는 것이 없다."라고 했다. 이렇게 전쟁이 끊이지 않는 것은 모두 너희 관리가 아래의 실정을 숨긴 까닭이며, 너희 나라의 군주가 화호를 원하지 않아 벌어진 결과이다. 그러하니 너희 부모와 처자가 헤어지고 무고한 백성이 칼날과 화살에 죽는 것은 실로 나의 탓이 아니며 너희 나라 군주의 과오이다.」

○ 是日, 上率大軍, 至宣府城西南五里外駐營. 貝勒阿濟格 · 和碩墨爾根戴青貝勒多爾衮 · 額爾克楚虎爾貝勒多鐸, 自龍門口入邊, 擊明參將馬步兵, 敗之. 進攻龍門, 未下.

○ 이날 주상이 대군을 이끌고 선부성(宣府城) 서남쪽 5리 밖에 군영을 세우고 주둔했다. 버일러 아지거 · 호쇼이 미르건 다이칭 버일러 도르곤 · 어르커 추후르 버일러 도도는 용문구(龍門口)를 통해 변경으로 들어가 명 참장의 기마병과 보병을 공격하여 그들을 격퇴했다. 용문(龍門)으로 진격했으나 함락시키지 못했다.

○ 癸巳, 大軍至宣府城東南駐營.

○ 계사일(7.9), 대군이 선부성(宣府城) 동남쪽에 군영을 세우고 주둔했다.

○ 甲午, 以護軍參領圖賴·南褚·鰲拜·騎兵甲喇章京巴布泰, 出畧時, 越指示往畧之界, 又不至約會之處, 盡奪所獲之物入官.

○ 갑오일(7.10), 호군참령 툴라이·난추·오보이·기병 잘란장긴 바부타이가 공략하러 나섰을 때, 공략하라고 지시한 경계도 어기고 또한 합류하기로 약속한 곳에 오지도 않았으니 노획한 물건을 모두 빼앗아 관에 몰수하게 했다.

○ 乙未, 命貝勒阿濟格·和碩墨爾根戴青貝勒多爾袞·額爾克楚虎爾貝勒多鐸, 率兩黃旗每牛彔兵五名, 往畧保安州一帶.

○ 을미일(7.11), 버일러 아지거·호쇼이 머르건 다이칭 버일러 도르곤·어르커 추후르 버일러 도도에게 명해서 두 황기의 각 니루의 병사 5명씩을 이끌고 보안주(保安州)[2] 일대에 가서 공략하게 했다.

○ 上率大軍, 西至新城.

2 保安州의 州治는 현재 河北省 涿鹿縣城 保安州에 소재.

○ 주상이 대군을 이끌고 서쪽으로 신성(新城)에 이르렀다.

○ 丙申, 命正黃旗·鑲黃旗騎兵, 及漢軍, 攻新城, 發礮城中守備中礮死. 時昂邦章京拜尹圖牛彔下二人越城先登, 旣而梯折, 上命勿攻.

○ 병신일(7.12), 정황기·양황기의 기병과 한군(漢軍)에게 명하여 신성(新城)을 공격하게 했다. 대포를 발사하자 성 안의 수비가 포에 맞아서 죽었다. 그때 암바장긴 바인투(baintu, 拜尹圖) 니루 예하의 두 사람이 성을 넘어서 먼저 올랐는데, 이후 사다리가 부러지자 주상이 공격하지 말라고 명했다.

○ 丁酉, 大軍西行至東城, 於城東十里外山岡駐營, 遺明代王書曰, 滿洲國皇帝, 致書代王, 我國起兵之故, 初非有意取天下, 得大位也. 我國昔年駐守遼邊, 以正直爲心, 未動寸草撮土, 因遼東官員, 無故傷害我祖, 蹂躪我世傳廬舍田地, 攘奪我疆土, 又以我太祖禮聘葉赫之女, 逼嫁蒙古, 復謀害我國, 偏助葉赫給兵防守, 似此種種欺陵, 遂成七恨. 後屢次致書爾主, 遼東官不肯上達, 愈加橫逆, 萬不得已, 遂爾興師, 實欲爾主察問其由. 故於攻陷撫順時, 盡釋所獲十三省商人, 詳書七恨付之, 且囑之曰, 遼東官員, 不爲我轉達爾主, 爾等當各至本處, 告爾督撫, 轉奏朝廷, 孰意爾主信遼東官欺誑之言, 竟無一次問及, 以致搆兵不已. 夫爾主何不遣一使詢其故耶. 古人云, 下情上達, 天下罔不治, 下情上壅, 天下罔不亂, 此事皆由爾主不加察問之所致也. 王誠憂國憂民, 可遣一語言明晣之使來, 我將以宿恨一一告之. 想王聞我之言, 亦當爲我惻然也. 倘疑我言爲欺, 試思. 我但誘殺此一人, 有何益耶. 爾明國之主, 倘得悉我抱恨之處, 豈有不翻然悔禍, 解息兵戈者乎. 我若惟貪財嗜殺, 蓄念不臧, 何以各國蒙古, 盡來歸附耶. 我嘗欲和好, 爾國不從, 始不得已而搆兵. 若和事有成, 安享太平, 豈有不願之理. 此言若有虛僞, 上天自鑒之, 王如以我言爲是, 可速遣使來.

○ 정유일(7.13), 대군이 서쪽으로 가서 동성(東城)에 이르러, 성의 동쪽 10리 밖의 구릉에 군영을 설치했다. 명나라의 대왕(代王)에게 글을 보내서 말했다. 「만주국 황제가 대왕(代王)에게 글을 보낸다. 우리나라가 기병한 이유는 원래 천하를 취하고 대위(大位)를 차지하려는 뜻이 아니었다. 우리나라는 과거에 요동의 변경을 지키며 정직한 마음으로 풀 한포기 흙 한줌도 건드리지 않았는데, 요동의 관원이 이유없이 나의 조상을 해치고, 우리의 대대로 전해 오는 집과 토지를 짓밟고, 우리 강토를 빼앗았다. 또 우리 태조와 약혼한 여허의 여자를 강제로 몽고와 결혼하게 했고, 다시 우리나라를 모해(謀害)하고, 여허를 도와서 병사를 보내고 지켜 주었다. 이런 각종 속임과 강압이 마침내 칠대한(七大恨)을 이루었다. 후에 여러 번 너희의 주군에게 글을 보내었으나, 요동의 관원이 황제에게 보고를 하지 않고 오히려 횡포를 부렸다. 부득이하게 너희에게 거병한 것은 너희 주군이 그 사유를 살피기를 바라서였다. 이 때문에 무순(撫順)을 함락했을 때 포획한 13성(省)의 상인을 모두 석방해서 칠대한(七大恨)을 자세히 적은 글을 주고 맡겨서 말했다. "요동의 관원은 우리를 위해 너희 주군에게 전하여 보고하지 않았다. 너희는 각자 본처(本處)에 가서 너희 독무(督撫)에게 고해서 조정에 전달되게 하라." 너희 군주가 요동 관원의 거짓말을 믿고 결국 한번도 묻지 않아서 전쟁이 그치지 않게 될 것을 누가 생각이나 했겠는가? 대저 너희 군주는 왜 한번도 사신을 보내서 그 연유를 묻지 않았는가. 옛사람이 말하기를 "아래의 상황이 위에 전달되면 천

하가 다스려지지 않음이 없고, 아래의 상황이 위에 전달되지 않으면 천하가 어지러워지지 않음이 없다."라고 했다. 이 일은 모두 너희 군주가 살펴 묻지 않은 소치이다. 대왕(代王)이 진실로 나라와 백성을 걱정한다면 말이 분명한 사신을 한 명 보내라. 나의 쌓인 원한을 하나하나 고할 것이다. 아마 왕도 나의 말을 들으면 당연히 나를 측은히 여길 것이다. 만약 나의 말이 거짓이라고 의심하면 생각해 보라. 내가 단지 이 한 사람을 유인하고 죽여서 무슨 이익이 있겠는가? 너희 명나라의 주군이 내가 품은 원한을 이해하면 어찌 속히 후회하고 전쟁을 그치지 않겠는가? 내가 만약 재물을 탐하고 죽이기를 좋아하며 나쁜 것만 생각해 왔다면, 어찌 여러 나라의 몽고가 모두 내귀하여 복속했겠는가? 나는 일찍이 화친하려고 했으나 너희 나라가 따르지 않아서 마침내 부득이하게 기병했다. 화친이 이루어지면 평안하고 태평해지는데 어찌 그것을 원하지 않을 리가 있는가? 이 말이 거짓이면 하늘이 지켜보실 것이다. 왕은 만약 내 말이 옳다고 생각하면 빨리 사신을 보내오라.」

○ 西路進兵大貝勒代善·和碩貝勒薩哈廉·碩託等, 領兵入邊, 攻得勝堡. 正紅旗尼哈里先登, 克之. 盡殲明兵, 城守參將李全, 自縊死, 鎭塲堡民棄城而逃. 於是代善·薩哈廉, 進兵大同, 攻懷仁縣, 未克. 碩託, 及鑲紅旗固山額眞昂邦章京葉臣等, 擊敗朔州騎兵二百, 追至城下, 抵步兵營, 始還. 又圍攻井坪城, 不克. 尋代善·薩哈廉兵, 及右翼固山額眞阿代兵繼至, 三旗兵并力攻之, 又不克. 乃駐營朔州, 遣使奏聞.

○ 서로(西路)로 진군한 대버일러 다이샨·호쇼이 버일러 사할리얀·쇼토 등이 군대를 이끌고 변경을 들어가서 득승보(得勝堡)를 공격

했다. 정홍기의 니하리(nihari, 尼哈里)가 먼저 올라서 함락시켰다. 명나라의 병사를 섬멸했고, 성을 수비하던 참장 이전(李全)은 목을 매어 자살했다. 진장보(鎭塲堡)의 백성이 성을 버리고 도주했다. 이에 다이샨·사할리얀이 대동(大同)으로 진군하여 회인현(懷仁縣)을 공격했으나 함락하지 못했다. 쇼토와 양홍기 구사어전 암바장긴 여천 등은 삭주(朔州)의 기병 200명을 격파하고 성 아래로 추격했으나 보병 군영까지 갔다가 마침내 돌아왔다. 또 정평성(井坪城)을 포위공격했으나 함락시키지 못했다. 얼마 후 다이샨과 사할리얀의 군대와 우익 구사어전 아다이의 군대가 뒤따라 이르러 3기(旗)의 병력이 함께 힘껏 공격했으나 또 함락시키지 못했다. 이에 삭주(朔州)에 주둔했다고 사람을 시켜 보고해 왔다.

○ 丙午, 上率兵沿途畧屯堡, 至應州, 圍其城.

○ 병오일(7.22), 주상이 병사를 이끌고 연도의 둔보(屯堡)를 약탈했고 응주(應州)에 이르러 그 성을 포위했다.

○ 丁未, 御前護軍取小西城之郛. 兩黃旗固山額眞納穆泰·額駙達爾哈等, 攻小西城, 不克.

○ 정미일(7.23), 어전호군(御前護軍)이 소서성(小西城)의 외성을 취했다. 두 황기의 구사어전 남타이·어푸 다르한 등이 소서성(小西城)을 공격했으나 함락시키지 못했다.

○ 遣敦多惠・喀木圖, 諭大貝勒代善・和碩貝勒薩哈廉, 率兵赴馬邑縣駐劄.

○ 돈도호이와 캄투를 파견하여 대버일러 다이샨과 호쇼이 버일러 사할리얀에게 명해서 군사를 이끌고 마읍현(馬邑縣)[3]에 가서 주둔하게 했다.

○ 己酉, 前鋒將領圖魯什等, 至歸化城, 遇察哈爾國阿牙克喀塔喜木里克喇嘛寨桑・古木德塞臣寨桑・袞出克僧格台吉寨桑・恭格濟農・毛海葉爾登寨桑・叟格都喇爾寨桑・忒濟葉祜伊特格爾圖寨桑・噶爾馬青山寨桑・卓禮克圖衛寨桑等, 同察哈爾汗妻高爾土門福金, 率一千二百戶來降, 攜其爲首諸寨桑, 先朝上於行在.

○ 기유일(7.25), 전봉장령(前鋒將領) 투루시 등이 귀화성(歸化城)에 이르러, 차하르국의 아약 카 타힘릭 라마 자이상(ayak ka tahimlik lama jaisang, 阿牙克喀塔喜木里克喇嘛寨桑)・구무더이 세첸 자이상(gumudei secen jaisang, 古木德塞臣寨桑)・군축 셍게 다이지 자이상(guncuk sengge taiji jaisang, 袞出克僧格台吉寨桑)・궁거 지농(gungge jinong, 恭格濟農)・모오하이 열덩 자이상(moohai yeldeng jaisang, 毛海葉爾登寨桑)・서오서 두랄 자이상(seoge dural jaisang, 叟格都喇爾寨桑)・터지여후 이터걸투 자이상(tejiyehu itegeltu jaisang, 忒濟葉祜伊特格爾圖寨桑)・가르마 칭산 자이상(g'arma cingsan jaisang, 噶爾馬青山寨桑)・조릭투 우이 자이상(joriktu ūi jaisang, 卓禮克圖衛寨桑) 등이 차하르의 칸의 처(妻)

3 馬邑縣은 현재 산서성 朔州市 朔城區 神頭鎭 馬邑村에 위치.

인 고올 투먼 푸진(gool tumen fujin, 高爾土門福金)[4]과 함께 1,200호(戶)를 이끌고 투항하는 것을 만나서, 수장인 여러 자이상들을 데리고 와서 먼저 행재소에서 주상을 알현하게 했다.

○ 監生張文衡, 自大同徒步逃至, 口稱, 係代府參謀, 因伊等糾黨貪財, 直諫不聽, 惟與文武官員, 賣官鬻爵, 專意罔上, 嚴刑厚斂, 民不堪命. 今大兵四路進邊, 我審時度勢, 已知天運有歸, 成大事者, 必在皇上, 故爾來歸. 又具疏奏言, 臣此來非圖富貴, 亦非因犯罪不得已而來. 臣審知明國顚危, 欲獻策相助, 奈無可以爲斯民主者. 惟皇上威名震於天下, 且招賢好士, 慈惠寬仁恢弘帝度, 肇造丕基, 君人之大德備矣. 故爾決意來歸. 夫先帝既已收服遼東, 今皇上攻取錦州, 人心猶懷疑而不肯即下者, 蓋明人觀望我國行事, 私謂已得遼東, 可雪前恨, 玆復耀威錦州, 審悉明之形勢. 嗣後再擧必克成大業, 當不專嗜殺奪也. 明國役煩賦重, 生民窮困, 願見太平, 自當終歸皇上. 今大兵四路並入, 人心願歸者大半, 惟視我國所行者何如. 乃不意攻得勝堡, 不無擾累, 且大軍不圍宣大而圍小州, 大失民望, 爲今之計, 乘民心未定, 備書前後興師之本意, 布告四方, 以慰其心, 宣大二總兵官, 亦宜致書, 陳說利害, 以懈其守志. 若取宣府大同, 待二總兵以王禮, 各處人心自安. 此安民之要道也. 若以此爲遷延時日, 則不如圖其大者. 可入倒馬關等口, 直抵燕京, 東塞糧道, 西絶煤路, 又於京城東西各安大營, 以待薊州河南之兵, 燕京可立困矣. 不然, 但得二三

---

4 고올 투먼 푸진(gool tumen fujin, 高爾土門福金)은 차하르 릭단 칸의 부인이다. 후금에 귀부하여 오는 도중에, 차하르의 신하였던 군축 생게 자이상과 결혼했다. 홍타이지의 명령으로 군축 생게와 이혼하고 키타트 처르버이(kitat cerbei, 祁他特車爾貝)와 결혼했다.

小城, 便欲回兵, 則明國皇帝, 窺見底蘊, 知異日必當復來, 預爲設備調集衆師, 親行督理, 實加整頓, 恐我兵再來亦復不易矣. 今天下震動, 正收服人心之時. 況敵師未整, 尤乘虛攻擊之會, 及彼兵之未及備, 而我出不意以擊之, 庶幾可獲全勝. 倘遷延日久, 田野一空, 城郭完固, 欲野戰則不能, 欲攻城則勞力, 縱使深入, 亦難萬全. 即有所得, 亦不過區區屯堡, 有何益哉. 臣今遠來, 非徒冀賞賜財物, 惟望皇上推誠垂詢, 庶彰皇上求賢之盛心, 亦臣來投之本意, 伏乞聖裁.

○ 감생(監生) 장문형(張文衡)이 대동(大同)에서부터 걸어서 도주하여 와서 말했다. "나는 대부(代府)[5]의 참모(參謀)인데, 그들은 파당을 만들고, 재물을 탐하고, 직간을 듣지 않고, 문무 관원들과 함께 매관매직하고, 윗사람을 속이는 데 전념하고, 형벌을 엄하게 하고 세금을 가혹하게 거두어서 백성이 명령을 감당할 수 없습니다.[6] 지금 대군(大軍)이 네 길을 통해 변경으로 진군하니, 내가 시세를 헤아려 보고 천운이 돌아가서 대사(大事)를 이룰 사람은 반드시 황상임을 알았습니다. 그래서 내귀했습니다."

그리고 소(疏)를 갖추어 상주하여 말했다. 「신(臣)이 이렇게 내귀한 것은 부귀를 꾀해서가 아니고, 또한 죄를 저질러서 할 수 없이 온 것도 아닙니다. 신은 명나라가 위태로운 것을 알고 대책을 올려서 돕고자 해도, 백성의 수군이라고 할 만한 자가 없습니다. 황상은 위명(威名)이 천하에 울리고, 현사를 초빙하고 선비를 좋아하며, 어질고 관대하

5 代府는 大同의 代王府를 가리킨다.

6 『내국사원당』에 의하면 이 문장의 앞에 아래의 한 문장이 더 있다. "나는 大同城의 代府의 관원과 변경을 지키는 일 때문에 논의했었습니다.(bi daitung hecen i taifu hafan i emgi jase be tuwakiyara jalinde, hebešeme bihe)" 內國史院檔 天聰八年』, p.210.

고, 웅대한 제왕의 도량으로 기업을 여는 임금의 큰 덕을 갖추었습니다. 그래서 결심하고 내귀했습니다. 무릇 선제(先帝)께서는 이미 요동을 복속시켰고 지금 황상은 금주(錦州)를 공격하여 취했습니다. 인심이 아직 의심하며 즉시 항복하지 않고 있으니, 대개 명나라 사람은 우리나라가 하는 일을 관망하면서 몰래 말합니다. "요동을 얻어서 이전의 원한을 씻을 수 있었다. 그 후 다시 금주(錦州)에서 위세를 빛내고 명나라의 형세를 상세히 파악했다. 이후 다시 거병하면 반드시 이기고 대업을 이룰 것이고, 죽이고 약탈하는 것을 즐기지 않을 것이다. 명나라의 역(役)이 번거롭고 부(賦)가 무거워서 백성이 곤궁하니, 평화를 원하면 스스로 황상에게 귀순해야 한다."

지금 대군이 네 길로 함께 들어오니, 귀순하기를 원하는 인심이 절반입니다. 다만 우리나라의 행동이 어떠한지를 보고 있습니다. 그런데 뜻밖에 득승보(得勝堡)를 공격하여 해를 끼치고 또 대군이 선부(宣府)와 대동(大同)은 포위하지 않고 작은 주(州)를 포위하여 백성의 기대를 크게 잃었습니다. 지금의 계책은 민심이 정해지지 않은 기회를 타서 전후(前後)로 기병한 본의를 글로 갖추어서 사방에 포고해서 민심을 위무하는 것입니다. 선부(宣府)와 대동(大同)의 두 총병관에게도 글을 보내어서 이득과 피해를 열거해서 지키려는 뜻을 느슨하게 만드십시오. 만약 선부와 대동을 취하고 두 총병관을 왕(王)의 예(禮)로 대하면 각지의 인심이 저절로 안정될 것입니다. 이것이 백성을 안정시키는 핵심 방안입니다. 만약 이것이 지체되는 일이라고 생각하면 큰 일을 도모하는 것이 더 좋습니다. 도마관(倒馬關)[7] 등의 관구(關口)로 들어가서 바로 연경(燕京)으로 가서 동쪽의 곡물 도로를 막고 서쪽의

---

7 倒馬關은 현재 하북성 唐縣의 서북쪽으로 60km 떨어진 倒馬關鄉이다. 戰國시대에는 鴻之塞, 漢代에는 常山關, 北魏시대에는 鐵關 혹은 鴻山關이라고 했고 명대부터 倒馬關이라고 불렀다.

석탄 도로를 끊고, 또 경성(京城)의 동서에 각각 대영(大營)을 세워서 계주(薊州)와 하남(河南)의 군대를 방비하면 연경(燕京)을 곤궁하게 만들 수 있습니다. 그렇지 않고 단지 두세 개의 작은 성을 얻고 곧 회병하려고 하면, 명나라의 황제가 속사정을 엿보고 다음에 반드시 다시 올 것을 알고, 미리 대비하여 군대를 모으고 직접 감독하고 내실 있게 정돈할 것이니, 우리 군대가 다시 오는 것도 더욱 어려울 것입니다. 지금은 천하가 떨고 바로 인심을 모으는 때입니다. 하물며 적의 군대가 정돈되지 않았으니 더욱 허점을 틈타 공격할 기회이고 저들의 군대가 정비되기 전에 우리가 출병하여 불의에 공격하면 거의 완승할 수 있습니다. 오래 지체하여 전야(田野)가 비워지고 성곽이 공고해지면, 야전을 하려 해도 불가능하고 공성을 하려 해도 힘이 들며, 깊이 진입시키려고 해도 만전을 기하기 어렵습니다. 그래서 얻었다 해도 작은 둔보(屯堡)에 불과하니 무슨 이익이겠습니까. 신은 지금 먼 곳에서 와서 단지 재물의 하사를 바라는 것이 아닙니다. 오직 바라는 것은 황상께서 정성으로 대하여 하문하시고 황상이 현자를 구하는 깊은 마음을 펴시는 것이고, 그것이 또한 신이 와서 투항한 본뜻입니다. 황상의 하교를 바랍니다.」

○ 庚戌, 和碩墨爾根戴青貝勒多爾袞·額爾克楚虎爾貝勒多鐸·貝勒阿濟格, 進兵保安州, 攻克其城, 殺其守備, 畧取沿途村堡. 會上於應州城, 各籍俘獲人口, 及牲畜·金銀·緞布·衣服奏聞, 酌收之.

○ 경술일(7.26), 호쇼이 머르건 다이칭 버일러 도르곤·어르커 추후르 버일러 도도·버일러 아지거가 보안주(保安州)로 진군하여 성을 함락시키고 수비(守備)를 죽였으며 연도의 촌락과 보(堡)를 약탈했다. 주상을 응주성(應州城)에서 만나서 노획한 인구와 가축·금은·비단

과 면포·의복을 각기 기록하여 상주하니 헤아려서 거두었다.

○ 壬子, 東路和碩貝勒德格類兵入獨石口, 沿途攻畧. 鑲藍旗宗室艾度禮·固山額眞宗室篇古, 攻取長安嶺, 殺其城守守備. 攻赤城, 克其郛, 城堅未拔. 德格類兵, 及公吳訥格兵繼至, 三旗兵并力攻之, 亦不克. 於是德格類, 不至上所指示長城之地, 復入保安州, 會上於應州城.

○ 임자일(7.28), 동로(東路)의 호쇼이 버일러 더걸러이의 군대가 독석구(獨石口)로 들어가서 길을 따라 공략했다. 양람기의 종실 아이두리(aiduri, 艾度禮)·구사어전 종실 피양구(fiyanggū, 篇古)가 장안령(長安嶺)[8]을 공격하여 취하고, 그 성을 지키던 수비(守備)를 죽였다. 적성(赤城)[9]을 공격하여 그 외성을 함락시켰으나, 본성(本城)은 견고하여 함락되지 않았다. 더걸러이의 군대와 공(公) 우너거의 군대가 뒤이어 도착하여 3기(旗)가 함께 힘을 모아서 공격했으나 그래도 함락되지 않았다. 이에 더걸러이는 주상이 지시한 장성(長城) 지역으로 가지 않고 다시 보안주(保安州)로 들어가서 응주성(應州城)에서 주상과 만났다.

八月, 甲寅朔.

---

8 長安嶺은 하북성 懷來縣(沙城) 王家樓鄉에 위치. 沙城의 북쪽으로 26km 떨어져 있고, 북쪽의 赤城과 40km 떨어져 있다. 방어를 위한 城池가 지금도 보존되어 있다.

9 『內國史院檔 天聰八年』, p.216에는 'saceng hoton'(沙城)으로 기록되어 있다. 赤城은 沙城의 북쪽으로 60여km 떨어져 있다.

○ 8월 갑인일 초하루(8.1).

○ 乙卯, 命諸貝勒率各路兵, 往畧山西代州一路. 左翼和碩墨爾根戴青貝勒多爾袞·額爾克楚虎爾貝勒多鐸·貝勒豪格等, 往畧朔州城東, 至五臺山而還, 右翼和碩貝勒薩哈廉, 及碩託等, 往畧代州城西, 獲一人, 問之, 具言代州西之崞縣城北垣墻頹壞. 薩哈廉聞之, 使半攻襲, 遂拔之. 王敦堡·板鎮堡, 二處人民, 盡棄城潛逃, 獲財物甚多. 復擊敗代州騎兵一百人, 步兵三百人, 追至城下而還. 碩託率兵攻圓平驛未下, 是夜, 圓平驛官民, 棄城逃去.

○ 을묘일(8.2), 여러 버일러들에게 명하여 각 로(路)의 군대를 이끌고 산서(山西) 대주(代州) 일대에 가서 약탈하게 했다. 좌익 호쇼이 머르건 다이칭 버일러 도르곤·어르커 추후르 버일러 도도·버일러 호오거 등은 삭주성(朔州城)의 동쪽으로 가서 약탈하고 오대산(五臺山)에 이르러서 귀환했다. 우익 호쇼이 버일러 사할리얀과 쇼토 등은 대주성(代州城)의 서쪽으로 가서 약탈하고, 한 사람을 사로잡아 물으니, 대주(代州) 서쪽 곽현성(崞縣城)의 북쪽 성벽이 무너졌다고 대답했다. 사할리얀이 그것을 듣고 부대의 절반을 보내서 습격해서 마침내 함락시켰다. 왕돈보(王敦堡)와 판진보(板鎮堡) 두 곳의 인민은 모두 성을 버리고 몰래 도주했고, 획득한 재물이 매우 많았다. 다시 대주(代州)의 기병 100명과 보병 300명을 격파하고 성 아래까지 추격했다가 돌아왔다. 쇼토가 군대를 이끌고 원평역(圓平驛)을 공격했으나 함락시키지 못했다. 그날 밤에 원평역의 관원과 민인이 성을 버리고 도주했다.

○ 丙辰, 碩託兵入圓平驛城, 天助兵總兵官尚可喜等, 遇敵兵三十騎於代州城西門外, 擊敗之, 獲馬二十. 可喜又同漢軍甲喇章京郎紹貞·管纛戴都等, 擊敗敵步兵三百人, 斬首百餘級. 天佑兵都元帥孔有德部下副將黑成功·漢軍管甲喇佟延等, 於代州東, 遇敵兵八百人, 擊敗之, 獲馬二十. 至是, 往畧諸路各貝勒, 俱率兵還至原營.

○ 병진일(8.3), 쇼토의 군대가 원평역성(圓平驛城)에 들어갔다. 천조병(天助兵) 총병관 상가희 등은 대주성(代州城)의 서문 밖에서 적병 30기(騎)를 조우하여 격파하고 말 20마리를 획득했다. 상가희는 또 한군 잘란장긴 낭소정(郎紹貞)과 독(纛)을 관리하는 대도(戴都) 등과 함께 적의 보병 300명을 격파하고 100여 명을 참수했다. 천우병(天佑兵)의 도원수 공유덕의 부하인 부장 흑성공(黑成功)과 한군의 잘란을 관리하는 동연(佟延) 등은 대주(代州)의 동쪽에서 적병 800명을 조우하여 격파하고 말 20마리를 획득했다. 이에 이르러 여러 지역에 약탈하러 간 각 버일러들은 모두 병사를 이끌고 본영(本營)으로 귀환했다.

○ 御前侍衛, 及前鋒將領席特庫·洪科等, 往大同, 遇明陽和騎兵九百人, 擊敗之, 斬殺二百人, 獲馬六十餘匹.

○ 어전시위(御前侍衛)와 전봉장령(前鋒將領) 시터쿠 · 홍코(hongko, 洪科) 등은 대동(大同)에 가서, 명나라 양화성(陽和城)의 기병 900명을 조우하여 격파하고 200명을 참살하고 말 60여 필을 획득했다.

○ 甲子, 遣貝勒阿巴泰·阿濟格·超品公楊古利, 率兵往取靈邱縣王家莊.

○ 갑자일(8.11), 버일러 아바타이 · 아지거 · 초품공(超品公) 양구리를 파견해서 군대를 이끌고 가서 영구현(靈邱縣) 왕가장(王家莊)을 취하게 했다.

○ 應州城東南隅有石家村堡, 上親往閱之, 令漢軍固山額眞石廷柱兵, 以礮攻之, 壞其城垛, 豎二雲梯, 御前護軍滿朱錫禮 · 海桑, 二人先登. 敵人用大刀木石砍擊皆墜, 奈格續登, 衆遂擁上, 克之. 以滿朱錫禮 · 海桑, 先登被擊, 各賞人八口 · 牛八 · 驢四, 奈格續登, 賞人六口 · 牛六 · 驢三, 綽諾, 因登城力戰, 賞人八口 · 牛八 · 驢四, 噶達洪, 人六口 · 牛六 · 驢三, 稀福 · 固里布, 二人陣亡各賞人十一口 · 騾一 · 牛十一 · 驢四 · 并緞布 · 衣服.

○ 응주성(應州城)의 동남쪽 모서리 방향에 있는 석가촌보(石家村堡)에 주상이 직접 가서 보고 한군 구사어전 석정주의 군대에 명하여 대포로 공격하게 했다. 성가퀴가 무너지자 두 개의 운제(雲梯)를 세우고 어전호군(御前護軍) 만주시리(manjusiri, 滿朱錫禮)와 하이상(haisang, 海桑) 두 사람이 먼저 올랐다. 적군이 대도(大刀)와 목석(木石)으로 베고 치자 두 사람 모두 떨어졌다. 나이거(naige, 奈格)가 뒤이어 오르고 여럿이 뭉쳐서 올라서 함락시켰다. 만주시리와 하이상이 먼저 올라서 공격을 당했기 때문에 각기 사람 8명 · 소 8마리 · 나귀 4마리를 상으로 주었다. 나이거는 뒤이어 올랐기 때문에 사람 6명 · 소 6마리 · 나귀 3마리를 상으로 주었다. 초노이(conoi, 綽諾)는 성에 올라서 힘껏 싸웠기 때문에 사람 8명 · 소 8마리 · 나귀 4마리를 상으로 주었다. 가다훈(gadahūn, 噶達洪)은 사람 6명 · 소 6마리 · 나귀 3마리를 주었다. 히퍼(hife, 稀福)와 구리부(gūribu, 固里布) 두 사람은 전사했으므로 각자 사람 11명 · 노새 1마리 · 소 11마리 · 나귀 4마리 · 비단과 면포 · 옷

을 상으로 주었다.

○ 丙寅, 大軍自應州啟行, 至四十里駐營. 上聞明陽和總督張宗衡·大同總兵曹文詔, 率兵駐懷仁縣, 度是晚必奔大同, 遂授方畧於前鋒將領圖魯什·吳拜等曰, 爾等可速率兵前往, 懷仁縣後山路設伏. 總督張宗衡·總兵曹文詔, 今晚必從此路, 往奔大同, 可邀截之. 圖魯什·吳拜等違上命遲行, 至二鼓後方到, 宗衡·文詔, 已於日暮領兵遁去. 上聞之, 以圖魯什·吳拜違指授方畧, 怒甚切責之, 命記其罪.

○ 병인일(8.13), 대군이 응주(應州)에서 출발하여 40리에 이르러 주둔했다. 주상은 명나라의 양화총독(陽和總督) 장종형(張宗衡)·대동총병(大同總兵) 조문조(曹文詔)가 군대를 이끌고 회인현(懷仁縣)에 주둔했다고 듣고, 오늘 밤에 반드시 대동(大同)으로 도주하리라고 예측하고 전봉장령(前鋒將領) 투루시·우바이 등에게 방략을 주어 말했다. "너희는 빨리 병사를 이끌고 가서 회인현 뒷산 길에 매복을 배치하라. 총독 장종형과 총병 조문조가 오늘 저녁에 반드시 그 길을 통해서 대동(大同)으로 도주해 갈 것이니 요격하라." 투루시와 우바이 등이 주상의 명을 어기고 지체하여 2고(二鼓)가 지난 후에 도착하니 장종형과 조문조는 이미 해질 무렵에 병사를 이끌고 도주했다. 주상이 그것을 듣고 투루시와 우바이가 지시한 방략을 위반했으므로 크게 분노하고 질책했으며 그 죄를 기록하게 명했다.

○ 丁卯, 大軍起行, 至疙疸坨北崗駐營.

○ 정묘일(8.14), 대군(大軍)이 출발하여 흘달타(疙疸坨)[10] 북쪽 구릉

에 도착해서 군영을 세웠다.

○ 戊辰, 上率和碩墨爾根戴青貝勒多爾袞·額爾克楚虎爾貝勒多鐸·貝勒豪格, 每隊護軍二名, 及科爾沁國土謝圖濟農巴達禮·扎薩克圖杜稜布塔齊·額駙孔果爾·卓禮克圖台吉吳克善·達爾漢巴圖魯滿朱習禮等精兵, 往視大同城, 命圖魯什·吳拜等前鋒將領前行, 隨執大同明哨卒十人, 獲馬四十餘匹. 上至大同, 立南崗上, 見明總兵曹文詔騎兵, 結營於城東南門外. 上下馬坐黃蓋下, 遣陣獲高登湖, 偕一人, 齎書二函, 一遺曹文詔, 一遺衆官索逃來察哈爾蒙古. 遺文詔書曰, 滿洲國皇帝致書於曹大將軍, 朕聞將軍乃識時俊傑. 兩國情形, 想久洞悉, 在廷諸臣當乘朕切於議和, 力言於上, 措斯民於太平, 理也. 乃不念將士勞苦, 不審兵力強弱, 逼之進戰, 稍有不前, 輒行參劾, 不曰革職, 則曰應死而已, 竟無一審時度勢者, 如此舉動, 悖亂殊甚, 且閹官專權, 行賄者獎擢, 無賄者降革, 上下蒙蔽, 功罪不明. 此番我軍既入內地, 將軍後日能保無罪乎. 朕非相激之言, 料將軍早已慮之審矣. 遺衆官書曰, 滿洲國皇帝, 致書於大同·宣府·陽和各官, 察哈爾與我俱邊外之國, 以其不道, 興師征討, 察哈爾遠遁, 國人盡來歸我, 遺有朶內額爾克楚虎爾·多克辛額爾克·勞漢塔布囊·得爾格爾·褚陽·塞特爾六人, 攜察哈爾汗之二妻一妹, 並其部衆, 從榆林西投入爾地. 此外復聞有察哈爾部衆, 送寧錦者半, 留此地者半, 皆我所攻討潰散之餘孽, 爾等何爲收納之耶. 爾縱收而畜之, 究無裨益, 蓋此衆終爲我用, 必無助爾之理. 今悉衆察還則已, 否則我肯輕釋爾乎.

10 疙疸坨는『內國史院檔 天聰八年』, p.222에 gedatoo라고 기록되어 있다. 淸代에 豐潤縣 爽坨鎭에 속한 촌락이었다.

○ 무진일(8.15), 주상은 호쇼이 머르건 다이칭 버일러 도르곤 · 어르커 추후르 버일러 도도 · 버일러 호오거, 각 대(隊)의 호군 2명씩, 코르친의 투시예투 지농 바다리 · 자삭투 두렁 부타치 · 어푸 콩고르 · 조릭투 타이지 욱샨 · 다르한 바투루 만주시리 등의 정예병을 이끌고 대동성(大同城)에 가서 보고, 투루시와 우바이 등의 전봉장령(前鋒將領)에게 앞에 가게 하여 바로 대동의 명나라의 초병 10명을 잡고 말 40여 필을 획득했다. 주상이 대동에 이르러 남쪽 구릉에 서서 보니, 명나라의 총병 조문조(曹文詔)의 기병이 성(城)의 동남쪽 문 밖에 진영을 설치하고 있었다. 주상은 말에서 내려 황색 양산 아래에 앉았다. 전투에서 사로잡은 고등호(高登湖)과 함께 1명을 보내 글 2통을 가져가게 하여, 1통은 조문조에게 보내고, 1통은 관원들에게 보내서 차하르에서 도주해 온 몽고인들을 데려오라고 했다.

조문조(曹文詔)에게 보낸 글에서 말했다. 「만주국의 황제가 조(曹) 대장군에게 글을 보낸다. 짐은 장군이 때를 아는 준걸(俊傑)이라고 들었다. 나는 두 나라의 형세를 오래 생각하여 잘 안다. 조정의 여러 신하는 마땅히 짐이 간절하게 화친을 논하는 기회를 이용하여 위에 힘써 말해서 백성을 평안하게 하는 것이 이치이다. 그런데 장병의 고생을 생각하지 않고 병력의 강약을 살피지 않고 압박하여 나아가 싸우게 하고 조금이라도 전진하지 않으면 그때마다 탄핵하고 혁직이 아니면 사형을 말할 뿐이다. 결국 시기를 살피고 형세를 헤아리는 자가 없으니 이러한 행동은 혼란을 더욱 심하게 만든다. 또 환관이 권력을 독점하여 뇌물을 주면 발탁하고 뇌물을 주지 않으면 강등되거나 혁직되니 위와 아래가 막혀 있고, 공과 죄가 불분명하다. 이번에 우리 군대가 내지(內地)로 들어갔으니, 장군은 나중에 죄가 없으리라 보장할 수 있는가? 짐이 부추기는 말을 하는 것이 아니니, 장군도 일찍이 고려해 보았을 것이다.」

관원들에게 보낸 글에서 말했다. 「만주국의 황제가 대동(大同) · 선부(宣府)·양화(陽和)의 각 관원들에게 글을 보낸다. 차하르와 우리는 모두 변경 밖의 나라인데 차하르가 무도(無道)하여 군대를 일으켜 정벌하자 차하르는 멀리 도주하고 그 국인들은 모두 우리에게 내귀했다. 남은 도노이 어르커 추후르(donoi erke cūhur, 朶內額爾克楚虎爾)·독신 어르커(doksin erke, 多克辛額爾克)·로오한 타부낭(loohan tabunang, 勞漢塔布囊)·덜거르(delger, 得爾格爾)·추양(cuyang, 褚陽)·서터르(seter, 塞特爾) 6명은 차하르 칸의 두 처와 여동생 1명을 데리고 그 부(部)의 무리와 함께 유림(榆林)의 서쪽으로부터 너희 땅으로 들어갔다. 이 외에 또 들으니 차하르부의 무리를 영원(寧遠)과 금주(錦州)에 절반, 이곳에 절반 남겼다고 한다. 모두 우리가 공격하여 흩어진 잔당인데 너희는 어찌 그들을 거두었는가? 너희가 그들을 거두어 기른다 해도 결국 이익이 없다. 이 무리는 결국 우리가 쓸 것이니 너희에게 도움이 될 리가 없다. 지금 모두 함께 조사해서 보내면 그만인데, 그렇지 않으면 우리가 너희를 쉽게 풀어 주겠는가?」

○ 遣額駙多爾濟及俄齊爾桑率二十人爲中軍, 前鋒將領圖魯什等爲左軍, 吳拜等爲右軍, 擊曹文詔挑戰兵敗之, 追殺至城壕而還, 獲馬百餘匹. 於是上收兵至營. 貝勒阿巴泰·阿濟格, 遣人奏報攻拔靈邱縣, 殺知縣一員, 守備一員.

○ 어푸 도르지와 오치르상은 20명을 이끌고 중군(中軍)을 담당하고, 전봉장령(前鋒將領) 투루시 등은 좌군(左軍)을 담당하고, 우바이 등은 우군(右軍)을 담당하도록 파견하여, 조문조(曹文詔)의 유인 부대를[11] 공격해서 격파하고, 성(城)의 참호까지 추격하여 죽이고 귀환했다. 말 100여 필을 획득했다. 이에 주상이 병사를 본영(本營)에 불러들였다. 버일러 아바타이·아지거가 사람을 보내어 영구현(靈邱縣)을

공격하여 함락하고 지현(知縣) 1명과 수비(守備) 1명을 죽였다고 보고했다.

○ 明大同城代王之母楊氏, 與總督張宗衡·總兵曹文詔等, 共議請和. 時廣寧投誠副將鮑承先次子韜, 在獄中因出之, 令齎書詣我營. 韜持書由山中小路, 奔哈里莊, 遇土謝圖濟農兵, 殺韜併其僕從, 奪其騾及衣服. 既而韜復甦, 哈里莊人, 留養數日. 至是, 有馮國珍者, 同二人送至大貝勒代善·和碩貝勒薩哈廉營, 代善·薩哈廉令韜與其父承先相見, 遂送韜·國珍, 至御營, 令同行二人, 回哈里莊, 上聞韜來使之由, 以韜被創甚, 不遣還.

○ 명나라의 대동성(大同城) 대왕(代王)의 모친 양씨(楊氏)는 총독 장종형(張宗衡)·총병 조문조(曹文詔) 등과 함께 화친을 청하기로 논의했다. 그때 광녕(廣寧)에서 투항한 부장 포승선(鮑承先)의 차남 포도(鮑韜)를 감옥에서 빼내어서 글을 주고 우리 군영에 가게 했다. 포도가 글을 가지고 좁은 산길로 합리장(哈里莊)에 갔을 때, 마주친 투시예투 지농의 병사가 포도와 종복을 살해하고 노새와 옷을 약탈했다. 얼마 후 포도가 다시 살아나자 합리장 사람들이 며칠간 머물게 하며 치료해 주었다. 그 후 풍국진(馮國珍)이라는 자가 친구 두 사람과 함께 포도를 대버일러 다이샨·호쇼이 버일러 사할리얀의 군영으로 데려왔다. 다이샨과 사할리얀은 포도와 그의 아버지 포승선을 만나게 한 후에 포도와 풍국진을 주상의 군영에 가게 했다. 함께 온 두 사람은 합리장으로 돌려보냈다. 주상은 포도가 사신으로 온 사유를 듣고, 포도가

11 원문의 挑戰兵은 적군을 유인하기 위해 공격하는 부대를 가리킨다.

상처를 심하게 입었기 때문에 돌려보내지 않았다.

○ 辛未, 遣馮國珍及陣獲曹文詔部下千總曹天良齎書, 報代王之母楊氏曰, 朕曾遣使於各處議和, 爾皇帝黜戮大臣, 大臣畏懼以致蒙蔽, 不能上達. 王母今遣使修好, 誠屬爲國爲民之意也. 我此番進兵, 原爲情不得達, 故入內地, 蹂躪土地, 擾累人民, 以昭白我願和, 不得和之故, 下民怨恨, 上天自鑒, 此我進兵意也. 已將此意作書, 布告各處, 今王母誠能主持和議, 當速成之, 勿延時日. 緩一日則民受一日之害, 蚤一日則民受一日之福. 若和議果成, 我兵不終日而出境矣. 我若不思太平, 專嗜殺戮, 又何以服諸蒙古而統衆兵也. 予之議和實出眞誠, 若稍有越志, 獨不畏上天乎. 惟願爾等亦以至誠相待耳.

○ 신미일(8.18), 풍국진(馮國珍)과 함께 조문조(曹文詔)의 부하로 포로가 된 천총 조천량(曹天良)을 파견하여 서신을 가지고 대왕(代王)의 모친 양씨(楊氏)에게 고하게 했다. 「짐은 각지에 사신을 보내 화친을 청했으나 너희 황제가 대신을 배척하니 대신들이 두려워 감추고 위로 전하지 않았다. 대왕의 모친께서 지금 사신을 파견해 화친을 청하니 진실로 나라와 백성을 위하는 뜻이다. 내가 이번에 공격한 것은 사정을 전할 수 없기에 내지에 들어가 토지를 유린하고 백성을 수고롭게 하여 내가 화친을 원함에도 화친하지 못하는 이유를 밝히고 아래로 백성이 원망하고 위로 하늘이 살피게 하기 함이다. 이것이 내가 이번에 공격한 뜻이다. 이 뜻은 이미 글로 써서 각지에 반포했으니, 지금 대왕의 모친이 진실로 화친을 주재할 수 있다면 속히 성사시키고 시일을 지체해서는 안 된다. 하루가 늦어지면 백성이 하루의 피해를 입을 것이고 하루가 빨라지면 백성이 하루의 복을 얻을 것이다. 만약 화친이 성사되면 나의 군대는 오래지 않아 경계를 나갈 것이다. 내가 평

화를 바라지 않고 살육을 즐긴다면 어떻게 여러 몽고를 복속시키고 그들의 군대를 거느리겠는가. 나의 화친은 모두 진심에서 나온 것이다. 조금이라도 뜻을 어긴다면 어찌 하늘이 두렵지 않겠는가. 너희도 진실한 마음으로 대하기를 바랄 뿐이다.」

○ 和碩貝勒豪格·貝勒阿巴泰, 籍所獲牲畜·銀兩·緞疋等物, 奏聞, 酌收之.

○ 호쇼이 버일러 호오거·버일러 아바타이가 노획한 가축·은량·비단과 면포 등의 물건을 기록하고 상주하니 헤아려 받았다.

○ 壬申, 大貝勒代善·和碩貝勒薩哈廉及碩託率兵來, 會上先遣墨爾根戴青貝勒多爾衮·額爾克楚虎爾貝勒多鐸·貝勒豪格迎之. 上亦出迎, 命代善入營, 同坐黃幄中, 代善·薩哈廉等, 各籍所獲金銀·緞布·牲畜諸物奏聞, 酌收之, 賜代善宴, 代善還營, 上復出營送之.

○ 임신일(8.19), 대버일러 다이샨·호쇼이 버일러 사할리얀과 쇼토가 군대를 이끌고 만나러 오니 주상은 먼저 머르건 다이칭 버일러 도르곤·어르커 추후르 버일러 도도·버일러 호오거를 보내 맞이하게 했다. 주상 또한 나가서 맞이하고 다이샨을 군영으로 들어오게 하여 함께 황색 장막 안에 앉았다. 다이샨과 사할리얀 등은 각자 노획한 금은·비단과 면포·가축 등 물건을 기록하여 상주하니 헤아려 거두고 다이샨에게 연회를 베풀었다. 다이샨이 자신의 군영으로 돌아갈 때 주상은 다시 군영을 나가서 전송했다.

○ 是日，科爾沁國土謝圖濟農巴達禮・扎薩克圖杜稜布塔齊・台吉喇嘛思希・卓禮克圖台吉吳克善・伊爾都齊・冰圖・噶爾圖，察哈爾土巴濟農，敖漢部落杜稜濟農，奈曼部落袞出斯巴圖魯，喀喇沁部落古魯思希布・塞冷・塔賴，及杜爾伯特部落・扎賴特部落・郭爾羅斯部落・四子部落・吳喇忒部落諸貝勒，各籍所獲人口及牲畜，奏聞，酌收之.

○ 이날 코르친국의 투시예투 지농 바다리・자삭투 두령 부타치・타이지 라마스히(taiji lamashi, 台吉喇嘛思希)・조릭투 타이지 욱샨・일두치・빙투(bingtu, 冰圖)・갈투(galtu, 噶爾圖), 차하르의 투바 지농(tuba jinong, 土巴濟農), 아오한 부락의 두렁 지농(dureng jinong, 杜稜濟農), 나이만 부락의 군추스 바투루(guncus batur, 袞出斯巴圖魯), 카라친 부락의 구루스힙(gurushib, 古魯思希布)・서렁・탈라이 및 두르베트(durbet, 杜爾伯特) 부락・잘라이트 부락・고를로스(gorlos, 郭爾羅斯)・사자(四子) 부락・우라트 부락의 여러 버일러들이 각각 노획한 사람과 가축을 기록하고 상주하니 헤아려 받았다.

○ 癸酉，大軍啟行，上駐營於大同城南山岡，令各旗按兩翼，環城駐營. 遣擒獲僧人，偕一人入城，令速答曹天良・馮國珍所齎書. 又遣俘獲明洪武八世孫朱乃廷，入城往索回音.

○ 계유일(8.20), 대군이 출발했다. 주상은 대동성(大同城) 남쪽 구릉에 군영을 세우고, 각 기(旗)는 양익에 따라 성을 둘러싸고 군영을 세우게 했다. 포로로 잡힌 승려를 다른 1명과 함께 파견하여 성에 들어가 조천량(曹天良)과 풍국진(馮國珍)이 가져간 글에 대해 속히 답하

게 했다. 또 포로로 잡힌 명 홍무제의 8세손 주내정(朱乃廷)을 파견하여 성에 들어가 답신을 구하게 했다.

○ 甲戌, 鑲藍旗和碩貝勒濟爾哈朗家人, 及宗室篇古 · 艾度禮 · 屯齊喀 · 羅託等, 各籍所獲人口及金銀 · 緞布 · 牲畜諸物, 奏聞, 酌收之.

○ 갑술일(8.21), 정람기 호쇼이 버일러 지르갈랑의 가인(家人)과 종실 피양구 · 아이두리(aiduri, 艾度禮) · 툰치카(tuncika 屯齊喀) · 로토(loto, 羅託) 등이 각각 노획한 사람 · 금은 · 비단과 면포 · 가축 등의 물건을 기록하고 상주하니 헤아려 받았다.

○ 是晩, 上閱大同城畢, 還營, 坐帳前, 將進茶, 貝勒阿巴泰 · 阿濟格 · 超品公楊古利等, 遣使奏言, 攻王家莊時, 正黃旗納穆泰兵先登, 譚泰等初與和碩貝勒德格類相約會兵, 德格類未至, 譚泰先率兵二百, 往覘遇城中守備出戰, 殺之, 其子代守城, 又殺之. 攻城時, 禮部承政巴都禮, 督衆力攻, 被創不退, 中箭而亡. 上罷飮曰, 此朕舊臣, 效力多年, 致命疆埸, 深可惜也, 爲之泣下.

○ 이날 밤 주상은 대동성(大同城)을 살펴보고 영으로 돌아와 장막 앞에 앉아 차를 마시려는데, 버일러 아바타이 · 아지거 · 초품공(超品公) 양구리 등이 사신을 보내 상주했다. 「왕가장(王家莊)을 공격할 때 정황기 남타이의 병사가 먼저 올라갔습니다. 탄타이 등은 처음에 호쇼이 버일러 더걸러이의 군대와 만나기로 약속했습니다. 더걸러이가 오지 않자 탄타이는 먼저 병사 200명을 데리고 가서 성 안의 수비(守備)가 싸우러 나오는 것을 보고 죽였습니다. 그의 아들이 대신 성을 지

키자 또 죽였습니다. 성을 공격할 때 예부승정 바두리(baduri, 巴都禮)는 무리를 독려해 공격하다가 상처를 입었으나 물러나지 않고 화살에 맞아 죽었습니다.」 주상은 마시기를 그만두고 말했다. "그는 짐의 오랜 신하이다. 수년간 봉사하다가 변경에서 운명했으니 매우 애통하다." 그를 위해 눈물을 흘렸다.

○ 乙亥, 諸貝勒謁上, 上與諸貝勒言及禮部承政巴都禮陣亡, 俱欷歔泣下.

○ 을해일(8.22), 여러 버일러들이 주상을 배알했다. 주상이 여러 버일러들에게 예부승정 바두리가 전투에서 사망한 일을 언급하니 모두 흐느껴 울었다.

○ 貝勒阿巴泰 · 阿濟格 · 超品公楊古利等, 擕禮部承政巴都禮屍至.

○ 버일러 아바타이 · 아지거 · 초품공(超品公) 양구리 등이 예부승정 바두리의 시신을 거두어 왔다.

○ 先是, 三次遣人入大同城, 未還, 亦無報書. 至是, 以陣獲明洪武八世孫朱乃振, 與朱乃廷之妻及三子, 俱縱還大同城.

○ 이전에 세 차례 사람을 파견하여 대동성에 들어가게 했으나 돌아오지 않고 답서도 없었다. 이때에 포로로 잡은 명 홍무제의 8세손 주내진(朱乃振)과 주내정(朱乃廷)의 처와 세 아들을 모두 석방하여 대

동성으로 보냈다.

○ 丁丑, 大軍至四十里舖, 駐營.

○ 정축일(8.24), 대군이 사십리포(四十里舖)에 이르러 군영을 세웠다.

○ 是日, 前鋒將領席特庫 · 納海 · 努山, 生擒明哨卒, 滿洲一人 · 漢人五名, 送至, 命俱誅之.

○ 이날 전봉장령(前鋒將領) 시터쿠 · 나하이(nahai, 納海) · 누산(nusan, 努山)이 명나라의 정탐병 만주인 1명과 한인 5명을 생포하여 보내왔다. 모두 주살하라고 명했다.

○ 明崇禎帝爲間諜我軍之書, 置於北樓口, 我兵獲之以獻, 其書曰, 滿洲原係我屬國, 今旣叛犯我邊境, 當此炎天深入, 必有大禍, 今四下聚兵, 令首尾不能相救. 我國人有得罪逃去, 及陣中被擒, 欲來投歸者, 不拘漢人 · 滿洲 · 蒙古一體恩養. 有漢人來歸者, 照黑雲龍養之, 有滿洲 · 蒙古來歸者, 照桑噶爾寨養之. 若不來歸, 非死於吾之刀鎗, 則死於吾之礮下, 又不然, 亦被彼誣而殺之矣.

○ 명나라의 숭정제가 우리 군대를 이간질하기 위해 쓴 서신을 북루구(北樓口)에 두었는데, 우리 병사가 얻어서 바쳤다. 그 서신에서 말했다. 「만주는 원래 우리의 속국이었으나 지금 배반하여 우리 변경을

침범하고 있다. 이런 염천 더위에 깊이 진격해 들어왔으니 필시 피해가 클 것이다. 지금 사방에서 우리 병사가 모였으니 적의 선두와 후미가 서로 돕지 못할 것이다. 우리 백성들 가운데 죄가 있어 도망갔거나 전장에서 사로잡힌 자가 다시 내귀하면 한인 · 만주 · 몽고를 불문하고 모두 은혜로 살릴 것이다. 한인이 내귀하면 흑운룡(黑雲龍)처럼 살리고, 만주인과 몽고인이 내귀하면 상가르자이(sanggarjai, 桑噶爾寨)처럼 살릴 것이다. 내귀하지 않으면 우리의 칼날에 죽거나 우리의 포탄에 죽을 것이다. 그렇지 않다면 또한 그들에게 무고를 당하여 죽게 될 것이다.」

上覽畢, 因作書與明崇禎帝曰, 滿洲國皇帝致書於明國皇帝, 昨見皇帝書云, 滿洲原係屬國, 此不惟皇帝言之, 即予亦未嘗以爲非也. 止因遼東各官, 欺陵不堪, 屢次抒情往告, 遼東官又蔽之不通, 我思此種情形, 仇怨已深, 難於剖白, 惟動兵戈, 可冀來詢其由耳. 孰意皇帝乃惑於遼東各官欺誑, 十數年竟無一言問及, 以至戰爭不已. 若皇帝早遣人究問, 兵戈亦早息矣. 今皇帝肯遣一信使來, 詳詢事由, 判白是非, 予豈樂爲兵戈耶. 欲享太平, 並非難事, 只在旦暮間耳, 不然, 國家既亂, 何日休息. 爾國臣僚, 一味欺罔. 每當我兵入境, 自戮薙髮漢人, 虛報斬級千百, 即如遼東之官壅蔽我情, 欺君罔上, 前後一轍. 我國若果每次傷折動及百千, 兵勢豈能常振耶. 以皇帝之聰明, 一忖度之, 而欺罔自見矣. 至於斬級之眞假, 曁我願和之誠僞, 問黑雲龍, 自得其情. 但黑雲龍惟恐結怨於文武大臣, 是以不肯盡告於皇帝也.

주상은 읽은 후 명나라의 숭정제에게 서신을 써서 말했다. 「만주국 황제가 명나라의 황제에게 글을 보낸다. 어제 황제의 서신을 보니 "만주는 원래 속국"이라고 했다. 이것은 황제가 말했을 뿐만 아니라 나도 아니라고 한 적이 없다. 다만 요동의 관리들이 모욕하는 것을 참을 수 없어 여러 차례 사정을 토로하려고 보냈으나 요동의 관리들이 막고 전하지 않았다. 이런 사정으로 원한이 깊어지고 마음을 드러낼 수 없게 되어 전쟁을 일으켜 그 이유를 묻겠다고 생각했다. 황제가 요동 관리들의 속임수에 미혹되어 10여 년간 한마디도 묻지 않아 전쟁이 그치지 않게 될 것을 누가 생각이나 했겠는가. 황제가 일찍이 사람을 보내 이유를 물었더라면 전쟁도 일찍 끝났을 것이다. 지금 황제가 믿을 수 있는 사신을 보내 자세한 이유를 묻고 시비를 가린다면 내가 어찌 전쟁을 즐기겠는가. 평화를 누리는 것은 결코 어렵지 않다. 겨우 하루 저녁에 결정될 뿐이다. 그렇지 않다면 나라의 혼란이 언제 끝나겠는가. 너희 나라의 신하들은 줄곧 우리 군대가 경계를 침입할 때마다 스스로 체발한 한인을 죽이고 수백 수천의 목을 베었다고 거짓 보고한다. 요동의 관리가 우리의 사정을 은폐하고 군주를 속이는 것이 늘 그러했다. 만약 우리나라가 진실로 매번 수백 수천씩 죽고 다쳤다면, 군사의 기세가 어찌 항상 높을 수 있겠는가. 황제의 총명함으로 한번 헤아려 본다면 거짓임을 저절로 알게 될 것이다. 참급(斬級)의 진위와 화친의 진실에 대해서는 흑운룡(黑雲龍)에게 물어보면 사정을 잘 알 수 있을 것이나, 흑운룡이 문무 대신과 원한을 맺게 될까 두려워 황제에게 모두 고하려고 하지 않은 것이다.」

又作書與王太監曰, 滿洲國皇帝, 致書於明國王太監, 予向與爾等定盟, 毫無欺詐, 於爾等亦毫無疑貳, 是以對天地盟誓, 以成和好, 孰意爾等陰懷譎計, 顯棄盟言. 原約遣人於遼東尋盟, 久候不至, 三次遣使, 遼人不納而返, 且襲我邊鄙, 斬十餘人. 予猶以前盟爲惜, 遼東執事者, 又毁盟擊我邊部, 今未知爾等之意何如. 若謂遼人不和, 與爾無涉, 我兩國盟誓依然, 可即遣使來. 若謂遼人既不欲和, 爾亦難獨和, 則不必遣. 此言曾於昨年三月內, 致書貴鎭, 乃不惟不遣人來, 且無一語相復, 是以予切望之心, 從此斷絶也. 爾等或以詐盟自爲得計, 予縱可欺, 上天豈可欺乎. 如果願和好, 可差信使, 持爾主璽書來, 速與裁決, 若不出此, 予惟量力前行耳. 予今來此, 爾之地方, 已遭殘破, 若再經過, 城郭雖存, 糧盡, 民何所恃. 爾乃民之父母也, 既明強弱之勢, 而不思軍民塗炭, 何也. 若謂古人有盟而復毁者, 因而效之, 是守株之見也, 且古有盟而復毁者, 亦有始終不變者, 宜思隨時達變, 如執迷不返, 爾國之禍, 何時已乎. 爾既爲民父母, 民之疾苦, 不言於朝廷速議和好, 惟恐上之罪已, 所稱大臣者, 有何益於民哉. 予未嘗不願太平, 當此炎暑豈樂興兵, 皆爾等不和之所致. 爾在內大臣, 果爲國爲民, 上達朝廷, 倘獲太平, 其功不泯, 民將永賴矣.

또 서신을 써서 왕(王) 태감에게 말했다. 「만주국 황제가 명나라의 왕(王) 태감에게 보낸다. 내가 너희와 맹세할 때 추호의 속임이 없었고 너희에 대해서도 추호의 의심이 없었기에 천지에 맹세하여 화친이 성사되었다. 너희가 몰래 속이고 맹세의 말을 저버릴 것을 누가 생각이나 했겠는가. 원래 요동에서 사람을 보내 맹세하기로 약속했으나 오래 기다려도 오지 않고, 세 차례 사신을 보냈으나 요동의 사람들이 받아들이지 않고 돌려보내고, 또 우리 변경을 습격하여 10여 명을 죽였다. 그래도 나는 여전히 이전의 맹세를 중히 여겼다. "요동의 관리들이 또 맹세를 어기고 나의 변경을 습격했으니 지금 너희의 뜻이 어떤 것인지 알 수 없다. 만약 요동의 사람들이 화친하지 않는 것은 너희와 무관하고 우리 양국의 맹세는 그대로라면 사신을 파견하라. 만약 요동의 사람들이 화친을 원하지 않고 너희도 홀로 화친하기 어렵다면 사신을 보낼 필요가 없다." 이 말을 작년 3월에 귀진(貴鎭)에 글로 보냈으나, 너희는 사람을 보내지 않았을 뿐만 아니라 한마디도 답하지 않았다. 이는 나의 간절한 마음을 끊어 버린 것이다. 너희가 혹시 거짓 맹세를 계책이라고 여겼다면, 나를 속일 수는 있겠지만 하늘을 어찌 속이겠는가. 진실로 화친을 원한다면 사신을 파견하여 너희 주군의 옥새가 찍힌 서신을 가지고 와서 속히 결정하라. 만약 그렇지 않으면 나는 오직 힘을 헤아려 진군할 뿐이다. 나의 이번 공격으로 너희 땅은 이미 파괴되었다. 만약 내가 다시 온다면 성곽은 남아 있다 해도 양식이 떨어질 것이니 백성이 무엇에 의지하겠는가. 네가 백성의 부모로서 강약의 형세를 알면서도 군민의 고통을 생각하지 않는 것은 어찌 된 것인가. 옛사람들 중에 맹세하고 다시 어긴 경우가 있다 하여 따르고자 한다면 이는 수주대토(守株待兎)와 같다. 맹세하고 다시 어긴 경우도 있고 끝까지 변하지 않은 경우도 있으니 때에 맞추어 변통해야 한다. 고집스럽게 돌이키지 않으면 너희 나라의 화(禍)가 언제 끝나겠는가. 너는 백성의 부모이다. 백성이 고통스러워하는데도 조정에 속히 화친할 것을 말하지 않고 황제가 벌할 것만 걱정하니, 대신이라는 자가 백성에게 무슨 도움이 되는가. 나는 평화를 원하지 않는 것이 아니다. 이 무더운 여름에 어찌 전쟁을 즐기겠는가. 이는 모두 너희가 화친하지 않기 때문이다. 네가 내지의 대신으로 진정 나라와 백성을 위한다면 조정에 고하라. 만약 평화를 얻게 되면 그 공적은 사라지지 않고 백성이 영원히 의지하게 될 것이다.」

○ 戊寅, 遣每牛彔護軍二名·騎兵二名, 出畧.

○ 무인일(8.25), 니루마다 호군 2명과 기병 2명씩을 보내 노략하게 했다.

○ 前鋒將領努山·席特庫·納海, 執明哨探騎兵四名, 來獻.

○ 전봉장령(前鋒將領) 누산·시터쿠·나하이가 명나라의 초탐 기병 4명을 잡아 바쳤다.

○ 己卯, 大軍至陽和駐營, 明大同總兵曹文詔遣盧登雲持書, 詣陽和總督張宗衡所, 詐稱, 滿洲兵被我礮傷無數, 哭聲震天地, 我兵未暇取首級, 止取纛一桿. 其言類此者甚多, 爲鑲紅旗邏卒所獲, 乃爲書一通, 并原書, 付所獲之人齎去. 書曰, 滿洲國皇帝致書於明陽和總督, 昨到大同, 獲曹總兵遣人塘報軍情, 見滿紙皆是虛誑, 予素謂明國大邦, 自有忠臣義士, 實心爲國者. 何期一旦至此, 前次得宣府張總兵塘報, 其虛誑亦然, 由此以觀, 明國之衰已極矣. 予入境來, 幾兩月矣. 蹂躪禾稼, 攻克城池, 曾無一人出而對壘, 敢發一矢者. 今報中誑言若此, 豈不畏於天乎. 豈不愧於心乎. 今予尙在爾地, 可令曹·張二總兵, 集各路兵會戰, 公等高坐城樓以觀, 若爾出兵一萬, 予止以千人應之, 出兵一千, 予止以百人應之. 如敢直前迎戰, 猶可自掩其虛誑之罪, 不然, 徒以虛言誑君, 亦可恥之甚矣. 爾皇帝不知, 以爲旣能取, 勝速宜進戰, 爾等又畏懼逃, 遁縮頸城中, 如此則生民之塗炭, 何日休息耶. 爾等皆代皇帝, 撫字億兆者, 自宜乘我願和, 凡有軍情, 據實申奏, 力贊和好, 綏安兆庶, 康寧國家, 方爲盡職. 乃欺君誤國, 貽害生民如此, 生受顯戮, 死遭冥禍, 可不畏哉. 予欲決戰之言, 非自矜誇, 因爾等虛誑已極, 故欲一較勝負耳. 爾等若以予言爲是, 速約戰期, 予當勒兵以竢.

○ 기묘일(8.26), 대군이 양화(陽和)에 이르러 군영을 세웠다. 명나

라의 대동총병(大同總兵) 조문조(曹文詔)가 파견한 노등운(盧登雲)이 서신을 가지고 양화총독(陽和總督) 장종형(張宗衡)의 처소에 이르러 거짓으로 말했다. 「우리에게 포격을 당해 다친 만주병사가 무수히 많아서 통곡 소리가 천지에 진동한다. 우리 병사는 그들의 수급(首級)을 취할 겨를이 없어 독(纛) 하나만 가져왔다.」 이런 류의 말이 매우 많은 서신을 양홍기의 나졸이 빼앗았다. 이에 서신을 한 통 써서 원래의 서신과 함께 포획한 자에게 주어 가져가게 했다.

그 서신에서 말했다. 「만주국 황제가 명나라의 양화총독(陽和總督)에게 보낸다. 어제 대동에 이르러 조 총병(曹總兵)이 보낸 사람을 붙잡아 보니 전황을 보고한 것이 모두 허황된 말이었다. 나는 평소에 명은 대국이니 진심으로 나라를 위하는 충신(忠臣)과 의사(義士)가 있을 것이라고 생각했는데, 어찌 하루아침에 이에 이르렀는가. 전에 얻은 선부(宣府)의 장 총병(張總兵)의 보고 역시 허황된 것이었다. 이를 보면 명은 이미 심하게 쇠퇴했다. 내가 변경에 들어온 지 거의 2개월이 되었다. 경작지를 유린하고 성지(城池)를 함락해도 한 사람도 나와서 대적하여 감히 화살 한 발을 쏘지 못했다. 지금 보고의 허황된 말이 이러하니 어찌 하늘을 두려워하지 않고 마음에 부끄러움이 없는가. 나는 지금도 너희 땅에 있으니 조문조·장종형 두 총병에게 각지의 병사를 모아 맞서 싸우게 하고 공(公)들은 성루에 높이 앉아서 보아라. 너희가 병사 만 명을 보내면 나는 천 명으로 응전할 것이고, 천 명을 보내면 백 명으로 응전할 것이다. 앞으로 나와서 맞서 싸워야 스스로 허황되게 말한 죄를 덮을 수 있을 것이다. 그렇지 않으면 헛소리로 군주를 속인 것을 심히 부끄러워해야 할 것이다. 너희 황제는 속은 것을 모르고 이미 승리했으니 속히 나아가 싸우라고 할 것이고, 너희는 또 두려워 달아나 성 안에 움츠리고 있을 것이다. 이러하면 백성은 도탄에 빠져 언제 쉴 수 있겠는가. 너희는 모두 황제를 대신하여 만백성을 다스리는 자들이니 내가 화친을 바라는 것에 응해야 한다. 군사 상황을 사실대로 보고하고 힘써 화친을 주장하고, 만백성을 평안하게 하고 나라를 강녕하게 해야 직분을 다하는 것이다. 군주를 기만하고 나라를 호도하고 백성에 해를 끼침이 이러하면 살아서 죽임을 당하고 죽어서 재앙을 만날 것이니 어찌 두렵지 않은가. 내가 반드시 싸우겠다고 하는 것은 과장이 아니니다. 너희의 망령됨이 지나치니 한번 겨루어 보겠다. 너희가 내 말을 옳다고 여기면 속히 싸울 시간을 정하라. 나는 군사를 이끌고 기다리겠다.」

○ 是日, 前鋒將領席特庫, 追天城哨卒, 殺千總一員·兵四人, 生擒滿洲一人至, 誅之.

○ 이날 전봉장령(前鋒將領) 시터쿠가 천성(天城)의 정탐병을 추격하여 천총 1명과 병사 4명을 죽이고 만주인 1명을 생포하여 보내오니 죽였다.

○ 庚辰, 大軍自陽和起行, 至四十里駐營.

○ 경진일(8.27), 대군이 양화(陽和)에서 이동하여 40리에 이르러 군영을 세웠다.

○ 是日, 孔果爾·吳克善·伊爾都齊, 各獻人口·馬·騾, 止納伊爾都齊騾一.

○ 이날 콩고르·욱샨·일두치가 각각 사람·말·노새를 바쳤는

데, 일두치의 노새 1마리만 받았다.

○ 辛巳, 大軍至天城北, 駐營.

○ 신사일(8.28), 대군이 천성(天城)의 북쪽에 이르러 군영을 세웠다.

○ 是日, 圖魯什等追懷遠哨卒, 殺其四人.

○ 이날 투루시 등이 회원(懷遠)의 정탐병을 추격하여 4명을 죽였다.

○ 前鋒將領席特庫, 設伏於赤城地方, 殺其哨探千總一員 · 兵九人, 獲馬十四匹, 生 擒四人.

○ 전봉장령(前鋒將領) 시터쿠가 적성(赤城)에서 매복하여 정탐하는 천총 1명과 병사 9명을 죽이고 말 14마리를 획득하고 4명을 생포했다.

○ 癸未, 大軍至左衛城南, 駐營.

○ 계미일(8.30), 대군이 좌위성(左衛城)의 남쪽에 이르러 군영을 세웠다.

저자 소개

이훈

고려대학교에서 박사학위를 취득했다. 만주 지역과 만주족의 정체성에 대해 연구했다. 『만한사전』, 『만주족이야기』를 저술했고 「청대 건륭기 만주족의 근본지지 만들기」, 「청 초기 장백산 탐사와 황제권」, 「17세기 중엽 청-러시아의 충돌과 흑룡강 유역의 부족민」 등의 논문을 발표했다. 고려대학교 사학과 강사로 재직하고 있다.

김선민

듀크대학교에서 박사학위를 취득했다. 조선과 청의 변경 지역이 국경으로 전환되는 역사적 과정을 연구했고 만주의 환경사를 연구하고 있다. *Ginseng and Borderland: Territorial Boundaries and Political Relations Between Qing China and Choson Korea, 1636-1912*를 저술했고 「청대 길림의 팔기 관병과 호랑이 진공」, 「청대 길림지역의 기인과 토지 개간」 등의 논문을 발표했다. 고려대학교 민족문화연구원 교수로 재직하고 있다.

이선애

고려대학교에서 박사학위를 취득했다. 청대 만주-몽골의 관계를 연구했으며 「청대 몽골법 제정과 적용 양상—건륭 연간 재판사례 분석을 중심으로」, 「만문사료를 통해 본 후금시기 만·몽관계」, 「동맹의 代價에서 충성의 代價로—청대 외번몽고 봉작제도의 특징과 운영 양상」 등의 논문을 발표했다. 경상국립대학교 역사교육과 교수로 재직하고 있다.